细读两宋三百年

刘路 著

图书在版编目（CIP）数据

细读两宋三百年 / 刘路著. -- 北京：华文出版社，2023.2
　　ISBN 978-7-5075-5691-9
　　Ⅰ．①细… Ⅱ．①刘… Ⅲ．①中国历史-宋代-通俗读物 Ⅳ．①K244.09
　　中国国家版本馆CIP数据核字(2023)第003347号

细读两宋三百年

著　　者：	刘　路
策划编辑：	陈红伟
责任编辑：	潘　婕
出版发行：	华文出版社
社　　址：	北京市西城区广安门外人街305号8区2号楼
邮政编码：	100055
网　　址：	http://www.hwcbs.cn
电　　话：	总编室 010-58336239　发行部 010-58336267　58336230
	责任编辑 010-63429159
经　　销：	新华书店
印　　刷：	固安县保利达印务有限公司
开　　本：	710mm × 960mm　1/16
印　　张：	22.5
字　　数：	403千
版　　次：	2023年2月第1版
印　　次：	2023年2月第1次印刷
书　　号：	ISBN 978-7-5075-5691-9
定　　价：	55.00元

版权所有　侵权必究

目 录

第一章 告别乱世——"去五代化"的军人王朝

兵变之祸：改朝换代的轮回诅咒　　　　　　　　003

治启陈桥：遵循传统逻辑的非传统式兵变　　　　006

削夺兵权：温情脉脉地拔除祸根　　　　　　　　023

再造中央：悄然无声的渐进式集权　　　　　　　029

人命至重：慎刑与不杀言事者的宽仁政风　　　　040

烛影斧声：由乱入治之际的继承人难题　　　　　046

事为之防：从政治迫害到权力制衡　　　　　　　054

东厂鼻祖：飞檐走壁的宦官与特务机构的首创　　063

经略幽燕："高粱河车神"的军事灾难与五代
　　　　　传统的终结　　　　　　　　　　　　069

第二章　制造盛治——士大夫的黄金时代

科举时代：从"读书人"到"士大夫"　　087
咸平之治：第一批士大夫模范　　096
祖宗之法：士大夫走向黄金时代　　106
君子有党：范仲淹、欧阳修为何挑战皇帝底线　　116
共治天下：一个遥远的"盛治"神话　　124
嘉祐之治：北宋的文化盛景与经济进步　　135
澶渊之盟：战和之间的政治博弈　　142
南北一家：澶渊之盟的政治账　　152
购买和平：澶渊之盟的经济账　　158
三足鼎立：宋、辽、夏间的军事外交制衡　　171

第三章　翻天覆地——时代挑战下的变法生死劫

庆历新政：除不去的冗官，澄不清的吏治　　185
养兵经济："冗兵"背后的经济结构变革　　197
超越祖宗：大变法时代的到来　　206
熙宁变法：前进，不择手段地前进　　213
元丰改制：一个精心设计的低效中央政府　　227
更化绍述：士大夫政治的挽歌　　232
拓边西北："大宋朝"的武功巅峰　　240

丰亨豫大：宋徽宗的"极乐盛世"   *254*

靖康之变："不世之功"引来的斩首行动   *259*

第四章   战时王朝——中国转向内在

建炎中兴：溃逃与重建   *271*

绍兴体制：中国转向内在   *284*

南北行幕：皇帝与代理人   *301*

繁华盛景：理学宗师与"海上丝绸之路"   *310*

端平更化：南宋王朝的一剂强心针   *317*

上帝折鞭：南宋改变世界   *325*

困兽犹斗：从公田法到血战襄樊   *333*

庶几无愧：留取丹心照汗青   *341*

第一章 告别乱世——『去五代化』的军人王朝

兵变之祸：改朝换代的轮回诅咒

"华夏民族之文化，历数千载之演进，造极于赵宋之世。"如今，陈寅恪先生对于宋朝的这句评语，几乎成为宋代文治最有力的背书。人们称赞宋朝的文化昌盛、政治宽容，批评它的崇文抑武、军事不振，但无论对其持怎样的态度，都离不开臻于造极的宋朝文治。

可这样一个在后世眼中右文的朝代，却脱胎于乱世，即被称为"僭乱之极"（清·赵翼语）、乱到极致的五代时期。《资治通鉴》的主要编修者之一，北宋史学家、文学家范祖禹，在其个人著作《唐鉴》中写道：

> 扬雄曰："阴不极则阳不生，乱不极则德不形。"唐室之乱极于五代，而天祚有宋。太祖皇帝顺天人之心，兵不血刃，市不易肆，而天下定。神武所临，海外有截。

在范祖禹笔下，结束五代乱世、开启宋朝治世的关键，就是宋太祖赵匡胤"兵不血刃，市不易肆"的开国活动——陈桥兵变。

但无论如何吹捧不流血，如何规避"兵变"二字，兵变终究是兵变，这绝非太平盛世的美谈。生长于乱世的赵匡胤，其青少年时代，始终笼罩在兵变的阴影中。

自唐朝安史之乱以来，地方藩镇坐大；晚唐经黄巢之变，朝廷对地方彻底失去控制，直至被宣武军节度使朱温取代。此后的中原分崩离析，彼此混战的割据政权各霸一方，大者如五代十国，小者更是数不胜数。所以，一提到唐末五代，对这段历史不甚熟悉的朋友往往会想到羸弱的中央朝廷与强大的地方藩镇之间的矛盾。

虽然这种矛盾确实存在，却不是最致命的。自朱温称帝起，宣武军的藩镇军队摇身一变,成了后梁王朝的中央军队——禁军。同时,为了防范其他节度使也称王、称帝,朱温不断扩充禁军,兵力骤增至二十余万人,这使唐末原本羸弱的中央军得到了空前的加强。此后的皇帝们不断把自己在藩镇时的嫡系军队加入禁军中,扩充禁军的力量,到了五代第二个王朝——后唐时,禁军实力已经在地方藩镇军队之上,中央有了驾驭地方的能力。

但新问题也接踵而至。

一个问题是将驾驭不了兵。唐末五代时期,藩镇兵是由节度使花钱雇用的职业军人,这帮人的绝技不是打仗,而是逼节度使"老板"给自己发钱。"老板"若不同意,他们就发动兵变,"炒了老板",然后再拥立一个肯出更多钱的人当"老板"。现在这帮老兵油子摇身一变成了禁军,自然把"优良传统"也带了过来。

另一个问题是帅驾驭不了将。禁军力量越来越强,禁军将领的权力也随之越来越大。偏偏五代时期士族门阀彻底衰落,数百年间第一次挣脱血缘门第观念的人们都想过把皇帝瘾;而这些来自庶族乃至贫民阶层的将领,又都是在战场上舍得一身剐的猛人。于是乎,禁军将领们积极地把一个个皇帝拉下马。

士兵要发财,将领要称帝,大家都很过瘾,高高在上的皇帝老子既然成了人尽可做的皇帝老儿,谁还在乎什么政治伦理、统治秩序?

大宋的开国皇帝赵匡胤就是在这样一个兵变不断的时代出生、长大的。而他的出生,传说也与兵变密不可分。

后唐同光四年(926)二月初的一个夜晚,驻守贝州(今河北省邢台市清河县西北)的士兵皇甫晖心情抑郁。本来他所属的军队戍卫期已满,应该回乡休息;但因遭到唐庄宗李存勖的猜忌,被迫继续屯戍。心里发堵的皇甫晖,又在赌场上欠了一屁股债。堵上加堵,皇甫晖便煽动不满的士兵发动兵变,并胁迫低级军官赵在礼为帅,一路杀回自己的老家邺都兴唐府(又称魏州,今河北省邯郸市大名县东北)。唐庄宗派出宗室李嗣源率禁军平叛,没想到禁军士兵为了邀功请赏,竟然与叛军里应外合,共同拥立李嗣源为新皇帝,然后杀回首都洛阳,要了唐庄宗的命。

这场魏州兵变是典型的唐末五代式兵变。

据说,做了皇帝的唐明宗李嗣源并不想当"接盘侠",每天夜里在宫中向老天爷上香祷告:"苍天在上,臣本异族之人,哪里有能力治理好天下呢?可是这世间的战乱实在太久，愿苍天早日降下一位圣人来拯救苍生吧！"

好巧不巧，第二年（927）二月十六日，赵匡胤就在洛阳的夹马营里降生了。

众所周知，宋朝最初的两位皇帝宋太祖赵匡胤和宋太宗赵光义是亲兄弟，网友们常常把他俩称作"赵大"和"赵二"。不过，严格来说，赵匡胤并不是老大，他还有一个早夭的大哥。

赵匡胤祖籍涿郡（今河北省涿州市），父亲赵弘殷是后唐禁军的低级军官，赵大算是个"军二代"，生活还算过得去，加之唐明宗是五代时期为数不多的有道之君，托他们的福，赵匡胤的童年平安快乐，没事儿还能去家门口的学馆读个书，在大院里骑个马。

但兵变会迟到，却绝不会缺席。

应顺元年（934），赵匡胤8岁（古人多以虚岁计龄，本书年龄均为虚岁）。后唐国都洛阳。潞王李从珂发动兵变，攻陷国都，逼死了唐明宗的继承人唐闵帝李从厚，自己登基为帝。李从珂胜利的关键，是争取到了禁军低级军官的支持，并许诺事成之后重赏军士。可是在攻入洛阳后，李从珂才发现国库已空。为了安抚将士，他只好命三司使（相当于现在的财政部部长）竭泽而渔，百般搜刮，连皇宫里的太后、太妃也没能躲过这场浩劫，更别提寻常百姓了。这是赵匡胤第一次目睹大型兵变。

开运三年（946）十二月，赵匡胤21岁。后晋国都开封。率领晋军与契丹人作战的禁军统帅杜威临阵倒戈，导致契丹军队攻入开封，后晋灭亡。契丹人在中原烧杀劫掠，成千上万汉民惨遭暴虐。当时赵家已随禁军迁入开封，赵匡胤再次目睹兵变，深受刺激，旋即走出家门，闯荡社会，要在这个看不见尽头的乱世里寻找一线光明。

乾祐三年（950），赵匡胤24岁。后汉国都开封。经过三年的漂泊与磨炼，此时的赵匡胤已经奔赴成为河北枢密使郭威帐下的一名禁军士兵。手握重兵的郭威因与汉隐帝刘承祐矛盾激化，率军进攻开封。为了获得士兵的支持，郭威许诺城破之日，任由士兵抢掠十天。

不久，郭威攻占开封，汉隐帝死于乱军之中。变兵在城中放纵剽掠，繁华京都再度沦为人间地狱。第二天，甚至连郭威手下的将领都看不下去了，郭威这才收手，领兵撤出开封。可刚到澶州（今河南省濮阳市），他就再度发动兵变，扯了一面黄色旗子披在身上，率军浩浩荡荡地开回开封，做起皇帝，建立了后周。

赵匡胤从龙有功,晋升为东西班行首(相当于警卫军队中的一个小班长)。

后周是五代时期最后一个中原王朝。周太祖郭威和他的继任者周世宗郭荣(郭威养子,本姓柴,俗称柴荣)都有治乱之志,这使得靠兵变和劫掠起家的王朝初现一派安定气象,恍惚间让人们有了远离乱世的错觉。

但好景不长,在立国10年后,周世宗英年早逝,留下年仅7岁的周恭帝郭宗训和辅政的禁军统帅赵匡胤。

从魏州兵变到潞王之乱,到开运之祸,再到澶州兵变,赵匡胤人生的前33年里,统治中原的王朝换了5个(后唐、后晋、辽、后汉、后周),皇帝换了11个,平均每人在位3年,还没有今天绝大多数国家元首的一任任期长。这些皇帝有一半是靠兵变上位的,有一半或直接或间接死于兵祸。主导兵变的人级别越来越高,从普通士兵到中低级军官,直到禁军统帅;兵变的后果也越来越严重,从竭力搜刮到肆意劫掠,直到有组织地打砸抢。

兵变就像一个魔咒,诅咒着这个时代里的每个王朝和它的子民。很多人相信,在主少国疑之际,禁军统帅赵匡胤定会重新发动兵变,改朝换代的轮回将在劫掠的狂欢中重新开启。

治启陈桥:遵循传统逻辑的非传统式兵变

在正式介绍陈桥兵变之前,有必要简单回顾一下赵匡胤在后周的主要经历。

在短短6年里,赵匡胤从一个无名小卒迅速成长为军事强人,这离不开周世宗的赏识与提拔。

早在后周建立之初,赵匡胤就被郭荣纳入麾下。显德元年(954)正月,周世宗郭荣继位,赵匡胤随之成为皇帝亲卫。二月,位于今山西中部的北汉,联合契丹人建立的辽朝进犯后周。周世宗亲征应敌,作为亲卫的赵匡胤随上司张永德护卫皇帝。两军在高平巴公原(今山西省晋城市泽州县北巴公镇)遭遇。刚一开打,周军主力便溃不成军。眼看敌军逼到眼前,周世宗决定亲自率亲卫军上阵。

正当全军恐慌之际，28岁的赵匡胤向张永德献策，由张永德率军占领西面高地作掩护，自己率领两千精锐骑兵冲入敌阵，然后两面夹击破敌。冲锋前，赵匡胤慷慨激昂地喊道："现在主上处境危急，正是我辈武人效命之时！"在赵匡胤的力挽狂澜之下，周军终于稳住阵脚，旋即发动猛烈反攻，汉辽联军狼狈溃败。

高平之战是赵匡胤一生的转折点。他在战斗中与张永德结下了深厚的情谊，此后获得这位上司的鼎力支持。在张永德的大力举荐下，赵匡胤成为周世宗的重点培养对象，从此开启"坐火箭式"升职模式。他追随周世宗南征北战，逐渐成长为独当一面的大将。更重要的是，赵匡胤由此深受周世宗的信赖，受命选练禁军，这成为大宋帝业的起点。

五代后期的禁军分为两个系统：一个是侍卫亲军，一个是殿前军。

周世宗继位之际，侍卫亲军由侍卫亲军司（简称"侍卫司"）管理。这支军队分为马军和步军，兵力雄厚，是禁军对外征战的主力；但是鱼龙混杂，纪律散漫，战斗力受到严重影响。高平之战中溃败的军队，就属于侍卫亲军。侍卫司的最高长官是侍卫亲军马步军都指挥使（简称"侍卫都指挥使"）李重进，他是周太祖的外甥，能征善战，但颇为周世宗忌惮。

殿前军是一支负责皇帝安危的警卫军队，以"殿前诸班"为核心。这支军队成立不久，人数不多，也没有专门的管理机构，但士卒精锐，战斗力爆表。高平之战中力挽狂澜的张永德、赵匡胤，都属于殿前军系统。张永德是周太祖的女婿，担任殿前军长官——殿前都指挥使。虽然都是长官，但殿前都指挥使的级别却低于侍卫都指挥使。

赵匡胤以殿前军"二把手"殿前都虞候的身份，主持选练禁军。说是选练，实际上是一次军队调整。利用这次机会，周世宗和赵匡胤不仅为殿前军选拔了大量精锐将士，还将侍卫司下属的部分军队划给了殿前军。

伴随着军力的提升，殿前军的地位水涨船高。在选练期间，殿前军有了正式的管理机构——殿前军司（简称"殿前司"），与侍卫司合称"两司"。两年后，殿前司又增设了一个与侍卫都指挥使同级的最高长官——殿前都点检，由张永德升任。

经过这次选练，侍卫亲军系统的侍卫马军（骑兵）和侍卫步军（步兵），以及殿前军系统的铁骑军（骑兵）和控鹤军（步兵）成为后周南征北战的绝对主力，隶属于殿前司的殿前诸班则成为保卫皇帝的核心精锐侍卫。

显然，殿前军是最大的赢家，发展成为与侍卫亲军平起平坐的力量，张永德与李重进也内斗不已，两司形成稳定的制衡关系。

与此同时，周世宗将决策机构枢密院打造成为一个军令机构，在两司之上专门负责调兵遣将，并由自己的心腹文臣王朴出任长官枢密使。王朴为人强势且富有手腕，包括赵匡胤在内的不少禁军将领都怕他。

依靠这套体制，周世宗有效地掌控着禁军。

但令周世宗没想到的是，正是从练兵开始，赵匡胤成为后周的掘墓人。练兵期间，赵匡胤结交了禁军里诸多中高级将领，并和这些人称兄道弟，甚至还与九名将领义结金兰，号称"义社十兄弟"，形成了自己的势力。

赵匡胤一手提拔起来的还有大量新入伍的基层官兵，他们对赵匡胤唯命是从，忠贞不贰。这使赵匡胤在后周禁军的高级将领中，拥有坚定的群众基础。

赵匡胤在练兵和征战中大放异彩，官职和威望越来越高，自身势力逐渐渗透进军队的各个阶层，拥有了篡夺皇位的实力。

显德六年（959），蒸蒸日上的后周形势突然急转直下。

三月，王朴去世，周世宗一时间找不到合适人选来执掌枢密院。到了五月，周世宗自己也在北伐辽朝的途中一病不起，不得不在六月安排后事。

周世宗首先立四皇子郭宗训为梁王，作为皇位继承人。郭宗训的生母符皇后此时已经去世，但周世宗又立符皇后的妹妹小符氏为皇后，以争取两位符氏皇后的父亲、实力雄厚的天雄军节度使（治大名府，今河北省邯郸市大名县东北）符彦卿的支持。

随后，周世宗安排首相范质和亚相王溥参知枢密院事、枢密使魏仁浦兼任排名第三的宰相。三名文臣宰相同时兼管枢密院，与专职枢密使吴廷祚共同制衡两司。

至于两司，身份特殊、位尊权重的李重进和张永德，一个被留在前线架空，一个干脆被罢去兵权。周世宗改而任命忠于周室的宿将韩通为侍卫亲军马步军副都指挥使（简称"侍卫副都指挥使"），实际主持侍卫司工作；又让心腹赵匡胤升任殿前都点检，接管殿前司。

但周世宗仍然不放心，最后任命心腹王著出任宰相。可是这一命令还没来得及公布，周世宗便驾崩了。而正是这个时间差要了后周的命。

王著豁达耿直，能力出众，周世宗曾几次想任命他当宰相。不过，鉴于当时为人强势的王朴正红得发紫，王著只好喝得烂醉如泥以躲避王朴的锋芒，周世宗也只得一再作罢。

作为顾命大臣，首相范质并不希望朝中有人与自己分享权力。他对另一位顾命大臣赵匡胤说："王著整天醉游梦乡，哪里能当宰相？！你千万别把这话说出去。"赵匡胤也不想节外生枝，于是欣然同意。

就这样，在周世宗闭眼的一刻，他的遗命被两位顾命大臣作废了。王著因此失去了相位，范质也从此被赵匡胤攥住了把柄。要让赵匡胤闭嘴，范质只能尽量配合他。周世宗精心布置的权力格局已经悄然瓦解。

显德六年（959）七月，7岁的郭宗训继位，是为周恭帝。按照惯例，新帝继位，百官封赏，赵匡胤乘机对两司上下其手，竭尽全力在军中安插亲己的势力。

由于职位和人物有些复杂，我们想了解这次封赏结束后两司是个什么情况，可参见图1、图2。

图中浅灰色部分是重要职位任职者失载，深灰色部分是对赵匡胤保持中立态度者，黑色部分是与赵匡胤敌对者，白色部分是属于赵匡胤势力者。当然，两司实际的军队番号和任职者远多于图中所示，但由此能大体窥见赵匡胤对两司的掌控力。

明确与赵匡胤敌对的，只有侍卫司的"一把手"李重进和"二把手"韩通。不过，当时李重进已经被赵匡胤以周恭帝的名义派驻到遥远的扬州（今江苏省扬州市），根本发挥不了作用。所以，能够阻碍赵匡胤称帝的，只有韩通。

赵匡胤在侍卫司的下层军官中并没有太大的基础。不过，通过韩令坤等人，他成功地把下面的军官与韩通分隔开来，让韩通在指挥侍卫司时无法如臂使指。从后来宋朝建立后的情况来看，这些保持中立的将领，大多数对赵匡胤并不排斥。相反，韩通是出了名的暴脾气，遇事一急就瞪眼，人称"韩瞪眼"，人缘远逊于赵匡胤。

至于殿前司，更是早已被赵匡胤捏在手里。从中高级将领到低级军官，再到普通士兵，都投拜在赵匡胤巨大的声望之下。

可以说，赵匡胤已经完全控制了两司。

但这还不够，控制两司，只是控制禁军乃至整个形势的第一步。韩通的资历远高于赵匡胤，这使他在恭帝朝仍对军务有很大的发言权。要完成改朝换代，必须彻底架空韩通。回想起周太祖当年的澶州兵变，赵匡胤想到了一个方法，即把

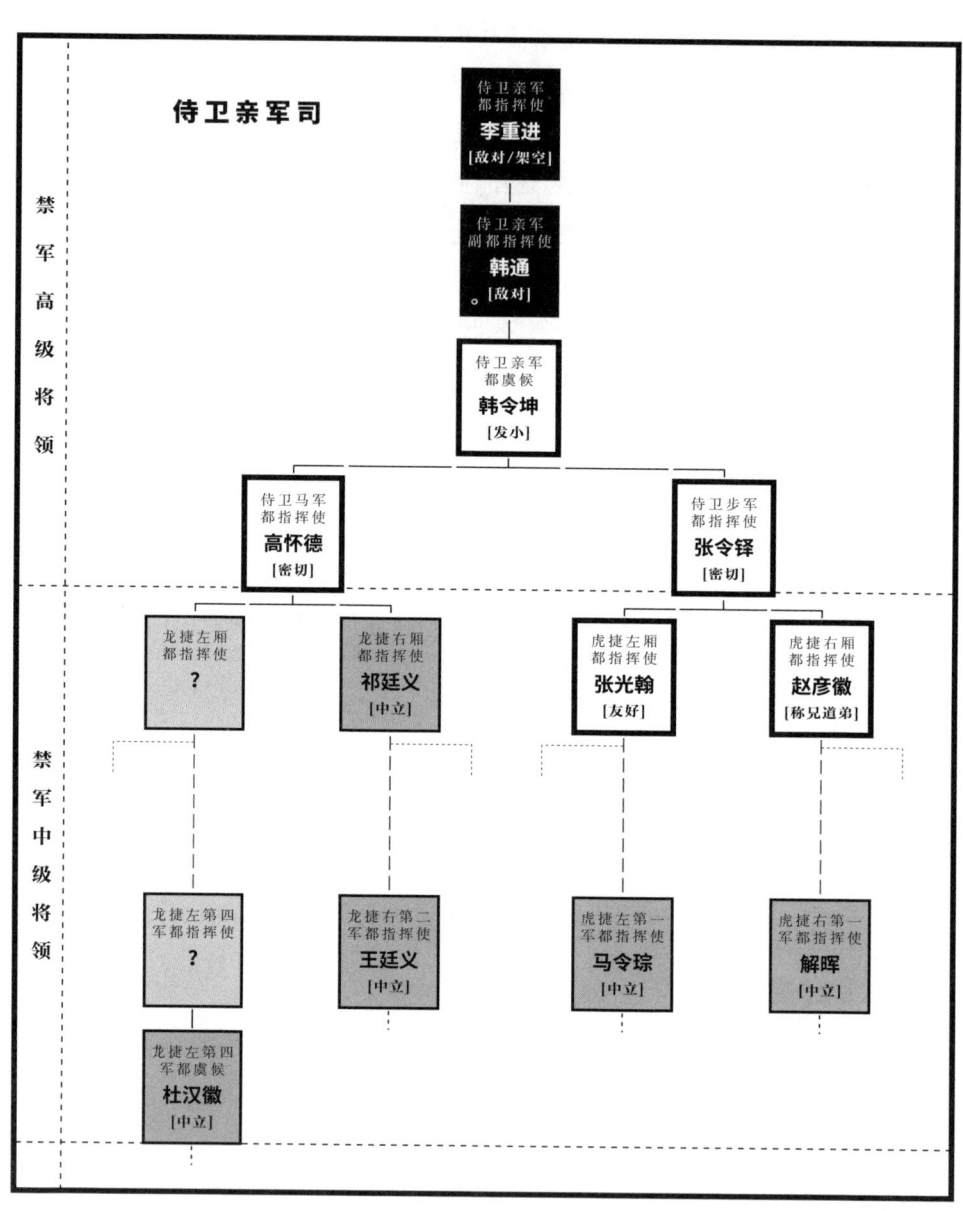

图 1 禁军侍卫亲军司（赵匡胤势力）

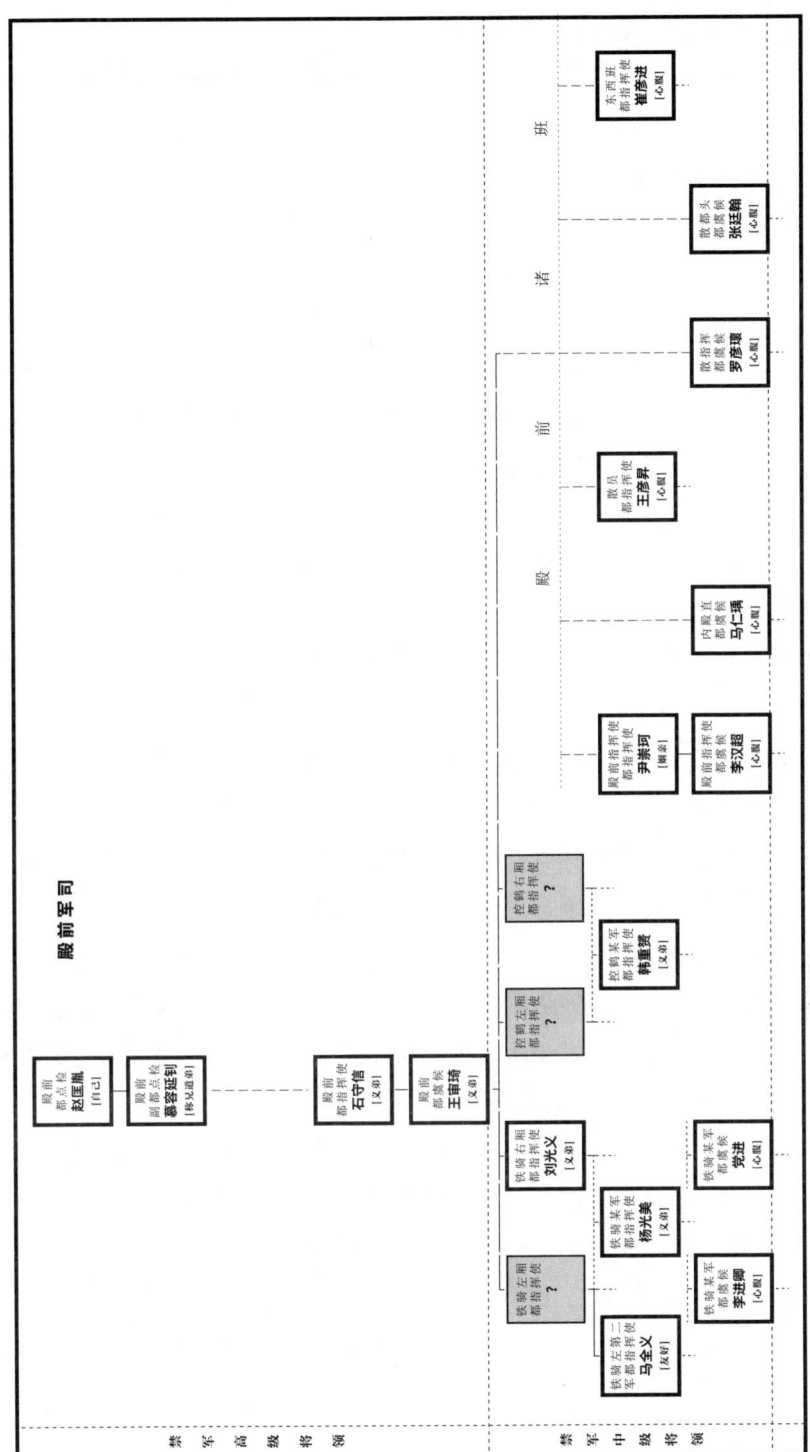

图 2　禁军殿前军司（赵匡胤势力）

禁军带出开封。要调兵，就需要枢密院的合作。

在三位兼管枢密院的宰相里，首相范质已经被赵匡胤抓住把柄进行胁迫；亚相王溥干脆倒向了赵匡胤，还送了他一座花园以表诚意；至于末相魏仁浦，则由赵匡胤的母亲杜老夫人亲自出面，上门给两家下一辈提亲。只剩下一位专职枢密使吴廷祚，也就无意去坏赵匡胤的好事了。

现在可以盘点一下了。

后周朝廷里能够左右政局者：侍卫司李重进、韩通、韩令坤、高怀德、张令铎，5人里有3人站队赵匡胤；殿前司赵匡胤、慕容延钊、石守信、王审琦，4人全属赵匡胤集团；枢密院范质、王溥、魏仁浦、吴廷祚，4人都不会碍赵匡胤的事。抛开被架空的李重进，赵匡胤11人对韩通1人，周世宗临终前在朝中的制衡布局彻底崩盘。

至于被周世宗寄予厚望的岳父符彦卿，此时的地位也相当微妙。因为符彦卿不仅是周世宗的老丈人，还是赵匡胤的弟弟赵匡义的老丈人。原配夫人尹氏去世后，赵匡义在张永德和赵匡胤的运作下，娶了符彦卿的小女儿。保不住江山的外孙子和实力雄厚的女婿打架，符彦卿要帮谁呢？

不过，赵匡胤还是对符彦卿做了提防，他让义兄李继勋出任安国军节度使（治邢州，今河北省邢台市）。安国军紧邻天雄军北界，既可监视符彦卿的举动，又可将符彦卿与更北方那些支持后周的藩镇隔绝开来。这年冬天，赵匡胤又以朝廷的名义，派发小韩令坤率侍卫亲军到河北边境巡视，名义上是防备契丹，而实际上却是威压河北藩镇。

从地理位置来讲，河北的局势对一马平川的开封极为重要，关乎王朝稳定甚至生死存亡；从传统上来讲，自中唐以来，河北的藩镇和士兵最爱闹事，只有镇住河北，赵匡胤才能有稳定的外部环境来实现内部夺权。

现在的赵匡胤，正式官职是殿前都点检（殿前司最高军事长官）、领归德军节度使（相当于那时的最高军衔）、加检校太尉（第二等荣誉官职）、封开国侯（爵位），他入受顾命，手握重兵，掌控局势，万事俱备。

显德七年（960）正月初一，东风如期而至。

这天清晨，文武百官依礼进入皇城，到东上阁门进奉新年贺表。突然，河北边镇镇州（今河北省石家庄市正定县）、定州（今河北省定州市）传来急报：契丹、北汉大军来犯！

东上阁门外顿时乱作一团。契丹寒冬缺食，后周节庆无备、主少国疑，大敌来犯也在情理之中。慌乱中，没有人公开质疑军报的真实性。在宰相和枢密使的主导下，周恭帝正式命赵匡胤率军出征。

然而，经历过五代兵变的人们并不是傻子。无论达官贵人，还是平民百姓，都预感到后周生命正在进入倒计时。

最先出来说话的是右拾遗杨徽之。早在周世宗在世时，杨徽之便提醒周世宗，说赵匡胤在军中颇有人望，不能再继续掌军了。周世宗不以为意。

接下来发话的是殿中侍御史郑起，他给范质写了一封密信，说赵匡胤统辖禁军多年，又深得将领之心，恐怕早晚要改朝换代。范质没有回应。

朝廷重新陷入可怕的死寂。

水能载舟，亦能覆舟。大年初二，开封城里的老百姓乱成了一锅粥。

作为北伐的副帅，赵匡胤的老大哥慕容延钊已经统领着殿前军作为先锋军队，率先进入河北，充当威震河北藩镇的第三道屏障。

然而，慕容延钊即将出兵的消息却惊动了整座开封城的老百姓。10年前，郭威也是到河北去抵御契丹，紧接着回马开封，篡位夺权，纵兵抢掠……眼看着历史正在一步步重演，享受了十年太平的开封百姓再也经不住折腾了。一时之间，"出军之日，就要策立点检当天子"的流言传得满城风雨，城中百姓争相逃匿。

做贼心虚的赵匡胤也不淡定了，他暗中和家里人商量："外面流言蜚语传成这个样子，这可怎么办？"赵匡胤丧夫寡居的妹妹、未来的燕国长公主此时正从厨房出来，她听到消息后面如铁色，抡起手中的擀面杖就朝赵匡胤打来，嘴里还责骂道："大丈夫面临大事，能不能自己解决？在家里吓唬妇道人家，这是想干吗？！"

的确，坐在家里什么问题也解决不了。现在，深居皇宫内院的小符后和周恭帝还听不到民间的消息，宰相们也仍然集体保持静默。只剩下一个人，仍然存在着变数。这个人，自然是韩通。

按照惯例，大将出征前要拜访朝中重臣。赵匡胤决定亲自登临韩府，探一探韩通的态度。

此刻，韩通的长子、22岁的尚食副使韩钧正在劝父亲除掉赵匡胤。韩钧因年幼生病，落了个驼背的后遗症，人称"韩橐驼"。与刚愎自用的韩瞠眼不同，韩橐驼足智多谋，曾多次劝父亲提防赵匡胤，可韩通却不以为意。这一次，赵匡胤来访，韩钧便力劝韩通摆下鸿门宴。可惜，关键时刻，韩通不知是缺乏勇气，还是不想同室操戈，竟然极力拦住了韩钧。

就这样，韩通失去了阻止赵匡胤篡位的唯一机会。

正月初三，一个寒冷的清晨。殿前军低级军官苗训顶着寒风，凝视着苍穹。此刻，天上出现了两轮太阳，一个在上，一个在下，据说还隐隐泛着黑光。

今天，我们都知道，这种现象叫作"假日虚像"，不过是因为天气寒冷，由云层折射导致的一种奇特天象。

可是在古代，将这一现象叫作"二日同辉"。天无二日，国无二主，两个太阳一上一下，这是惊变之象。那隐隐泛着的黑光，按照《开元占经》的占卜理论，预示着将有大批士兵在战争中死亡。

苗训指着两轮太阳，神秘地对赵匡胤的心腹幕僚楚昭辅说："天命也！"

接到慕容延钊渡过黄河的军报，赵匡胤亲率数万禁军主力出征。高怀德、张令铎分别统领着骑兵和步兵，阔步出城；李汉超、马仁瑀、王彦昇、罗彦瓌等殿前诸班的统兵将领，也各自率领着本该保卫皇帝的军队，追随赵匡胤出征；赵匡胤的心腹幕僚归德军掌书记赵普、都押衙李处耘、门吏楚昭辅更是一个不落地跟在赵匡胤左右。

大军从开封城东北方向的爱景门有条不紊地开赴"前线"。随着时间的流逝，一千多年后，"爱景门"三个字早已在人们的脑海中风化，而它的俗称——"陈桥门"，却因陈桥驿的名字流传至今。

陈桥驿，是赵匡胤特意选好的兵变地点。

这座驿站始设于后晋，后来朝廷曾多次在此屯集重兵，有现成的营地设施。驻扎于此既方便，又不会引起朝廷的猜忌。再者，陈桥驿位于开封陈桥门外东北30里（宋代1里约合今560米，全书作为计量单位的"里"均为宋里）处，距离开封不过半天的路程。兵变发动后，赵匡胤可立即入京控制局面，以防夜长梦多。

当天傍晚，大军入驻陈桥驿。成竹在胸的赵匡胤开怀畅饮，于当晚早早入睡。正当他鼾声如雷的时候，营中将士却三五成群地议论纷纷："主上幼弱，不能亲政。现在我们出生入死，为国家破贼，有谁能知道？不如立都点检为天子，然后再北征，为时未晚。"

负责赵匡胤仪仗和警卫工作的李处耘立马找来王彦昇商议，紧接着又派人去叫马仁瑀和李汉超。王彦昇、马仁瑀、李汉超三人都是赵匡胤的死党，李处耘叫来他们，分明是要宣布拥立结果，而不是商量怎么对付拥立。

趁着马仁瑀和李汉超未到，李处耘来见赵匡胤的首席谋士赵普。正在两人说话间，诸位将领已经冲进屋，争着嚷着要立新皇帝。

此时的赵普和李处耘却给诸将讲起了大道理："太尉对朝廷忠心耿耿，肯定饶不了你们！"

这让诸将有点丈二和尚摸不着头脑，尤其是马仁瑀、李汉超：你李处耘叫我们来，不是要立皇帝吗？怎么又劝退了？大家彼此相顾，无所适从，有的人干脆就离开了。

可是没过一会儿，诸将又冲了进来，亮出兵器，恶狠狠地说："在军中私自聚众议论，罪当灭族。我们已经商定，太尉要是不同意做天子，我们又岂能退回去等死！"

赵普和李处耘大声呵斥道："策立天子，这是天大的事，本当精密筹划，尔等怎能如此草率，狂妄悖逆？！"诸将这才冷静下来，坐下准备听听赵普如何精密筹划。

赵普说："现在外寇压境，不如先出兵把敌人赶走，等回来再议此事……"

"不行！"诸将已经失去了耐心，反驳道，"当今朝廷政出多门，要是等到打退敌人再回来，谁知道会发生什么事！现在就应该命大军进入京城，立太尉为皇帝，然后再出兵北上，破贼简直易如反掌！太尉要是执意不肯接受拥戴，那大军也绝对不会再向前走半步！"

赵普看看李处耘，表示道："事已至此，无可奈何，那就早点约束军队吧。"他转过头又对诸将说，"兴王易姓，虽说是天命，但也决定于人心向背。大家知道，副点检率领前军，已于昨日渡过黄河。节度使各据一方，京城一旦发生动乱，不仅外寇会长驱直入，四方的藩镇也一定会叛变。如果各位能够严肃军纪，禁止部下劫掠，京城的人心就不会动摇，四方也自然不会发生变乱。那么诸位将军，自然能长保富贵。"

诸将全盘答应了赵普提出的条件，这才各自离去整兵待发。

现在回过头来复盘兵变，整个过程的逻辑相当顺畅：军中传言拥立皇帝→李处耘召诸将商量→李处耘通知赵普→诸将表达拥立意向→赵普对诸将"劝解"无效→达成拥立共识。

还是前面提到的问题，李处耘一会儿叫来一帮肯定同意拥立赵匡胤的将领商量，一会儿又跟赵普一起劝退诸将，这葫芦里到底卖的什么药？

实际上，将军中传言激化为诸将行动的，正是李处耘；而与李处耘同为赵匡胤左膀右臂的赵普，在讨价还价之后，抛出了约束军纪的条件。很显然，这两个人是有备而来。

同样做好准备的，还有开封城中的石守信和王审琦。作为"义社十兄弟"中与赵匡胤关系最铁的义弟，两人在当天夜里接到了衙队军使郭延赟从陈桥驿送来的军报。

正月初四黎明，陈桥驿周围突然喊声四起。赵普进入内堂，向睡眼惺忪的赵匡胤汇报"变况"。一大波将士披甲执兵，聚集在驿站门口拼命敲门，声嘶力竭地嚷着："诸军无主，愿奉太尉为天子！"

赵匡胤披上衣服，走出堂门，还没等他说话，罗彦瓌就一把将一件黄袍披在他身上。赵匡胤一惊之下，正要推辞。将士们哪里肯听，齐刷刷地在院子里跪拜，大呼："万岁！万岁！万岁！"

赵匡胤依旧推辞，诸将干脆一拥而上，把他扶上了马，声言要拥护着赵匡胤，回开封去当皇帝。

这多像唐末五代禁军拥立皇帝请赏的老把戏！赵匡胤在"毫不知情"的情况下，一觉醒来就做了皇帝！

可正如明代岳正那句诗所说："黄袍不是寻常物，谁信军中偶得之？"赵普和李处耘在忙什么？石守信和王审琦在等什么？在朝廷内外精心的布局又是为什么？

见军心已定，赵匡胤决定摘下面具，从幕后走到前台。他环顾四周，镇静地说道："你们自己贪图富贵，立我为天子，就必须听从我的命令。否则，我绝不做你们的主上。"

众将士齐声应道："唯命是听！"

至此，一场传统的五代式兵变便成功了一半。

而兵变的另一半，则完全脱离了传统五代式兵变的轨道。

赵匡胤在接受拥立后，正式下达了第一道命令："主上和太后，我平时面向北方侍奉他们；公卿大臣，都是我的同僚，你们不得伤害他们。当今之世，帝王举兵进京，总是放纵士兵大肆掠夺，称为'夯市'。你们随我入京后，不得夯市，不得抢劫府库。待局势稳定后，我自会厚赏你们，不然，族诛不怠！"

随即，赵匡胤慷慨许诺，事成之后，每名士兵赏钱200贯。

"诺！"一声齐应，响彻陈桥驿的天空。

后周国都开封有三道城墙防护，从外到内，依次为外城、内城、皇城。

赵匡胤进入外城最方便的城门便是前一日出兵时所走的爱景门（陈桥门）。此门不仅距离最近，而且守城的军队是东第三班。这支军队隶属于殿前诸班之一的东西班承旨，而东西班承旨的长官崔彦进早已是赵匡胤的心腹。这应该不是巧合，而是特意安排。

可让赵匡胤没想到的是，戍守爱景门的"自己人"居然紧闭大门，拒守城关。从南宋人略有偏差的回忆录中大约可以判断，当时守城门的是一位姓乔和一位姓陆的卒长。两人表示忠于皇帝，誓死捍卫大周王朝。

赵匡胤无心恋战，只好掉头西向，来到长景门。从后来守城军队的结局来看，戍守长景门的军队极有可能隶属于侍卫司。毕竟，韩通此时兼任在京巡检，主持京城防务。他虽然被赵匡胤裹挟走一部分侍卫亲军，但仍旧能依靠剩余的力量抗击赵匡胤。

正当赵匡胤如临大敌之际，再次令他没想到的是，长景门竟然门洞大开，守城将士望风而降。

赵匡胤顺利进入外城，他派出客省使潘美作为特使，入宫通知后周君臣，以便寻求谅解与合作；又让楚昭辅迅速给自己的家人送信；他自己则马不停蹄地率军绕过内城的北城墙，奔向东南角的仁和门。

潘美还在进宫的路上，皇城内便接到了兵变的报告。

万岁殿里，周恭帝即将结束早朝，乍闻兵变，简直如晴天霹雳。首相范质惊悔之余，一把抓住亚相王溥的手，咬牙切齿地说："匆匆忙忙就派遣大将出征，这是我们的罪过！"

范质虽然被赵匡胤绑上了贼船，但他只想握住执政大权，从来没想过支持野心家的改朝换代。装了半年傻的范质终于清醒过来，他悔恨交加，不由得手劲越来越大，指甲刺入王溥的皮肤，几乎刺出血来。

作为首相，这是他为能保住大周所做的最后贡献。

当时，韩通也在皇城里，久经沙场的韩通自然不会像范质那样只叹无可奈何，他当即带上随从的侍卫司亲卫，朝皇城东南面的殿前司公署杀去。

然而，殿前司公署早已人去楼空。韩通有种大难临头的感觉。他叫上身边所有亲卫，气势汹汹地杀向殿前司以南的左掖门。突然，一支利箭擦脸而过，韩通身后的侍卫应声倒地。

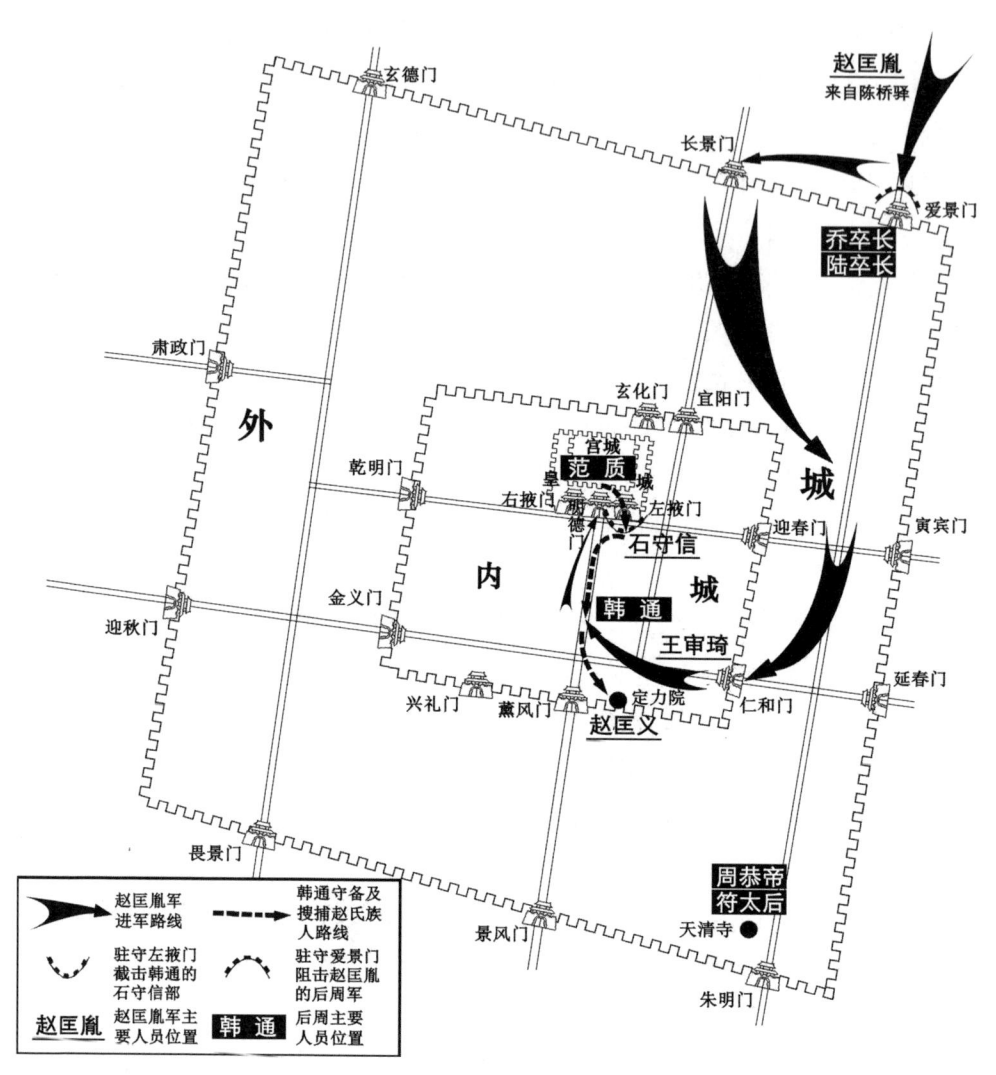

图 3　赵匡胤进军后周都城图

韩通大惊，只见左掖门外，石守信正率领殿前军扣动弩机。韩通怒吼一声，举剑跃起，亲卫们也义无反顾地冲上前去。

经过一番浴血奋战，韩通总算冲出左掖门。石守信害怕皇城失守，不便追击，这让韩通有了喘息的机会，就此分兵：一路由自己带领，向驻军大营狂奔；另一路直扑赵府，诛杀赵匡胤的家人。

只不过，赵府此时亦已空空如也。在赵匡胤的安排下，母亲杜氏，夫人王氏，弟弟匡义、匡美，还有那位"擀面杖"妹妹，早在变兵之前就来到了内城东南角仁和门附近的定力院，举办向僧侣施舍斋饭的活动。

当然，这也只能拖延时间。几经打探，得知消息的亲卫们飞奔定力院。

王夫人是将门之女，嫁到赵家还不到两年。然而，当从楚昭辅嘴里得知兵变的消息后，她还是吓得花容失色。倒是杜老夫人异常镇定，谈笑自若。她胸有成竹地说："我这个儿子向来特别，别人都说当有大富大贵。你们怕什么呀？"

话虽如此，可韩通的亲卫们眼看就要杀到定力院。定力院的住持连忙让赵氏一家登上阁楼，然后锁上阁门，装作阁楼经久不开的样子。

赵氏一家人前脚刚躲起来，韩通的亲卫们后脚就赶到了。

住持双手合十，心平气和地说："人早都走了，不知他们去了哪里。"

但亲卫们根本不信，要求把定力院搜个底朝天。最后，一名亲卫还是登上了阁楼……

赵匡胤的主力军队一路狂奔，终于赶在京城组织防御前到达了仁和门。在这里，"布衣之交"王审琦早已恭候多时。

不及主力军队进城，王彦昇就奉命带着手下飞驰在内城的大街上。这场兵变能不能如赵匡胤所愿和平结束，此刻全寄托在王彦昇手中的那柄利剑上。

却说心急如焚的韩通离了左掖门，试图全力组织抵抗，没承想迎面就遇到前来截击的王彦昇。素有"王剑儿"之称的王彦昇将一把宝剑舞得滴水不漏，筋疲力尽的韩通只有苦苦招架之功，而毫无还手之力。

定力院里的亲卫们还在大肆搜捕，那名登上阁楼的亲卫恶狠狠地踹开了大门。

据说，踹开大门的亲卫看到的是虫网丝布，尘埃凝积，一看就是很多年没人来过的样子。他下楼汇报："这种地方怎么会有人？"

搜捕无获，亲卫们扫兴而去。

赵家如何逃过这一劫，一直是个谜。可能是这名亲卫故意放水，为自己留条后路；也可能是赵匡胤从附近的仁和门入城的消息传到了定力院，亲卫们已放弃与一位新皇帝对抗。

然而，韩通却从未放弃。

随着时间的流逝，韩通渐渐明白，留给自己的时间不多了。

韩通且战且退，最后退入家中，王彦昇的利剑紧随其后，封住了热血忠臣的最后出路。寡不敌众的韩通最终倒在了王彦昇的剑下，他的妻子以及22岁的长子韩钧、11岁的次子韩保安、9岁的三子惨遭杀害，只有四个女儿和3岁的幼子韩守谅被刻意留了活口。

这是陈桥兵变以来，第一场大型流血冲突，也只此一场。

定力院的阁楼上，刚刚跟阎王爷打了个照面的赵氏一家，一个个还惊魂未定。

只有一人——杜老夫人例外。她还是那样面色平和，不紧不慢地说："我儿子一直胸怀大志，今天果然成了大事。"

那种平静，就像是皇位水到渠成，就该轮到赵家一样。

此时，赵匡义等人也终于定下神来，一溜烟儿跑出了定力院。遥望道路北口，仁和门内的大街上，列列劲旅如铜排铁箫，整齐划一地开进开封内城。在金戈铁马的簇拥下，一个魁梧的汉子身着黄袍，气宇轩昂。

韩通死后，周军再无有组织的抵抗。赵匡胤顺利进入皇城，登上皇城正门——明德门，俯瞰汴川，满城荣锦；回望大梁，尽收繁华。

在各级将校的指挥下，士兵们正在有条不紊地返回自己的营地；初受惊吓的小商贩们也都陆陆续续回到集市，继续开张营业；老百姓依旧安居乐业。整座开封城，除了明德门上多了个赵匡胤，韩府里死了个韩通外，仿佛什么都没发生过。

兵不血刃，市不易肆，这简直是兵变中的奇迹。

赵匡胤并没有急于进入皇宫，而是回到殿前司，脱下黄袍。

须臾，入宫多时的潘美归来。在他身后，押解着后周宰相范质、王溥、魏仁浦。范质坚决不肯带头下跪，拒绝承认赵匡胤的帝位。他怒发冲冠，仿佛自己并非阶下囚，而仍是堂堂宰相，向逆贼赵匡胤问罪。

赵匡胤没有硬来，而是声泪俱下，抽泣着对范质说："我受世宗皇帝厚恩，却为将士胁迫，一旦至此，有愧于天地，我该怎么办？"

范质却一点面子都不给，指着赵匡胤破口大骂："先帝养你如子，现在圣体未冷，你安敢如此！"

眼看赵匡胤的戏要唱不下去了，站在他身后的罗彦瓌拔剑而起，剑锋直趋范质的脖子，怒斥道："我辈无主，今日必得天子！"

赵匡胤呵斥罗彦瓌的无礼，可罗彦瓌丝毫没有退却的意思。

箭在弦上，看来又要用流血破局。

关键时刻，还是王溥倒身下拜，为众人解了围。只是这样一来，宰相作为抵抗叛军头子的集体就不复存在了。孤掌难鸣的范质，被迫屈服。

赵匡胤终于等到了这一拜，距离九五之尊只差迈上最后的台阶——皇帝禅让。可是宫里却突然传来一个惊天消息：皇帝不见了！

开封城东南角，天清寺内，小符后正搂着7岁的周恭帝，浑身战栗；身旁宫人的怀中，曹王郭熙让、纪王郭熙谨和蕲王郭熙诲，早就吓得缩成一团。这些孩子都是周世宗的骨肉，皆非小符后亲生；但于礼法，她是他们的嫡母。

周世宗的生日曾被称为"天清节"，小符后和孩子们希望在天清寺里获得世宗皇帝的庇佑。

然而，能庇佑他们的只能是那个即将成为新皇帝的人。

赵匡胤很快得知周恭帝的下落，飞马赶到。

如何处理周恭帝和宗室，这几乎不是问题。因为，在540年前刘裕建立另一个"宋朝"——南朝宋时，中国便形成了一个不成文的政治规矩：新朝开国，必诛前朝逊帝乃至宗室。因此，狠辣果断的赵普向赵匡胤建议，直接斩草除根。

可潘美却不以为然。他默不作声，以沉默抗拒着500余年的陋规。赵匡胤发现了他的失态，便问道："你觉得这三个孩子不该杀？"

潘美低着头，不敢应对。

赵匡胤说："即人之位，杀人之子，我不忍心这样。"

见赵匡胤也有此想法，潘美终于壮起胆子应道："臣与陛下都曾是世宗的臣子，劝陛下杀了这三个孩子，是辜负了世宗。若劝陛下不杀，则陛下必对臣心生怀疑。"

"唉。"赵匡胤长叹一口气，随手指向一个孩子，对潘美说，"你带走这个吧，让他给你当侄子。他是世宗的儿子，不能给你做儿子。"

据说，那个被潘美收留的孩子，改名潘惟吉。他的孙子潘夙文武双全，甚有乃祖周世宗风范，成为北宋一代名臣。另有一个孩子被工部尚书卢琰收养，也逃过一劫。郭熙谨则在乾德二年（964）去世。

这些都是后话。此刻的赵匡胤终于了却了一桩心事。让大臣来抚养前朝皇子，这绝对是他的首创，而且空前绝后。赵匡胤不愿踏着前朝皇族的尸体登基，他要让血雨腥风的政治变得温和儒雅。

可是朝廷里的大臣们并不那么温和儒雅。

赵普等人已经回到崇元殿，张罗着禅让大典。召集文武的命令早就发出去了，但百官稀稀拉拉的，直到傍晚才齐聚殿堂，而且乱哄哄的，毫无规矩。抵触新朝的文臣武将还大有人在，翰林学士李昉甚至明确拒绝出席大典，拒绝朝见新天子。

这还不是最尴尬的。

禅让大典好不容易凑合着开始了，但直到这时人们才发现，最重要的文件——禅位诏书根本没来得及写！

签约仪式都上直播了，才发现合同还没起草！

眼看日头西倾，禅让大典怕是要变成"篝火晚会"。

正当群臣交头接耳之际，翰林学士承旨（首席翰林学士，皇帝的首席秘书）陶穀兴致勃勃地站了出来。他一撸袖子，掏出一张黄纸，得意扬扬地说道："制书已经写好了。"

以攀龙附凤著称的大才子陶穀，虽然一直不受赵匡胤的待见，但不得不说，这一次他救了赵匡胤的场子。

礼官以皇帝的名义，正式宣读诏书。宣徽南院使昝居润引着赵匡胤走近龙墀，面朝周恭帝，跪拜并接受禅位。周恭帝在礼官的搀扶下，战战兢兢地离开龙椅，下阶北面称臣。赵匡胤终于穿上了真龙袍——不仅有龙袍，还戴上了那象征帝王身份的冕冠。当12串珍珠将赵匡胤的视线与群臣隔开时，他终于领略到唯我独尊之贵。在首相范质的扶持下，赵匡胤登上九五大宝，是为宋太祖（960—976年在位）。百官齐刷刷下跪叩拜，"万岁"之声，响彻开封。

第二天，也就是显德七年（960）正月五日，即将满34岁的赵匡胤正式改国号为宋，建元建隆，大赦天下。

一个令一千多年后的文化人都羡慕不已的大宋盛世，由此拉开了序幕。

在大宋开国第四天，韩通因忠于职守，被追赠为中书令（节度使兼中书令是武人的最高荣誉），依礼厚葬——尽管赵匡胤几乎时时刻刻难以遮掩自己对韩通的厌恶。

戍守爱景门的二位卒长在听说改朝换代后义愤填膺，悬梁自缢。赵匡胤连连感叹"忠义孩儿"，为他们建立了忠义庙，连东第三班也因此获得了"孩儿班"

的称号。而在长景门将赵匡胤放进城的守军却被开刀问斩。

与"兵不血刃，市不易肆"一样，超越功绩而褒奖忠诚，也是五代兵变中的一股清流。

那么，为什么赵匡胤能够成为一股清流呢？

首先，是赵匡胤在军中拥有巨大的权威，能够有效地约束军队。

其次，周恭帝在位的这半年里，赵匡胤为兵变做了充分的准备，把抵抗力量降到最低，从而避免了大规模的流血冲突。

最后，赵匡胤主观上想改变乱世法则。他虽然出身武将之家，但祖上受过良好的儒家教育，有一定的文化修养。由于有这样的家族传统，赵匡胤年幼时被送入学校，接受正统的儒家教育。像《尚书》这样深奥的儒家经典，他都能跟文人士大夫侃侃而谈，可见他已具备基本的儒学素养。儒家行仁政的价值观根植于赵匡胤的思想中，这是他与一般武人最大的不同。

正因如此，赵匡胤才能既有意愿又有能力发动一场完全不同于传统五代兵变的兵变。

削夺兵权：温情脉脉地拔除祸根

陈桥兵变虽然成功，善后工作却任重道远。宋太祖首先要直面的，便是军事叛乱。

建隆元年（960）四月十四日，距离宋朝开国仅三个月，昭义军节度使（治潞州，今山西省长治市）李筠便以匡复周室、讨伐叛逆为名起兵造反；淮南节度使（治扬州，今江苏省扬州市）李重进也蠢蠢欲动。六月，平定李筠。九月，李重进反；十一月，李重进战败自尽。

李筠和李重进除了都姓李外，还有一些相同点。比如，两人都曾任职中央禁军，都曾建有赫赫战功，都在军中有极高的人望，最后都以节度使的身份在地方起兵叛乱。

不过，李筠盘踞昭义军长达十年，是地方实力派。他能够在昭义军发动全面动员，给宋太祖造成了不小的压力。而李重进作为昔日的侍卫都指挥使，基本盘全在中央。一旦被派驻淮南，李重进的实力便迅速削弱。他在淮南立足未稳，兵寡将弱，宋太祖不费吹灰之力便将他消灭掉了。

平定二李事件产生了极大的威慑力。各地心怀怨愤、厉兵秣马的节度使纷纷遣使入朝，表示愿与新王朝合作。宋太祖成为暂时做稳皇帝的人。

但他知道，在这个皇帝人尽可做、朝廷威信扫地的时代，举国上下都充斥着另一种人——想做皇帝而不得的人。

五代兵祸的直接源头是禁军和藩镇。前者是腹心之患，后者是肢体之祸；前者关系生死存亡，后者关系长治久安。

目睹、参与过多次兵变，最终靠兵变上台的宋太祖深知，要保住大宋江山，摆脱短命厄运，首先要解决的就是禁军，或者说是能够左右政局的禁军高级将领的问题。

宋初延续了后周制度，禁军两司共有九名高级将领：

侍卫亲军马步军都指挥使　　韩令坤
侍卫亲军马步军副都指挥使　石守信
侍卫亲军马步军都虞候　　　张令铎
侍卫亲军马军都指挥使　　　张光翰
侍卫亲军步军都指挥使　　　赵彦徽

殿前都点检　　慕容延钊
殿前副都点检　高怀德
殿前都指挥使　王审琦
殿前都虞候　　赵光义

在这九位高级将领中，除了赵光义（即赵匡义，因为赵匡胤称帝后，要避皇帝名讳，所以赵匡义改名叫光义）是以皇弟身份任此高职外，其他八人都是陈桥兵变的功臣，可谓开国元勋。

另外，八个人还有一个共同点：他们在后周时就已是禁军的重要将领，甚至绝大多数是高级将领。他们手握重兵，在军中有一定的威望，与宋太祖的地位不相伯仲。他们是否位列禁军高级将领，与宋太祖的提拔赏识关系并不大。与其说他们是宋太祖的心腹大将、开国元勋，倒不如说是大宋朝的"合伙人"。

换句话说，他们同样具备发动兵变、篡夺皇位的潜质，而并不受宋太祖个人恩惠的约束。"合伙人"一旦想独立，宋太祖根本拦不住。

"想做皇帝而不得的人"，首先指的就是这八位开国元勋。

对于这样的人，最直接的解决办法，便是像刘邦那样，兔死狗烹。这也是五代时期的惯用伎俩。但对宋太祖来说，这实在是下下策。

首先，皇帝猜忌功臣将帅，动辄诛杀，结果搞得人人自危，人心不宁，反而会造成政局更大的动乱。对一心求治的宋太祖而言，开国元勋不能杀。

其次，开国元勋可能居功自傲，甚至弄权枉法，但毕竟不是谋逆作乱。只要能够抑制这些人的野心，使他们不在这条路上越走越远，那么开国元勋就不必杀。

最后，开国元勋个个都跟宋太祖交情深厚，这也是宋太祖能够兵变成功的重要原因。韩令坤是宋太祖从小玩到大的发小；慕容延钊被宋太祖当作亲哥哥对待，即便是称帝以后，宋太祖仍然叫他大哥；石守信、王审琦是宋太祖的拜把子兄弟；高怀德、张令铎跟宋太祖的关系也不一般，尤其是高怀德，在宋朝开国的第八个月，就娶了宋太祖的"擀面杖"妹妹燕国长公主，成了宋太祖的妹夫；张光翰和赵彦徽，跟宋太祖也有些交情，宋太祖还因为赵彦徽也姓赵，跟他论起了同宗之谊，认他当了大哥。对于重感情的宋太祖而言，这样的开国元勋自然也不愿杀。

不能杀、不必杀、不愿杀，宋太祖决定不杀，改而尝试采用更加温和的方式，去解决八大元勋的潜在威胁。

建隆元年（960）八月初一，为了庆祝平定李筠，宋太祖在万春殿大宴群臣。此前，对平叛军功的赏赐工作已经展开。5天之后，张光翰和赵彦徽分别出任永清军（治贝州，今河北省邢台市清河县西北）、建雄军节度使（治晋州，今山西省临汾市），成为八大元勋中第一批被解除兵权的人。

与其他六人相比，张光翰、赵彦徽与宋太祖的关系相对疏远；陈桥兵变前夕，也仅是禁军中级军官，并非高级将领。骤升高位，忝居元勋，两人整日提心吊胆，生怕皇帝秋后算账。现在罢落军职，外放藩镇，反而说明皇帝给自己留了一条活路。

张光翰与赵彦徽的落职悄无声息,以至于《续资治通鉴长编》中对这样重大的人事调整都缺失记载。一场削夺禁军高级将领兵权的好戏,就此拉开帷幕。

建隆二年(961)闰三月,又一场酒宴在广政殿隆重举行,这次的主角是刚刚罢落军职的韩令坤和慕容延钊。

韩令坤和慕容延钊是两司"一把手",但早在陈桥兵变之前,二人就先后领兵出巡河北。韩令坤参与平定二李之事,断断续续地留在京城,勉强还能管管侍卫司的军务;慕容延钊却常年在外,对殿前司的事根本无从过问。

一个像极了韩通,另一个像极了李重进。

毕竟,对皇帝宋太祖也好,对两位曾与皇帝平起平坐的大将也好,为了避免尴尬,相见不如不见。这就注定了两人的命运。

罢免军职后,韩令坤与慕容延钊一北一南,分别出任成德军节度使(治镇州,今河北省石家庄市正定县)和山南东道节度使(治襄州,今湖北省襄阳市)。

不过,宋太祖也并没有让二人就此退出历史舞台。对于草创未稳的宋朝而言,北有契丹威胁,南有诸国待战,仍需良将镇守国门。韩令坤与慕容延钊待在中央,那是架在太祖自己脖子上的两把刀;可去了边疆,他俩就成了宋朝的一对活门神。

因此,二人出守藩镇的地点也是宋太祖精心选择的。镇州是北疆重镇,韩令坤兼任北面缘边兵马都部署,威名赫赫,日后成为太祖朝著名的十四边将之一;襄州则是南疆的大门,慕容延钊兼任西南面兵马都部署,尽忠职守,后来成为统一战争的主帅。

为了表达对宿旧元勋的尊重,也为了化解情感上的尴尬,宋太祖在广政殿大摆宴席,亲自为即将赴镇的韩令坤和慕容延钊送行。此后,节度使到藩镇履职,皇帝都依据这次酒宴的规格,举办送别会。

觥筹交错间,八大元勋已去其半。

按照宋太祖的计划,禁军的人事调整到此告一段落。毕竟宋朝要统一天下,还需要依靠这些大将带兵打仗。

然而,已经升任枢密副使的赵普却不同意。他数次向宋太祖进谏说:"不能再让石守信和王审琦统率禁军了。"

"这两人怎么可能造反呢？"对赵普的话，宋太祖非常不屑。在他看来，石守信、王审琦，包括高怀德和张令铎，这些人都是自己的兄弟，靠得住。

赵普却回答："石守信和王审琦确实不会造反。可据臣观察，他们两个驾驭不了手下的官兵。万一哪天下面的人想拥立他俩搞兵变，恐怕到时候他俩不想造反也不行了。"

赵普的话说得很委婉，但宋太祖依旧不信，他反问赵普："国家如此重用他们，这两个人怎么会辜负朕？"

没想到赵普硬邦邦地回了一句："那陛下又怎么能辜负世宗？"

宋太祖不再争辩。他从一开始就知道赵普是对的，只是这次要罢免自己最亲近的弟兄，面子上太难看了。

酒宴，也只有酒宴，才能最后一次帮宋太祖化解尴尬。

七月的一天，石守信、王审琦、高怀德和张令铎接到宋太祖的邀请，结伴入宫，参加皇帝老大哥举办的酒宴。兄弟五个开怀畅饮，把酒言欢。

酒至半酣，宋太祖悄悄屏退左右，跟四位兄弟感慨道："要不是哥几个卖力，我老赵绝对没有今天。你们的功德，我是一刻也没忘啊！"可说着说着，太祖突然叹了口气，"唉，我太难了，这皇帝当的，还不如当节度使的时候快乐呢，我现在天天失眠，睡不着觉。"

石守信等人直愣愣地看着宋太祖，心说，老大喝多了吧，哪有当皇帝不快乐的道理啊？大家便问："陛下，您这皇帝当得好好的，怎么睡不着觉了呢？"

宋太祖答道："这也不难理解，谁不想当皇帝呢？"

此话一出，四人吓得立马从椅子上滚落，跪在地上拼命磕头："陛下何出此言？现在您就是真命天子，谁还敢有二心？"

宋太祖却不紧不慢地说："你们当然没有二心，可一旦你们那些贪图富贵的手下把黄袍披在你们身上，做不做皇帝，你们说说，还由得了你们自己吗？"

四人顿时被吓得魂飞魄散，以为皇帝要大开杀戒，一个个痛哭流涕，苦苦央求道："臣等太蠢了，没想到这一点。求陛下可怜我们，给我们指条活路吧。"

宋太祖见火候已到，这才徐徐劝导说："人生犹如白驹过隙，一晃就过去了。那些想要大富大贵的人，不过就是想多攒点钱，让自己和子孙享福。既然是这样，兄弟们，你们何不交出兵权，出守藩镇，多买好地好房，留给子孙后代。然后，再多置些歌儿舞女，每天喝酒唱歌，以终天年。我跟你们结为亲家，从此君臣一体，两无猜疑，上下相安，岂不是很好！"

四人得知捡了条命，连忙拜谢道："陛下这样为臣等着想，真是让臣等死而复生啊！"

第二天，四人集体递交辞呈，宋太祖见了非常高兴。

七月初九，殿前副都点检高怀德、殿前都指挥使王审琦、侍卫都虞候张令铎罢落军职，出守藩镇。侍卫副都指挥使石守信虽然扶正，但很知趣地只管在侍卫司打酱油；到了第二年，石守信也卸掉了"吉祥物"的空头衔，一身轻松地到地方藩镇赴任去了。

这最后一场酒宴，就是著名的"杯酒释兵权"。

"杯酒释兵权"后，宋太祖履行了诺言，至死也没有为难石守信等人；他与诸将结为亲家的承诺也得到兑现。除了高怀德已经做了宋太祖的妹夫外，石守信、王审琦的儿子都娶了宋太祖的女儿，张令铎的女儿则嫁给了宋太祖的弟弟赵光美。

不过，"杯酒释兵权"后仍然有一个问题尚未得到解决。离开中央的前禁军高级将领们，短期内就像李重进一样，对朝廷的威胁已无足轻重。可他们摇身一变，成为雄踞一方的节度使，谁又能保证在足够长的时间后，他们不会变成李筠呢？

宋太祖能保证，但这是另一个问题，我们留到下节再说。

继续回到"杯酒释兵权"。

我国台湾著名作家柏杨先生在《中国人史纲》中评价说，"杯酒释兵权""是一种最高的政治艺术的运用。一席酒宴解决了不断兵变和不断改朝换代的祸根"。

柏杨先生只说对了一半。"杯酒释兵权"确实是"最高的政治艺术的运用"，宋太祖只用一席酒宴，便化解了君臣间情感上的尴尬，减少了被罢兵权者的抵触情绪。但仅靠一席酒宴根本不可能解决"不断兵变和不断改朝换代的祸根"。宋太祖罢免八大元勋，都动用了酒宴，但不是一席，而是三席；何况最后一场"杯酒释兵权"在历史上是否真实发生过，也一直存在争议。

以"杯酒释兵权"为代表的八大开国元勋之罢免，充其量只是一次性的人事调动；要永久性地解决兵变隐患，还是要依靠制度，而这个制度的核心就是抑制和制衡。

首先看抑制。在"杯酒释兵权"后，9个禁军高级将领的职位中，有5个级别最高的职位被长期空置。其中，宋太祖曾经担任的殿前都点检，及其副职副都点检正式废除。侍卫都指挥使、副都指挥使、都虞候虽然保留着职位，但在太祖朝始终没有再授予他人。禁军将领的级别被压制下来，在军中的威望也大不如前。这就压制了他们在军中的实力和政治野心。

其次看制衡。由于不再任命统一管理侍卫司的将领，侍卫马军和步军逐渐分离，各自为政。到了宋真宗景德二年（1005）正月，侍卫亲军的三个高级职位也被正式废除，马军司与步军司正式独立。至此，后周以来的禁军两司彻底分裂为三衙，彼此的制衡性明显加强。

与此同时，宋太祖继承了周世宗的做法，进一步强化枢密院对禁军的牵制力量。枢密院虽然手里无兵，却拥有根据皇帝命令调动军队的权力；禁军三衙虽统率千军万马，却只负责日常训练、禁卫戍守、升降赏罚，没有枢密院的调令，连一兵一卒也调动不出来；至于行军打仗时任命谁当将帅，派遣哪支军队，更是皇帝亲自执掌的权力。枢密院的职能最终在宋太宗晚年稳定下来，从而形成"枢密院—三衙体制"。

抑制和制衡的原则被北宋贯彻始终。禁军三衙高级将领的级别在后来也进一步受到压制。三衙的正职都指挥使也开始频繁阙任，甚至连副都指挥使、都虞候等副职也不任命，而是找些级别更低的禁军将领来主持部门工作。

至此，禁军高级将领发动兵变的道路被彻底堵死，五代时期禁军大将威风八面的风采彻底成为历史。陈桥兵变的善后工作终于完成，五代时期兵变不断的"传统"被彻底终结。

再造中央：悄然无声的渐进式集权

搞定了禁军，宋太祖就控制了中央，解除了腹心之患。然而，要想在全国实施有效的统治，宋太祖还需要把中央的权力有效地延伸到地方，这就需要通过集权，收回地方权力。

唐末五代，地方上设有大量军事行政区，称为"藩镇"。节度使是藩镇的长官，总管境内一切行政、军事、司法、财政、监察等事务，是割据一方的"土皇帝"，地位和声望极高。五代时期，中原王朝依靠强大的禁军，虽然迫使藩镇称臣纳贡，但对藩镇控制下的地方官府鞭长莫及。藩镇一旦野心膨胀，就可能起兵叛乱，这就是当时的肢体之祸。

在平定二李之后，宋太祖曾向赵普咨询："天下自唐末以来，数十年间，帝王换了八个姓，战斗不息，生民涂炭，这是什么原因造成的？我现在想平息战乱，使国家长治久安，应该怎么做？"

赵普回答："原因无他，不过是藩镇权力太重，君弱臣强而已。现在要对其治理，也别无他巧，只要稍夺其权、制其钱谷、收其精兵，天下自然安定。"

太祖不待他说完便接道："卿不要再说了，我知道该怎么办了。"

今人常称赵普的对策为"削藩三大纲领"。"稍夺其权"是指逐渐收夺藩镇的行政权；"制其钱谷"是指收缴藩镇的财富，收夺藩镇的财政权；"收其精兵"是指收编藩镇的精锐军队，收夺藩镇的兵权。

赵普的对策可谓切中要害，不过提出"削藩三大纲领"并不需要太高的政治眼光。因为自中唐以来，历代在这些方面已经下了很多功夫。所以，赵普刚一提议，太祖马上就心领神会了。

真正需要政治智慧的是对"削藩三大纲领"的落实。要落实"削藩三大纲领"，就一定会触动藩镇利益，如何在此过程中不激化朝廷与藩镇的矛盾，对宋太祖和赵普来说着实是个考验。

首先，宋太祖如何通过渐进政策，逐步收夺藩镇的行政权呢？

节度使虽然威名赫赫，但在唐末五代的正式制度中却始终是"临时工"；因此，藩镇从来都不是正式的地方行政机构。中央朝廷之下，真正的地方官府只有州、县两级。

然而，绝大部分州、县实际上均由藩镇管辖。藩镇治所所在的州府称为"会府"，其行政长官州刺史或府尹均由节度使兼任。藩镇管辖的其他州称为"支郡"。支郡的长官刺史往往由节度使委派，尽管五代时期朝廷屡次强调，刺史必须由朝廷任命，可大多数时候，这种任命要么是一纸空文，要么是走走形式。州尚且如此，州下辖的县就更可想而知了。

藩镇之所以强大，是因为控制了地方的州政、县政；而要收夺藩镇的行政权，自然就要收夺州、县的行政权。这种在老虎嘴里拔牙的事情，必须等待时机。

宋太祖一等就是3年。

建隆四年（963）四月，宋朝先后灭掉荆南、湖南两个割据政权，两地旧有的藩镇体系也随之解体。宋太祖抓住机会，没有再在这一地区任命新的节度使，而是将新征服的州、县全部直隶朝廷，实际上罢废了支郡。此后，随着宋朝逐渐吞并南方诸国，越来越多的州、县在行政上直属中央，支郡制度在南方不复存在。

然而，对于雄踞一方的北方藩镇，问题就没那么简单了。

比如，那位曾被周世宗寄予厚望的天雄军节度使符彦卿。论身份，他是周世宗和赵光义的岳父；论实力，他是河北雄藩；论地位，他镇守着京城开封的门户；论威望，他是五代名将，宋太祖还是个毛头小子时，他就已经让契丹人闻风丧胆了。

显然，跟这样重量级的人物硬碰硬，宋太祖肯定会头破血流，因此得想其他的办法。

天雄军虽然只辖有大名府（今河北省邯郸市大名县东北），但大名府辖有17个属县。不少藩镇虽然支郡众多，但辖县还不及大名一个府。因此，天雄军在北方藩镇中实力仍为翘楚。符彦卿就是通过控制这17个县，成为令天下人高山仰止的头号强藩。

不过，县政虽然重要，但县令的级别并不高，这让宋太祖找到了突破口。他采用了朝官知县的办法，逐渐挖空了符彦卿的统治根基。

朝官，是指宋朝中央有权上朝谒见皇帝的高级文官；知县，是指认他官主持县政的一县之长。

建隆四年（963）六月的最后一天，符彦卿迎来四位不速之客。宋太祖以符彦卿在大名府"专恣不法，属邑不治"为由，派遣大理寺正奚屿知馆陶县（今河北省邯郸市馆陶县）、监察御史王祐知魏县（今河北省邯郸市魏县南）、监察御史杨应梦知永济县（今河北省邯郸市馆陶县北）、屯田员外郎于继徽知临清县（今河北省邢台市临西县）。四县都是大名府的属县，四位知县理所应当要受符彦卿的节制。加之符彦卿本身也无意与宋太祖作对，因此对这项任命并没有表现出抵触情绪。

不过，这四位知县终究是带着大理寺正、监察御史等原有的官职来上任的，中央高级文官的身份绝非一般县令可比，符彦卿在礼仪上丝毫不敢怠慢。比如，知魏县的王祐，每次前来拜谒，符彦卿都会让属僚代摆筵席，安排住处，以示自己对知县个人和朝廷的友好。

符彦卿好不容易跟四位知县混熟了，没承想过了大半年，为防止节度使与地方官关系过密，宋太祖一纸皇命，知县全部换了人。符彦卿的公关工作又要从头再来。

新来知永济县的朝官是右赞善大夫周渭，但他对符彦卿的态度，可谓既不赞也不善。周渭去大名府上任时，符彦卿亲自到郊外迎接，这是极大的礼数。但周渭连马都没下，只是朝符彦卿拱拱手，算是还了礼。随后，周渭在公馆与符彦卿正式相见，却毫无下属初见长官的礼数，对符彦卿完全平礼相待。

主持县政后，周渭更是直接听命于朝廷，根本不把符彦卿放在眼里。当时县里有强盗伤了人，周渭立即派人追捕，然后连同藏匿强盗的同伙一并正法。这么大的案子，他连招呼都不向符彦卿打一个。其蔑视符彦卿的权威到如此程度，符彦卿却一声不吭。

就这样，符彦卿在辖区内的权威开始降低。随着朝官知县制度的推广，宋太祖开始将中央的权力渗透到各大藩镇的基层，并在此基础上派遣朝官知州。节度使的行政权力就这样被一步步架空，迁调甚至罢免节度使的时机也随之成熟。

将节度使调离自己苦心经营的大本营，这在五代时期是极为敏感的大事。周世宗时，每调离一位节度使，都会如临大敌，甚至要先发兵做好应对叛乱的准备，然后才敢发布调令。

相比之下，宋太祖就从容多了。开宝二年（969）七八月，宋太祖一纸调令，命符彦卿离开了盘踞15年之久的天雄军，去做凤翔节度使（治凤翔府，今陕西省宝鸡市凤翔县）。尽管符彦卿心里有一百个不愿意，却不敢有任何异议，只能匆匆上路。

这年十月，宋太祖又故技重演，再度上演了一出"杯酒释兵权"。不过，这次跟他喝酒的不再是当年一起出生入死的兄弟，而是一群桀骜不驯、资历比皇帝都老的节度使。

酒酣之际，太祖从容地对他们说："卿等都是国家的宿旧，却常年镇守藩镇，劳苦疲惫，这可不符合朕礼遇贤臣的本意啊。"

前任凤翔节度使王彦超眼看着符彦卿被强令去接自己的班，已经揣摩出宋太祖的心意，便主动请辞道："臣本来也没什么功劳，长期冒受荣宠，如今岁数大了，希望能够退休，回家去过田园生活，这是臣最大的愿望。"

然而，其他节度使却不以为然，竞相炫耀起自己的战功，以示自己根本没老。没想到宋太祖冷冰冰地应道："都是前朝旧事，有什么好提的！"

酒宴过后，包括王彦超在内，五位与会的节度使在一日之内被罢，留在开封城里养老。

类似的例子还有很多。与此同时，宋太祖逐渐将藩镇辖下的支郡改隶朝廷。到了太平兴国二年（977），也就是太祖去世、太宗赵光义继位后的第二年，节度使支郡制度终于被彻底废除。

这事与两位重量级人物有关：一位是曾任宰相的赵普，一位是太祖与太宗的舅舅杜审进。

宋太祖晚年，赵普罢相，出任河阳三城节度使，以孟州（今河南省孟州市）为会府，下辖支郡怀州（今河南省沁阳市）。

由于宋太宗曾与赵普势同水火，因此在继位后，他特意委派与赵普关系不佳的高保寅知怀州，希望通过高保寅来牵制赵普。然而，高保寅到任后，不但不能掣肘赵普，还被赵普穿了小鞋。一气之下，他上奏宋太宗，请求废除藩镇统领支郡的制度。宋太宗虽然没有骤然废除支郡，但还是将怀州改为朝廷的直辖州。

怀州"支"改"直"事件，成为新的风向标，首先捕捉到风向的是虢州（今河南省灵宝市）刺史许昌裔。虢州是保平军的支郡，许昌裔上奏称，宋太宗的舅舅、保平军节度使杜审进有许多工作失误。宋太宗随即派右拾遗李瀚前去巡视，李瀚巡视后汇报称："节度使统领支郡，多任用亲信官吏掌管关津、市场，这非常不利于商业贸易，致使天下的货物流通不畅。希望陛下不再让节度使统领支郡，这也是削弱地方势力、加强中央集权的强干弱枝的办法。"

这年八月，宋太宗接受李瀚的建议，正式下诏将全国18个节度使的近40个支郡改为朝廷的直辖州。

至此，节度使统领支郡的制度被彻底废除，宋朝彻底完成了"稍夺其权"的任务。整个过程用了14年，竟然没有引发一场藩镇节度使的叛乱。可见，宋太祖的渐进策略发挥了巨大作用。

除了渐进策略，宋太祖在收权过程中还采取了以退为进或专业化等手段，这些手段在更为复杂的"制其钱谷"过程中被广泛使用。

作为大一统王朝，中央的财政收入有很大一部分是通过地方征收的。因而，如何对这些财税进行分配，是中央和地方关系的重要问题。自唐玄宗天宝年间（742—756）起，中央与地方一直实行财税三分制，就是将地方征收的财税分成三份：一份上缴中央，称为"上供"；一份由节度使调用，称为"送使"或"留使"；一份留给州府自己使用，称为"留州"。

名义上，州府是直属于中央朝廷的地方官府，留州的财税属于朝廷而不属于藩镇。但实际上，中唐以来，各州府均被节度使控制，留州与送使并无区别。这样一来，上供的财税屈指可数，节度使却聚敛无度。

财税的征收包括现钱、粮食、布帛等多种形式。藩镇要养兵，就需要囤积大量的粮食。可相较于粮食，节度使们对现钱的需求反而更紧迫，这种需求是由兵制决定的。

当时，无论中央的朝廷，还是地方的藩镇，都在军队中普遍实行募兵制。士兵完全脱离生产，与朝廷或藩镇建立雇佣关系。士兵为雇主卖命打仗，雇主给士兵发兵饷。这些职业军人本质上与今天拿工资的上班族没有区别。作为货币的现钱方便购买生活用品，因而绝大多数士兵要求以现钱作为报酬。

结果，谁拥有更多的货币，谁就有能力笼络更多的士兵，进而操控军队，呼风唤雨。财税三分制，显然更有利于藩镇聚敛货币，这就成为藩镇割据的经济基础。为了聚敛更多的现钱，藩镇还大收商税，操纵金融，无所不用其极。

宋初，这样的局面丝毫没有改变。当时国家初立，宋太祖不可能去跟节度使"抢钱"，于是只好"曲线救国"，下令宽征商税，以变相减少藩镇的货币收入。

到了乾德二年（964），随着"稍夺其权"开始在南北同时落实，宋太祖将"制其钱谷"提上了日程。在赵普的建议下，宋太祖下诏，命令各州每年所收田租、商税，涉及货币的除了留在州中用于日常开支外，其余的一律送往京师。次年三月，宋太祖又重申了这道命令。

两道《乾德诏令》，事实上是宣布了在货币财税领域废除送使制度，改财税三分制为上供、留州二分制。

如此抢夺藩镇的钱袋子，宋太祖就不怕节度使造反？

当然怕，所以宋太祖做了妥协。尽管州府要将自用经费以外的财税全部上缴，可是自用经费有多少，全由州府说了算，州府完全可以虚报经费。更何况，当时绝大多数州府的行政权还掌握在节度使手里。两道诏令，充其量是把各州府的货币收入在名义上挂在朝廷名下，藩镇并没有太大损失，自然不会有抵触情绪。

可这就意味着，朝廷的国库依然没多进多少钱。

别着急，宋太祖还有后手，这一次，他动用了金融手段。

早在唐代，随着商品经济的发展，人们在大宗贸易中越来越依赖货币作为支付手段。可是作为货币的现钱太笨重，运输携带极为不便。为了解决这一难题，社会上出现了"飞钱"业务。

在京经商的商人，可以将大量现钱交给节度使的进奏院（相当于驻京办事处），或交给京城富商开办的连锁金融机构，然后拿着进奏院或富商开出的票据，到相应的藩镇取款办事，这种汇兑业务就是"飞钱"。

通过飞钱，藩镇吸纳了巨额货币，操控金融，大发横财。唐朝朝廷虽屡下禁令，但由于飞钱符合市场需求，因此屡禁不止。

一心收夺藩镇财权的宋太祖，自然不会放纵节度使靠飞钱敛财，但也知道再下禁令于事无补。他干脆自己做起了"飞钱"业务。开宝三年（970）五月，宋太祖在开封开设便钱务，规定商人可以将现钱交给国库，然后由便钱务发给票据，商人凭票到各州府取款。

由于此前宋太祖的两道《乾德诏令》，已经使地方货币全部以留州名义挂在朝廷名下，这就为便钱务提供了法律依据。在便钱务成立时，大规模的节度使迁调、罢免工作已经开始，自顾不暇的节度使既不敢也无力公然反抗。

这样，国库不断吸纳商人的货币，而各州府以留州名义虚报截留的货币却被商人兑换走，地方的货币变相流入朝廷的国库。在专业化的金融手段和其他各项政策的配合下，"制其钱谷"完美收官。

在"制其钱谷"的过程中，还有两件事值得一提。

一件事是朝官知场务。建隆元年（960）十一月，宋太祖在平定李重进后，便派枢密直学士杜韡监扬州税务，直接掌控一地的征税大权。这是朝官知场务的开始，甚至比朝官知县还要早。到了太祖朝中期，朝官知场务已经成为一种制度。

另一件事是"杯酒释财权"。据说，宋太祖曾在便殿举行酒宴，席间问一位节度使："你除了上缴给朝廷的钱帛外，每年自己能留下多少钱？"节度使报了一个数额后，太祖又问："你看这样行不行？这笔钱我来出，算你个人收入。你也不用守在藩镇了，干脆入朝为官，与朕日日宴乐。你以前每年收的钱，我照数发给你。怎么样？"节度使欣然同意。

"杯酒释财权"颇为传奇，很像是仿照"杯酒释兵权"杜撰的故事。不过，这个故事反映出的基本逻辑是真实的。"杯酒释财权"后，朝廷的收入虽然没有增加，但节度使因收入没有减少，而对朝廷收缴藩镇财权的抵触情绪大为减少。这与"杯酒释兵权"一样，都是通过一种经济补偿来达成赎买的目的。

失去行政权和财政权的藩镇，兵权自然也握不长久。

与"制其钱谷"类似，为了"收其精兵"，宋太祖也做了大量的铺垫工作。早在建隆二年（961）五月，太祖便下诏，要求藩镇提升那些骁勇善战的精锐士兵的个人等级。这道诏令获得了广大藩镇的积极响应，因为藩镇登记的精锐士兵越多，就越有理由截留更多的财税，从而就越有财力雇佣更多的士兵，供养更多的军队，然后对抗朝廷。

藩镇想得很美，却没想到因此掉进了宋太祖的陷阱。

乾德三年（965）八月，宋太祖终于公开了自己的真实目的，发布了开国以来第一道收编地方精兵的诏令。收兵令要求藩镇将精锐士兵送至开封，由朝廷的军头司负责拣选，符合标准的就留下补入禁军，不符合标准的就退回藩镇。由于有了四年前的准备，朝廷早已掌握了藩镇精兵的实际人数，使得藩镇无法瞒报。就这样，全国的精锐军队被征集到国都开封，藩镇军队走向衰落。

此后，地方精兵被源源不断地送入中央，驻扎在京城的禁军数量迅速膨胀到几十万人，几十万人的军费开支成了严峻的问题。

募兵制下，军人的工资以及军队的粮饷、装备全靠朝廷支付。对朝廷而言，既没钱养这么多人，也不需要这么多人，最佳的解决之道无过于裁军。但在传统募兵制下，军队根本就裁不下去。因为，对职业士兵而言，被裁员就意味着失业，一家老小要喝西北风。这帮人本来就是刀尖舔血的亡命之徒，真被逼到悬崖边上，分分钟就会给你再上演一次唐末五代"炒老板"、抢国都的传统兵变。

既要裁员，又不能裁员，这个矛盾恐怕早就被不少五代时期的掌兵者看穿了。可是在兵变之祸此起彼伏的年代，谁也不敢轻易去捅这个马蜂窝。

直到宋朝建立。

建隆元年（960），宋太祖尝试用一种新方法来协调矛盾。他在禁军中设置剩员,专门安置军中的老弱病残。剩员仍然保留军籍,但不用再上前线,平时只负责铺道路、盖房子、疏河道之类的劳役,因此领取的兵饷只有一般士兵的1/3甚至更少。

剩员的设置巧妙地解决了一系列问题。首先,让老弱病残退下来,使禁军的战斗力大为提升;其次,剩员开支小,朝廷养兵压力大为缓解;再次,由于剩员负责劳役,朝廷就能减少雇佣或征调民夫,原来的劳役人工成本实际上抵冲了剩员的养兵经费;最后,剩员保住了饭碗,于其个人不至于家破人亡,于国家不至于诱发兵变、民变。

由于有了剩员,因此当数十万的藩镇精兵齐聚开封后,宋太祖也有了解决办法。此后,宋太祖严格执行对禁军士兵的甄别拣选,不合格者全部淘汰为剩员,禁军兵力被精简到12万。

随着精兵不断内调,地方军队渐渐只留下了老弱病残。他们也和剩员一样,变成了不再出征的劳役之兵,被称为"厢军"。由于功能相近,"厢军"逐渐取代"剩员",成为从禁军淘汰的士兵的代名词,这种淘汰被称为"落厢"。禁军与厢军的分别,从中央与地方,变成了是否作战。作为战斗序列的地方军队实际上已不复存在。

至此,宋太祖和平收编了藩镇军队,这也标志着他不动声色地落实了"削藩三大纲领",再造了一个久违的强势中央。

落实"削藩三大纲领",其实和"杯酒释兵权"一样,只是"收权"。那么,该如何保证收回来的权力不再失去呢?

还得靠制度。

首先是地方行政权。虽然宋太祖用朝官知州、知县取代了节度使,但是他担心知州权力过大,因而又设立了通判。通判地位在知州之下,与知州同理一州之政,俨然是一州的"二把手";通判还对知州有监察权,俗称"监州"。二者互相制约,都难以一支独大。

通判还握有一州的财政权。另外,掌控地方财政权的官职还有转运使,这本是战时负责筹运军粮的临时职务,宋太祖却将这一职务常态化,让其协同通判总揽地方财权。建隆四年(963),第一批通判和新式转运使在新征服的荆南、湖南旧地诞生。

与收夺行政权和财政权相比,收夺地方兵权后,一个更直接的问题浮出了水面：地方军队消失了，谁来维护地方治安和边镇安全？

既然厢军不行，那就只能靠禁军了。

宋太祖晚年，随着宋朝疆域的扩大，禁军兵力增长至19.3万。对于这近20万禁军的使用，宋太祖采取了两个原则。

第一原则是内外相制。宋太祖将10万禁军驻京，10万禁军外派地方。一旦京师生变，各路兵马就能立刻联合起来，讨伐不臣；而一地一州的禁军，又不足以发动颠覆天下的兵变。

第二原则是更戍法。其实，五代时期也用过禁军进驻地方的办法。刚开始的时候，这些禁军的确能够对当地藩镇形成威慑，可是久而久之屯驻在地方的禁军反而成了地方军队，与藩镇兵合二为一，加强了藩镇势力。

为了解决这个问题，宋太祖在禁军中实行更戍法。屯驻在地方的禁军每隔一两年，最多三年，就要更换一次驻地，或者调入京城休整。更戍法换兵不换将，这样既能保证将领长期驻守一方，熟知地理风俗；又能防止士兵与将帅结成根深蒂固的私人效忠关系，从而降低地方叛乱割据的概率。

对于宋太祖来说，宋初面临的最大历史命题，是如何使宋朝免于沦为第六个短命小朝廷"后宋"，如何使宋朝彻底摆脱五代改朝换代、兵祸不断的诅咒，从而为天下太平、长治久安奠定基础。宋太祖的一系列集权政策和制度"组合拳"，彻底解决了这些历史难题。中唐以来的兵祸，以及兵祸引发的政治动乱，至此彻底根除。

而上一节里"杯酒释兵权"留下的问题，至此也迎刃而解。

昔日的禁军高级将领在到地方担任节度使后，尽管久踞雄藩，备受优待，却根本没有机会成为下一个李筠。在渐进式集权的大氛围下，他们甚至相当配合和知趣。

最突出的要数王审琦，他在忠正军（治寿州，今安徽省淮南市凤台县）做了八年节度使。当时，他管辖下的某个县的官员犯了法，县令自行免去了这名官员的官职。但是按照惯例，这种人事任免，县令必须请示节度使。忠正军的幕僚大为不满，向王审琦汇报，要求巡察县令。王审琦却说："五代以来，藩镇强横，使得县令不能专心处理县政。现在天下太平了，我勉强来当节度使，而辖区内的县令能够罢免不称职的官吏，这本来是值得奖赏的事情，有什么好巡察的！"

像王审琦这样深明大势的原禁军高级将领不在少数，不过大多数没他这么好的素养。比如，石守信在担任节度使期间专事聚敛、大兴土木；还有最早被罢军职的赵彦徽，在藩镇内也是不恤民事，成了敛财的土财主。

因此，"杯酒释兵权"后的禁军大将不可能成为威胁朝廷的强藩，这在君臣之间是有相当默契的。

然而，宋太祖的政策也不是毫无问题。禁军大将的兵权是赎买回来的；在渐进式集权过程中，节度使的权力又何尝不是赎买回来的？"杯酒释兵权"也好，"杯酒释财权"也罢，"释"掉权力的那杯"酒"，在避免矛盾激化的同时，也成为一张朝廷颁发的"腐败许可证"。

双刃剑还不止于此。集权本身也是一把双刃剑。如果处理不好顶层集权和基层活力的关系，集权就会走向反面。

在这个问题上，宋太祖是理性的，并没有因噎废食，但是他无法逆转历史的惯性。

在完成"制其钱谷"后，地方向中央上缴财政收入的政策被继续留用。不过，宋太祖并没有"立额"。也就是说，他并没有要求地方官府必须上缴固定数量或比例的财税。当时各州府上缴朝廷的税收之数，完全由通判根据当年的收支之数，上报给统管财政的部门三司，称为"应在"。

但这项政策在宋代第三任皇帝宋真宗时发生骤变。大中祥符元年（1008），三司明确规定了各转运使辖区内每年要缴纳的税收额度。此后，为进一步加强中央集权，并解决朝廷的财政危机，这个额度越来越高：王安石变法，增加一倍；宋徽宗崇宁年间（1102—1106），更是增加至十几倍；到了南宋时期，地方能够留用的财赋已经所剩无几。

竭泽而渔的后果是朝廷账目上的收入越来越多，但可供地方支配的钱越来越少。大脑再发达，只要四肢抽筋麻痹，王朝也必然走向瘫痪。

前线军队也一样。为了使军队保持活力，宋太祖在收夺地方权力的同时，授予边镇将领诸多特权。比如，边将可以照旧截留地方财税，甚至可以公开从事边境贸易，以此来壮大边镇财力，提高军队战斗力。

宋太祖还给予边将足够的信任和更大的自由空间，对他们优宠有加。

比如，镇守西山的西山巡检郭进，曾被帐下军校诬告谋反。宋太祖根本不信，直接把那个军校交给郭进，让他自行处置。

后来，宋太祖命有关部门在开封为郭进盖房子，全部使用筒瓦。有关部门表示，按照旧制，只有亲王、公主的宅子才能用筒瓦。宋太祖闻言大怒："郭进在西山守了十余年，使我没有北顾之忧。我待郭进，难道能比待自己的儿女还差吗？！"遂命有关部门赶紧去给郭进盖房子。

深受信任的郭进得以排除诸多政治干扰，在军事上一显身手，频频击败北汉和辽朝的军队。

像郭进这样的边镇名将，当时共有14人，其中甚至包括韩令坤这个在开国之初便被罢去禁军兵权的高级将领。可见，在太祖朝，收夺兵权防范生变和授予兵权保持活力并不冲突。

可宋太祖的后继者们，无论是皇帝，还是那些文臣士大夫，都一味强调猜忌、制约武将的"祖宗之法"。对于武将，宋朝君臣沉迷于"将从中御"的驭将之术，直到发展出让前线将领按照既定阵图排兵布阵的荒唐举措。无数名将横遭掣肘，甚至在猜忌中不得善终。两宋名将抑郁而终者如狄青、王坚，被迫自尽者如郭进、余玠，当然还有妇孺皆知的杨业、岳飞。宋朝常年武功不振，实不足为奇。

朱熹曾说："兵也收了，财也收了，赏罚刑政，一切收了，州郡遂日就困弱。"宋朝的执政者本意是加强朝廷的力量，防止地方分裂，从而长治久安；却未承想，反而导致整个国家的疲孱，直至最后崩溃。

人命至重：慎刑与不杀言事者的宽仁政风

宋太祖在建立宋朝后，通过一系列的集权化改革，逐渐走出了五代乱世。但乱世并未因此而终结，因为天下尚未一统，五代遗留的弊政也尚未革除。

和大多数乱世起家的开国皇帝一样，宋太祖也不得不挥旄舞钺，完成统一。

宋朝建立之初，南方的割据政权主要有荆南、湖南、后蜀、南汉、南唐、吴越和漳泉；北方除了北汉，还有被它的宗主国即契丹族建立的辽朝所占据的幽燕地区等待收复。

为实现统一，宋太祖继承了周世宗定下的先南后北的战略，优先消灭南方诸国。自唐朝中期开始，中国的经济重心逐渐南移，加上五代时期战乱频仍，中原王朝无力与劲敌辽朝展开决战。因此，宋太祖认为，只有优先统一南方，才能获取足够的经济资源，支持宋朝最终完成统一。

按照先南后北的战略，宋太祖于建隆四年（963）发动统一战争，到开宝九年（976）宋太祖去世前夕，宋朝已经消灭了绝大部分南方政权，残存的吴越和漳泉即将献土归附。北方的北汉，也在宋朝的连续打击下奄奄一息；甚至连曾经不可一世的辽朝也向宋朝频频示好，希望与宋朝和平相处。天下一统已成大势所趋。

与武功相比，具备基本儒学素养的宋太祖，文治不仅毫不逊色，甚至更胜一筹。如果说削夺兵权、集权中央所表现的是宋太祖对武人把持的禁军和藩镇的"严"；那么太祖朝的文治则更多地表现出宋太祖对文臣、百姓的"宽"，这集中体现在推行司法改革和开创宽仁风气上。

五代时期，和行政权、财政权一样，司法权也掌控在武人手里。这些人要么不熟悉法律，要么没有公平执法的概念，由此导致司法领域存在一个突出的问题——有法不依，随意执法，动辄判处重刑。

宋太祖本人也曾是这样的武人。后周显德三年（956），时任周世宗帐下大将的赵匡胤从攻南唐，克取滁州（今安徽省滁州市），并对该城实行军事管制。为了加强治安，赵匡胤一口气捕获了100多个盗贼，准备全部处死。当时正给赵匡胤做幕僚的赵普却认为，应该对盗贼一一进行审讯，然后才能定罪。赵匡胤接受了建议，经过审讯，发现居然有很多人是被冤枉的。

这件事给赵匡胤留下了极深的印象。因而在做了皇帝后，他便吸取教训，采取了慎刑的态度，尤其对死刑，非常谨慎。建隆二年（961）五月发生的"金州案"就是其中的代表。

宋朝初年，金州（今陕西省安康市）有个老汉名叫马从玘，为人忠厚。可他的大儿子马汉惠却是个泼皮无赖，不仅为祸乡里，甚至还谋害自己的族人。乡亲们对他是又恨又怕。马从玘实在拿这个儿子没辙，只好与妻子和次子一起杀掉马汉惠，为乡里除了一害。

中国传统社会遵从儒家推崇的孝道，反映在法律方面，便是对"父杀子"罪行的从轻惩罚。宋初，相关法律仍然沿用《唐律疏议》的条文，条文规定：对于违犯教令的子孙，如果祖父母、父母将其殴打致死，就要判处有期徒刑一年半；

如果是用刀砍死的，就判处有期徒刑两年；如果杀死的是没有违犯教令的子孙，惩罚就要加一个等级；如果是过失杀死子孙的，则判无罪释放。

因此，按照法律，马从玘夫妇以父母身份杀死作恶多端的儿子，应该判处一年半至两年的有期徒刑；至于他们的次子，因为是从犯，所以也罪不至死。然而，金州防御使仇超与他的主要僚佐判官左扶在明知法律条文的情况下，仍然故意以谋杀罪处决了这一家三口。

宋太祖闻讯勃然大怒。他不仅将二人罢去职位，除去官员身份，还在对二人施以杖刑后将其流放海岛。这件事在全国引起巨大的轰动。四个月后，宋太祖发布诏令，要求各地平反冤假错案，国家的司法状况开始朝着好的方向发展起来。

以此为契机，宋太祖开始大力推进立法，完善司法体系。

首先是推进立法工作。

宋初法律以二三百年前的唐律为基础，兼用唐朝中后期及后唐、后晋、后周的相关法律，法令繁多混乱，使得执法者没有统一的法律可依。这简直就是有法不依、随意执法行为的温床。虽然周世宗时曾编撰了《周刑统》，但是条文仍然繁复，且不够严谨全面，使用起来依旧不便。

因此，建隆四年（963）二月，宋太祖命判大理寺事（相当于最高人民法院院长）窦仪等人，再度修订法律，于当年十二月编成《重详定刑统》（简称《宋刑统》）30卷，作为固定的律典；同时，又将自《周刑统》编成后，皇帝针对特定人和事发布的敕条编成《建隆编敕》4卷，作为《重详定宋刑统》的补充，颁行天下。

《重详定宋刑统》和《建隆编敕》使宋朝首次有了可供全国统一遵循的法律，也基本奠定了宋朝的法典体系。一方面，它反映了两宋两三百间年社会发展的新变化，更加适合当时的社会实际；另一方面，它贯穿着宋太祖"宽仁""慎刑"的司法理念，对两宋三百余年的法制取向产生了深远的影响。

在推进立法的同时，宋太祖又推动了司法机构改革。

五代时期，各地民事审判机构普遍遭到破坏，负责审理民事案件的几乎都是军事法庭。在中央，刑部和大理寺形同虚设，实际主持司法工作的是军巡院；在地方，则有马步院、子城司这些机构负责审理案件。只是看名字就能知道，这些都是由武人把控的部门。

因此，有多少冤假错案，不在于有多少个仇超和左扶，而在于军巡院、马步院、子城司。最终，子城司被禁止从事司法活动；军巡院从侍卫司划给了开封府，被改造成常规的司法机关；马步院则被司寇院取代。另外，凡是负责司法工作的官员，一律起用文官，严禁武人干涉司法。

建隆三年（962）三月，宋太祖宣布恢复死刑复核制，要求地方判决死刑案，必须将审判的卷宗上报朝廷。在朝廷的大理寺对案件依法决断后，报送刑部复核；刑部复核无误，才能将案件转交给宰相机构中书门下，做最后的裁决。以死刑复核制为代表，宋代的司法体系在太祖朝初步形成，宋人重视证据的司法观念也逐渐深入人心。

在恢复死刑复核制前夕，宋太祖语重心长地说道："五代诸侯飞扬跋扈，经常枉法杀人，朝廷竟然置而不问，刑部的职能几乎废止。况且人命至重，朝廷要如此姑息藩镇吗？！"

"人命至重"，这条宋太祖执政的重要理念，为日后大宋三百余年的政治文明画出了准线。

以慎刑为中心的司法改革，体现了宋太祖宽仁的执政理念，这一理念还进一步塑造了宋朝开明的政治风气。

宋太祖生性豁达、胸襟宽广，这一性格深刻影响了宋初的政治环境。作为宋太祖首席谋臣的赵普，对此最有感触。

赵普（922—992），字则平，幽州蓟县（今北京市）人。在宋初的一系列重大决策中，赵普发挥的作用举足轻重。乾德二年（964）正月，赵普正式出任朝廷里唯一的宰相，而且一当就是10年，足见宋太祖对赵普的信任和倚重。

赵普为了国事，经常顶撞宋太祖。有一次，他提议任命某人为某官，宋太祖不同意。第二天，赵普又奏请此事，宋太祖仍然不答应。第三天，当赵普再度强硬地提出这一议题时，宋太祖大发雷霆，将赵普的奏章撕裂，一把摔在地上。赵普却神态自若，缓缓捡起奏章，回家后修补完整，第四天又呈到宋太祖面前。这次，宋太祖终于批准了赵普的奏章。而赵普推荐的这个人后来也非常称职。

还有一次，某位官员立了功，赵普建议按规定提拔。可是宋太祖因为不喜欢这个人，便怒气冲冲地拒绝了。赵普毫不妥协，声称："赏罚是天下的，不是陛下您一个人的！"宋太祖气得扭头进了皇宫，赵普就追到宫门口等着。最后，宋太祖只好答应了赵普的请求。

可见，军人出身的宋太祖脾气很不好，动不动就发怒，但他能够容忍甚至接受反对意见。这种政治上的宽容不仅体现在对于赵普个人身上，更反映在对整个宋朝政治环境的塑造上。

相传，宋太祖在太庙里藏了一块石碑，碑上刻了三条誓言。第一条誓言说，不得对后周柴氏子孙动用刑罚，哪怕他们有一天谋反，也只能在狱中赐死，不得公开处决，更不能株连亲属。第二条誓言说，不得杀害士大夫和上书言事的人。第三条誓言说，赵氏子孙如果违背前两条誓言，就要天打五雷轰。这三条内容被称作"太祖碑誓"。

关于太祖碑誓是否真实存在，自古以来就有争议。不过，学者普遍认为，太祖碑誓的内容确实反映出了宋朝真实的政治环境，这离不开赵匡胤本人奠定的基调。

前面提到过，自从永初元年（420）南朝宋建立起，我国历代王朝就形成了诛杀前朝逊帝和宗室的血腥传统。此后，一统太平如隋朝、唐朝，战乱频仍如南北朝、五代，540年间的14个王朝，没有一家一姓试图改变这个传统。

这个传统的终结者，是宋太祖。

如前所述，陈桥兵变后，周室三王得到了妥善安置。那么退位后的周恭帝郭宗训呢？宋太祖也没有对其痛下杀手，而是改封其为郑王，封其嫡母小符后为周太后，将二人迁居到皇宫最西侧的延福宫居住。

宋太祖不仅保全了逊帝，对降王也采取不杀政策，而且这一政策被后来的宋代君主继承。作为后周宗室后裔，柴氏子孙始终受到优待，以至于小说《杨家将》里的柴郡主、《水浒传》里的柴进，都被说成是柴氏后人。那些曾称帝称王者，如南汉后主刘𬬮、北汉英武帝刘继元、吴越忠懿王钱俶，都于亡国后在开封安享晚年。至于荆南高继冲、湖南周保权、漳泉陈洪进这些半独立的割据者，后来甚至做起了宋朝的实职官员。

当然，这一切仍然要以不威胁到宋朝江山为前提。曹操曾经说过："不可慕虚名而受实祸。"一旦实祸逼近，残酷的政治杀戮就随时有可能卷土重来。

郑王郭宗训后来被迁徙到房州（今湖北省十堰市房县），那里四面环山，是一座天然监狱，是历代贵族政治犯的归宿地。而担任知房州的，是宋太祖年轻时的老师辛文悦。在严密的监视下，整日提心吊胆的郭宗训郁郁寡欢，才21岁便撒手人寰。

那些受到优待的柴氏子孙实际上也与周世宗及后周无关。因为周世宗早已过继给周太祖,也早已改姓郭,从未认祖归宗。真正的世宗子孙并非"柴氏子孙"。后来,司马光和王安石还为此产生过争执。司马光强烈要求以郭姓后人作为周室代表,而王安石却执意要求继续以柴氏为周世宗后裔。最终,宋朝官方站在了王安石的一边。在柴氏子孙光鲜耀眼的背后,不仅周世宗的后代淹没于茫茫史海,甚至连周世宗郭荣的大名,也被以"柴荣"的名义遗留在人们的脑海里。

至于在蜀地影响极大的后蜀后主孟昶,思念故国的南唐后主李煜,更是成为当权者不得不除的眼中钉,二人被毒死的传说至今广为流传。

看来,不杀逊帝降王也是有条件的。但比起500年间光明正大的政治杀戮,宋初对逊帝降王不仅杀的极少,而且就算是杀也只能偷偷摸摸杀,因为这种事情已经上不得台面,历史多少还是披上了一抹温情的薄纱。

相比之下,不杀士大夫和上书言事者的真实性更强,影响也更大。

纵观宋太祖在位的17年,除了贪官污吏,宋太祖确实没有杀过文臣,更没有因为别人的言论不合己意而杀人。以此为出发点,不杀士大夫和上书言事者逐渐成为宋代皇帝和官员的共识。即便是在北宋后期政治极为动荡的年代里,这种共识仍然在政治生活中发挥着重要的作用。

宋神宗在位后期,曾因陕西用兵失利,准备杀掉一名转运使,遭到宰相蔡确的抵制。蔡确指出:"祖宗以来,没有杀过士大夫。没想到这种事要从陛下开始了。"宋神宗又打算将这名转运使发配充军,门下侍郎(副宰相)章惇反对说:"如此,还不如将他杀了。"宋神宗问为什么。章惇答:"士可杀,不可辱!"宋神宗气愤地说道:"痛快的事真是一件也做不得!"章惇继续顶撞说:"像这样的痛快事,做不得也好!"

到了宋神宗的儿子宋哲宗亲政时,变法派的章惇、蔡京、蔡卞等人猛烈抨击反对派,甚至罗织了反对派大臣吕大防、刘挚等人的诸多罪名,欲置之于死地。宋哲宗在接到章惇等人的奏章后问道:"这些人果然要造反吗?"章惇等回答:"确实有这样的心思,只不过行迹还没有暴露。"宋哲宗据此反驳道:"朕遵循祖宗的遗志,从来没有杀戮过大臣,把他们放了吧。"

正因为有了不杀士大夫和上书言事者这样一条"祖宗之法",宋朝的士大夫才有了安身立命之本。学者们普遍认为,宋朝是中国历史上最开明的王朝。正是这种开明,将宋朝的文治推向了顶峰。而开明的奠基者,正是宋太祖赵匡胤。

五代遗留的弊政阴霾,开始在治世的曙光中消散。

烛影斧声：由乱入治之际的继承人难题

在宋太祖掌权的17年里，五代时期禁军兵变和藩镇割据这两大顽疾被基本消除，宋朝即将完成统一；司法和政治领域开启了宽仁之风；经济领域甚至施行了影响深远的新政策（具体在后面再讲）。宋朝大体完成了由乱入治的基本目标。

但由于宋太祖突然驾崩，使得许多事业尚未完成，这可能是他名声不如秦始皇、汉武帝和唐太宗的重要原因。围绕宋太祖的去世和皇位继承人问题，以"金匮之盟"和"烛影斧声"为代表的传说，更使得这些宫闱秘事扑朔迷离。

建隆二年（961），早已贵为皇太后的杜老夫人大渐弥留。据说在临终前，她曾问宋太祖："你知道自己为什么能够君临天下吗？"

宋太祖涕泗交颐，无心回答。

杜太后又道："我自然会衰老而死，哭也没用。不要伤心了，我要和你说说朝廷大事，你就只会哭吗？"

宋太祖这才哽咽回答："这都是祖宗和太后积德所致。"

杜太后笑道："瞎说。你能取天下，那是因为周世宗让一个小孩儿坐江山，导致人心不附。如果周有长君，你又怎能坐上皇位？你和光义都是我生的，以后你就传位给光义，这样连你的儿子也会平安。国有长君，这是社稷之福。"

宋太祖闻言，一面磕着头，一面郑重其事地答着："我一定听从母亲的教诲！"

随后，杜太后又对赵普交代道："你也记好我说的话，不要违背。"赵普便在床前将杜太后的话写成誓书，并在末尾署名"臣普记"。君臣二人将誓书放入用金制作的盒子，交给生性严谨的宫人掌管。

这就是后来赵光义继位以后，赵普讲述的"金匮之盟"。

"金匮之盟"还有另一个版本，认为杜太后的遗言并非让宋太祖独传宋太宗，而是由宋太祖传至宋太宗，再传至他们的弟弟赵光美，最终传回宋太祖的长子赵德昭。相对于独传宋太宗的"独传约"，这个版本被称为"三传约"。

当然，也有不少人认为，压根儿就没有什么"金匮之盟"，这不过是宋太宗和赵普为了统治合法性，炮制出来的政治谎言。

"金匮之盟"的真实情况如何，这里不做考证，因为现有史料根本无法得出一个令人信服的结论。不过，这并不影响我们去观察皇位传承的过程。

这年六月，杜太后去世。七月，宋太祖"杯酒释兵权"之际，时任殿前都虞候的赵光义也被罢去军职。但他马上就获得了新职位——开封府尹、同平章事。

先解释一下这个新职位。

宋代承袭唐末五代制度，凡是节度使、枢密使、亲王、留守、检校官兼有宰相头衔，皆称为"使相"。宰相头衔从高到低依次为中书令、侍中、同平章事。使相只是名义上拥有宰相的头衔，并不实际处理宰相的事务，但历来被视作至高无上的荣誉。赵光义在后周只是一个名不见经传的小官，凭借宗室身份，仅仅用了一年半的时间就成为使相，可见他在宋朝地位之特殊。

更特殊的是开封府尹。表面上，这只是宋朝国都开封府的行政长官。可按照五代惯例，皇帝不立太子，出任国都行政长官的宗室，往往被当作皇位继承人来培养。

宋太祖和赵光义还有个弟弟叫赵光美，而宋太祖还有两个儿子赵德昭、赵德芳。这三人官位的晋升，始终遵循着赵光美尊于赵德昭、赵德昭尊于赵德芳的顺序。而赵光义的官职远远尊于赵光美，完全不在赵光美、赵德昭、赵德芳的迁转序列中。

看来，"金匮之盟"的传说并非完全无中生有。

也正是从赵光义尹开封起，在宋太祖、赵光义、赵普之间，围绕权力的斗争一刻也没有消停过。

第一轮攻击由赵光义发起，目标是他曾染指的禁军系统。

"杯酒释兵权"后，宋太祖想让赵光义的岳父符彦卿掌管兵权。赵普坚决反对，宋太祖不从。

不久，宋太祖背着赵普，让枢密院发出任命符彦卿掌兵的公文，结果任命状被时任枢密使的赵普截胡。赵普拿着公文找宋太祖评理，并进谏道："请陛下深思利害，日后别后悔！"

宋太祖反问："卿干吗总跟符彦卿过不去？朕待彦卿甚厚，彦卿怎能负朕？"

"陛下何以能负周世宗！"

这话是不是很熟？当年赵普劝宋太祖罢去石守信等人兵权时，最后的对话也是如此。

与石守信等人相比，符彦卿的威望更高，能力更强，宋太祖对其的控制力也更弱。石守信等人尚且不能掌兵，符彦卿如何就能执掌？何况任命符彦卿需要枢密院出公文，而枢密院的长官正是赵普，这样的公文又如何能绕过赵普？

这不由得让人遐想：宋太祖让符彦卿掌兵，可能本身就是一场双簧戏。大概推荐符彦卿掌兵的是赵光义，宋太祖不好拒绝，只好让赵普来唱黑脸。

符彦卿掌兵失败后，禁军里消停了一阵。可没两年，又乱套了。

"杯酒释兵权"后，韩重赟、张琼分别接任殿前都指挥使和都虞候，掌管殿前司。

张琼是宋太祖练兵时一手提拔起来的，地位低、名望轻，对宋太祖忠心耿耿。后周征南唐时，张琼曾舍命救过宋太祖。可就是这样一位对宋太祖"人畜无害"的大将，却因为赵光义而丢了性命。

建隆四年（963）八月，张琼对帐下军校史珪、石汉卿严加斥责，理由是这两个人整日里监视军中将校，向宋太祖打小报告。说白了，就是在军中兼职做特务。

两人咽不下这口气，便向宋太祖诬告张琼私养亲兵，图谋不轨；又举报他诋毁赵光义。宋太祖大怒，把张琼找来当面对质，并气急败坏地让石汉卿用铁棍捶打张琼的脑袋。

奄奄一息的张琼不仅拒不认罪，反而直谏："赵京尹天日之表，恐怕人心早晚会依附他。他现在为开封府尹，肆意妄为，连他的仆役都敢横行霸道！另外，赵京尹广结豪杰，招纳亡命，陛下应早做准备！"

"够了！"宋太祖拂袖大怒，"朕与光义乃情深手足，共享富贵。你一个粗鄙小人，也敢离间我们兄弟！"于是将张琼下御史台审讯。

张琼自知得罪了赵光义，行至明德门时自杀。

类似的遭遇也发生在宋太祖的义弟韩重赟身上。乾德四年（966），韩重赟也被人诬告私养亲兵，差点因此掉了脑袋。所幸在赵普的营救下，韩重赟平安着陆，于次年罢掉兵权，出守藩镇去了。

敢对宋太祖的救命恩人和义弟下手，史珪与石汉卿身后，隐约站着赵光义。

此外，张琼自杀后不久，侍卫马军的两名大将还差点拉着军队打群架，其中一位还是宋太祖的小舅子。据推测，挑动是非的，也是赵光义。

当然，赵光义与禁军接二连三的变故之间那若隐若现的联系，大多出自后世学者的推测，毕竟这种事根本拿不到证据。

但不愿意让赵光义上台的人，正在全力搜集证据。

乾德四年（966）八月，皇宫外的登闻鼓突然响起。登闻鼓是一面置于宫门外的大鼓，凡上诉申冤、举报不法、议论政事、集体请愿乃至毛遂自荐者，都可以摇鼓而鸣。鼓司（后改称"登闻鼓院"）会对击鼓人递交的诉状做判断，若认为诉状应当受理，就会转交有关部门进行调查。

敲鼓人是权知梓州（今四川省绵阳市三台县）冯瓒的奴仆，他向朝廷举报冯瓒与监军李美、通判李楒有严重的经济问题。

这并不是因为奴仆的觉悟有多高，而是因为他有另一重身份——赵普的卧底。

在反对兄终弟及的人中，赵普是最坚决的一个。当他觉察到冯瓒与赵光义有结交嫌疑时，毫不犹豫地安插了卧底。

听过鼓司的汇报后，宋太祖立即召冯瓒入朝，并将他移交给御史台接受调查。可调查的结果却是，冯瓒罪名不成立，即将无罪释放。

赵普心有不甘，暗中探访，得到两份截然相反的审讯结论。一份是御史台正式发布的：奴仆状告冯瓒的言辞多有诬陷。另一份是他私底下探问来的：在宋太祖面前，冯瓒言语错乱，理屈词穷，所以才会被送进御史台。

显然，冯瓒的经济问题有隐情，宋太祖想大事化小、小事化了。

赵普则竭力把事情搞大。他派出密使远赴潼关（今陕西省渭南市潼关北），截获冯瓒运回开封的行李，其中金银玉软无数，外边还贴条注明"刘嶅"二字——这是准备送给开封府推官刘嶅的厚礼。

牵连到开封府，赵光义就难逃干系。特别是，在行贿的赃物中有一条金带，而刘嶅是没有资格佩戴金带的。金带是送给谁的，一目了然。

最终，冯瓒、李美、李楒和刘嶅都受到了严惩。而赵光义，终究被皇帝大哥放过一马。

在后来的日子里，赵普发动了猛烈的攻势，赵光义忙于应付，苦不堪言，两人势同水火，赵普略占上风。

不过，培养赵光义做继承人的局面，丝毫没有动摇。宋太祖对各种政治、经济案件看似公事公办，但始终点到为止，不能伤及赵光义半根毫毛。

相反，赵普的日子却越来越难过。

赵普是个以天下为己任的能臣，但他既非贤良，也非君子。贪赃枉法、专权跋扈、公报私仇，这些事他都干过。在开国之初，凭借着宋太祖对自己的交情和倚重，赵普傲然屹立于朝堂。可皇帝做久了就会生"病"——不能容忍任何人分享权力，威胁地位。

赵普逐渐成了宋太祖的"肉中刺"。

而赵光义却躲在暗处，经营着"反普联盟"。那些或受赵普压制，或要取赵普而代之的官员及其子弟，渐渐聚拢在赵光义的身边，静候时来运转。

开宝六年（973），在赵光义的支持下，"反普联盟"发动会心一击。八月，独霸相位10年的赵普终于倒台。九月，赵光义受封晋王，位在宰相之上。亲王尹京，这是五代时期名正言顺的准皇储。

看起来，在皇位继承人问题上，宋太祖的意志非常坚决：宁可罢掉赵普的相位，也要保住弟弟的皇位。

但真的只是"看起来"。宋太祖的内心，其实跌宕起伏。

当初之所以要培养赵光义做继承人，是出于对长君的需要。在改朝换代异常频繁的五代时期，为了确保政权的稳定，人们普遍认为国家应拥立长君。长君，既指年龄偏长，又指政治经验丰富、能力出众的人。只有这样的人做皇帝，才能应付五代时期复杂多变的政治军事形势。因此，老皇帝让亲儿子靠边站，把皇位交给弟弟、养子，在当时并不是新鲜事。

宋朝开国之初，没有人相信这个王朝能延续320年，甚至没有人相信宋太祖能在位17年。那时皇帝的儿子赵德昭10岁，赵德芳才2岁。相比之下，22岁的赵光义更适合做未来的"长君"。

可开宝六年（973）35岁的赵光义封王时，赵德昭已经23岁了——这几乎和赵光义做开封府尹时一般年纪，而赵德芳也15岁了。

兄终弟及？宋太祖不甘心。

赵光义也在疯狂扩张势力。

晋王府内，会聚了一群能臣巧吏、大夫毒师、亡命之徒乃至跳大神的；朝堂之上，文臣武将也在纷纷向未来的皇帝讨好卖乖。

宋太祖有位心腹大将名叫党进，在宋太祖晚年时期党进执掌禁军，并负责京城治安。平日里，党进要是在城中遇见养鹰遛鸟的人，一定会让左右强行把鹰放了，然后不忘痛骂养鹰人："你不去买肉供养父母，反而在这里养什么禽兽！"

有一天，党进在大街上又撞见一个养鹰人，于是二话不说，伸手就要放鹰。那人却不紧不慢道："晋王让我养的。"然后转身就要回晋王府汇报。党进急了，连忙拦下养鹰人，掏出一大把钱塞到对方手里，一个劲儿地赔笑叮嘱："你可小心看管好了，别让阿猫、阿狗把鹰给伤了。"

像党进这样的"聪明人"，朝中并不少见。甚至连宋太祖核心班底里的楚昭辅，也早已投拜在晋王门下。

这令宋太祖感到一丝恐惧，不仅为自己，也为儿子们。

与赵光义相比，从未参与过军政事务的赵德昭、赵德芳，简直就是"小白"。

于是，宋太祖开始动起了手脚。

就在赵光义加封晋王的同时，赵光美、赵德昭的职位也按惯例晋升，赵光美的官职当然要尊于赵德昭。与此同时，二人都加了检校官。这本来是没有特别含义的荣誉头衔，但赵德昭的检校太傅却高于赵光美的检校太保。这意味着，宋太祖打破了之前的顺位体系，暗中抬高了赵德昭的地位。

开宝九年（976）二月，吴越国王钱俶入朝。按照惯例，宋太祖本应派赵光义前去迎宾。可这次，接待钱俶的却是26岁的赵德昭。

惯例一再被打破，那就不再是惯例。

而以亲王尹京为准皇储，恰恰也是一种可以被随时打破的惯例。

三月，宋太祖起身前往故乡西京洛阳，并表示想要迁都于此。此前，洛阳城刚刚经历了一次大修，主持大修的，正是赵德芳的岳父焦继勋。

那些早已被赵光义收买的文臣武将，将一份又一份反对迁都的奏章递入内廷。但宋太祖不以为然。

直到赵光义现身，从容不迫地说了四个字："迁都未便。"

宋太祖冷冷地答道："迁到洛阳还不够，以后还要迁到长安去。"

总之，离你的开封府越远越好。

赵光义叩头切谏。

宋太祖解释，开封一马平川，无险可守，必须屯戍大量禁军。洛阳有山河拱卫，以洛阳为都，可以省去大量冗兵。

赵光义却掷地有声地说了最后五个字："在德不在险。"

四月，宋太祖起驾回京。

迁都风波，终以赵光义的胜利而平息。满朝文武的频频示好，便是他最大的"德"。

而宋太祖，终究不愿做李世民。

返京途中，宋太祖路过安陵。在那里，长眠着他与弟弟赵光义的父母。宋太祖下辇拜谒，悲号恸楚。

起身时，宋太祖若有所悟地说："此生不得再朝见于此了。"

相传，宋太祖登上阙台，遥望洛阳，朝西北方向拉弓发矢，然后下得阙台，来到箭落处，从怀里掏出了一尊儿时的小石马，默默地埋了起来。

"我死后，当葬于此。"

十月十九日夜，风雪交加。

传说，这天深夜，宋太祖召赵光义入宫，然后屏退左右，对饮叙旧。烛光摇曳，窗户上映下兄弟二人的剪影。只见宋太祖盛情劝酒，赵光义却不胜酒力，起身避席。他双手似推似让，不断摆动，好像已经喝到极限，再也喝不下了。

夜入三鼓，殿前雪已数寸。

宋太祖不再劝酒，随手拿起玉斧，用玉斧的斧柄不断地戳着殿中的地板，发出"咚""咚"的闷响，然后用沧桑低沉的嗓音，不断地重复着两个字："好做！好做！"

赵光义离开了，在他身后，宋太祖已沉沉睡去，鼾声如雷。万岁殿前的脚印，在风雪的打磨下，了无痕迹。

二十日凌晨，宋太祖驾崩。

皇后宋氏急忙找来宦官王继恩，让他去召赵德芳入宫。赵德芳与他的哥哥赵德昭一样，都非宋氏所生。有人说，让赵德芳继承皇位是宋太祖的意思，也有人说是因为赵德芳年龄小，好操控，所以宋皇后才打算让赵德芳承继大统。

但这些都不重要，因为王继恩出宫后直奔晋王府。

晋王府门前，赵光义的心腹、颇懂医术的程德玄正坐在冰冷的石阶上，望着鹅毛大雪发呆。他向王继恩解释，在二鼓天时，有人敲门说晋王召见。可等他穿好衣服出门后，却发现一个人都没有。如此反复三次，他怕晋王真的病了，就跑到晋王府来了。

王继恩当然不知道，就在十九日晚，程德玄还专程找过赵光义，偷偷告诉他，据自己一个跳大神的朋友马韶预测，二十日是晋王的"利见之辰"。

王继恩将宋太祖驾崩的消息告知程德玄，两人急忙敲开了晋王府的门。

晋王赵光义还在犹豫。

王继恩急了，催促道："事情拖得太久，就要被别人抢先了！"

一语惊醒梦中人，赵光义当即披好裘衣，带着程德玄，随王继恩入宫。

三道脚印，再度打破了皇城的宁静。

王继恩请赵光义先到宫门外的直庐（值班室）等候，自己去向宋皇后通报。赵光义正要走进直庐，却被程德玄一把拉了回来："直接进去，还等什么？！"

夜长梦多，如果宫里拖延时间，不让晋王你进去，等赵德芳来了，咱们就都得去见你哥哥了！

"走！"赵光义脸色一沉，迈着大步，朝宫中走去。

宋皇后还在焦急地等待着王继恩的消息。听闻王继恩归来，她急切地问道："德芳来了？"

王继恩阴森森地说："晋王来了。"

"晋王！"宋皇后倒吸一口凉气，只得泪眼婆娑地对赵光义泣道，"吾母子之命，皆托付给官家了。"

赵光义也含泪云："共保富贵，别担心。"

关于宋太祖之死的"烛影斧声"故事，版本众多；关于宋太祖去世后，赵光义上位过程的记载，始见于司马光。

没有办法证实"烛影斧声"是否真实发生过，也没有证据证明赵光义一定杀兄篡位。宫闱秘事，是一个永远也解不开的谜。

但这一切都没有影响政治平稳和社会安定。宋太祖驾崩后，皇位顺利交接，没有发生兵乱和流血。无论是年龄、政治经验、实际能力，还是准皇储的身份，赵光义都比宋太祖的两个儿子更适合继承宋朝的基业。

而站在治乱相交边界上的宋太祖，终究无法在长君与皇子间做出艰难的抉择。皇位继承制度最终完成由乱入治的转变，还要依靠他事业的继承者——宋太宗赵光义来完成。

事为之防：从政治迫害到权力制衡

开宝九年（976）十月二十一日，赵光义正式继位，后改名赵炅，是为宋太宗（976—997年在位）。

赵光美因避讳再次改名赵廷美，继任开封府尹，封齐王（后晋封秦王），成为新的准皇储。

赵德昭进封武功郡王，赵德芳也加官晋爵，他们与太祖的三个女儿以及赵廷美的子女一起，被称为皇子、皇女。赵廷美、赵德昭的班位均在宰相之上。

弟弟继续做继承人，侄子当成继承人培养，其他侄子、侄女待遇不变，看起来宋太宗和乃兄一样，是个重感情的厚道人。

但这些不过是宋太宗为了安定人心而临时采取的措施。其实，在宋太宗颁布的继位诏书里，他已经把话说得很明白了：

> 先皇帝创业垂二十年，事为之防，曲为之制，纪律已定，物有其常，谨当遵承，不敢逾越，咨尔臣庶，宜体朕心。

宋太宗宣布，自己将遵循宋太祖既往的治国方略——"事为之防，曲为之制"，也就是所有的事情都要做好防范，所有的细节都要有所约束，防微杜渐。

请记住这八个字，它们后来作为统治的根本原则，以"祖宗之法"的面目，主宰了两宋三百余年的命运。

而第一个要被提防的，便是秦王赵廷美、宰相卢多逊。

没有多少政治经验的秦王赵廷美，天真地以为自己会成为大宋第三任皇帝。

太平兴国四年（979），宋太宗亲征北汉，打算让赵廷美留镇京师。赵廷美准备欣然领命。毕竟，以前宋太祖亲征时，也都是留宋太宗坐镇后方。开封府判官吕端却嗅到了一丝微妙的气味，他急忙劝道："主上栉风沐雨，吊民伐罪。大王是宗室至亲，有贤良之名，应当跟随护卫，做好表率。如果留在京城，这就太不合适了。"经此提醒，赵廷美请求随宋太宗出征，宋太宗颇为高兴。

后来，宋太宗攻占太原府（今山西省太原市西南），灭了北汉，接收了城中的大量物资。他命禁军大将崔翰入城维持秩序，并禁止将物资运出城外。可赵廷美自恃地位特殊，派了数十个骑兵犯禁出城，被崔翰强硬拦下。赵廷美不悦，一状告到了宋太宗那里。

赵廷美既缺乏政治敏锐性，又略显跋扈，完全错估了形势。不过，他的美梦马上就醒了。

当年，宋太宗突袭辽朝，试图一举收复幽燕，结果因指挥不当，惨败而归。由于宋太宗弃军逃脱，军中群龙无首，将领们便打算拥立赵德昭为帝。后来因为及时找到了宋太宗，这才作罢。

宋太宗得知后非常不高兴，从此赵德昭便成了他的一块心病。

回京后，宋太宗没有对从征的将士行赏，军中颇有怨言。同样缺乏政治敏锐性的赵德昭，这时竟然冒冒失失地跑去为将士请赏。宋太宗恼羞成怒，于是新账旧账一起算，斥责道："等你当了皇帝，再赏也不晚！"

这句话给了赵德昭前所未有的压力，为证清白，赵德昭回府自尽。

两年后（981）的三月，赵德芳也神秘去世。这年他23岁，正是与宋太宗受封开封府尹、赵德昭接待吴越国王钱俶相仿的年纪。

70多年后，赵德芳的后人向朝廷进献了一方写有"皇帝信宝"的玉玺，据说是当年宋太宗赐给赵德芳的。这背后隐藏着多少宫闱秘事、利益交换或政治承诺，今人已无从得知。

没有任何证据表明，赵德芳的死和宋太宗有关。但古往今来，绝大多数人都把赵德芳的死因扣在宋太宗头上。

这其中可能包括赵廷美。

眼见宋太祖的两个儿子先后去世，作为准皇储的赵廷美惶恐不安，他急需在疾风劲雨中抓住一根救命稻草。

这根救命稻草就是宰相卢多逊。

自乾德二年（964）赵普拜相后，宰相的权力就一直很大。当时，赵普在自己的办公室里放了一口大瓦壶。各地各部门上报给自己的文件，只要不合己意，赵普就随手扔到瓦壶里烧掉，根本不知会宋太祖。另外，以宰相名义签发给各部门的公文——敕牒，不仅与皇帝的诏书并驾齐驱，甚至比诏书更具效力。

这也就难怪宋太祖宁可暂时搁置皇位继承人的争议，也要罢去赵普的相权。

此时此刻，在宋太宗的朝堂里，卢多逊正在复制赵普的一切。

卢多逊博学多才，够机灵也有手腕，不仅深得宋太祖信赖，还是赵光义经营的"反普联盟"中的重要成员。他曾利用担任翰林学士、给宋太祖做"秘书"的机会，频繁向宋太祖吹风，把赵普描绘成大奸大恶之徒。赵普倒台，卢多逊诚多力焉。

正因如此，宋太宗甫一继位，卢多逊便册拜宰相。当时朝中共有三位宰相，卢多逊资历最浅，排名最末。但前面那两位或老病亡故，或不愿生事，跳得最欢的，反倒是卢多逊。

到后来，各部门上报朝廷的文件都必须先过卢多逊的手，经过卢多逊同意，文件才能上达。百官按照流程到阁门进献奏章时，要向负责收发奏章的阁门吏表示，自己已经跟卢多逊打过招呼了，阁门吏才敢把奏章收下。另外，递交奏章的人还要按照卢多逊制定的规矩，写明"不敢妄陈利便，希望恩荣"（不敢随便提出意见和建议，以使皇帝给自己加官晋爵）的承诺。

靠扳倒赵普上位的卢多逊，自然不会放过赵普，也不会让他东山再起。在宋太宗的默许下，卢多逊整死了赵普的妹夫，折腾了赵普的儿子，连赵普自己也岌岌可危。

强势如卢多逊，成为赵廷美眼中的救星；而未来皇帝递过来的暗中示好，权相自然也没理由拒绝。

然而，赵普以与宋太祖的私交之深，与未来皇位继承人赵光义的积怨之重，尚不能躲过心胸豁达的宋太祖的猜忌；与宋太宗私交平平、与赵廷美深纳结交的卢多逊，又如何躲得过狭隘狐疑的宋太宗的清算。

赵廷美的预感是对的。

太平兴国六年（981）九月，赵德芳去世半年后，赵廷美的厄运降临。

一个叫柴禹锡的官员向宋太宗举报，秦王赵廷美傲慢任性，正在谋划不可告人的阴谋。

柴禹锡是宋太宗做晋王时的心腹幕僚，由他出来举报，不禁使人怀疑是否是受命故意泼脏水。

对于如此重大的举报，宋太宗的反应颇是出人意料。他既没有召赵廷美对质，也没有调查案件，而是召来了自己最讨厌的那个人——赵普。

宋太宗向赵普询问，该让谁当继承人。

赵普答："太祖已误，陛下岂能再误？！"

不久，便有了赵普作为当事人，亲自陈述的"金匮之盟"独传约。

独传约当然是为宋太宗量身定制的，它说明根据杜太后的遗嘱，宋太宗是皇位唯一的合法继承人。而赵廷美，包括已经闭眼的赵德昭、赵德芳兄弟，从一开始就不具备这样的资格。

独传约，就是赵普向宋太宗递上的投名状。

同月，赵普再度出任宰相。

纵然迟钝如赵廷美，也感到大事不妙。他连忙上书，要求将自己的班位调到赵普之下，宋太宗批准。

更加惶惶不可终日的自然是卢多逊。赵普复出前曾向宋太宗密奏："臣是开国旧臣，却遭到权幸奸佞之人诋毁诽谤。"矛头直指卢多逊。复相后，赵普更是多次让卢多逊赶紧辞职滚蛋，卢多逊执意不肯——以赵普的性格，卢多逊在失去权位后会有怎样的下场，他自己心如明镜。

一个想除掉隐患，顺手罢黜权相，从此高枕无忧。

一个要睚眦必报，顺便递投名状，由是咸鱼翻身。

两个势同水火的狠辣灵魂，为了见不得人的不同目标，碰撞出了火花。

太平兴国七年（981）三月，赵廷美再度遭到举报。

举报人除了柴禹锡，又多了一个杨守一。同柴禹锡一样，杨守一也曾是晋王府的幕僚。

当天，朝廷刚刚在开封城西侧的金明池中建成一座水心殿，宋太宗正准备乘船登殿游览。柴禹锡和杨守一却突然举报：赵廷美准备在宋太宗登临水心殿时阴谋发动政变；如果实在找不到机会下手，赵廷美就假装生病待在家里，等宋太宗登门看望他时再发动政变。

柴禹锡这次举报比上一次还要致命。上次只是怀疑，这次是有鼻子有眼。

宋太宗却表示，自己不忍心曝光赵廷美，只是罢免了赵廷美的开封府尹之职，让他去洛阳做西京留守。为了表现自己的兄弟情谊和迫不得已，宋太宗在给赵廷美的诏书中充满了关爱；最后，还赏赐给赵廷美大量钱财和上好的住宅。

在一派兄友弟恭的和谐氛围里，赵廷美失去了皇位继承权。他的儿子、女儿也失去了皇子、公主的称号。

宋太宗的戏演完了，接下来要上台的自然是赵普。当然，赵普从来不会矫揉造作，只会快刀斩乱麻。四月，赵普举报，说调查到赵廷美与卢多逊勾结的证据。宋太宗大怒，当即罢免了卢多逊，下御史台；又抓了一批中书门下和秦王府的小吏审讯。

据卢多逊交代，自己曾数次派人向赵廷美泄露国家机密。上一年九月赵普复相后，卢多逊又派人向赵廷美传话："希望官家早点咽气，这样我就能尽心辅佐大王了。"赵廷美也命人回报卢多逊："此言正合我意，我也盼着官家早点驾崩。"他还私下里送给卢多逊弓箭等兵器，卢多逊照单全收。

宋太宗召集所有文武高级官员讨论案情，讨论结果是二人大逆不道，应当明正典刑。宋太宗"网开一面"，将卢多逊罢职流放到崖州（今海南省三亚市西北崖城镇）；对弟弟赵廷美依然"温情脉脉"，只是勒令其罢官回家。而先前抓捕的那些小吏，自然无处可逃，被作为党羽一并问斩。

老辣的赵普当然不相信宋太宗的"温情"。五月，赵普便指使官员上奏，说赵廷美不思悔改，牢骚很多，应该迁徙到更远的地方，以防止他再生变乱。于是，宋太宗贬赵廷美为涪陵县公，流放到房州（今湖北省十堰市房县）软禁。房州，当年曾是周恭帝郭宗训的最终归宿。

雍熙元年（984），赵廷美抑郁而卒。宋太宗闻讯，痛哭流涕，然后就跟宰相爆了一个"大料"："赵廷美不是朕的同母弟弟，他是朕奶妈耿氏的儿子！耿氏后来嫁给了一个赵姓的，还生了个儿子叫赵廷俊。"说着说着，宋太宗不禁又难过起来。

根据宋太宗的暗示，这赵廷美不仅不是杜太后生的，甚至连赵弘殷的儿子都不是。原来宋太宗一直在照顾奶妈的儿子，多"温情"啊！赵廷美，你为了一个本来就没有资格继承的皇位，竟然想要杀死这般呵护、照顾你的"哥哥"，真是冥顽不化！

不得不佩服宋太宗编故事和演戏的能力。在他的剧本里，他曾和父兄一起征战南唐，英气勇武；他曾和赵普一道，主导陈桥兵变；他曾在陈桥驿拦住二哥宋太祖的马，请求宋太祖率军入京后，不要抄略京城；他曾和宋太祖兄弟情深，留下"灼艾分痛"的传世美谈；他更是宋太祖亲自选定的接班人。

现在，二哥去世了，轮到四弟配合大戏了。

编，继续编。

演，尽情演。

再来看看卢多逊。当初曾有人说，崖州虽然远，但是春州（今广东省阳春市）的环境更差，去春州必死，建议赵普把卢多逊流放到春州去。赵普没同意。雍熙二年（985），卢多逊死在了贬所。讽刺的是，由于崖州古称"朱崖"，卢多逊因此被宋人称为"卢朱崖"。

迫害赵廷美、流放卢多逊，这是宋太宗继位初年最大的政治事件。在整个事件里，宋太宗一直是个可怜的好人：保护亲弟弟的颜面，保护亲弟弟的地位，哪怕在他嘴里这个亲弟弟根本就不是亲弟弟。

"好人"难做，宋太宗就更有理由大搞"事为之防，曲为之制"了，其中一项重要措施就是确立了中枢机构的二府制。

所谓"二府"，是指中书门下和枢密院。中书门下，又称"政府""东府"，简称"中书"，是宰相的议事和办公机构。长官按照级别高低，依次为中书令（实际并不任命）、侍中和同中书门下平章事（简称"同平章事"），它们都属于宰相。理论上，宰相是政府首脑，一人之下，万人之上，事无巨细，无所不统。可实际上，在武夫当国的五代时期，文人出任的宰相早已大权旁落。

真正掌握核心权力的是另一个部门——枢密院。枢密院又称"枢府""西府"，简称"密院"，部门长贰分别是枢密使和枢密副使。唐朝后期，枢密使由宦官担任，负责对外传达皇帝旨意，并逐渐拥有了决策权。到了五代时期，枢密院改由一般士人执掌，但掌院者始终是皇帝心腹，手握内政、外交、军事、财政大权，简直是在宰相之外又置一"宰相"。

正因如此，宋朝建立后，赵普先后以枢密直学士、枢密副使、枢密使身份参定国政。直到乾德二年（964），他才正式拜相。由于宋太祖对赵普的倚重，原本由枢密院把控的决策权也随之回归中书。

可随着赵普的失势，大权在握的宰相成为备受猜忌的对象。早先，宋太祖曾在中书设立参知政事（简称"参政"）两员，作为宰相助理；赵普失势后，宋太祖大幅度提升参知政事的地位和权力，使之成为副宰相，防止宰相专权。但到了太宗朝，仍然产生了卢多逊这样的权相，这让宋太宗尤为不满。

于是，宋太宗对中书门下和枢密院的权力做出了新的调整。一方面，宋太宗通过设立其他机构，剥夺中书的部分司法权和人事权。他还一度让自己的五个儿子，以宰相名义轮流到中书处理政务。一时之间，中书门下竟然有七个宰相、三个副宰相！另一方面，太宗将枢密院的职责重新定位为"参谋议，备事变"，意思是参与机要，防备夺权篡位。

经过周世宗和宋太祖的改造，枢密院本来正在逐渐成为国家最高的军政部门，专门负责发布调动军队的命令、选拔任免武官等一般性军政事务，其他的决策职能渐渐淡出。

可宋太宗却中断了这一趋势，将早年晋王府的幕僚安插进枢密院，大力扶植枢密院的权势，以此来防范一切对皇位的威胁。

枢密院首先被用来分夺宰相权力。雍熙三年（986），宋太宗发动了对辽朝的北伐，这是宋代建立以来规模最大的一场战争。可整场战争的作战计划都是宋太宗单独与枢密院的官员制订的。宰相不但失去了军事决策权，甚至连前线的战况都了解不到，知情权也被枢密院夺走了。

这引发了官员们的强烈不满。进士出身的知制诰田锡就于端拱二年（989）向宋太宗抗议："哪有商讨边境战事，而不让宰相知道的道理？！如果您觉得宰相才能不足，干吗不直接罢免？宰相如果胜任，又何必什么事都不跟宰相商量？"

用枢密院制衡宰相，只是"参谋议，备事变"的一个方面；更有甚者，宋太宗利用枢密院直接监视官员百姓，把枢密院变成了特务机构。

在"赵廷美案"中"厥功甚伟"的柴禹锡，后来几经迁转，与宋太宗的另一名心腹赵镕以知枢密院事之职，执掌枢密院大权。在他们的主持下，枢密院暗中派出许多吏卒充当密探，监视官员百姓的一举一动。枢密院成为皇帝防范臣下的特务工具，这是以前从来没有的功能。

可一旦掌握了无限特权，枢密院的吏卒就变成了浑蛋。有一次，一名吏卒喝醉了酒，跟一个叫韩玉的书商扭打起来。没想到这个韩玉极为彪悍，加之吏卒醉酒，因而吏卒根本打不过韩玉。吏卒恼羞成怒，利用职务之便，诬告韩玉咒骂皇帝。柴禹锡和赵镕立即上报，韩玉因此被处以极刑。不久，宋太宗才知道这是一起冤假错案。自此以后，宋太宗号称"不再听信枢密院的特务密报"。可话虽如此，枢密院的特务依然横行霸道，无事生非。把"国防部"开成"情报部"，宋太宗大抵是这方面的鼻祖了。

直到宋太宗晚年，随着统治的日趋稳定，枢密院"备事变"的职能才逐渐淡化，枢密院吏卒渐渐不再充当特务；但让枢密院和宰相机构彼此制衡的做法却通过制度固定下来。

淳化元年（990）十二月，宋太宗正式规定，中书门下只负责民政事务，枢密院专门掌管军政事务，二府根据职业分工、对掌军国大政的格局就此确立。作为

"二府大臣",副宰相参知政事与枢密院长贰枢密使、枢密副使合称"执政",执政与宰相又合称"宰执"。

除了二府,北宋前期还有一个重要部门——三司。顾名思义,三司就是指三个"司",原本是盐铁司、度支司和户部司的统称,听名字也知道,这是三个掌管财政的部门。中唐以来,这三个部门时而分别设置,时而合并为"三司"。至宋真宗时,三司正式成为一个稳定的部门。

三司负责全国的财政收支,有"计司""计省"之称,一般以三司使为长官、三司副使为副长官。由于三司在一定程度上分夺了宰相的财权,因此三司使虽然并非宰执,却有"计相"之称。

通过二府三司制,宋太宗将中枢机构按照民政、军政、财政进行了划分,各部门的专业性得到加强,权力边界也逐渐明确,彼此之间互相牵制,而总揽民政、军政、财政大权的,只有宋太宗本人。

由于最高权力集中在宋太宗一个人手里,要想维持大宋王朝的正常运转,宋太宗就必须勤政。淳化四年(993)四月,宋太宗对宰相李昉说:"朕勤于听政,就是希望天下能够太平。"

"勤政"二字,宋太宗是当之无愧的。

以前的皇帝并非每天都上朝处理政务。比如,以勤政著称的汉宣帝五日一视朝,唐太宗三日一听政,唐高宗以后的皇帝一般两日一临政,而宋太宗却坚持每日上朝。

每天黎明,宋太宗早早便起床洗漱,随后来到长春殿(又称"前殿",由以前的万春殿改名,后又改名垂拱殿)上早朝。早朝的时间因季节而有变化,最晚在冬至日,大约是7点12分;最早在夏至日,凌晨4点48分左右。

早朝期间,宋太宗接见宰相、执政等重要部门的官员,听取他们汇报工作。退朝后,宋太宗转到崇政殿(又称"后殿",即宋太祖时的讲武殿)与臣僚商讨政务,批阅奏章。下午如果没有特别安排,宋太宗会读书,有时一直读到深夜。夜里,宋太宗还时常召见近臣,探讨国家大事。

前殿早朝—后殿再坐—夜间召对,这几乎是宋太宗每天的工作。宋朝官员有十天一次的旬假,放假当天,宋太宗不上早朝,但仍然会到后殿听取宰执奏事。这样看来,宋太宗一年四季,几乎每天都在工作。

宋太宗规律的上朝活动,日后逐渐成为日朝制度。虽然不同的皇帝会根据实际情况，对上朝听政的频率有所调整，但总体而言，除了宋徽宗外，北宋皇帝都比较勤政，这确实是宋太宗传下的优良传统。

到了至道三年（997）三月二十八日，59岁的宋太宗因身患重病，不得不取消了前殿早朝，但仍然到后殿处理政务。第二天是旬假，宋太宗依旧坚持在后殿召见了辅臣。当天夜里，宋太宗去世。可以说，宋太宗自登基以来，将勤政坚持到了自己生命的最后一天。

千百年来，人们总是喜欢歌颂勤政的皇帝，如明代洪武、清代雍正。公平地说，宋太宗也应在"勤政圈子"里有一席之地。但在勤政的背后，是权力的高度集中，是对权力分享者的高度排斥，是对权力篡夺者的绝对防范，是专制制度下的皇帝独裁。在这样的独裁体制下，开国元勋如赵普，科举状元如吕蒙正，虽然贵为宰相，也只能唯宋太宗马首是瞻，难以发挥重要作用。所谓的皇帝与士大夫共治天下，在太宗时代根本不存在。

在中央日朝制、二府三司制逐渐确立的同时，地方制度也按照"事为之防，曲为之制"的原则，逐渐完善定型。

宋朝名义上的地方官府仍然为州、县两级。

州级行政区包括府、州、州级军（军事要塞）和州级监（矿冶、铸钱、产盐区），长官分别是府尹或知府、知州、军使或知军、知监，副长官为通判。

县级行政区包括县、县级军和县级监，长官分别是县令或知县、军使、知监等。县中人口稠密、工商业发达的地区设有镇，军事要地设有寨，工矿区设有县辖监。

在朝廷与州级政区之间还存在着一个"路"级辖区。这又是什么性质的辖区呢？

宋太宗罢废支郡制度后，全国300多个州直隶朝廷，如何保证州级官府的行政效率和治理水平成了新的难题。太宗的对策是，赋予转运使对州级长官的监察权。到了至道三年（997）宋太宗去世时，全国已正式划分为十五路；宋神宗元丰八年（1085），全国增至二十三路；宋徽宗崇宁四年（1105），又增至二十四路。

路级的派出机构种类颇多，主要有漕司、宪司、仓司和帅司。

漕司全称"转运使司"，是最早设置的路级机构。长官转运使握有一路的财政、司法、监察大权，唯独缺少行政权。不过，太宗以降，往往视转运使如一路行政长官，把它当作州、府长官的上级。

宪司全称"提点刑狱司"，长官为提点刑狱公事，主管一路司法事务。宋太宗时，提点刑狱尚为转运司附庸；至景德四年（1007），宋真宗设提点刑狱司，提点刑狱公事成为一路最高司法官员，转运使的司法权被分离。

仓司全称"提举常平司"。在宋神宗熙宁三年（1070），提举常平司成为独立的路级机构，长官为提举常平，负责一路的救济、水利、茶盐等事务，时设时罢。

漕司、宪司、仓司分别掌管地方大区的财政、司法、救济事务，同时还负有监察州县官吏的职责，因此这三个路级机构又统称监司。

帅司全称"安抚使司"，长官安抚使本来是为赈灾或用兵而临时委派的专员，到宋真宗以后，逐渐成为专治一路军政和治安的长官。有意思的是，安抚使负责军事，却往往是文官，由帅司所驻州府的知府或知州兼任。

一路之内，漕、宪、仓、帅四司并立，互不同属，甚至连驻地、辖区都不同。监司之间互相监察，帅司与监司之间互相监察，这种互相牵制的权力结构，有效防止了地方割据的死而复生，大大加强了中央集权。

东厂鼻祖：飞檐走壁的宦官与特务机构的首创

在宋朝的特务机构名单中，枢密院的上榜时间相当短暂；常规稳定的特务机构其实另有其名。

提到中国古代特务机构，相信大部分人第一反应都是明代的东厂和锦衣卫，特别是由宦官直接掌管的东厂。作为正式的机构，东厂的知名度甚至超过许多王朝的宰相机构。然而，臭名昭著的东厂并非在明代横空出世。它的前身就诞生在中国古代历史上最开明的时代——宋代。

专门负责监视军旅官僚、探查民情舆论的"特务"，诞生于东汉末年，这就是曹操设立的校事。此后，校事一类的特务被历朝历代沿袭下来，特别注重"事为之防,曲为之制"的北宋当然也不例外。开国之初,宋太祖十分担心军队中的将领模仿自己,发动兵变改朝换代,便专门命人在军中搜集情报,打探消息。曾迫使张琼自尽的史珪、石汉卿就是这样的专人。

不过,曹操设立的校事也好,宋太祖在军中任命的专人也罢,他们对百官和百姓的监视工作,充其量是最高统治者临时派遣的任务,甚至很多人只是兼职做特务。朝廷并没有设立专门的特务机构来管理这些"临时"特务,这些"临时"特务也没有固定的编制,因而早期的特务都是时置时废、时兴时衰。

然而,伴随着官僚政治的成熟,中央集权的加强,以及皇帝猜忌心的加剧,皇帝本人对特务职业化的需求与日俱增。这样,中国历史上第一个特务机构——武德司,便在北宋"应运而生"。

武德司其实并不是宋朝原创的机构,早在唐朝中后期,这个机构就存在了,长官为武德使,由宦官担任,最初是负责掌管兵器的,后来逐渐承担起皇宫的安保工作。到了五代时期,皇帝改而任命自己的心腹担任武德使,作为自己的耳目。既然是"耳目",就少不了打探各种消息。正因如此,武德使虽然级别不高,却是有能力影响政局的实权人物。后汉末年,正是在武德使的运作下,皇帝几乎除掉了包括禁军高级将领在内的所有顾命大臣,唯一侥幸逃脱的郭威这才有发动兵变、推翻后汉、建立后周之举。

从某种意义上讲,后周是被武德司"逼"出来的。或许正是这个原因,导致武德司在后周时急剧衰落。陈桥兵变前夕,武德司没有发挥任何防范和制约的作用。皇帝的耳目之司已经彻底瘫痪。

因而,大宋甫一开国,宋太祖就回过头,把武德司捡了回来,任命自己曾经的心腹幕僚王仁赡出任首任武德使。这一任命从根本上改变了武德司的职业方向。

在宋太祖的心腹名单中,王仁赡的地位仅次于赵普和李处耘,但与赵普善于政治、李处耘长于军事不同,王仁赡的拿手好戏是"整人"。阴险狡诈的王仁赡出于不可告人的目的,收集了大量官员的恶劣事迹。只要王仁赡看谁不顺眼,这个人就会立刻倒大霉。在王仁赡的"辛勤努力"下,武德司无所作为的局面居然很快就得到了扭转。朝廷内外的官员都怕极了王仁赡这张嘴,连赵普都感到"压力山大"。

有一次,宋太祖留王仁赡单独谈话,赵普很怕王仁赡要整自己,便上奏宋太祖说:"王仁赡为人奸诈,陛下昨天找他谈话,他说的话都是在诋毁臣。"宋太祖读了奏章,在后面批复道:"我留王仁赡聊天?你见着我叫谁去把王仁赡找来单独聊天了?你别小肚鸡肠,妒忌王仁赡!"

王仁赡掌管武德司的时间并不长,却让宋太祖感到了武德司巨大的威慑力。到了乾德三年(965),宋太祖发兵灭后蜀不久,马上在蜀地设立了一个武德司的分支机构,名义上是负责监察接管蜀地后的宋朝官员是否有贪污行为。

这个机构的设置意味深长。因为当时已经升任枢密副使的王仁赡,正在征蜀大军中做都监。他的任务当然不是监视贪污,而是防范宋军将士在蜀中割据谋反。这不免让人把武德司的"分号"与王仁赡联系在一起。

蜀地北有秦岭,东有三峡,西南和西面都是高原山地,在地理上相对独立,最容易形成割据势力。自古以来,征蜀的大将往往有命建功立业,没命走出蜀地。远者如三国时期灭蜀汉的邓艾、钟会,近者如后唐时期灭前蜀的郭崇韬。因此,这个建立于蜀地的武德司,最根本的任务与王仁赡是一致的,那就是监视宋军将领,防止他们叛变。

可以看到,作为特务机构,宋初的武德司,主要监视的是军队系统,而掌管武德司的则是皇帝的亲信。然而,武德司直属皇帝,不受大臣监督,必然会导致它的权力恶性膨胀,性质也日益私人化。

开宝五年(972),宋太祖任命姨表弟、从小一起长大的刘知信出任武德使,武德司的私密化程度日益加深。到了开宝九年(976)十月,也就是宋太祖驾崩的那个月,宋太祖居然破格任命宦官王继恩担任武德使。让宦官来掌握专门的特务机构,这味道是不是很熟悉?

宋太祖曾下令,禁止宦官干政。但事实上,宋太祖并不完全排斥宦官,他甚至在自己身边还养了几十个可以飞檐走壁的宦官。这群宦官非常健硕,据说一个人能顶好几个雄壮的正常男人,骑上马后更是急速如飞。

有一年,地方进贡了一只老虎,宋太祖命人给老虎扔了一只羊腿,老虎瞬间就把羊腿吃了个精光,吃完后还一再向围观的人示威。可是上一秒还威风凛凛的老虎,下一秒却突然变蔫了。宋太祖命人去查看,才发现老虎吃羊腿吃得太急,嗓子里卡住了一根羊骨。宋太祖看了看身边的宦官,示意他们帮老虎解决问题。有一个叫李承训的宦官自告奋勇,然后以迅雷不及掩耳之势,将手探入虎口,一把将羊骨拽了出来。全程干净利落,而李承训本人也丝毫没有受伤,这身手,称一句"虎口无影手"也不为过。

在这群宦官里，还有几个会"轻功"的人。有一次，宋太祖到五凤楼闲逛，发现东南角楼顶尖的鸱吻上落着一只鸟。宋太祖对左右的宦官问道："有谁能把这只鸟抓到？"一个名字失载的宦官当即收好衣角，翻出楼阁，小心翼翼地在楼顶上攀缘挪动，最后一把抓住了落在鸱吻上的小鸟。这个宦官"楼上飘"的轻功，不比武侠小说里的凌波微步、神行百变差。

宋太祖身边养了这么一群身手了得的宦官，不得不让人把他们跟武德司的特务工作联系起来。而现在，武德司的老大也换成了宦官。

在完成这一"重大变革"之际，宋太祖神秘离世。新即位的宋太宗号称要继承他哥哥的治国方略。其他方面不好说，但是在继承宦官职掌特务机构方面，他确实没有说谎，而且有过之而无不及。由于皇位多少有点来路可疑，因此宋太宗特别在意别人对自己的看法。他派遣大量隶属于武德司的武德卒到地方去搜集官员和老百姓的情报，企图监视臣民，控制舆论。

这种做法马上遭到士大夫的群体抵制。忠武观察判官张观算是比较温柔的，他上书朝廷，劝宋太宗悬崖勒马，不要派大内密探扰乱地方秩序。靠拳头打出来的状元王嗣宗就没这么好脾气了。王嗣宗时任知汀州（今福建省龙岩市长汀县），有一天，他见到大街上有武德卒，竟然二话不说，上来就把这些人绑了，乱棍痛打一气，然后将他们送往开封，还不忘上奏宋太宗说：武德卒不讲武德，陛下"好自为知"！（原话为："陛下不委任天下贤俊，而猥信此辈为耳目，窃为陛下不取！"）

前面说了，武德司本来就是皇帝私人性质特别明显的机构，现在又是由宦官职掌，所以很快名声就臭大街了。到了太平兴国六年（981），宋太宗迫于压力，不得不将武德司撤销，以表示不会因私废公。中国历史上第一个宦官执掌的特务机构就此消失了？

并没有！

当时还有一个机构叫"皇城司"，在宫廷保卫方面，职能与武德司差不多。武德司撤销后，它过去的特务职能被并入皇城司。名义上，皇帝私人的武德司变成了大宋王朝的皇城司；实际上，武德使变成了勾当皇城司公事（勾当皇城司公事为皇城司实际负责人），武德卒变成了皇城卒。宦官依旧掌管这一机构，特务依旧横行，只不过这次不是以皇帝个人的名义，而是以大宋朝廷的名义。

伤害性极大，欺骗性极强！

这些皇城司的特务从军队到民间几乎无孔不入，而且在后来的历史中，特务活动愈演愈烈。

比如，宋仁宗嘉祐四年（1059），桑达等几十名禁军士兵喝高了，借着酒劲打架斗殴。结果打急了眼，大骂起宋仁宗来。皇城司探知此事，立马抓了这一群大兵送到开封府衙门，处以弃市的极刑。

不仅军人说错话要掉脑袋，老百姓说错话也会被皇城司的人带走。国都老百姓没事儿聊聊政治，这算得上是我国自古以来的一大风俗。宋代也不例外。宋神宗推行熙丰新法时，新法自然成了百姓们的时髦话题。可是宋神宗却派遣了大量皇城卒在开封城的大街小巷游荡，探听路边上的人们都在谈些什么。只要有人说新法不好，这个人就会立马被皇城卒抓走判刑。

当时宋朝推行保甲法，要求老百姓平时购买弓箭，参加日常军训。老百姓既要出钱，又要出力，还没自由，自然要"吐槽"。结果又被皇城卒发现了，汇报给宋神宗。宋神宗立马让开封府调查此事……

总之，只要特务横行，老百姓就只能闭嘴，而这一切都发生在号称政治相对开明、言论相对开放的北宋时代。

其实，就特务活动的危害性而言，压制舆论倒还在其次，更要命的是，无论是早年的武德司，还是后来的皇城司，它们都是不受台谏系统监督的，它们都只对皇帝一人负责。换句话说，只对皇帝负责，就是对朝廷、官民、法律一概不负责。皇城卒掌握了不受监督的权力，后果可想而知。

敲诈勒索算得上是皇城卒的工作常态。有些皇城卒亲自到官员那里索贿，不给钱就诬告你。有些皇城卒甚至跟黑社会勾结。当时开封有一对董氏父子，是出了名的地痞无赖。他们暗中与皇城卒勾结，专门打探别人的隐私，再以此敲诈钱财。开封城里的官民对这对父子和他们背后的皇城司都怕得要命，背地里管董氏父子叫"大虫、小虫"。

董氏父子的经验说明，只有勾结皇城司，黑社会才有前途。但并不是每个黑社会成员都能成功勾搭上皇城司。于是，大量攀不上皇城司的地痞无赖索性宣称，自己的背后是皇城司，甚至公开称自己就是皇城卒。本着多一事不如少一事的原则，不少官民都向这种狐假虎威的伪皇城卒交了"保护费"。在皇帝的卵翼下，大宋朝养了一群恶棍。

既然皇城司手握大权，在官场上自然也不会消停。宋仁宗初年，刘太后垂帘听政时，宦官罗崇勋权势熏天。有一次，罗崇勋向陈留县（今河南省开封市祥符区陈留镇）索要官田，知县王冲不从。罗崇勋便指使皇城卒诬告王冲，致使王冲被流放雷州（今广东省雷州市）。宦官牵头皇城司，然后由皇城司与司法部门勾结炮制冤假错案，这种事情在北宋简直数不胜数。

值得欣慰的是，在士大夫们的不断抗争中，皇城司的活动范围终于从全国缩小到国都地区。淳化三年（992），皇城司私下派皇城卒到开封府的属县去探事，自然又把官员和老百姓搞得鸡飞狗跳。雍丘县（今河南省开封市杞县）县尉王彬实在看不下去了，带人抓了皇城卒，拿到了他们索取贿赂的证据，全部法办。宋太宗这才下令，要求皇城卒不得出开封城。全国人民松了一口气，但是国都开封的人仍然生活在水深火热中。而只要皇帝兴起，皇城卒依然可以冲破开封的城墙，到皇帝想让他们去的任何地方。

在恶评如潮中，皇城司也和武德司一样，面临着解散、撤销的问题。这一次，限制皇城司活动的是宋徽宗。不过，宋徽宗深得乃祖宋太宗的真传，皇城司虽然消停了一段时间，宦官掌握的特务系统却从未被正式取代。这样，到了南宋时期，皇城司就轻而易举地死灰复燃了。

在专制乃至独裁的帝国里，特务机构从来都是皇帝的走狗，宦官执掌的特务机构更是"狗中之狗"。

不过平心而论，皇城司也不是完全不务正业。比如，皇城卒会监察国库，防止官员贪污；考察各地民情，严防地方官粉饰太平、报喜不报忧；甚至还负责抓间谍。宋仁宗天圣三年（1025）八月，皇城卒从一个叫沈吉的人口中探知，商人张化是辽朝间谍。皇城司当即捕获了张化，沿着这条线索大加考索，牵连甚广。

皇城司还是一个统领禁军的部门。早在太祖朝的武德司，就设有亲事官军队；到了宋太宗时，又从亲事官中选拔精锐，组成亲从官。皇城司的禁军编制近6000人，但据宋太祖说，实际上有数万之众。这些军队负责保卫皇宫，殿前司、侍卫司完全不得插手。这应该是宋太祖吸取了陈桥兵变中，石守信率殿前军封锁皇宫、后周毫无还手之力的教训。

但无论皇城司干了多少正事，它终究只是效力于皇帝私人的机构，是皇权的延伸。一旦皇权坐大，士大夫中的高尚官员控制不了场面时，那些所谓的"正事"必然会淹没在特务横行的罪恶中。

经略幽燕:"高梁河车神"的军事灾难与五代传统的终结

尽管宋太宗的"黑历史"俯拾皆是,但最遭人诟病的,还是他经略幽燕的失败。

经略,指经营谋划。幽燕,就是大家熟知的幽云十六州。经略幽燕,完全是一个历史遗留问题,与契丹族建立的辽朝息息相关。

契丹是生活在今东北地区的古老民族,其渊源可以追溯到秦汉时的东胡。唐初,契丹已经形成了由八部组成的部落联盟,联盟首领称为"可汗",各部酋长称为"夷离堇",在形式上均由选举产生。

唐末五代之际,契丹诸部中最强大的是迭剌部。唐天祐四年(907)正月,迭剌部夷离堇阿保机(当时还没有"耶律"这个姓氏)被选为契丹可汗。随后,他在汉人谋士的劝说下,逐渐废除了可汗选举制。

后梁贞明二年(916)二月,阿保机仿照汉制称皇帝,定国号契丹(后改为辽),建元天册,阿保机就是辽太祖(916—926年在位)。两年后,契丹又将国都定于西楼,改称皇都(今内蒙古自治区巴林左旗南波罗城)。

契丹建国后积极对外扩张,疆域迅速扩大。第二任皇帝辽太宗耶律德光(927—947年在位)更是将目标锁定中原。辽天显十一年(936),后唐的河东节度使石敬瑭因遭到后唐末帝李从珂讨伐,而向契丹求援。他不仅向辽太宗称臣,认这位比自己小10岁的皇帝为父,还许诺将北方边防重镇割让给契丹。辽太宗见有机可乘,便亲率五万铁骑支援石敬瑭,立其为后晋皇帝,助其灭掉后唐。

石敬瑭割地,对中原王朝产生了极为恶劣的后果。这片土地包括16个州,宋朝以后统称为"幽云十六州"、"幽蓟十六州"或"燕云十六州"。以太行山为界,十六州可分为两个大板块、三个小板块。太行山以西的地区统称"山后",以云州(今山西省大同市)为核心。太行山以东的地区统称"山前"。山前地区又以益津关(今河北省霸州市)、瓦桥关(今河北省保定市雄县西南)和淤口关(今河北省霸州市东)三关为界,北部以幽州(今北京市)为核心,称"幽燕";南部则称为"关南"。

在十六州中，由于幽燕地区的幽州最为重要，因此人们常常以"幽燕"指代整个十六州。这里我们就遵从宋人的习惯，用"幽燕"来称呼这一地区。

幽燕的地理位置极为重要，其北是太行山北支和燕山山脉，是中原王朝防御北方民族的天然屏障。契丹获得了幽燕，也就跨过了这道防线。契丹铁骑在一马平川的华北平原上纵横驰骋，可以直接杀到黄河边上。中原从此门户大开。

正因如此，辽太宗极为重视幽州，将其升为南京幽都府（后改名析津府），作为契丹经略中原的前沿阵地。

石敬瑭死后，他的后继者后晋出帝石重贵为了收复幽燕，与契丹大打出手，最终被契丹亡国，史称"开运之祸"。

后晋灭亡后，契丹入主中原，辽太宗还将国号改为"辽"，准备长期统治。但因辽朝的统治不得人心，辽太宗很快撤回北方，并死在了撤退的路上。中原被继之而起的后汉收复。到了显德六年（959），周世宗又在去世前夕一举收复了关南地区。

经略中原的失败，迫使辽朝不得不放弃征服中原的打算，转而以长期稳定地统治幽燕作为核心目标。后周建立以后，后汉的残余势力在晋中建立了北汉小政权，辽朝对其积极扶植，将其作为自己与中原王朝的缓冲区，用以阻碍中原的统一，从而防止出现一个强大的中原王朝来争夺幽燕。辽朝需要维持与中原王朝的现状，避免因幽燕问题爆发激烈冲突。

无独有偶，刚刚开国的宋朝也希望维持现状。宋朝取代后周后，面临着和平与统一的双重政治目标。唐末五代军阀混战，民众渴望结束战争，恢复和平。然而，宋朝要统一，早晚得收复幽燕；要收复幽燕，又势必与辽朝爆发大战，这就与和平的目标产生了矛盾。

为了协调这对矛盾，当时的决策者制定了先南后北的统一战略。在前面讲到宋太祖的文治武功时，也曾简单提到过这个战略。

先南后北战略最初是由后周重臣王朴提出的。王朴认为，统一天下应从容易的地方突破，以军事实力来看，进攻南方诸国要比在北方与北汉、辽朝作战容易得多。宋朝建立后，赵普进一步完善了王朴的战略，指出将北汉作为缓冲区，可以将宋朝与北方民族隔绝开来。如果灭掉北汉，宋朝就要直面这些民族，到时候边境的战乱就会无穷无尽。

宋太祖在继承先南后北战略的同时，又从经济角度完善了这一战略构想。他指出:"唐末五代以来,北方战乱频仍,对社会破坏很大,朝廷的财力也严重不足。相反,南方诸国相对太平,社会较为稳定。如果先攻取南方,就能获得更大的财富来支持北方的战争。"在对辽关系上,宋朝也倾向于维持现状,避免发生大规模的军事冲突。

正是宋辽对维持现状的共同需求,使得双方在处理边境冲突时都尽量保持克制。

比如,辽朝为阻止宋朝灭掉北汉,多次在北汉境内与宋军大打出手,动辄发兵六万。可是在宋辽直接接壤的河北北部,辽朝反而不轻易派出如此规模的军队;宋太祖则在加强河北防线的同时,将防线切割成一个个小防区,避免与辽军在河北发生大规模的战争。

然而,这种克制还是险些擦枪走火。辽应历十九年、宋开宝二年(969),辽穆宗耶律璟(951—969年在位)去世,新即位的辽景宗耶律贤(969—982年在位)或许是为了试探宋辽关系,于辽保宁二年、宋开宝三年(970)底罕见地派出六万骑兵,进攻宋朝河北防线的重镇定州(今河北省定州市),但被宋军击退。这是辽军首次在河北出动六万人规模的军队,代表着宋辽冲突可能进一步升级。

看来,仅靠宋辽双方维持现状的默契,并不足以维持脆弱的和平。于是,两国开始谋求通过缔结盟约将双方和平对峙的局面稳定下来。由此诞生了"雄州和议"。

雄州,设置于三关之一的瓦桥关,是宋朝在关南的边防重镇。宋开宝七年、辽保宁六年(974)三月,正在部署对南唐用兵的宋太祖,为了防止辽军趁机偷袭,主动派出使者,到辽朝商议和谈。这年十一月,辽朝涿州(今河北省涿州市)刺史耶律琮以侍中身份,向宋权知雄州孙全兴写了一封信,信中写道:"自古以来,南北两个政权共存就是常态。我们两国并无嫌隙,如果能互通使节,向天下表明两国君主的心意,从而使两国疲于战乱的人民得到休养生息,使两国成为长期友好的邻邦,岂不是大善大福!"

耶律琮还与孙全兴在雄州北门外会面,磋商和议的具体细节。不久,两国朝廷都宣布承认和议有效,并互相递交了国书。宋辽就此达成了历史上第一份和平盟约,史称"雄州和议"。

由于史料失载,雄州和议的具体内容已不得而知。不过,在和议达成后,双方不仅在边境上的军事骚扰大为减少,还在节日、皇帝生日等重要日子里互派使节道贺。一度处在大战边缘的宋辽两国,被一纸协定拉了回来。

不过,雄州和议创造的和平对峙十分不稳定。宋辽关系的核心问题是幽燕地区的归属,雄州和议只是搁置了双方的争议,并没有从根本上解决这个问题。

在宋太祖的统一战略中,从未放弃收复幽燕。开宝九年(976)二月,当全国大多数割据政权已被宋朝消灭,群臣为宋太祖上尊号"一统太平"时,宋太祖并不接受。他的理由是:"幽燕还未平定,怎么能说一统呢?!"

显然,宋朝要收复幽燕、完成统一,辽朝要保有幽燕、维持现状,两国存在根本冲突。

宋太祖曾制定了"文统"和"武统"两个收复幽燕的战略。

所谓"文统",就是向辽朝和平赎买幽燕的构想。乾德三年(965),宋太祖攻灭后蜀之际,在讲武殿(后殿)后设立了封桩库。此库不隶属于三司,而是直属于皇帝。宋太祖将消灭南方诸国后获得的财富,以及自己日常节约下来的钱财都存入其中。按照宋太祖的构想,当封桩库存满500万贯钱后,便通过外交手段,用这些钱去向辽朝赎买幽燕。这个构想既协调了统一与和平两个目标的矛盾,又尽量在雄州和议的和平框架内,寻求以外交手段解决宋辽的核心问题。

当然,宋太祖从来不把希望寄托在别人身上。如果辽朝拒绝接受"文统",宋太祖就用这些钱财招募战士,通过战争来收复幽燕。这便是"武统"战略。

两个战略可以概括为:外交手段优先,但绝不放弃使用武力。

然而,随着这年十月宋太祖驾崩、宋太宗继位,"文统"战略被束之高阁。宋太宗毫不犹豫地废弃了雄州和议,选择了"武统"。

因为在五代的军事信念面前,宋太宗别无选择。

军事信念,是一种在过去的实战中积累起来的战斗经验,人们往往认定这种经验是正确的。

宋朝距五代未远,战略战术深受五代时期军事信念的影响。因此,宋初的战争,往往是五代式的。五代军事信念有两个重要特点:一个是习惯使用战略奇袭,另一个是皇帝经常直接指挥战术性决战。

五代时期,军人尚武,要获得他们的拥戴,皇帝必须英勇过人。因此,新即位的皇帝往往要率军亲征,在取得军事胜利后,才能镇服军队,坐稳皇帝宝座。

以宋太祖在后周禁军中的威望之高、职权之重、基础之牢,在宋朝开国之初,尚且要亲自上阵平定二李之乱,就更别提从未亲自指挥过军队的宋太宗了。

加之宋太宗的皇位本来就遭人非议，他急需按照五代传统，亲自指挥军队收复幽燕，在军中树立威信，特别是超越其兄宋太祖的威信。这是宋太宗毅然决定武统幽燕的深层原因。

鉴于军事经验过于薄弱，宋太宗比五代时期的许多皇帝更加依赖当时的军事信念。他决定仿照五代的常规作战方法，以战略奇袭拿下幽燕。

战略奇袭，就是对敌方的核心地带发动突然袭击，使敌方猝不及防，从而在短期内彻底击溃敌方。

太平兴国四年（979）正月，宋太宗领兵亲征北汉。尽管辽朝照例出动大军救援，但由于北汉在宋太祖的持续打击下早已濒临亡国，加之宋太宗照搬了宋太祖较为成熟的伐汉战略战术，因而战争比较顺利。五月，十国最后一个政权北汉被宋朝消灭。

近半年的战斗刚刚结束，宋军师老饷乏，将士们正等待息兵休整、论功行赏，没想到宋太宗马上提出奇袭幽燕的设想。据官方档案称，当时绝大多数将领并不愿意立即北伐，只是不敢公然反对罢了。

但在宋朝私人著述里，情况却大不相同。五代士兵向来希望多打仗，这样就能多立军功，从而获得皇帝更多的赏赐。平灭北汉后，将士们求赏心切，私下里都在讨论继续伐辽，只不过没人敢贸然去找宋太宗奏报。

不过，无论是哪种情况，当时公开支持宋太宗伐辽的，只有殿前都虞候崔翰。崔翰指出："进军幽燕要一鼓作气，不能等到休整以后再起兵。现在我军乘着灭汉的破竹之势突袭辽国，攻取幽燕易如反掌，不能错过这样的天赐良机！"

崔翰的乐观并非全无道理，当时宋军奇袭幽燕，具备两个优势。首先，有了雄州和议，辽朝绝对想不到宋军会来袭击自己。其次，刚刚消灭北汉的宋军，是好不容易征调出来的，此时不用，将来北伐集结人力、物力，又得从头再来，耗时费力，还容易暴露。而现在，只要粮草能够及时运到幽州，这场战役就能达成突袭的效果。

在崔翰的支持下，宋太宗亲率十万大军从太原出发，迅速向河北集结。六月十三日，宋太宗从镇州（今河北省石家庄市正定县）督军北上，正式发动战争。

十九日夜间，宋军先锋军队在孔守正等人的率领下，突袭辽朝边镇岐沟关（今河北省涿州市松林店镇岐沟村），辽易州刺史刘禹（一作刘宇）降。次日凌晨，正当孔守正忙着接收岐沟关时，宋太宗已率主力军队乘夜色急速过关，以至于孔守正在安排好关内驻防后,不得不带着"先锋"向前去追赶主力军队。由此可见宋军精锐军队的突进势头。

孔守正追上宋太宗主力后,再度成为先锋。他与另一位将领傅潜会合,在涿州城东的沙河一线正遇北院大王耶律奚底、统军使萧讨古等率领的仓促赶来阻击宋军的辽军。孔守正与傅潜分军突进,大破辽军,乘胜追杀20里,生擒辽兵500余人。第二天,宋太宗路过战场,眼见辽军尸横遍野,大为赞叹。涿州判官刘原德遂举城而降。

士气高涨的宋军继续突进,宋太宗本人也锐气十足。他亲率将士,位居全军最前列,大军直抵桑干河。为了加速行军,宋军没有从狭窄的桥梁过河,而是在太宗的带领下,直接下水渡河。

二十三日天亮前,宋太宗已率主力抵达幽州城下,此时距离宋军出境才四天四夜。

辽朝也并非对宋军的行踪全无察觉,但辽景宗并不相信宋朝会撕毁雄州和议。直到二十日,正在避暑游猎的辽景宗才确认宋军真的入境了。可短短的几天,辽景宗根本来不及派出主力军队增援。

幽州城内更是一片混乱。辽南京留守韩匡嗣正好不在城内,其子韩德让以权知南京留守事身份代理其职,日夜守御待援。耶律奚底率领的一万残军退回后也不敢进城,一路跑到城北。宋太宗急命宿将马仁瑀率军突击,寡不敌众的耶律奚底再度大溃,辽军被斩首千余级,被迫退至更北面的清河一带(今北京市海淀区清河街道附近)。

二十五日,辽将耶律学古率领第一支援军进入幽州,协助韩德让守城。不久前曾入援北汉的南院大王耶律斜轸也率军从山后地区赶来,正遇到被穷追猛打的耶律奚底。眼见宋军锐气正盛,耶律斜轸不敢硬战,便打出耶律奚底的青色旗帜,退至地势险要的得胜口(今北京市昌平区西北居庸关附近),以引诱追击的宋军,从而使耶律奚底摆脱覆灭的危险。宋军果然上当,直追耶律斜轸。耶律斜轸乘机绕到这支宋军的后方,发动突袭,大破宋军。

得胜口之战,对当时的战局无足轻重,但它暴露了宋军轻敌浪战的弱点。而辽军控制了得胜口这座燕北要塞,也就控制了入援幽州的孔道,这是一个巨大隐患。不久,另一支先前从北汉战场退下来的辽军,在耶律沙的率领下通过燕北要塞,加入幽州战场。

宋太宗对此并未有所警觉。得胜口之战后，耶律斜轸据险自守，只能对幽州遥为声援。宋太宗谓耶律斜轸兵力寡少，不足为虑，便不再争夺得胜口，而自领主力全面部署围城。

宋太宗命大将宋偓（太祖宋皇后的父亲）、崔彦进、刘遇和孟玄喆分别从南、北、东、西四个方向统兵六七万围攻幽州；同时以潘美知幽州行府，总领军政。在幽州东南面，宋太宗还部署了一支万余人的预备队，由宿将曹翰、米信率领，以备非常。宋太宗把前线指挥部设在城西的宝光寺，但他自己时常往来于幽州城外的不同方位，到主攻军队中亲自督战。

宋军不惜伤亡，连日攻城。大军围城三周，上有炮石纷飞，下挖地道穿城。在猛烈的进攻中，宋军一度有300余名将士登上幽州城头，几乎就要攻克幽州，取得最后胜利。

而辽朝的援军虽然陆续抵达幽州，但兵力分散，无法在城下集结，只能退缩到外围，这使宋军完全掌握了战役主导权。不仅幽州被宋军围得如铁桶一般，附近其他州的辽朝守将也纷纷率部降宋。一般军民特别是汉族人更为踊跃，甚至有些幽州百姓带着牛和酒到前线去犒劳宋军。宋太宗的军事突袭产生了强烈的政治效果，辽朝在幽州地区的统治近乎土崩瓦解。辽廷上下，甚至有不少人主张放弃幽州，退守燕北要塞。

可见，奇袭能够成为五代宋初最流行的军事战略，确实有它的可取之处。五代时期，藩镇和割据政权的体量都不大，能够调用的战争资源十分有限；军队的士气也不稳定，特别容易受政局的影响。在这样的前提下，在战役中遭受失败的一方，很难再继续组织强烈的抵抗。特别是，在对地方的政治中心发动突袭时，敌方一旦失败，就再无挽回的余地。

但辽朝不同，它的国土广阔，有强大的兵力和足够的资源，特别是得胜口等燕北要塞均掌握在辽朝手中，这使它不会像五代政权那样被一击毙命，而是有机会重夺战役主导权。奇袭的战略效果因此遭到削弱，宋军的军事风险正在增加，这就要求宋太宗在接下来的指挥中，用更高妙的战术速战速决。

可惜，宋太宗对此毫无意识，他接连犯下的两个战术错误，葬送了整场战役的大好前程。

六月三十日，辽景宗决定全面反击，向耶律沙、耶律奚底和萧讨古下达军事部署。惕隐（掌管皇族事务的官员）耶律休哥主动请缨，辽景宗命其代耶律奚底为帅，率五千精锐骑兵入援幽州。

七月初，由耶律休哥率领的援军进抵幽州外围，耶律抹只率领的奚族兵也同时到达。六日，耶律沙率军会同萧讨古部，自清河向幽州城挺进，于高粱河（今北京市西直门外）遭遇正在幽州城西北督战的宋太宗。宋太宗亲率精锐军队迎战，双方激战至黄昏，辽军渐渐不支，节节败退。

正当宋太宗血战耶律沙时，耶律休哥却乘机会同耶律斜轸和耶律抹只，率精骑三万从西面的山中小路，绕到了宋军后方。这是宋太宗犯下的第一个战术错误，他忽略了对山路的防范，给耶律休哥创造了可乘之机。

但这还不是最致命的。因为即便耶律休哥从后方发动偷袭，依然可能遭到宋军截击。宋太宗在围城之初部署的曹翰预备队，正是为了应对这种突发事件。可宋太宗犯了第二个战术错误，他为了早日占领幽州，竟将曹翰的预备队派去攻城。

耶律休哥再无阻碍，他与耶律斜轸分为左右两翼，从宋军后方发动猛攻。本已败退的耶律沙也掉转矛头杀了个回马枪。在三路大军夹击下，已经疲惫不堪的宋军将士彻底崩溃。

混战中，宋太宗大腿被射中两箭，身负重伤，当夜便弃幽州城下的大军于不顾，仓皇南逃。由于伤势过重，宋太宗无法骑马，被迫坐着驴车一路狂奔。同样因受重伤无法骑马的耶律休哥，则在后面驾着马车一路狂追。最后，终究是宋太宗早跑一步，逃出生天。宋太宗也因此被今天的许多网友戏称为"宋车宗"和"高粱河车神"。

幽州城下，失去皇帝统领的宋军立刻陷入混乱，将士们一度打算拥立尚在军中的赵德昭为帝，后来得知宋太宗的去向，方才作罢。

天亮后，辽军对留驻在幽州的宋军发起了反击，士气低落的宋军匆忙撤围溃逃，一路上丢盔弃甲。城中的耶律学古见状，命军民擂鼓助威，开城列阵，与城外辽军里应外合，大破宋军。至此，宋太宗发动的第一次经略幽燕之役，以宋军在高粱河的惨败草草收场。

此役之后，宋人不再迷信五代时期的战略奇袭；在战场上死里逃生的宋太宗也再没有走上战场前线。五代时期的军事信念自此瓦解，高粱河之战也成为最后一场五代式的战争。

宋军在高粱河之战中损失过万，但主力精锐仍在。此战最大的后遗症不是宋军兵力损失，也不是宋军不敢打了，而是宋军的指挥系统出现了问题。宋太宗虽然不再亲上前线，但也不肯把军队全权交给将领。于是，他索性在千里之外遥控指挥，从作战战略和战术的制订，到战区内部各军队的战略协调，甚至到具体军队的布阵方法，所有细节都在宋太宗的把控之下。

高梁河之战结束不久，辽军便对宋朝发动报复性进攻，并与宋军大战于满城（今河北省保定市满城区）和瓦桥关。这两场战役全面暴露了宋军新指挥系统的巨大负面影响。

当年九月，辽朝派出10万大军南征，宋朝也调动至少8万的军队在满城一带布防。正在大战一触即发之际，宋军在布阵时却遇到了问题。依据宋太宗的最新指示，宋军将领布阵的依据并不是战场的实际情况，而是由远在1000多里以外且根本不擅长打仗的宋太宗颁赐的阵图。按照阵图排阵后，各军队之间相隔过远，极易被辽朝骑兵分割冲散，然后再分别消灭。所以宋军士兵非常恐惧，还没开打，就丧失了斗志。

尽管在满城前线云集了刘廷翰、赵延进、崔翰、李继隆（宋太祖心腹幕僚李处耘之子）和李汉琼等重将，但宋太宗并没有任命主帅。遇到这种棘手的情况，大家谁也没有指挥别人的权力，谁都不能拍板做决定，只能商量着来。

赵延进登高望远，眼见着辽军骑兵蜂拥而来，忙向崔翰建议："主上将边事托付给我们，是希望我们能够克敌制胜。现在敌骑浩浩荡荡，我军却阵如星布，差距太悬殊了。如果敌军发动进攻，我军如何能抵抗？不如把军队聚集起来，合力抗击，这样还能取胜。就算我们违抗了命令，但取得了胜利，这不比丧师辱国强多了！"

崔翰也知道赵延进的意见是正确的，但他仍然下不了决心，反问道："万一不胜，谁来负责？"

赵延进当即表态："如果兵败，我赵延进一人做事一人当！"

另一位将领李继隆也表示："用兵贵在因时而变，怎么能预先设定！违诏之罪，继隆请独自承担！"

在赵延进和李继隆的力争下，众将终于达成共识，改而排列更加有效的阵形，这才一举击破了辽朝的进攻。

宋太宗对前线的战术干预，险些导致宋军在满城会战中战败。但宋军并非每次都有这么好的运气，在瓦桥关会战中，宋太宗的战略遥控就致使宋军伤亡惨重。

宋太平兴国五年、辽乾亨二年（980）十月，辽景宗率军亲征瓦桥关。瓦桥关附近集结了多路宋军将领的军队，但彼此依旧互不统属，谁也无法调动别人的军队。能够把控全局、协调各路军队的，依旧只有宋太宗本人。宋太宗对外号称亲征，却始终躲在后方，没有真正到达前线。

前线主帅缺位，导致宋军的各路人马各自为政，无法配合。辽景宗始终掌握着战略主动权，而宋军一直落后于战局的发展。尽管宋军发起了四次冲击，顽强作战，却屡次被辽军击败。最后，靠着宋军将士的英勇无畏，辽军总算撤兵北返。然而，此刻的宋军已是伤亡惨重，尸横遍野。

高梁河之战的失败除了带来遥控指挥的问题，还促使宋朝高层转而支持内政主导的战略。这一战略认为，应通过优先发展内政来增强综合国力，然后以国力上的优势来决定北伐幽燕的时间。

但是，由于执行的过程层层脱节，内政主导战略并没有发挥实际作用。宋太宗发动的第二次经略幽燕之役，甚至比第一次输得还要惨。

瓦桥关会战结束后，史官张齐贤上书，提出"人民本也，疆土末也"的观点。宰相李昉也劝宋太宗不要急于进攻幽州，现在应该养精蓄锐，等到实力充足、有把握取胜时，再对辽朝用兵。这些以内政为主导的言论代表了宋初许多文臣的观点，宋太宗对此也基本接受。

内政主导战略明显继承和发展了宋太祖的战略思想。与宋太祖当年重视经济的"先南后北"战略相比，以"先本后末"为代表的内政主导战略更加清晰、明确地将和平置于统一之上，试图以和平促进统一。

但与更注重军事的先南后北战略相比，内政主导战略的实践要困难得多。

按照内政主导战略的要求，宋朝应该休养生息，使国力凌驾于辽朝之上，降低后续战争的军事风险。可实际情况却正好相反。

在宋辽短暂的休战期间，辽朝扫平了东北地区不服从自己的部族，进一步解除了后顾之忧。宋太宗却只是忙着巩固个人权力。他逼死了侄子赵德昭、废黜了弟弟赵廷美；打压以宿将曹彬为代表的宋太祖生前的心腹将领，在朝中大力安插自己的亲信；宋朝的社会经济情况并没有得到明显的改善。休战反而让局面对宋朝更加不利，文臣们一致反对短期内再对辽朝用兵。

然而，宋太宗和他的亲信们却错把个人皇位的稳固当成了宋朝国力的提升。

特别是在辽乾亨四年（982）九月，辽景宗耶律贤去世，新即位的辽圣宗耶律隆绪（982—1031年在位）不过是个12岁的毛孩子，大权掌握在承天太后萧绰（也就是杨家将故事里的萧太后）手里。这让宋太宗和亲信们错误地认为，辽朝主少国疑之际正是自己用兵之机。宋雍熙三年、辽统和四年（986）三月，宋太宗索性撇开文臣，也撇开了内政主导战略，单独和心腹近臣谋划，发动了第二次经略幽燕之役，史称"雍熙北伐"。

按照宋太宗的构想，宋军分成东、中、西共三路大军北伐辽朝。东路军共十万人，由幽州道行营前军马步水陆都部署曹彬统率，是北伐主力。开战之初，东路军假装进攻幽州，但行军务必缓慢，目的是将辽军主力牵制在山前地区。与此同时，以定州路都部署田重进为主帅的中路军和以云应朔等州都部署潘美为主帅、云州观察使杨业为副帅的西路军乘虚攻取山后地区，然后再向东挺近，同东路军在幽州会合，与辽军主力决战，一举收复幽燕。

宋太宗放弃五代色彩浓厚的战略奇袭，改而采用声东击西的策略，这是进步。但是，雍熙北伐的战略目标极为含混。既然东路军收复幽州只是诱饵，是协助中路军和西路军收复云州的手段，那么收复云州就应该是战役的目标；可宋太宗最终的目标仍然是收复幽州。

除了战略目标混乱外，三路大军的战术配合也是个老大难题。

北伐之初，宋朝的中路军和西路军按照计划，在山后地区节节取胜，而作为诱饵的东路军尺功未立，这引起东路军将士不满，他们纷纷要求主帅曹彬加速行军。

由于北伐之前，曹彬作为宋太祖旧将，曾因深得军心而被宋太宗打压，因此这次他不敢约束将士，以避免遭到宋太宗的猜疑。在曹彬的纵容下，东路军一度突进至涿州。可十余日后，因粮食不济，东路军被迫折返雄州；随即再度出兵，经过二十余日再克涿州。

几番折腾下来，大仗还没打，东路军将士已身心俱疲。与此同时，辽军主力在萧太后和耶律休哥等人的率领下，陆续到达涿州附近。外无援军、内无粮草的东路军被迫再次放弃涿州撤退。五月初，东路军行至岐沟关，被耶律休哥的辽军追上，随即大溃，数万将士阵亡。

主力溃败，雍熙北伐的失败已成定局。宋太宗急命中路军和西路军撤退。可是为了挽回颜面，宋太宗又要求西路军将曾占领的山后地区的百姓迁入宋境。

由于东路军已溃败，中路军已退军，辽朝十万大军得以集中朝西路军猛扑而来。副帅杨业被迫按照主帅潘美和监军王侁的要求，以少数人马迎敌，掩护西路军率民众撤退。杨业与潘美等约定，务必在陈家谷口（今山西省朔州市西南）派兵接应。

七月，杨业出兵，遭到辽军伏击，且战且退，好不容易在傍晚坚持到陈家谷口，却发现潘美等人早已退走。杨业捶胸大哭，遂率士兵与辽人死战，但终因寡不敌众，全军覆没。杨业本人斩杀数十人，身受十余处重伤，被擒后绝食而死。杨业和子孙后代的事迹，后来演化成杨家将故事，流传至今。

岐沟关惨败后，宋太宗痛心疾首地对大臣说："卿等一起看看，朕从今以后还干不干这样的事（指北伐幽云）！"可实际上，与高梁河之战一样，宋军在雍熙北伐中虽然损失了大量的兵力和物资，但仍保有相当规模的精锐军队，士气也未受太大影响。基于此，在雍熙北伐失败当年的十二月，不甘心失败的宋太宗做出了第三次经略幽燕之役的部署。

一方面，宋太宗在沧州（今河北省沧州市东南）设立独立战区，计划让沧州都部署（相当于沧州战区司令）李继隆率军渡过渤海，夺取榆关（今河北省秦皇岛市东北山海关）。榆关是辽东进入幽燕的必经之路，宋军若切断榆关大道，就可以增加东部辽军入援幽燕的难度。

另一方面，宋太宗又任命宿将、瀛州（今河北省河间市）都部署刘廷让（本名刘光义，宋太祖"义社十兄弟"中的义弟之一）统率宋军主力，北伐幽州；同时命定州（今河北省定州市）驻泊兵马都部署田重进作为策应。

与雍熙北伐相比，这次北伐的战略明显得到优化。尽管宋朝的国力依然不占上风，但北伐以收复幽州为目标，以夺取榆关为手段，战役规划明确，不像此前那样迂回混乱；作战区域集中，也不再需要多路协同调度那么复杂。

当时，宋军上下仍弥漫着盲目乐观的情绪。宋太宗号称"要将契丹灭族"；刘廷让宣称"海陆并进，誓取幽燕"；田重进在开战后也捷报频传；知雄州贺令图甚至不自量力地去策反耶律休哥。宋朝君臣对征服辽朝志在必得。

然而，宋辽的形势已经发生变化。辽军不再被动防守，而是转向积极对宋朝用武。宋朝本应迅速从战略进攻转向战略防守，可无论是宋太宗还是前方将领，都没有意识到这种转变的重要性。

早在这年十一月，辽军就率先发动了南征，并于十二月初寻求与宋军主力决战的机会，这一下打乱了宋太宗的军事部署。而首当其冲的，正是统率宋军主力的刘廷让。

对刘廷让来说，最佳的防御战略是以一支能够迅速调动的野战军为核心，寻找敌军的破绽加以反击。这一战略在满城之战中曾初见成效。宋军可以由刘廷让和李继隆在辽军前方正面迎敌，同时让负责策应的田重进部绕到辽军后方出击，这对宋军非常有利。

不过，要采取这种防御战略，最关键的条件是各军队之间必须高度协调，保持步调一致。然而，这恰恰是刘廷让最不具备的条件。

如同前几次作战一样，宋太宗并没有任命前线主帅。刘廷让虽然掌握着宋军主力，却无权指挥李继隆、田重进等人的军队，自然也就无法组织三路协同的防御作战。因此，刘廷让除了尽力说服附近的李继隆和自己率军正面迎敌，与辽军决一死战外，没有其他选择。

田重进的情况也类似，他试图从侧翼攻击辽军，也一度占了上风。然而，同样无权调动其他军队的田重进，也无法和刘廷让协同作战。最终，田重进的先头军队被辽军击败，不得不撤出战场。对于辽军的来袭，宋军将领在缺乏战略协同的前提下，仍然侧重于孤立的反击。

宋军以步兵为主，而辽朝的主力是骑兵。在野战中，具备冲击能力的骑兵更占优势。不过，被迫用步兵正面对抗骑兵的刘廷让，还是做出了正确的战术部署。

首先，为了避免宋军的步兵方阵陷入四面受敌的不利局面，刘廷让在军中增加了强弩等射程武器，因为强弩是对抗辽军骑兵的有效武器，增加强弩可以减轻宋军正面的压力。

其次，刘廷让在宋军的左右两翼和侧后方配置了骑兵，形成"拐子马"阵形，以防止辽军从侧翼或后方攻击宋军。

最后，也是最重要的，刘廷让将军队的作战单位沿着纵深作梯次编配，前后呼应，以此来减少被辽军骑兵切断后路的危险。

具体的做法是，刘廷让将军队分为两部分，一部分由自己率领打头阵，吸引辽军主力；另一部分与李继隆的军队混编，由李继隆统一指挥，作为后续梯队。当刘廷让与辽军主力短兵相接时，李继隆再乘机出兵，对辽军做决胜一击。

辽军的骑兵具有冲击力，骑射具备灵活的远程攻击力，可一旦与刘廷让的军队短兵混战，这种战斗力就会大打折扣。这时，李继隆及时上前反击，配合宋军强弩的优势，就能收到后发制人的效果。

这种拉深纵深的战术，在当时的宋军中运用相当普遍，而且非常有效。但它同样要求先头军队和后续梯队之间有效协调，而这恰恰是宋军的薄弱环节。

十二月十二日，刘廷让率先头军队在君子馆（今河北省河间市西北）遭遇辽军。不料当天漫天大雪，气温骤降，宋军将士竟被冻得拉不开弓，强弩成了摆设，宋军步兵完全丧失了对辽军骑兵的技术优势。

天气恶化还动摇了协同作战。李继隆认为，丧失技术优势的宋军根本不是辽军的对手，刘廷让败局已定，自己再出兵支援无异于白白送命。由于李继隆的级别与作战权限都同刘廷让旗鼓相当，实际上并不受刘廷让节制，为了保存宋军实力，他违背了与刘廷让的约定，率军后退自守。

这使得本就陷入困境的刘廷让彻底变成了孤军。此时，辽军的援军也到达君子馆，并对宋军展开了猛烈的进攻。刘廷让孤军奋战，终因寡不敌众，全军覆没，死者数万人。仅刘廷让孤身逃回。

君子馆会战后，辽军在关南纵横劫掠，如入无人之境。整个河北士气涣散，畏辽如虎，这是此前历次战败后不曾有过的现象。

宋军高层终于意识到问题的严重性，开始产生了慎重和避战的想法，之前轻敌言战的氛围彻底消散。

就在击败刘廷让不久，辽军又向代州（今山西省忻州市代县）进攻。驻守这里的正是那位提出先本后末战略的张齐贤。起初，张齐贤因兵力不足，派人约大将潘美从太原出兵，来代州与辽军会战，这仍是一副遇敌即战的架势。

然而，张齐贤派往潘美处的信使被辽军抓获，潘美出兵的消息被辽军探知。正当张齐贤担忧潘美会受到辽军截击时，潘美的信使却到了。信使说，宋太宗得到君子馆败报后，急令潘美不要再出击，已经出师的潘美不得不返回太原。

张齐贤没有办法，只好将潘美的信使扣留，防止消息再度被辽军探知。然后，他选派2000名地方军出城，形成相互接应的防御之势，又命人到山头点火，虚张声势。辽军见到火光，以为是潘美的援军到来，惊惶撤去，行至土䂮寨（今山西省原平市崞阳镇西北）时，遭到张齐贤的伏击，大败而归。

土䂮寨之战虽然规模不大，但体现了宋军指挥层的心理变化。面对持续恶化的形势，宋太宗终于转攻为守。

为阻止辽军南下,宋朝委派资深将领翟守素主持河北城池的修复工作,以加强防御力量;后来又采纳知雄州何承矩的建议,在西起保州(今河北省保定市)东至泥姑寨(今天津市津南区)的900里间,利用河淀塘泊,疏通蓄水,构筑塘堤,使契丹骑兵不能发挥优势。这个防御体系号称"水长城",对防辽起了一定的作用。宋军逐渐恢复了士气,还打赢了几场防御战,但始终不敢轻易出战,再没有君子馆会战以前的锐意好战了。

自高梁河之战以来,宋军在对辽战争中损失惨重,著名宋史学者张其凡先生甚至估计宋军前后损兵高达二三十万!宋太祖时代积累的精锐之师与钱粮财富被宋太宗消耗殆尽,恐辽情绪弥漫军中,一直影响到北宋后期。清代李塨曾评价说,自从宋太祖去世后,"天下不能混一矣"!

不过,辽朝也没有急于扩张战果。原来,宋辽战争期间,幽燕的百姓常表现出投靠宋朝之心。对辽朝来说,当务之急是保住幽燕,巩固自己在这片核心区域的统治,这就决定了辽朝征宋的目的仅仅是军事威慑和劫掠财富。因此,君子馆之战后,辽朝并没有继续南下深入宋朝腹地,而是在一番劫掠后扬长而去,见好就收。

这样,宋辽谁也吃不掉谁,双方都以巩固现有地区的统治为目标。宋辽两国实际上又进入此前维持现状的对峙局面。此后,尽管两国边境的冲突时有发生,可强度始终不大。在相持约20年后,到了宋景德元年、辽统和二十二年十二月(1005年1月),宋辽两国终于缔结了"澶渊之盟",正式承认了这种对峙,两国进入和平对峙的新时期。

第二章 制造盛治——士大夫的黄金时代

科举时代：从"读书人"到"士大夫"

在宋初"去五代化"的政治进程中，从削夺兵权到再造中央，再到慎刑宽正，处处流露出统治者对武人的抑制和对文臣的倚重。这似乎给人一种印象，"去五代化"的过程就是一个崇文抑武的过程，就是以文臣抑制武人的过程。以文人士大夫为主体创造的大宋"文治"，似乎就是以此为起点的。

事实却是，宋初的"崇文"与"抑武"只是相对五代而言寻找新的文武平衡，远非两宋后来那样搞得"登峰造极"；宋初文臣的主体，甚至也很难说是文人士大夫。

从秦汉开创大一统帝国、开创皇权—官僚政治开始，文臣就从来不是铁板一块，他们大体可以划分为文吏和文士两大类。文吏是职业官僚，以专业的理财、断案、文书运作等能力，承担着维持统治机器运转的基本职责；文士则是一群知识精英，他们或以儒学为业，或以文翰为资，是意识形态的守护者和文化的传承者。在不同的历史时期，不同的历史环境中，文吏和文士有时融为一体，有时却彼此对立。从五代到宋初，正是二者从对立走向融合的又一轮轮回。

先来说一个五代时期的"鄙视链"：武人鄙视文吏，文吏鄙视文士。我们举个后汉时期的例子。

汉隐帝时，统率禁军的侍卫亲军都指挥使史弘肇，曾在一次聚会上厉声大呼："安固朝廷，平定战乱，需要的是长枪和大剑。至于毛锥子，哪里用得着？！"

负责财政事务的三司使王章听了史弘肇的话大为不悦，回道："即便有长枪、大剑，要是没了毛锥子，军队的粮草军饷从哪里来？！"

作为兵器的长枪、大剑，指代的是武人；而"毛锥子"其实就是毛笔，指代的是文吏。五代时期，武人执政，但统治地方、筹集军费等事务他们实在干不来，只好委任具备职业官僚素养的文吏来代劳。文吏时常要拿着毛笔记账，所以被史弘肇称为"毛锥子"。"毛锥子"的说法明显具有贬义。

王章作为三司使，已经是文吏里的上层人物，尚且被史弘肇视为毫无用处的"毛锥子"，其他文吏在这些武人眼里的地位可想而知。

可就是这位王章，对文士也是极为蔑视。他曾说："这种人你给他一把算子（算盘一类的计算工具），就算上下放颠倒了他也不知道，他们能对做事有什么帮助？"

史弘肇看不上王章，是因为王章不能打仗；王章瞧不起文士，是因为文士不会算账。总而言之，在那个兵荒马乱的年代里，"百无一用是书生"。

不过，文士处于"鄙视链"最底端，也不都是环境需求使然，文士自己也有不少人是扶不上墙的烂泥巴。当时，作为文化工作者的文士，常常承担不了文化工作，甚至还有不少是自己专业领域里的"文盲"。

有干不了文化工作的，比如后晋的翰林学士承旨崔棁，文章倒是写得不错，专业素养突出；可是若让他管点别的，如主持科举考试，他就完了。

有知识水平太差的，比如《旧唐书》的挂名作者、后晋宰相刘昫，对典章制度一窍不通，以致遭到时人的耻笑。

有搞不定儒学礼教的，比如后唐时的文士刘岳，以好学著称，可真让他去主持编修一部《书仪》（士人私家关于书札体式、典礼仪注的著作）时就立马露怯了，他只能拼凑些粗俗鄙俚的内容了事。

最极端的，是干啥啥不行的文士。后唐时有个叫卢程的宰相，早年间做基层官员时曾受命去管仓库出纳，他说自己干不了——这还算情有可原，毕竟跨界了；可后来让他去写文章，他竟然还是干不了，气得他的上司直骂娘："哥们儿，你到底能干啥？！"

面对一群这样的文士，后唐末帝李从珂的评价极为形象："这简直是一群'粥饭僧'！""粥饭僧"，换个词——"吃干饭的"。

在一个兵祸不断的乱世里，哪个皇帝敢把身家性命交给一群吃干饭的？文士出任的宰相长期大权旁落，良有以也！

文士"吃干饭"，这是时代造成的悲剧，毕竟那个时代并不重视文化。但并非所有的文士都在"吃干饭"。正是因为有一批认真自我改造和改造他人的文士，才为后面文士的重新崛起奠定了基础。

自我改造最成功的文士，当属大名鼎鼎的冯道。这位"长乐老"因为韬光养晦和效忠过多个朝代和多位帝王，被后来宋朝修史的欧阳修、司马光辈骂得狗血喷头。但毋庸置疑的是，冯道不仅私德颇佳、好学能文，而且还擅长治国理政，被唐明宗盛赞为"真士大夫也"。

不过，大多数文士没有冯道的际遇，只能选择下沉，到基层去做文化传播工作。这方面做得最成功的文士，当属李琼和辛文悦。

李琼是个历史爱好者，因为走投无路跑去从军，结识了大老粗郭威，俩人关系好到拜了把子。李琼没事儿就给郭威讲讲历史上的兴亡治乱，郭威佩服得五体投地。后来，郭威建立后周，努力革除乱世弊政，这里多少有李琼的影子。

辛文悦的学生更牛——宋太祖赵匡胤。他就是前面提到的那位让儒家仁政思想根植于赵匡胤内心的启蒙教师。

冯道、李琼和辛文悦只是文士的一个缩影。在他们的努力下，时人对文士"吃干饭"的刻板印象正在消解。到了周世宗时，他所重用的王朴、范质、王溥、魏仁浦等人，都是一手拿着书卷，一手拿着"毛锥子"的综合性人才。文臣的素质能力结构发生了深刻的变化。

当然，冯道以降的这些文臣都是过渡式的人物。他们或是有吏干的文士，或是有文化的文吏，还没有完成最后的融合。他们自身的气质仍然给人以不同的直观感受，在这方面，赵匡胤本人就很有发言权。

前面讲过，后周显德三年（956），赵匡胤以周军大将身份攻克并接管滁州（今安徽省滁州市）后，曾准备将抓捕的盗贼全部处死。幸亏幕僚赵普及时阻止，并对盗贼一一进行审讯，才使不少人免做了刀下冤魂。

赵普是文吏出身，但也读过一些书，在给赵匡胤献计献策时也往往引经据典，绝非南宋文人编出来的段子那样，只读过《论语》。但在滁州案中，赵普给赵匡胤印象最深的还是断案工作的专业性——这正是文吏的技术职能。

同样是在滁州，赵匡胤也领略了文士的别样风采。

攻克滁州后，周世宗曾派窦仪到滁州，登记当地府库的物资。可赵匡胤正想用这些物资奖赏军功，便让一名幕僚去取丝绢。没想到，窦仪一介书生，竟然敢忤逆他这位杀伐决断的大将。窦仪堂堂正正地对赵匡胤道："您刚攻克滁州时，就算把府库里的钱财拿光也无妨。现在，既然府库里的财物已经登记在册，那就是国家的财物了。没有圣上的诏书，您是拿不走的。"窦仪的操守与持重，不禁让赵匡胤肃然起敬。

这种对文吏的欣赏和对文士的敬意，随着赵匡胤成为宋太祖，开始在国家层面对社会风气产生影响。

乾德三年（965）的一天，宋太祖急赤白脸地召见宰相赵普，并递给他一面铜镜。只见铜镜背后刻着5个字："乾德四年铸。"宋太祖没好气儿地问："怎么现在就有乾德四年铸的镜子了？"

赵普咧咧嘴表示："臣不知啊。"

于是，宋太祖召来了翰林学士承旨陶穀和翰林学士窦仪，询问镜子的问题。两位饱读诗书的学士见了铜镜，想都没想，异口同声道："这一定是蜀地的物件。当年伪蜀王衍曾以此为年号，这面镜子应该是那时所铸。"

伪蜀就是十国之一的前蜀政权，王衍是前蜀的末代皇帝。早在40年前，前蜀就已经灭亡了。那一年，宋太祖还没出生呢。

听了回答，宋太祖恍然大悟：没错。镜子的女主人最近刚刚入宫，她就是西蜀旧人。

"乾德"是宋太祖建立宋朝后使用的第二个年号，这个年号是当时的宰相范质、王溥、魏仁浦定下的。宋太祖对年号只有一个要求：自古及今，从来没人用过。范质、王溥都是科举进士出身，是文化人。没想到，宰相们千挑万选，最后拟定的"乾德"，竟然与几十年前偏安一隅的亡国之君的年号重复！

面对着无言以对的赵普，宋太祖只得无奈地叹了一句："宰相须用读书人！"

"读书人"，说的当然是文士。"宰相须用读书人！"这句足以垂范后世的警句正是宋初的一种导向，它成为由乱入治、由重武转向崇文的起点，也被后世不少人追溯为士大夫政治的源头。

这也就难怪，在两宋三百余年里，士大夫们会对"宰相须用读书人"的金句推崇备至，甚至拔高到决定两宋文治成就的地步。比如，南宋学者吕中就无不自豪地宣称：

> 我朝以儒立国，故命宰相读书，用儒臣典狱，以文臣知州，卒成一代文明之治。

可惜，这种自豪多少有些一厢情愿。"宰相须用读书人"是一种导向，这种导向确实有强劲的一面，就连宰相赵普都在宋太祖的劝导下去埋头读书，手不释卷了。

但导向终究是导向，"宰相须用读书人"的高姿态，依旧掩盖不了武人出身的宋太祖与文臣之间的距离感。

首先，与文士的知识素养相比，宋太祖更重视文吏的吏道。文吏出身的赵普做了十年的宰相，而作为宰相热门人选的窦仪，至死仍是翰林学士。"宰相须用读书人"的话，并没有兑现。

即便是对文吏，宋太祖也仍然与对文士一样，不时流露出蔑视之情。

在阐述用文臣取代武人治理地方时，宋太祖曾对赵普解释道："朕现在选用一百余名治理能力优越的儒臣出治地方，就算他们全都贪污，也不如武人一人造成的危害大。"

这种言论，宋太祖说过不止一次。比如，那位因范质藏匿周世宗遗诏，而无缘宰相的王著，在宋朝建立后，曾因思念周世宗，在朝廷的宴会上借酒大哭。宋太祖倒是对王著非常包容，他的理由是："王著一介书生，哭哭故主，翻不出花儿来。"

还有一次，宋太祖跟赵普在讨论政务时产生了分歧。宋太祖长叹道："怎样才能跟桑维翰那样的宰相共事啊！"桑维翰是五代时的名相，不过却贪财，因而赵普不服气，反驳道："就算桑维翰在，陛下也不会用。"宋太祖却说："既然用了他的长处，就要给他护短。措大没见识，给他十万贯钱，他能把房子给塞破了。"

"措大"，是当时对文人的蔑称。可见，在宋太祖眼里，不管是文士还是文吏，全是"措大"。与他们这些脑袋别在裤腰带上、动不动就搞个大事情过把皇帝瘾的武人相比，"措大"的追求和能做的不过就是屋里塞满铜钱而已。所谓"秀才造反，十年不成"，一群"措大"何足道哉？

那位曾建议周世宗解除宋太祖兵权的杨徽之，入宋后曾向宋太祖建议，应推崇儒学，以促进形成宽厚的民风。在开国之初便亲自拜谒孔庙的宋太祖，竟然认为杨徽之胡说八道，将他一贬再贬。杨徽之被贬与窦仪去世，都发生在宋太祖讲出"宰相须用读书人"这句话的乾德年间。

在宋太祖看来，真正的人才应该是文武兼备的。开宝八年（975），宋太祖亲自主持当年科举考试的最后一场——殿试，没想到王嗣宗与陈识在殿前争状元。宋太祖的解决办法是：让俩人打一架，谁打赢了谁当状元。结果王嗣宗一拳打掉了陈识的幞头，凭武力拿到了文人看来尊贵无比的"状元"称号。

"宰相须用读书人"的背后,不是用人标准的取向,而是意识形态的导向。这里的重点不是"读书人",而是"读书"。其实,早在建隆三年(962),宋太祖就曾倡议让武人读书。宋太祖号召文、武读书的意图只有一个,那就是明晰君臣大义,端正君臣之道。这实在与真正的"崇文"相去甚远,更跟士大夫政治八竿子打不着关系。

即便如此,宋太祖倡导读书,还是开了风气之先,这为宋太宗时期文治发生质变奠定了基础。

与乃兄不同,宋太宗虽然出身军人家庭,但跟军队的关系并不密切,反而在文化方面产生了浓厚的兴趣。他喜好书法,工于草、隶、行、篆、八分、飞白六种书体;他还是围棋高手,留下了"独飞天鹅""大海取明珠"等自创棋势。

对宋太宗而言,最有心得的还是读书。读书堪称赵家的优良传统。宋太祖早年在军旅之间仍手不释卷;宋太宗在日理万机之际也"不废观书"。宋太祖认为,读书可以开阔眼界,增长见识。宋太宗却把读书的作用上升到新的高度,他认为:"王者虽然依靠武力来平定乱世,但最终还是要依靠文德致治。""文德致治",就是以文德开创太平治世。正因如此,他才在每天退朝后坚持读书,以学习前代的统治经验和吸取教训。在这里,宋太宗明确把读书和文治联系到了一起。

宋太祖的倡导读书还是一种思想导向,而宋太宗的读书却成为一场轰轰烈烈的事业。

宋太宗先是在全国范围内征集图书。唐末五代,北方战乱不断,官方藏书损毁、散佚严重。跟江南、西蜀比起来,中原反而是一片文化荒漠。正因如此,自宋太祖起,宋朝就一直注意搜访图书,献书者有奖。宋太宗继位后,更是加大了搜访募购图书的力度。到他晚年时,国家的藏书已达到"图籍之盛,近代所未有也"的空前规模。

有了书,自然要有藏书的地方。宋初沿袭后周旧规,将图书藏在昭文馆、史馆和集贤院,这三个藏书机构合称"三馆",可谓当时的"国家图书馆"。然而,堂堂的"国家图书馆"只不过是数十间小破房,屋内低湿狭小,屋外环境嘈杂。太平兴国二年(977),也就是宋太宗继位的第二年,他对左右说:"这样的环境,怎么能收藏天下的图书,又怎么能招揽天下的贤良俊才呢?"当天,宋太宗便命令有关部门,择址建造新三馆。宋太宗派出亲信宦官监督工程,自己更是亲自设计三馆建筑，并多次到工地视察，足见他对此事的重视。经过一番日夜兼作，到了第二年，新三馆终于建成，其屋宇众多，楼阁壮丽，院中广植花木，在宫中首屈一指。宋太宗特为其命名"崇文院"。端拱元年（988），宋太宗又在崇文院中修建秘阁，用来收藏珍本图书和古墨画迹。

在搜访图书、修建馆阁的同时，宋太宗还大力组织编书。清人把《太平御览》《文苑英华》《太平广记》《册府元龟》这四部类书并称为"宋朝四大书"，前三部都是太宗朝修成的。

《太平御览》是一部综合性类书，原名《太平总类》。在这部书即将编成时，宋太宗每天在理政之余"御览"三卷，用了一年的时间看完了这部一千卷的大书，于是把书名改成了《太平御览》。宰相宋琪曾劝宋太宗不要因读书太疲倦，宋太宗却说："朕喜欢读书，其中颇有一番乐趣。开卷有益，难道是句空话吗？"宋太宗在贡献了一部大书的同时，顺带也贡献了"开卷有益"这个成语。时至今日，宋代以前的许多图书早已失传，多亏了《太平御览》，我们才得以一窥其断编残简。《文苑英华》是一部文学作品类书，《太平广记》是一部小说类书。

此外，太宗朝还编纂了医学类书《神医普救方》《太平圣惠方》，语言学著作《雍熙广韵》，地理总志《太平寰宇记》等。无论是规模，还是价值，这些图书都堪称一时翘楚，这与此前中原地区文化土壤的贫瘠形成了鲜明的对比。

这些官修图书还有一个突出特点——有不少书是以"太平"命名的。宋太宗继位后使用的第一个年号便是"太平兴国"，这表现了他致力于太平治世的愿景。以图书为载体的文化事业，是他所说的"文德致治"的一部分，自然在这个愿景中占有重要地位。

随着文化事业的大发展，文士的价值空前凸显出来。宋太宗让文士担任三馆秘阁的各级职位，对其选任极为严格。日后，馆阁之职成为文士升迁中枢要职的重要途径，宋代文官也以带馆职为荣，馆阁逐渐成为朝廷培养人才的储备库。

不过，影响力最大的培养机制，还是科举制度。宋太宗推广和改革科举制度的努力，深刻影响了中国近千年。

科举取士始于唐初（隋炀帝虽设立进士科，但尚未创立科举制），五代、宋初相继沿袭。不过，科举只是当时朝廷选拔人才的诸多方式之一，甚至算不上主要方式。这一情况在宋太宗时发生了根本性的变化。

太平兴国二年（977）正月，也就是宋太宗即位的两个多月后，他第一次开科取士。这一榜被称为"龙飞榜"，破天荒地录取进士109人，诸科（进士科以外的其他科目）207人；自宋朝开国起就一直参加考试，却始终考不中的184名考生，以及7名考试不及格却年龄过大的考生，共191人，也被以"特奏名"的名义录取。也就是说，太宗"龙飞榜"的录取人数，高达507人。

这是什么概念呢？太祖朝几乎年年开科，共取士15榜，录取进士最多的一榜有31人，最少的才6人；15榜进士，总共188人。如果算上诸科和特奏名267人，太祖朝总共取士455人，平均每榜30人。

可见，太宗朝"龙飞榜"的进士录取名额，占太祖朝所有进士录取名额的近60%；而"龙飞榜"的全部录取人数，已经超过了整个太祖朝。

宋太宗后来又开了7次科，录取进士最多的一榜有353人，最少的也有74人。8榜共录取进士1478人，再加上诸科和特奏名4406人，太宗朝总共取士5884人，平均每榜735人，是太祖朝的24.5倍。

不仅如此，"龙飞榜"进士的待遇也极高。

首先，他们的起步级别高。宋初进士被录取后授予的官职很低。比如，靠拳头赢得宋太祖青睐的状元王嗣宗，初入官场时只是秦州（今甘肃省天水市）司寇参军；而太宗朝"龙飞榜"的状元吕蒙正，被录取后直接任命为将作监丞、昇州（今江苏省南京市）通判。

这里要先简单聊两句宋朝复杂的官制，才能说明白这俩人的差距在哪里。

宋代文官实行官与差遣分离的制度。"官"又称"正官""本官""本官阶"，用来确认文官的级别、资历、俸禄；"差遣"则表示具体负责的事务。文臣的本官阶又分为朝官、京官和选人（又称"幕职州县官"）三种。朝官和京官分别代表高级文官和中级文官。选人则是地方幕僚，位卑人众，在做满一定任期后，需要经过五名官员的推荐，才能升级为京官。而只有进入京官序列，仕途才能通达。

选人分为四等七阶，王嗣宗担任的司寇参军，论级别，属于第四等第七阶，是最低级的文官；论具体事务，只负责一州的司法工作。京官也分为七阶，吕蒙正的本官将作监丞已经是京官的第四阶，比王嗣宗高了整整十阶；差遣昇州通判更是一州的"二把手"。

升到吕蒙正的起步官阶，王嗣宗用了四年。太平兴国四年（979），宋太宗亲征北汉，王嗣宗因上陈边事受到召见，被授予大理寺丞（京官第三阶）、睦州通判。而此时的吕蒙正，已经升任左拾遗，正式进入高级文官——朝官的序列。

除了起步级别高，"龙飞榜"的进士升得还特别快。被录取7年后，吕蒙正于太平兴国八年（983）已升任参知政事，成为副宰相。端拱元年（988）二月，吕蒙正正式拜相；与他同朝的另一位宰相乃是开国元勋赵普。从太平兴国二年（977）成为状元，到端拱元年（988）成为宰相，吕蒙正仅用了11年。

同样是11年，建隆三年（962）的状元马适就没那么幸运了。开宝六年（973），马适因为卷入贪污案而被处决。当时他的本官阶是右拾遗，差遣是秦州通判。马适熬了11年才获得的本官阶，吕蒙正只用了两年；而他的差遣，更是吕蒙正进入官场的起步职务。

再看王嗣宗，宋真宗大中祥符七年（1014），他终于官拜枢密副使，成为执政中的一员。而此时距离他中状元，已有39年之久。王嗣宗当年已71岁，垂垂老矣。

宋太祖宋太宗两代对科举取士的态度，可谓天壤之别。

为了维持科举考试的公平性，更为了让天下文士为自己所用，宋太宗还对科举制度进行了大量的改革。一是沿袭宋太祖的做法，在礼部考试（省试）之上设殿试，名义上被录取的进士都是"天子门生"，将最高的人才选拔权收归皇帝手里；二是考官的亲戚参考，需要到专门的考场就考；三是实行锁院制度，主考官接受任命时便进入考场，与外界隔绝往来，防止请托贿赂；四是实行糊名法，将试卷上考生的名字和籍贯糊去。宋真宗时又出现了试卷誊录制度，只把试卷的抄本交给阅卷官员，防止其辨认考生笔迹而徇私舞弊。

宋太宗之所以大力改革科举制度，一是如他所说，"欲博求俊乂"，广泛收揽人才；二是自宋太祖"削藩"以来，地方官员出现大量缺口，急需文臣补充；三是他不能明说的原因，即宋太宗的皇位合法性受到质疑，通过开科取士，招揽"天子门生"，宋太宗可以换取他们对自己的忠心。

宋太宗大开科举之门，使科举正式成为朝廷选拔人才的最主要途径，随即出现了人才井喷。到了宋太宗晚期，从中央到地方，到处都是通过科举进入官场的士人。这样的士人被称为"士大夫"。

值得一提的是，太宗朝通过科举考试考中的进士，有不少在宋真宗时位极人臣，对北宋政局影响颇深。太平兴国五年（980）的科举考试，便有"龙虎榜"之称。在这一榜的进士里，李沆、王旦、向敏中、寇准在真宗朝都做了宰相，张咏则成为与李冰、文翁、诸葛亮齐名的治蜀名臣。

毋庸置疑，真正使全社会进入"科举时代"的人，正是宋太宗。从此，那些曾经在政治圈子周围兜兜转转的读书人鱼贯拥入官场，成为政治舞台上的主角。读书人完成了向士大夫的转变，宋朝迎来了士大夫政治的曙光。

咸平之治：第一批士大夫模范

宋太祖对读书的倡导和宋太宗对科举制的推广，使宋朝的文治色彩日渐加深。在这片土壤的滋养下，作为文化精英的士大夫开始崭露头角。到了宋太宗后期和宋真宗时期，涌现出一批品德高尚、能力出众又富有家国情怀的优秀士大夫，宋朝第一个"治世"也在他们的推动下如期而至。

首先要介绍的这位，在民间的知名度与"包青天"包拯不相上下，他就是著名的"寇老西儿"寇准。

寇准（962—1023），字平仲，虽然被民间称为"寇老西儿"，其实却是华州下邽县（今陕西省渭南市东北）人。太平兴国五年（980），19岁的寇准中了"龙虎榜"的进士，这个年龄在有宋一代的进士中可谓凤毛麟角。

按照惯例，寇准考中进士后被授予大理寺评事（京官第五阶，比吕蒙正的将作监丞低一阶），然后被派往地方做官，历任知县、州通判，颇有政绩。调回中央后，寇准在一次讨论边事的朝会上"极疏利病"，因真知灼见和自信执着的性格引起了宋太宗的重视，并逐渐获得了宋太宗的信任。

有一次，寇准在殿中奏事，与宋太宗争执不休。宋太宗大怒，拂袖而去。寇准不但没有被宋太宗的态度镇住，反而上前一把拉住宋太宗的衣服，让宋太宗回到座位上继续议事。直到宋太宗批准了寇准的奏章，寇准才退下。宋太宗因此对寇准刮目相看，称赞说："朕得寇准，就像唐太宗得到了魏徵！"

这个故事像极了开国之初的宋太祖和赵普。不过，与豁达的宋太祖相比，惯于猜忌、阴刻的宋太宗，对维护自己的权威有着近乎变态的执着。寇准能获得这样的待遇和评价，确实非比寻常。

有人说，这是因为寇准为人刚正，宋太宗才对他心无芥蒂。可刚正不阿的人多了去了，没见着几个能像寇准一样受宠的。

也有人说，这是宋太宗的政治秀，因为唐太宗一直是宋太宗标榜学习的对象，他需要一个魏徵似的人物来点缀自己的太平文治。这话初听起来很有道理，但与赵普、李昉、吕蒙正那帮做"政治花瓶"的宰相相比，寇准的作用又远非"点缀"二字所能容纳。

寇准后来做了枢密副使、同知枢密院事（枢密院副长官），位列执政。由于为人强势，寇准与自己的顶头上司枢密副使、知枢密院事张逊关系极差，于是遭到了算计。

有一天，寇准与另一名枢密副使、同知枢密院事温仲舒下朝，正骑马回家，路上突然遇到一个"疯子"，迎着马首竟高呼万岁。这种事向来为人主所忌，何况是生性敏感的宋太宗。

当时有个叫王宾的官员，曾受张逊保举之恩，又知道张逊与寇准不和，便上书弹劾寇准，说有个老百姓迎着寇准的马首高呼万岁。宋太宗问起此事，寇准辩解道："我当时跟温仲舒同行，而张逊却唆使王宾只弹劾臣一个人。"王宾究竟是不是受张逊指使，现在很难说清。不过听了寇准的自辩后，张逊恼羞成怒，手拿王宾的奏章痛斥寇准，寇准也不示弱。于是两人在朝廷之上，当着宋太宗的面开撕，那场面不亚于今天微博上的大瓜。

宋太宗见状勃然大怒，何况事涉皇帝威严，于是将张逊、寇准一并免官。可同是免官，具体处理却截然不同。张逊被逐出枢密院后，同时遭到降级处理；而寇准的本官阶丝毫没发生变动，也就是说待遇、级别一点儿也没变，只是暂时没有差遣。

四个月后，寇准出知青州（今山东省青州市），离开京城，可宋太宗仍对他心心念念，经常问左右道："寇准在青州过得怎么样？"左右总是据实回答："寇准得了一个好差事，非常高兴。"后来有人对宋太宗说："陛下整日惦记寇准，可我听说寇准每天纵酒豪饮，不知道他惦不惦记陛下？"宋太宗闻言沉默不语。

这种沉默不语，像极了单相思的苦闷。最后，还是宋太宗先按捺不住，不到一年，就把寇准叫了回来，担任参知政事。朝中都知道寇准强势不容人，又知道宋太宗信任寇准，因而无论是宰相还是其他参政，总是让寇准三分。半年后，接任宰相的吕端更是建议，按照太祖旧制，让参政享受宰相的待遇。

宋太宗对寇准的包容，在关键时刻获得了回报。

宋太宗曾在高梁河之战中受伤，这些创伤引起化脓感染，常年不愈，在宋太宗晚年更是一再危及生命。因而，确立储君之事，刻不容缓。

淳化五年（994）九月，宋太宗急召当时还在青州任职的寇准入朝，咨询立储大事。宋太宗问道："朕的哪个儿子可以继承天下？"

这简直是一道送命题。

立储向来被皇帝视为家事，又关涉最高权力交接，极为敏感。臣僚一旦卷入立储，稍有不慎，轻则贬官，重则丧命。

在收拾完自己的弟弟赵廷美后，宋太宗原本想将长子赵元佐培养成继承人。可赵元佐与赵廷美亲情至深，看不惯父亲的政治迫害。一开始，他还积极出面营救赵廷美，太平兴国九年（984）赵廷美死在房州，赵元佐索性发了疯。没人说得清他究竟是受了刺激真的疯掉了，还是以装疯来拒绝继承皇位，以此来向自己的父亲发泄不满。

第二年，赵元佐的病情有了好转，宋太宗闻言十分高兴。重阳节那天，宋太宗召几个儿子入宫饮酒作乐，因为赵元佐病刚好，就没有叫他。可是酒宴过后，二弟赵元僖（当时还叫赵元佑）却带着弟弟们来"看望"赵元佐。在赵元僖的一番刺激下，赵元佐以为自己被父亲抛弃，一怒之下放火烧了自己的王宫，不少侍女姬妾被活活烧死。宋太宗大怒，便将赵元佐贬为庶人，软禁起来。

赵元佐这一"疯"，最大受益人自然是赵元僖。他不仅个人能力突出，而且与宰相赵普、吕蒙正交往，获得了不少朝臣的拥戴。淳化二年（991），几名文臣上书，请立赵元僖为皇太子，猜忌心重的宋太宗勃然大怒，不仅将与事者全部贬官岭南，还将与此事有牵连的吕蒙正罢相。一年后，赵元僖中毒身亡（特别说明一下，这是一个偶然事件，与宋太宗无关），储位问题悬而难决。

有此前车之鉴，寇准不得不小心应对。

寇准回答说："陛下为天下选择君主，不能听信妇人和宦官的，也不能听信近臣的，只能选择符合天下人意愿的人来继承皇位。"

这话说得极为微妙，所谓"妇人""宦官""近臣"，并非虚指，而是确有其人。

"妇人"说的是李皇后。她是国初宋太祖心腹李处耘之女,她的哥哥李继隆就是在满城之战中拒绝使用宋太宗阵图的名将,如今已是宋太宗的心腹爱将。"宦官"说的是王继恩,他是"烛影斧声"里的重要配角。"近臣"说的是参知政事李昌龄、翰林学士胡旦,俩人是太平兴国三年(978)中进士的同年(同一榜考中进士者),胡旦还是当年的状元。

为什么要提这四个人?因为他们四个正在酝酿让赵元佐重新成为皇储人选——尽管赵元佐本人并不知情。李皇后的儿子早夭,因此宋太宗哪个儿子继位,跟她关系都不大。但她比较钟爱赵元佐,还在宫中抚养过赵元佐的儿子,因此在赵元僖死后,李皇后倾向于培养赵元佐做继承人。而王继恩、李昌龄和胡旦,显然是想搞一把政治投机,立下不世之功。

宋太宗在多大程度上了解到这个"元佐同盟",我们不得而知。但寇准的"妇人""宦官""近臣"之说,显然在轻描淡写中表明了自己的立场。寇准还提出,储君要"符合天下人意愿",发了两次疯的赵元佐,显然得不到天下人的共同拥戴。

宋太宗低头想了很久,终于下定决心,屏退左右,问寇准道:"襄王怎么样?"寇准答道:"知子莫如父,陛下既然觉得可以,那就希望您马上做决定。"

襄王,是宋太宗的三子赵元侃。尽管寇准始终没有表示拥立襄王,但话里话外的意思,宋太宗自然知晓。就这样,实际上是在寇准的支持下,宋太宗迈出了艰难的一步,正式按照五代以来的惯例,以赵元侃为开封尹,改封寿王,作为准皇储。次年(995)八月,又命元侃改名为恒,正式立其为皇太子,同时兼判开封府(兼任开封长官)。

这是自唐末以来,中原王朝近百年间首次册立皇太子,以皇太子制度为标志的皇位继承制度重新走上正轨。在寇准的推动下,五代乱世政治上的最后一个尾巴被宋太宗割掉了。

消息传出,人们非常高兴。特别是,国都开封的居民在看到赵恒的风采后,都高兴地说:"真是社稷之主!"

曾常年执掌特务机构,又受两朝宠信的王继恩耳目众多,开封民间对皇太子的风评自然逃不过他的掌控。有王继恩这条渠道,深居宫中的李皇后自然可以迅速得知外面的情报。

知夫莫如妻,打蛇打七寸,李皇后深知宋太宗的"七寸"在哪里。她不动声色地,以赞赏的口吻,将民间对皇太子的夸奖转告给宋太宗。宋太宗果然不喜,对已升任参知政事的寇准说:"四海心归太子,那要置我于何地?"寇准回答:"陛下您本来就是要选一个值得托付的人,现在选了一个社稷之主,这是万世的福气啊!"在寇准的开导下,宋太宗才消了气。

明代思想家李贽曾感慨道:"要不是寇准居中调停,谁知道会不会又发生自刎之祸!"(指宋太祖之子赵德昭因受到太宗猜忌而自尽之事)

不过,寇准终究没能陪皇太子赵恒走到最后。至道二年(996),寇准终因为人过于强势,被罢去参知政事,出任地方长官。

为皇太子保驾护航的,是宰相吕端。

吕端(935—1000),字易直,幽州安次县(今河北省廊坊市安次区)人,出身官宦之家,是宋太祖心腹吕余庆的弟弟。早在后晋时,他就凭借父亲的恩荫进入官场。严格来说,没有走科举而进入仕途,吕端算不上士大夫。但他确实是有真才实学的读书人,与士大夫并无二致。

当初劝赵廷美追随宋太宗征伐北汉的,便是时任开封府判官的吕端。到了太平兴国五年(980),寇准向宋太宗推荐,说吕端器识非凡,应该早日起用。可宋太宗并不看好吕端。

就在这一年,赵廷美下辖的秦王府和开封府深陷走私木材案,46岁的吕端受到牵连。愤怒的宋太宗命人在吕端脖子上戴上木头枷锁,并把他发配到商州(今陕西省商洛市商州区)管制。判罪以后,开封府还有一些公文需要吕端签字,吕端安然自若地吩咐:"只管拿来,只管拿来!戴着枷锁处理政务,自古就有。"

宋太宗又下令,吕端去商州不得骑马。对于身材肥硕的吕端而言,戴着枷锁从开封走到千里之外的商州,这简直是要命。宰相薛居正命人给他传话,说暂且认灾。吕端却哈哈大笑:"不是我吕某的灾,而是长耳的灾!"长耳,指驴子。宋太宗不让骑马,又没说不让骑驴。其人豁达如此。

不过,吕端的灾还没有结束。淳化三年(992),开封府尹赵元僖中毒身亡,有人揭发他私德有问题。吕端这时在当开封府判官,再次莫名其妙地受到牵连。当时,王继恩等人奉命到开封府调查,吕端正在公堂处理政务,见王继恩来,便缓缓起身。王继恩说:"陛下有诏,要调查您。"吕端神色自若,回头对左右道："取我的帽子来。"王继恩忙问："哪至于这么快啊？"吕端回答说："天子有诏书要问我话，我就是罪人了。既然是罪人，哪能在公堂上接受您的调查？"吕端随即下堂，配合王继恩等人的调查。

后来，开封府的属吏大多以辅导赵元僖不力的罪名被贬官。许多人都在哭请减轻处分，只有吕端称自己罪过太大，现在只是贬官已经很幸运了，还自己请求贬到外地去。宋太宗回应吕端说："朕自知卿。"不久，吕端便官复原职，又过了一个月，拜参知政事。

在两次开封府案中，吕端的沉着与镇定深深打动了宋太宗；而端拱元年（988）的一次出使，又让宋太宗见识了吕端的胆量。

吕端这次受命带领使团出使高丽国（今朝鲜半岛）。从高丽回国时，海上突然狂风大作，波涛汹涌，桅杆船舵都在风浪中被摧折。船上的人都惊恐万分，只有吕端在船舱中安然读书，怡然自得。

此时的宋太宗意识到，自己当年看错了吕端。这并不是一个吃饱混天黑的酒囊饭袋，而是一个大智若愚、胆大心细的聪明人。于是，在确立皇太子后，宋太宗便准备擢拔吕端为相。有人说吕端太糊涂，当不了宰相。宋太宗却坚定地答道："吕端小事糊涂，大事不糊涂。"宋太宗还写了一首钓鱼诗，其中两句写道："欲饵金钩深未达，磻溪须问钓鱼人。""磻溪钓鱼人"，就是周文王的托孤重臣、辅佐武王伐纣灭商的姜太公吕望。把吕端比作吕望，宋太宗的托孤之心可见一斑。

几天后，宋太宗罢去他一手提拔的状元宰相吕蒙正，正式拜61岁的吕端为宰相。宋太宗还让吕端平时多去皇太子那里探访，加深与皇太子的联系，看来是预料到身后可能会有麻烦。

至道三年（997）三月，宋太宗病情恶化，吕端入宫探视，发现皇太子赵恒不在宫中，急忙在笏板上写了"大渐"两个字，暗中派亲信通知赵恒立即进宫。

麻烦果然接踵而至，李皇后与王继恩、李昌龄、胡旦正在紧锣密鼓地准备迎赵元佐继立。特别是王继恩，当年他因为私自召宋太宗入宫登临大宝，凭借拥戴之功在太宗朝恩宠不衰。如今，他又想故技重演。二十九日，宋太宗驾崩。王继恩立即向李皇后建议，由自己到中书召吕端入宫，商讨拥立新帝的事宜；实际是想把吕端诓入宫中，然后拥立赵元佐，逼吕端就范。

不料，吕端早就看穿了一切。他骗王继恩说要去取宋太宗的诏书，便把王继恩诓进了书阁，随即把他锁在里面，自己迅速进宫。

见到吕端，李皇后说："皇帝已经去世，立长子为皇帝，是顺理成章的事，你看现在该怎么办啊？"长子，就是赵元佐。吕端反驳道："先帝立皇太子，就是为了今天。哪允许有别的意见！"没了王继恩，李皇后与外廷的联系全部断绝，自己也没了主心骨儿，只好默然不语。吕端急命人把皇太子赵恒请来，立即登基。

在举行登基仪式时，赵恒坐在帘子后面，吕端作为宰相率领百官朝见，却没有立即行君臣参拜大礼。原来，吕端怕李皇后在背后调包，万一帘子后面坐着的不是赵恒，而是赵元佐或其他什么人，到时候参拜大礼已行，君臣名分已定，一切悔之晚矣。于是，吕端请求将帘子卷起来，自己登上台阶，看清楚坐在宝座上的人确实是赵恒，这才放心地率领百官行跪拜大礼。

这位赵恒，就是宋代的第三任皇帝宋真宗（997—1022年在位）。宋真宗能够顺利即位，确实是应了宋太宗的那句话——吕端"大事不糊涂"。

如果说寇准因为《杨家将》而令妇孺皆知，吕端因为"大事不糊涂"而使不少人有所耳闻，那么接下来要讲的这位李沆，相信很多人连听都没听说过。

可是在宋人眼里，李沆的宰相事业登峰造极，无人能够超越。从北宋后期开始，李沆就被盛赞为"圣相"。顾名思义，"圣相"就是圣人宰相。中国第一个被称为"圣相"的人，是春秋时期曾在鲁国当过代理宰相的孔子。在宋代，自李沆以后，除了厚颜无耻的秦桧被一群臭不要脸的"文丐"捧成"圣相"外，再也没人获得过如此崇高的称号。

李沆究竟创造了怎样的事业，让两宋无数士大夫为之倾倒？

简而言之，李沆重塑了宋代的帝相关系，为皇帝与士大夫共治天下的新型政治模式拉开了序幕。

既然是皇帝与士大夫共治，那么首先来看看皇帝宋真宗。

宋真宗赵恒，是宋朝第一位以明确的皇太子身份正常继承皇位的皇帝。他生于开宝元年（968），这意味着，他还是第一位在宋朝建立以后的太平年代出生的皇帝。

远离了宋太祖年轻时的连年兵祸，在宋太宗的"太平兴国"中成长起来的赵恒，天生就少了几分赵家祖上的军将之风；反倒是父亲宋太宗的强势与猜忌给他留下了极重的心理阴影。正因如此，与果断的太祖、太宗相比，宋真宗显得平庸而懦弱。

与宋太祖和宋太宗的另一个不同是，宋真宗自幼接受的是正规的宫廷教育。据他自己说，他在东宫时，仅《尚书》就听讲了七遍，《论语》和《孝经》也听过四五遍。在宋真宗统治前期，儒家经典中的为君之道就像紧箍咒一样，约束着宋真宗的一举一动。继位之初，生性谨慎的宋真宗尚缺乏乾纲独断的魄力，于是只能从太宗时代皇帝对政务的事无巨细中抽身；可接受儒家教育的他又小心翼翼地想把祖业发扬光大，这就不得不尽快填补权力空白。

最佳的填补人就是李沆。

李沆（947—1004），字太初，洺州肥乡县（今河北省邯郸市肥乡区）人。与寇准一样，他也是太平兴国五年（980）"龙虎榜"的进士。

宋真宗在做太子时，李沆就是他的老师。两人不仅结下了深厚的师生情谊，宋真宗还极为依赖李沆，甚至可谓对他言听计从。

宋真宗即位后不久，宰相吕端因年老辞职。李沆和另一位进士张齐贤（就是太宗朝提出"先本后末"内政主导战略和打赢土䃰寨之战的那位）出任宰相。尽管李沆不是首相，但他的影响力直接而深远。

李沆施政最重要的一个风格，是主镇重。李沆奉行清静无为的治国方针，他曾表白心迹说："我居于重位，对国家实在没什么功劳。唯一可以算是稍稍报效朝廷的，便是把朝野上下进奏的那些陈述利害的奏章，一并罢去。朝廷的各项制度已经非常完善，妄加更革，必然对社会产生损害。"

李沆施政的另一个风格，是抑浮薄。李沆拜相之初，宋真宗曾向他咨询："治理国家，什么最重要？"李沆回答说："不用浮薄新进喜事之人，这是治理国家的首要之务。""浮薄新进喜事之人"，是指那些喜欢标新立异，经常轻率地提出新建议的人。

最典型的例子莫过于李沆对丁谓的压制。李沆的同年寇准对丁谓相当欣赏，多次向李沆推荐丁谓。可李沆看穿了丁谓，认准这是一个为政生事、为人多变的危险人物，因此对寇准的建议不予理睬。

心直口快的寇准大为不满，跑去找李沆理论。李沆不屑地问道："观丁谓之为人，哪能让他居于别人之上？"寇准不服气，继续质问："像丁谓这样的人才，相公真能一辈子打压他，让他一直居于人下吗？！"对于质问，李沆不置可否，只是淡淡说了一句："日后等你后悔，别忘了我今天说的话。"

李沆的预言不幸言中。后来李沆去世，丁谓上台，不仅把朝政搞得乌烟瘴气，更是把寇准迫害得远死岭南。

李沆主镇重、抑浮薄，看起来轻飘飘，实际却是四两拨千斤。如李沆自己所言，凡是"生事"的奏章都被他在中书拦下了，宋真宗根本无缘得见。这不禁让人想起太祖朝的权相赵普和太宗朝的权相卢多逊。与在大瓦壶中焚烧奏章的赵普、在阁门拦截奏章的卢多逊相比，李沆俨然是继之而起的真宗朝权相。可赵普和卢多逊妄作威福专擅弄权，李沆却被称赞为"最得大臣体"（北宋中期刘安世语）。

究其原因，除了赵普、卢多逊多私心而李沆持公义外，李沆的治国思路也符合宋真宗即位时的社会需求。从唐末五代至宋初，始终战乱不断。如今，休养生息，政事从简，减少对百姓的骚扰，让社会在稳定中恢复发展，这显然是社会的呼声。

另外，宋朝到了真宗朝，朝廷最大的任务是将立国以来40年间陆续出现的政务处置方式规范化、制度化，使其成为从容有序的运作模式。

李沆的主镇重，在宋朝获得了极高的评价。这一施政风格还在士大夫群体中确立了遵照朝廷既有制度来维持政务运作的思想，这一思想对于宋朝后来"祖宗之法"的彤成产生了深远的影响。

不过，作为宋真宗昔日的老师，清静无为的李沆在皇帝面前却是大有作为。

"报喜不报忧"是历朝历代官员的常态，然而李沆却反其道而行之。他经常向宋真宗汇报全国灾祸民变的事情，宋真宗每次听完都很闹心。同僚劝李沆不要这样，李沆却说："人主哪能有一天没有担忧和恐惧呢？如果没有了担忧和恐惧，那么他什么事都干得出来！"原来，李沆是通过给宋真宗灌输危机意识来防止宋真宗对政务的懈怠，胡作非为。

这并非杞人忧天。因为李沆明白，握有绝对权力的皇帝随时可能放飞自我；他更了解自己这位天子学生是什么性情。当时，党项族建立的定难军政权（西夏的前身）叛服不定，宋朝的西北始终硝烟弥漫，来自边境的军报铺天盖地送入朝廷，皇帝与宰执整天忙得连饭都顾不上吃。有感于此，参知政事王旦不禁叹道："什么时候才能天下太平？咱们这些人也好踏踏实实吃顿饭。"李沆闻言，却不无忧虑地说:"国家有强敌外患,足以引起朝廷的警觉和畏惧。等到日后天下安定了,党项人也来朝贡了,朝廷未必就会太平无事。"

果然,后来宋朝与北方的辽朝订立恢复和平的"澶渊之盟",西北的定难军也俯首称臣,宋真宗真的放飞自我,带领全国上下一起跳大神。那时李沆早已去世,王旦疲于应付,焦头烂额,回想起李沆的预言,王旦深深佩服李沆的见识。

李沆总给人一种谆谆教导、厚德载物的长者之风。可他要是真的强硬起来,连宋真宗都敬畏三分。最著名的一个例子当属"引烛焚诏"。

宋真宗想立自己宠爱的刘氏为贵妃,便在一天晚上亲自写了手诏,并派人交给李沆,让中书草拟任命诏书。没想到李沆当着来人的面把手诏烧掉了,只是轻描淡写地说了一句:"你回去就说,臣李沆不同意。"立贵妃的事就这样不了了之,宋真宗连句牢骚也没敢发。

李沆的这些做法,后来被宋朝的士大夫频繁效仿。比如宋真宗的孙子宋英宗继位之初,与曹太后关系不融洽。曹太后命使者带给宰相韩琦一封信,信上写的都是宋英宗在宫中的过失,隐隐有废黜宋英宗的意思。韩琦读罢,当着使者面,把书信烧了,并对使者说:"太后总是说皇帝心神不宁,那这些举动又有什么奇怪的?"

显然,韩琦在模仿李沆的"引烛焚诏"。李沆的言行后来成为宋朝"祖宗之法"的一部分。士大夫通过对李沆的推崇与模仿,以不容商量的决断,在最高统治者面前表明自己的政治态度。温文尔雅的李沆就这样树立了士大夫牵制最高统治者的典范。从这个意义上讲,"圣相"之称确实名不虚传。

从寇准、吕端到李沆,士大夫在宋朝的政治生活中影响越来越大。他们不断地影响皇帝,塑造皇帝,约束皇帝,在某些时候甚至左右皇帝,左右国家的大政方针。在这样一批堪称模范的士大夫左右下,宋真宗统治前期的宋朝政治清明,经济繁荣,国泰民安。这一时期,由于宋真宗使用的年号主要为咸平(998—1003),故而有"咸平之治"的美誉。也正是在"咸平之治"中,经过太宗朝的扶持与成长,士大夫阶层逐渐成熟起来,开始成为宋朝政治舞台上真正的主角。

祖宗之法：士大夫走向黄金时代

在前面，我们一再提到"祖宗之法"这个词。那么，究竟什么是"祖宗之法"，祖宗之法又对宋朝和士大夫政治有着怎样的意义呢？

"祖宗之法"的"祖宗"最初特指宋太祖和宋太宗，后来泛指一切过世的宋代皇帝。"祖宗之法"，就是宋代历任皇帝实行过的制度惯例、治国精神，是一套旨在防微杜渐的基本原则，它的目标是保证政治格局和统治秩序的稳定。

宋代的统治阶层又把祖宗之法称作"祖宗家法""祖宗典制""祖宗成宪"等，这是他们最爱提及的一组概念。很多人熟知的那些宋朝大事，如"杯酒释兵权"、庆历新政、王安石变法、南宋抗金，乃至宋朝的灭亡，无一处没有祖宗之法的影子。可以说，宋代历史上的很多问题，矛盾中心就在祖宗之法上。

宋真宗与宋仁宗时期，北宋士大夫政治经历了逐渐成熟的过程，进入黄金时代。与之相始终的，正是祖宗之法的形成。

为了厘清祖宗之法的形成过程，我们需要对前面提到过的一些内容稍做回顾。

宋代的祖宗之法并不是皇帝和朝廷下一道命令宣布确立的，而是在日常政治实践中逐渐形成的。在这个过程中，有两种人发挥了重要的作用：一种是皇帝，另一种是作为臣僚的士大夫。

先来看皇帝是如何奠定祖宗之法的。作为宋朝最初的两位皇帝，宋太祖和宋太宗对祖宗之法的奠定功不可没。

前面讲过，为了惩戒五代之弊，使宋朝长治久安，使宋朝皇帝的皇位绵延万世，宋太祖开展了削夺兵权、再造中央的渐进式集权，建立了一系列集权性的制度。这些被称为"法度"的防范举措，不仅在日后成为祖宗之法，就是在当时也颇受宋太祖的重视。他曾在给赵普的书信中谈道："我们创立的这些法度，如果子孙能够谨慎遵守，那么江山社稷就可以传续百世。"

开宝九年（976），宋太宗在"烛影斧声"中继承皇位，把太祖之法推向了新高度。前面提到过，宋太宗明确提出要遵循宋太祖的治国方略，并把这种方略归纳为"事为之防，曲为之制"，也就是所有的事情都要做好防范，所有的细节都要有所约束，防微杜渐。在宋太宗统治期间，中央的二府三司体制、军队的枢密院—三衙体制、地方的路制，以及皇帝处理朝政的日朝制基本形成。

由此可见，无论是为了巩固政权，还是出于对臣僚的猜忌，宋太祖和宋太宗所采取的一系列防范、制衡举措，都对宋朝制度的形成产生了重要的影响。这些举措以及举措背后的防范精神，成为宋代"祖宗之法"不可或缺的重要内核。

不过，祖宗之法虽以"祖宗"命名，但它的创造者不仅包括以宋太祖和宋太宗为代表的皇帝，还包括作为臣僚的士大夫。这源于皇帝与士大夫力量的此消彼长。

宋真宗即位后，深感"守祖宗基业"责任的沉重，却缺乏宋太祖、宋太宗那种把握政治局势的能力；而宋太宗一朝通过科举制度培养起来的士大夫群体却在这一时期逐渐壮大起来。由此，就形成了宋真宗统治时期不得不更加倚重士大夫治国的局面。

在这样的背景下，士大夫对祖宗之法的进一步形成发挥了巨大作用，其中最重要的两个人，分别是李沆和王旦。

作为第一批士大夫模范的翘楚，"圣相"李沆确立了士大夫遵守祖制的思想，树立了士大夫牵制皇权的典范，表现出了皇帝与士大夫为共同治理好国家而采取合作的意向，这些都成为日后"祖宗之法"的重要部分。

不过，作为宋真宗的潜邸老师，李沆毕竟身份特殊，并不是所有的士大夫都拥有与他一样的影响力；而士大夫也不是铁板一块，也有忠奸善恶之分，用什么样的士大夫，最终决定权仍操控在皇帝手中。因为皇帝与士大夫从来就不是对等的，拥有最高决策权的皇帝依然占有绝对的优势。

李沆曾经预言，如果有一天辽朝跟宋朝讲和，定难军对宋朝称臣纳贡，那时天下太平，却未必是好事。不想却一语成谶。景德元年（1004），定难军首领李继迁去世，辽朝也与宋朝定下"澶渊之盟"，一时间边患全除，可宋朝并没有因此迎来太平盛世，反而进入一个荒唐可笑的时期。

寇准是李沆去世后接掌国政的宰相之一，也是"澶渊之盟"的主要推动者之一。关于澶渊之盟，后面会有专门讲述。这里只简要做个说明。澶渊之盟在宋辽两国地位对等的前提下，结束了两国间20余年的战争，宋真宗对此颇为得意。可真宗的宠臣、寇准的政敌王钦若却表示，澶渊之盟不过是屈辱的"城下之盟"。深受刺激的宋真宗于景德三年（1006）二月罢免了寇准，王钦若出任知枢密院事，重回权力中枢。

真宗害怕"澶渊之耻"会削弱自己的权威，王钦若劝真宗道："只有举行封禅大典，才能镇抚四海，夸示戎狄。"封禅是古代皇帝最隆重的典礼，"封"指登上泰山祭天，"禅"指在泰山下的小丘祭地。通常，只有建立大功业的皇帝才有资格封禅。王钦若却告诉宋真宗，只要伪造"天降祥瑞"，宋真宗同样能够封禅。大中祥符元年（1008），宋真宗突然说梦见了神人降临，并被告之将会有"天书"从天而降。不久，果然有臣僚奏称"天书"降在皇宫里。此后，宋真宗与王钦若又自导自演了两次降天书事件。有了如此"祥瑞"，再也没人能够阻止宋真宗封禅了。

当然，封禅需要花钱，宋真宗也有所顾虑。他曾询问三司使丁谓朝廷的财政状况，丁谓奉承道："粗算一下，朝廷的钱绰绰有余。"大中祥符元年十月，宋真宗率领百官带着"天书"前往泰山封禅；大中祥符四年（1011），又祭祀后土地祇于汾阴；次年，追尊编造的赵氏始祖"九天司命真君"赵玄朗为宋圣祖，同时大兴土木，修建供奉"天书"的玉清昭应宫。此后，各种狂热的迷信活动接踵而至，国家的民力和财力被迅速掏空。由于泰山在东，汾阴在西，人们便把这一系列活动称为"东封西祀"。《宋史》评价说："一国君臣如病狂然，吁可怪也！"

要推进如此大规模的"跳大神"事业，当然需要专业的团队。当时，奸巧机灵又通晓道教的王钦若是"总导演"，工于算计的丁谓、林特主持财政大计，学者陈彭年专门为"东封西祀"制定礼仪，担任皇城使的宦官刘承珪则以皇城司的名义，奏报宫中接到"天书"之事。这五人被时人称为"五鬼"，而"五鬼"背后是"东封西祀"真正的主角——宋真宗。

如果说，吕端、寇准、李沆等优秀士大夫的言行表现出的是士大夫政治良性的一面，那么宋真宗与"五鬼"合作的"东封西祀"，无疑暴露了士大夫政治劣迹斑斑的一面。

不过，处于上升期的士大夫群体与士大夫政治，仍然在良性与劣迹的交锋中进化出一套用于维持士大夫政治良性运转的机制，其中的关键人物就是这一时期的宰相王旦。

王旦（957—1017），字子明，大名府莘县（今山东省聊城市莘县）人，是宋初名臣王祐之子。王祐是太祖、太宗朝的著名直臣，向为士林所重；他又颇善经营社会网络，宋太宗的顾命宰相吕端、宋真宗的潜邸旧僚、与李沆地位不相上下的李至都对王祜颇为倾心。这为王旦步入仕途提供了良好的人际环境。

太平兴国五年（980），王旦考中进士，不久成为后来担任参知政事的赵昌言的乘龙快婿。此外，宰执李沆、寇准、向敏中都是王旦的同年，从太宗朝留任的同知枢密院事钱若水也对王旦赞不绝口。

可以说，经过父子两代的经营，王旦在士大夫群体中拥有极为广泛的群众基础。

当然，这样的基础与王旦本人的作为是分不开的。王旦去世后，欧阳修曾在为他撰写的神道碑铭中称赞道："公为人严重，能任大事，避远权势，不可干以私。"由此，王旦获得了宋真宗的赏识。

咸平三年（1000）三月，王旦被任命为同知枢密院事，正式进入宰执团队；一年后，王旦出任参知政事。景德三年（1006），王旦接替寇准出任宰相，由此开始了他长达12年的宰相生涯。特别是，在前9年中，王旦更是独相。

王旦在担任宰相期间，"务行故事，慎所改变"，大体上继承了李沆的执政特点，颇有点"李规王随"的意思。

可王旦不是李沆，他没有李沆皇帝老师的特殊身份，因而始终不敢对宋真宗的行为强做干预。但面对在"东封西祀"中每况愈下的政治形势，王旦又必须设法纠正宋真宗的乱政。他开始有意识地筛选祖宗典故，以此作为对抗宋真宗的武器。

"五鬼"当中，与宋真宗关系最密切的是"东封西祀"的始作俑者王钦若。王钦若（962—1025），字定国，临江军新喻县（今江西省新余市）人，进士出身，标准的士大夫。在宋真宗做开封府尹而受到宋太宗猜忌时，王钦若曾冒着巨大的政治风险支持宋真宗，加之他极善逢迎，因而获得了宋真宗的无限信任。

"天书神降""东封西祀"期间，宋真宗一直想让王钦若当宰相，但都被王旦阻止了。王旦自然不能去指责王钦若阿谀奉承、扰乱国政和陷害忠良的种种劣迹，因为那无异于在指摘宋真宗本人。鉴于王钦若是南方人，王旦从"祖宗典故"里翻出了一个冠冕堂皇的理由："臣见祖宗朝从来没有让南方人主持过国政。"

宋太祖和宋太宗从来没有明确规定南方人不能当宰相，但两朝宰相确实都是北方人。显然，这一既成事实经过王旦的精心挑选，具备了祖宗之法的效力。宋真宗也只好表示要遵守祖宗法度。直到天禧元年（1017）七月王旦罢相，王钦若才于次月如愿登上相位。王钦若无不抱怨地说："因为王子明的原因，害得我晚了十年才当上宰相！"

"五鬼"中还有一个宦官叫刘承珪，此人深受宋真宗宠信。那时，节度使是名望极高的荣誉头衔，刘承珪重病将死时，向宋真宗求为节度使。宋真宗为此对王旦说："承珪等着获得节度使的头衔，才能瞑目。"王旦却义正词严地拒绝道："陛下所坚守的是祖宗典故，可祖宗典故里并没有任命宦官为节度使的旧例，所以这件事恕难从命。"

遵循祖宗旧制，不仅是宋朝皇帝的统治意愿和治国方略，也是士大夫约束皇帝、规范统治的合理方式。士大夫借助于祖宗的威灵来影响乃至慑服皇帝；借助于祖宗朝的成规定法来规范统治行为、协调统治步调。这可以说是士大夫版的"事为之防，曲为之制"。

然而，与在太祖朝、太宗朝就制度化的皇帝版"事为之防，曲为之制"相比，士大夫版"事为之防，曲为之制"仍然只是一种思想和技术手段，尚未形成有效的制度，士大夫操作"祖宗典故"的手法也尚显生疏，这都使得"祖宗典故"尚未成为士大夫普遍使用的有力武器。

大中祥符五年（1012）九月，参知政事出缺，王旦本来打算提拔翰林学士李宗谔（宋太宗时宰相李昉之子）继任，他还把这项议案告诉了王钦若，并说准备向宋真宗呈报。王钦若当时并没说什么，背地里却偷偷向宋真宗打小报告。

原来，李宗谔家境贫困，靠着微薄的俸禄无法主持婚嫁，王旦曾借给李宗谔很多钱。这件事让王钦若知道了。按照惯例，被任命为参知政事时可以获得3000贯钱的赏赐。于是，王钦若便向宋真宗说："李宗谔欠了王旦一屁股债，还不起了。王旦现在想推荐李宗谔当参知政事，纯粹是为了让李宗谔得了赏赐以后还钱，根本不是为国家举荐贤良。"到了第二天，王旦果然推荐了李宗谔，宋真宗非常不高兴，当然不同意。而被王钦若推荐的丁谓趁机当上了参知政事，"五鬼"中的又一"鬼"进入权力中枢。面对这样的暗算，王旦的"祖宗典故"毫无办法。

更明显的是，宋真宗大搞"东封西祀"，尽管王旦不以为然，却无力阻止。宋真宗为了堵住王旦的嘴，曾以送酒的名义给王旦送去一酒坛的珍珠。王旦碍于情面，只好闭口不言。然而情面背后，是宋真宗的绝对权威。就连一向公开反对

"天书神降"的寇准,后来为了东山再起,竟然也主动进献"天书"。

王旦与寇准都是明白人,要斗败"五鬼"也好,纠正宋真宗的越矩行为也罢,归根结底需要有宋真宗本人的支持。这也注定,士大夫手中的"祖宗典故"只是一种弹性的弱约束,而这一弱约束得到强化,以及士大夫作为群体的强势崛起,则是在后真宗时代。

天禧元年(1017)七月,王旦以老病辞相,并于九月去世。两年后,恶名昭彰的王钦若也终于罢相。这对"东封西祀"期间的士大夫冤家至此全都离开了权力中枢。可宋真宗又同时将另两个死对头引入中书门下:一位是盛名在外的寇准,再度出任宰相;一位是才干出众的丁谓,担任参知政事。

寇准曾非常欣赏丁谓的才干,为此顶撞过一直压制丁谓的李沆。不过,经历了"东封西祀",寇准对丁谓的看法开始发生转变。入职中书后,一日,两人正在吃工作餐,寇准的胡子沾上了汤汁,丁谓连忙起身为寇准擦干净。寇准实在看不上丁谓这副溜须拍马的架势,于是奚落道:"参政,堂堂的国家大臣反倒来给长官擦胡子吗?"丁谓受此揶揄,转而嫉恨寇准。

这时的宋真宗因身患重病,朝政多委托皇后刘氏(民间称她为"刘娥")协助处理。寇准认为此举不妥,并极力主张拥立太子赵祯监国;而丁谓则一味迎合刘皇后主政。两人在朝中拉帮结派,势同水火。恰巧,刘皇后的家人犯法,寇准主张严惩。盛怒之下,刘皇后决定支持丁谓。

其实,宋真宗也害怕刘皇后过度干政会削弱自己和太子的权势。天禧四年(1020),寇准看准时机,终于说服宋真宗,同意让太子监国,架空刘皇后与丁谓。眼看大事将成,喜欢喝酒、性格张扬的寇准却在一次醉酒后,竟将如此机密要事泄露了出去。得知消息后,丁谓立即反扑,弹劾寇准,被病痛折磨的宋真宗却早已忘了与寇准的约定。这年六月,丁谓在刘皇后的支持下,将寇准逐出朝廷,自己升任宰相,与刘皇后控制了朝廷。

也是在这一年,宋真宗的病情进一步加重,已经很难坚持每日上朝。从十月开始,宋真宗只能在"只日"(单日子)上朝,双日子不听政;上朝的地点也从前殿转移到后殿;加上节假日也不上朝,宋真宗一年上朝听政的天数已经压缩至不到100天。太宗时期的"日朝制"开始调整为"只日朝制"。

乾兴元年(1022)二月,宋真宗驾崩,未满13岁的赵祯即位,是为宋仁宗(1022—1063年在位)。由于宋仁宗年幼,宋真宗遗命尊刘皇后为刘太后,暂时处理军国大事。宋朝进入刘太后垂帘听政时期。

刘太后垂帘听政之初，丁谓权倾朝野。他提出朝中大事由刘太后和宋仁宗召见辅臣裁决，小事由宦官雷允恭通过文书通报。如此，作为宰相的丁谓就可以阻断群臣与太后、皇帝的日常联系，从而独揽大权。

这种通过控制君臣联系通道，从而成为权相的路径，向来是做权臣的必要手段，北宋初年的权相们也不惶多让。赵普的大瓦壶也好，卢多逊的"不敢妄陈利便，希望恩荣"规矩也罢，乃至于李沆的扣留生事奏章，莫不如此。这些权相虽然也属于士大夫，但往往个人色彩浓厚，并不代表士大夫群体。丁谓要做的当然也是这样代表个人的士大夫。

可是，时代变了。

在历经宋太宗、宋真宗两朝不断扩大的科举取士中，越来越多的读书人加入了士大夫行列，士大夫群体参与政治的愿望日益高涨，他们发出了自己的声音，形成了"公议""公论"。他们要求扩大参与政治活动空间，而如今对这一诉求最大的阻碍就是士大夫出身的宰相。

在要求扩大参政空间的士大夫群体中，参知政事王曾就是典型的代表。

宋真宗驾崩之初，丁谓和王曾负责起草遗诏。在规定刘太后垂帘听政的权力时，王曾主张用"军国事兼权取皇太后处分"的措辞，也就是军国大事临时由刘太后处理。"权"，是临时的意思。丁谓却主张去掉"权"字。两人争论的看似是刘太后的权限，实际上丁谓打的算盘是假太后之权，方便自己弄权；而王曾在防范女主权盛的同时，最大限度地为士大夫谋求权力空间。

此后，王曾每每与丁谓有政见分歧时，便会拿出"公议""公论"来施压，而丁谓总是一副满不在乎的样子。这自然引起了"公议"的不满。

这年六月，负责建筑宋真宗陵墓的雷允恭擅自改变陵墓位置，结果导致陵墓漏水。身兼山陵使（陵墓工程总负责人）的丁谓因与雷允恭潜相交结，故而百般包庇。可纸终究包不住火，得知真相的士大夫群体炸开了锅。

当时雷允恭已经下狱，王曾想借此机会扳倒丁谓，便对同僚们说："我没儿子，想把弟弟的儿子过继过来。等明天退朝，我要单独留下向太后做请示。"丁谓一听是王曾家事，便没有从中阻挠。没承想王曾在独对时，拿着陵墓事件大做文章，说是丁谓包藏祸心，让雷允恭将宋真宗的皇陵移到风水大凶绝地。刘太后闻言大惊，加之不满丁谓擅权，便罢免了丁谓。

王曾扳倒丁谓，手段可谓并不光明正大，但却得到了士大夫群体的支持，史称"公论不以为过也"。丁谓为人奸恶，民谣都说："欲得天下宁，当拔眼中丁；欲得天下好，莫如召寇老。"刘太后罢免丁谓，拔掉了"眼中丁"。不过，为人强势的刘太后并没有召回远贬雷州（今广东省雷州市）的"寇老"。次年，寇准客死他乡。

丁谓罢相后，王曾升任宰相。刘太后采用了王曾的建议，每五日一上朝，上朝时皇帝坐在左侧，自己坐在右侧，垂帘听政。一方面，刘太后倚重宦官、放纵外戚，颇受诟病；另一方面，刘太后做了不少值得称道的事情，表现出不俗的政治才能。

刘太后办的第一件大事，就是听从王曾和参知政事吕夷简等人的建议，将"天书"随同宋真宗一同下葬，并禁止兴建宫观，彻底结束了宋真宗后期举国狂热的迷信活动。此外，她兴修水利，发展农业；完善科举，兴办学校；严惩贪官污吏，范仲淹等一批廉吏应运而生。

刘太后既有政治才干，又有政治野心，这引起了士大夫群体的思考：一方面，在权相消失、士大夫个人权威不再的前提下，士大夫群体如何重新获得参与政事活动的权威，维持政治体制的良性运转；另一方面，如何防止再出现一个"武则天"。

办法只有一个，那就是再度搬出祖宗的威灵。

王曾出任宰相后，自科举考试、天下马政到宫殿营造，凡是朝议解决不了的问题，士大夫们动辄便征引"祖宗旧制"作为处置依据，以致出现了凡事都宣称"这是先朝旧规，不可轻议改革"的极端局面。

天圣四年（1026）九月，朝廷着手对以前皇帝们发布的诏令做删定整理，这本来是一项常规工作。宋仁宗却问宰辅们："都说先朝的诏令不能轻易改动，真是这样吗？"为此，王曾甚至要专门出面解释："删繁就简是为了方便人们使用，这有什么不可以？"

王曾反对教条地执行祖宗旧制，但由此可见，刘太后听政期间，遵守"祖宗旧制"已经成为当时皇帝与士大夫治理国家的共识。

当然，这时期的"祖宗旧制"还有另一个意思，那就是防止刘太后称帝。早在刘太后垂帘听政之初，还是参知政事的王曾就曾义正词严地公开提出："天下，是太祖、太宗和先帝的天下，不是陛下的天下！"旗帜鲜明地亮出了保守祖宗基业的旗帜，警告刘太后不要越雷池半步。

而刘太后确实有效法武则天称帝的想法。明道二年（1033）二月，她打算穿着皇帝的衮冕谒见太庙，受到臣僚的抵制；最终，她穿戴改造后的皇太后衮冕拜谒了太庙。刘太后也曾试探性地询问臣僚："唐代的武后是什么样的女主？"以耿直著称的参知政事鲁宗道回答："是唐朝的罪人，几乎危及江山社稷！"有大臣为了迎合刘太后，献上《武后临朝图》。刘太后知道称帝不会获得士大夫的支持，于是将图扔在地上，立即表态："我不做这种背负祖宗的事！"最后，刘太后不得不以"赵家老妇"的身份自居，担负起保守宋朝祖宗基业的责任。

这年三月，刘太后去世，宋仁宗亲政，士大夫首次明确提出"祖宗之法"的概念。对此耳濡目染的宋仁宗非常认同，他积极回应道："祖宗法，不可坏。"从此，"祖宗之法"的概念正式定型，遵行祖宗之法成为朝堂上不倒的大旗。

在皇帝和士大夫的共同作用下，祖宗之法正式形成。而这一过程又与士大夫由个人到群体登上政治舞台、士大夫政治逐渐走向成熟相始终。士大夫群体的崛起、士大夫政治的成熟在不断提升祖宗之法的地位；而拥有这种地位的祖宗之法反过来又提高了士大夫政治的话语权，对北宋政治产生了积极的影响。

这种积极的影响，主要表现在两个方面。

首先，士大夫广泛援引祖宗之法，来匡正皇帝的错误言行，进而影响政治走向。

前面讲过，王旦曾挑选"祖宗典故"，约束宋真宗的行为。这种挑选工作后来被不断系统化、规范化，最终成为编撰"宝训"和"圣政"的活动。"宝训"和"圣政"是一种总结宋代祖宗言行的帝王学教材。"宝训"主要记载宋代列祖列宗遗留的宝贵训示，类似于"语录"；"圣政"是祖宗朝圣明举措的纪录。

这些"宝训"和"圣政"，有的是士大夫自发编纂，有的则是官方组织编写。无论私修还是官修，他们的目的都是塑造可供仿效的祖宗形象，让政治平稳运作。因此，对于收入"宝训"和"圣政"的内容，士大夫需要取舍润饰。

比如，仁宗亲政后，学者石介编写了一部《三朝圣政录》，讲宋太祖、宋太宗、宋真宗三代的政治情况。在正式进献给朝廷前，石介将书稿交给了韩琦，让他帮忙查找问题。韩琦指出，书中有些故事不宜收录。其中，有一条提到，宋太祖曾经很宠溺一名宫女。一日早朝时，有臣僚就此事规劝宋太祖，宋太祖幡然醒悟，退朝后便趁着宫女熟睡之际将她杀死了。韩琦说："这种事情怎么能让后世效法呢？"于是，石介将书中的这类故事全部删除。

在挑选故事、编成"宝训"和"圣政"后，士大夫还要通过经筵讲读制度，也就是定期给皇帝上课，将"宝训"一类的内容讲授给皇帝。这往往会对祖宗之法"再加工塑造"。

元祐年间（1086—1097），范祖禹担任侍讲，负责给年轻的宋哲宗上课。宋哲宗的父亲就是主持变法的宋神宗。由于反对宋神宗的新法，范祖禹并不赞成凡事遵守神宗法度。但为了劝说宋哲宗勤奋读书，范祖禹还是抬出了宋神宗做榜样。他指出，宋神宗勤奋好学，坚守祖宗之法，每隔一天就要参加一次经筵。以此为基础，范祖禹将宋神宗塑造成一位谨守祖宗成宪、可为后世子孙效法的楷模。

无论是韩琦，还是范祖禹，他们的行为都说明，祖宗做过的事情并不一定就是祖宗之法。只有那些符合士大夫政治需求的做法，才会被纳入祖宗之法的范畴。皇帝平时要学习祖宗之法，思想在潜移默化中受到士大夫的影响，从政后还要被士大夫时时提醒，士大夫的话语权可想而知。

祖宗之法增强士大夫政治话语权的第二个表现，是保障了士大夫的人身安全。

宋代的朝政"是中国历代王朝中最开明的"（虞云国先生语），这种"开明"与祖宗之法息息相关。在讲述宋太祖的宽仁政风时，我们曾提到过传说中的"太祖碑誓"。尽管"太祖碑誓"是否真的存在，学者们向来有争论，但"不杀士大夫和上书言事者"的原则却被宋代士大夫普遍视为祖宗之法，它有力地保障了士大夫的人身安全，是士大夫的安身立命之本。

因此，当有人想要破坏这项祖宗之法时，便会受到有识之士的抵制。不仅北宋如此，南宋也依然如故。淳熙年间（1174—1189），宋孝宗就曾极力主张改变北宋以来开明的政治风气，他在手诏中写道："本朝自开国以来过于忠厚，宰相当政误国，大将打了败仗，从来都没有因罪诛戮过。用人的关键是人君必须谨慎地选择宰相，宰相必须选拔合适的人做官，前有重奖之赏，后有诛戮之罚，要是这样还找不到人才，我才不信呢。"

没想到，宋孝宗的手诏一出，舆论哗然。宰相史浩急忙援引"太祖碑誓"，说宽仁之风乃是祖宗家法，并指责宋孝宗是自己要行刻薄之政，却归过于祖宗。最终，士大夫们再一次利用祖宗的权威，迫使宋孝宗收回了成命。

除了皇帝，士大夫内部也有一些人主张改变宽厚的政风，但同样会遭到反对。宋仁宗庆历年间（1041—1048），一个玩忽职守的地方官受到处罚，枢密副使富弼想进一步诛杀他，却遭到参知政事范仲淹的反对。范仲淹说："祖宗以来，从没有轻易诛杀过大臣。这是盛德之事，怎么能轻易破坏？！何况我与你在这里主持新政，同僚之中能有几人跟咱们同心？就连皇帝的态度也未必坚定。我们轻易诱导皇帝诛戮大臣，明天我们可能也难以自保了。"

总的来说，士大夫们通过"引用"祖宗之法，政治话语权大幅增强，这有利于他们更加积极地引导皇帝更好地治理国家。皇帝与士大夫在共同遵守祖宗之法的共识下，积极合作，治国理政。祖宗之法内在的逻辑矛盾还没有充分暴露，士大夫的良莠之别、士大夫政治在皇权面前的脆弱性也暂时被遮掩。士大夫进入与皇帝共治天下的黄金时代。

君子有党：范仲淹、欧阳修为何挑战皇帝底线

宋仁宗时代，士大夫政治领域发生的最著名事件，莫过于由范仲淹、韩琦、富弼等优秀士大夫发起的改革——庆历新政。有关这场改革的是是非非，将在下一章里有具体讲述。这里只说一个与士大夫政治息息相关、由改革派提出的颇为"离经叛道"的观点——"君子有党"。

和现代意义上的"政党"不同，在中国传统政治语境里，"党"不是什么好词。在帝王影视剧里，皇帝收拾大臣，最爱用的一个罪名就是"结党营私"。孔子有句名言："君子周而不比，小人比而不周。"按照古人的解释，"周"就是"忠信"和"普遍"，"比"就是"阿党"和"偏党"。君子忠信，大公无私；小人为了私利结成利益小团体——党。因此，按照儒家的道德要求，只有小人才会结党，君子是不会结党的。

这种道德在上升到政治伦理以后，又有了另一层含义。皇帝最害怕大臣联合起来反对自己，威胁自己。于是，当皇帝要处理大臣时，那些为了政治利益暂时

联合起来的蝇营狗苟之辈，固然可以坐实营私之罪；可是那些秉持着一片忠心而联合起来的贤良大臣，同样可以被扣上结党之名。

因而千百年来，只要跟"党"字沾边，大臣的政治生涯一定会遭遇波折。

可是，在庆历新政期间却出现了一个非常独特的呼声——"君子有党"！

由于新政损害了部分官员的利益，且在改革过程中出现了一些问题，导致改革期间的朝堂陷入异常激烈的争论，改革派和其他官员互撕已经司空见惯。于是，有人弹劾改革派是"私结朋党"，这帽子不可谓不大，一旦坐实，改革派就只能卷铺盖走人。

关键时刻，名列"唐宋八大家"的一代文豪欧阳修写了千古名篇《朋党论》，上奏宋仁宗。

欧阳修（1007—1072），字永叔，吉州永丰县（今江西省吉安市永丰县）人，对北宋的思想界、文学界的巨变产生过巨大作用。

在《朋党论》中，欧阳修说，朋党之说自古有之，君主只要能够区别君子之党和小人之党即可。君子和君子为了追求共同的"道"而结为朋党，这是"真朋"；小人同小人为了获取共同的"利"而结为朋党，这叫"伪朋"。朝廷用君子党，国家就能清明昌盛；用小人党，就只能腐败衰落。

欧阳修还举了很多历史上的例子，从正反两面来论证自己的观点。

比如，唐尧时，共工、驩兜等"四凶"是"小人党"，八元、八恺这16人是"君子党"。舜辅佐尧，流放了四凶，重用八元、八恺，于是天下大治。

又如，商纣王时，有臣僚亿万人，却各有异心，可谓人人都不结党；而周武王有臣僚三千人，这三千人却是一条心，可谓一大党。结果，人人不结党的商纣王灭了国，而三千人结为一大党的周武王却取得了天下。由此可见，结不结党并不是问题，是不是君子结党才是真正的问题。

此论一出，反对派大为震惊。他们甚至找了一名宦官帮忙向宋仁宗上书，说范仲淹、欧阳修这帮人公然结党，不出两三年，朝廷就要被这一党控制。到时候他们想干吗就干吗，谁也拦不住，连皇帝都无可奈何了。

对于反对派的上书，宋仁宗表示根本不信。可他嘴上说不信，心里却非常诚实。宋仁宗还是忍不住找来宰辅大臣范仲淹，意味深长地问道："从来都是小人结党，君子也结党吗？"范仲淹回答："臣在边镇统兵的时候，见到那些敢于和敌人作战的将士结为一党，而胆怯、不敢战的将士也结为一党。同样的道理，朝廷上正直之人与奸邪之人也各有其党。一心向善的人结党，对国家有什么害处呢？"

最终，范仲淹与欧阳修"君子有党"的观点还是惹恼了宋仁宗；反对派借此煽风点火，终于使改革派失去了宋仁宗的信任和支持，短暂的庆历新政就此夭折。庆历四年（1044）十二月，宋仁宗还专门下了一道诏书，说八元、八恺并没有结党，所谓的"君子有党"纯属舞文弄墨之臣的胡说八道。

宋仁宗对"君子有党"嗤之以鼻，是专制社会里皇帝的正常心理反应。可范仲淹和欧阳修的这波操作就着实让人摸不着头脑了。皇帝痛恨、惧怕大臣结党，反对派攻击你结党，正常操作不是应该澄清自己是公忠体国绝无结党营私之举吗？怎么还有自己把"罪名"认下、授人以柄的？这不是书呆子犯傻吗？

平心而论，庆历新政期间，改革派确实有从政经验不足、书生意气的一面。但"君子有党"论绝非"书呆子"三个字所能解释的。在这个观点的背后是北宋前期士大夫群体的政治理想。

宋朝的士大夫不仅是官员，也是儒家知识分子。按照儒家理论，上古传说中的尧、舜是明君，夏、商、周三代是治世。据此，一些优秀的士大夫提出了自己的政治理想与目标，那就是"致君尧舜"（把皇帝辅佐成尧舜一样的明君），实现"三代之治"（让宋朝成为夏、商、周那样的治世）。落实这一理想的过程便是"行道"；"行道"的人便是君子。

然而，"行道"不是个人的事业，需要广大君子的共同参与和努力。进士出身的田锡（就是"吐槽"宋太宗雍熙北伐不让宰相知道的那位）就曾提出"倡道和德，同心为谋"，可又与"君子不党"的古训相违背。因此，"君子"们就需要在理论上有所突破，为君子联合行道寻找合理的依据。

田锡指出，自古以来便是君子少、小人多，势单力薄的君子要想成功行道，需要彼此之间"结至交"。

田锡说得还比较含蓄，比他小十几岁的另一位士大夫王禹偁则干脆明确地提出"君子有党"。欧阳修《朋党论》里关于尧舜时八元、八恺为君子党，四凶为小人党的说法，最早就出自王禹偁。王禹偁之所以要把君子党的起源追溯到尧舜，就是因为士大夫行的是"致君尧舜"的道。尧舜既然允许君子党的存在，那么一个有道之君自然也要包容君子党。

王禹偁还说，像尧舜这样的明君，能够妥善处理君子党和小人党的关系，从而使这种结党不会危害治道。可后世的君主却缺少圣人之德,操不动这个盘,玩崩了,君子行道自然就不能成功。

为了消解"结党"与"营私"的联系,王禹偁还特别解释,君子党和小人党的区别并不是是否争利,而在于是否"行道"。"行道"的便是君子党,否则就是小人党。

请记住这个解释,它直接解决了后来熙丰变法的政治伦理难题。

王禹偁的"君子有党"论等于从理论上喊出了一句口号:全天下的君子士大夫,联合起来!

到了宋仁宗时,随着士大夫群体的成长壮大,士大夫以群体的身份登上政治舞台。"致君尧舜"、实现"三代之治"的政治理想成为优秀士大夫的广泛共识,"君子有党"也被越来越多的优秀士大夫接受。这些士大夫的第一次联合行动——台谏伏阁请对,就发生在宋仁宗亲政之初。

这一事件还要从宋仁宗和刘太后的关系说起。

宋真宗活着的时候,刘氏虽然最受宠爱,却始终生不出儿子。后来,她的侍女李氏为宋真宗生下一子,宋真宗却对外宣称这是刘氏的儿子。此后,刘氏被宋真宗立为皇后,又在宋真宗去世后以太后之尊垂帘听政;李氏却始终默默无闻,在明道元年(1032)去世。宫中的人都畏惧刘太后的权势,谁也不敢多嘴。直到明道二年(1033)三月,刘太后去世,亲政的宋仁宗才得知真相。这事后来经过艺人的添设敷衍,最终演变成家喻户晓的"狸猫换太子"的故事。

由于李氏去世时,刘太后曾进封她为宸妃,并在宰相吕夷简的建议下,以接近皇后规格的极高礼仪厚葬,由此缓和了宋仁宗在这件事上对刘太后的怨愤。然而,刘太后生前对宋仁宗管教过于严格,又大权独揽,宋仁宗在心里还是对其有积怨。

有积怨,就一定会爆发,而这个不幸的被爆发对象就是宋仁宗的皇后郭氏。

当年选皇后时,宋仁宗本来看上了相貌美丽的张氏,可刘太后却坚决为他选了郭氏。宋仁宗虽然无力改变结局,但心里多少会迁怨于郭皇后。

这位郭皇后不但没有想办法化解这份尴尬,反而仗着有刘太后撑腰,严禁宫里其他妃嫔、宫女接近宋仁宗。这一下,"迁怨"就变成了真怨。结果刘太后一去世,宋仁宗就再也不搭理这位彪悍的皇后了,转而宠信起尚氏和杨氏两位妃子。

郭皇后因此妒火中烧。一日，尚氏在宋仁宗面前说了郭皇后的坏话，郭皇后大怒，扬起手就往尚氏脸上打，宋仁宗上前解救，结果郭皇后一把抓在了宋仁宗的脖子上，抓痕清晰可见。

这下宋仁宗终于火了。正好宰相吕夷简与郭皇后结过梁子，听说此事后，连忙派人上书，说郭氏当了九年皇后还生不出儿子来，就应该废掉。

这实在不是什么好理由，刚刚去世的刘太后不是一辈子都没生出儿子来吗？实际上，吕夷简只是找个借口戳破宋仁宗心里这张纸，然后对郭皇后落井下石。纸既已戳破，宦官阎文应干脆建议宋仁宗，把脖子上那几道抓痕给宰执们看看。于是，宋仁宗找来吕夷简，不仅给他看了抓痕，还给他讲了事情的来龙去脉。吕夷简乘机引用东汉光武帝废后之事为例，支持宋仁宗废后。

可废皇后是件大事，宋仁宗一人说了不算，宰相一人说了也不算，如果贸然废后，肯定会引起轩然大波。特别是台谏，一定不会善罢甘休。宋仁宗有些犹豫了。

所谓"台谏"，是御史台和谏院的合称。御史台以御史中丞、侍御史知杂事为长贰，下设御史等台官，本职工作是监察官员的违法行为。谏院由左右司谏、左右纳言、知谏院等谏官组成，本职工作是向皇帝进谏，纠正君主的错误。

台谏是中国古代监察系统中最重要的组成部分，但是五代以来并不受重视，甚至连专职的台谏官都渐渐没有了。直到天禧元年（1017）二月，宋真宗下诏，要求设置专门的御史和谏官，担负起监察官员与谏诤君主的责任。宋代独具特色的台谏制度自此走上了新轨。到了明道元年（1032），临朝听政的刘太后又为谏院设立了独立的办公场所，为台谏制度进一步发挥作用奠定了基础。

本来台、谏两个机构的职责泾渭分明，然而台官弹劾官员，免不了规劝君主；谏官劝谏皇帝，也免不了弹劾官员。这样，台、谏的职权渐渐合一，他们既监察百官，也劝谏皇帝，宋人索性统一称他们为"言官"。台谏官员也不吝"吐槽"朝廷的各种政策，终于成为举足轻重的"吐槽部"。

果不其然，宋仁宗想废后的消息传到宫外后，最先"吐槽"的就是台谏。右司谏范仲淹极力反对废后，还不忘语重心长地上奏劝道："陛下应早点平息这件事，别再让关于废后的流言蜚语在宫外传来传去了。"

可宋仁宗思来想去，终于还是容不下郭皇后。但因为有台谏的压力，宋仁宗也不得不退一步。这年十二月，宋仁宗下诏，说郭皇后因为无子，自愿出家修道，特封她为净妃、玉京冲妙仙师，赐名清悟，别居长宁宫。台谏闻诏，立马炸开了锅，纷纷上书反对废后。没想到老辣的吕夷简早就防着台谏，他提前命令有关部门拒绝接收台谏的章奏。结果台谏的抗疏根本就送不进宫里。

这下可惹恼了台谏。在范仲淹和权御史中丞孔道辅的率领下，谏官知谏院孙祖德、左正言宋庠、右正言刘涣，以及台官侍御史蒋堂、郭劝、杨偕、马绛和殿中侍御史段少连等10名台谏官员齐聚上早朝的垂拱殿，拜伏在阁门（垂拱殿的殿门）前抗议，强烈要求面见宋仁宗，当面讲道理。守殿门的官员不为他们通报，孔道辅急得趴在殿门上叩动门环大呼："皇后被废！陛下为什么不听台谏的进言？！"

过了一会儿，深居宫中的宋仁宗终于招架不住了，急忙下诏让言官去找宰相理论。孔道辅和范仲淹等人又气势汹汹地来到中书门下，质问吕夷简："人臣与帝后的关系，就像儿子侍奉父母。父母不和，自然应该去劝阻，哪有顺着父亲去跟母亲离婚的道理？！"

老奸巨猾的宰相吕夷简却说："废后是有惯例可循的。"

孔道辅和范仲淹道："您不过是引用光武帝废后的例子劝主上而已。可光武废后乃是失德之举，这种惯例有什么好效法的！除此之外，其他有废后之举的，都是前世昏君所为！主上有尧、舜的资质，而您却劝他效法昏君的行为，这像话吗？！"

废后的确不是小事，而台谏言官更是将此事拔到了新的政治高度——这不符合优秀士大夫"致君尧舜"的政治理想。

吕夷简是太宗朝状元宰相吕蒙正的侄子，作为一名勇于任事、政治手腕耍得炉火纯青的宰相，同时也作为士大夫的一员，吕夷简当然知道这是一顶不小的帽子，根本无从辩驳，只好避重就轻地踢皮球："各位自己去跟主上说吧。"

孔道辅和范仲淹等人也自知，与吕夷简相争也争不出个所以然，还不如等明天早朝结束后，留下百官，在宋仁宗和吕夷简面前把是非黑白辩个清楚。于是，10名言官就此散去。

可老奸巨猾的吕夷简哪会给他们明天上早朝的机会？言官退散后，他立刻上奏宋仁宗，说台谏伏阁请对，这绝不是太平美事，建议把孔道辅等人逐出京城。

第二天一早，言官们来到待漏院，正准备参加早朝，朝廷却发布一道诏书，将孔道辅、范仲淹罢去台谏官职，改派到地方去做知州。孙祖德、马绛等人被罚交20斤铜。孔道辅和范仲淹傻了眼，他们已经不是台谏官，也就失去了台谏官上朝的资格。两人只好哑巴吃黄连，气愤地回了家。

孔道辅刚一到家，催促他到地方上任的敕牒就到了。敕牒是由宰相签署、中书门下发布的行政命令，代表诏书已经具有了行政效力。按照当时的规定，罢免御史中丞，要颁发使用外制告身和敕牒两种公文。告身又叫"官告"，是根据诏书的内容制作的一种委任凭证，制作需要时间。按理说，罢免御史中丞，应该等到官告做好后，和敕牒一起交给孔道辅。可吕夷简明显是等不及了，他恨不得孔道辅和范仲淹马上就走。他还专门派人到二人家中，紧催慢催地把两人赶出了城。随后，宋仁宗下诏，要求台谏官员今后按照规定，写好奏章通过有关部门上奏，别没事儿就组团跑来敲门要求召对。

宋仁宗本来以为就此可以息事宁人，没想到朝野上下的反应比昨天废后时还要激烈。

先是马绛，他觉得朝廷只罚自己20斤铜，这太不拿自己当回事了。于是，他主动上奏，要求跟孔道辅和范仲淹一样，把自己贬到地方去。

紧接着是段少连，他连续上了两道奏疏，抗议宋仁宗驱逐台谏官员、阻塞朝廷言路。段少连还指出："臣现在最怕的就是有奸佞之人，再引用汉武帝幽禁陈皇后至死的例子，来迷惑陛下。汉武帝是骄奢淫逸的暴君，他的行为根本不足效法。做大臣的，都在想着怎样要'致君尧舜'，难不成还要致君如汉武帝吗？！"愤怒之情溢于言表。

台谏言官的举动还赢得了其他优秀士大夫的声援。刚刚免父丧的富弼，刚一回到开封，就立即上书宋仁宗，尖锐地批评宋仁宗驱逐台谏。他说范仲淹不惜性命为陛下论事，结果却落得个贬出京城的下场，这以后谁还敢担负这么大的责任？富弼还说，全天下都知道陛下废黜皇后，驱逐谏臣，朝政不举，那些奸人都在暗自窃喜，以为国家已经内外交困，必然可以聚在一起惹是生非。他还语重心长地说："臣不是为一个范仲淹惋惜，而是为陛下犯下的错误惋惜！"

台谏伏阁请对事件是宋代台谏与宰执、皇帝第一次集体性、大规模的正面交锋。尽管最后宋仁宗固执己见，驱逐言官，将郭皇后降为净妃，但正如著名宋史学者王曾瑜先生所说："谏净废后事件就宋代政治史而言，算不得什么大事，而就古代监察制度史而论，却是大事，表明了台谏权发展到一个新的水平，敢于旗帜鲜明地和皇权、相权作某种程度的对抗。"这是士大夫出于责任感和主体意识,拿起自己的武器,第一次联合起来对抗皇帝与宰相的强权。

有了王禹偁的理论准备和伏阁请对的实践,优秀士大夫越来越不避讳为了行道而联合起来。

景祐二年(1035)八月,范仲淹被调回朝廷,再度进京。当然,他还是改不了自己直言不讳的性格,马上又跟吕夷简杠上了。

当时吕夷简在朝中一手遮天,很多人为了升官,都竞相投奔在吕相公门下。范仲淹对此甚为不满,他画了一幅《百官图》进献给宋仁宗,图中标明近年来升迁的官员中,哪个是正常迁转,哪个是出自吕夷简的私心。范仲淹还把吕夷简比作王莽,提醒宋仁宗:"进退近臣的大权,不应该都委任给宰相。"

吕夷简闻言勃然大怒,当即指责范仲淹是"越职言事,荐引朋党,离间君臣"。景祐三年(1036)五月,回京才不到一年的范仲淹又被外贬为知州。吕夷简乘机要求宋仁宗张贴"朋党榜",整饬官风。

范仲淹本来无党,这一下反而激出了一个"君子党"。集贤校理王质(王旦之侄)不顾身体患病,专程带着酒为范仲淹送行。有人提醒他小心被扣上朋党的帽子,王质却回答:"范公是天下大贤,要是把我列到朋党里,那简直是我的荣幸!"另一位集贤校理余靖上书宋仁宗,要求追改贬黜范仲淹的诏令。

当时朝中有传言,说馆阁校勘尹洙是范仲淹推荐来的。因此,尹洙随时有可能被扣上朋党的帽子。可尹洙却主动上书,说自己虽然不是范仲淹推荐来的,但与范仲淹志同道合,要求把自己列入朋党。

另一位馆阁校勘欧阳修就更激愤了。在欧阳修看来,谏诤是士大夫行道的途径之一。他写信给右司谏高若讷,说你身为谏官,竟然连一句秉持正义的话都不敢说,你不配当士大夫。气急败坏的高若讷把欧阳修的信交给了宋仁宗,宋仁宗一怒之下把余靖、尹洙和欧阳修一并贬出朝廷。馆阁校勘蔡襄就此写了一首《四贤一不肖》诗,"四贤"指范仲淹、余靖、尹洙和欧阳修,"一不肖"指高若讷,一时间,开封城里洛阳纸贵,人们争相购阅,连书商都赚疯了。

王质也好,"四贤"也罢,尽管大家都没说"君子有党",但显然都不回避被扣上朋党的帽子。在这些优秀的士大夫眼里,大家为了共同的理想联合在一起,当言路不通时联合抗争,是士大夫行道的应有之义。由此,也就不难理解数年后,为什么范仲淹和欧阳修会公然宣称"君子有党"。

然而,宋仁宗的表现却不尽如人意。他不仅在这次景祐政争中坚决支持吕夷简穷治朋党，还在两年后专门下诏严禁百官结党。作为皇帝，宋仁宗根本不在乎什么君子党、小人党，只要是"党"，那就是对皇权的挑战。在一个专制社会里，去挑战一个独夫的威权，这如何能被他接受？

就宽容而言，宋仁宗在整部中国历史的皇帝里都是排得上号的，甚至还时常闪烁着人性的光辉。然而，就是这样一位宽容的皇帝，依然容不下"君子有党"的呼声，容不下任何形式的朋党出现。

当士大夫群体联合起来时，他们确实是强大的；但在整个皇权—官僚政治中，士大夫个人又是极为渺小的。庆历新政失败后，"朋党"回到了它的传统意义上，虽然优秀士大夫如司马光、苏轼、朱熹等依然认同"君子有党"，但再没有士大夫自我标榜为"君子党"。尽管优秀士大夫时常高举着祖宗之法和维护君权的大旗，但公然联合为行道而忘身的愿景，根本行不通。

在士大夫政治的灿烂阳光里，乌云从未散去。

共治天下：一个遥远的"盛治"神话

熙宁四年（1071）三月，主持变法的宋神宗召集两府宰执议政。在讨论过程中，枢密使文彦博提到"为与士大夫治天下"。这句话后来被提炼为"皇帝与士大夫共治天下"，成为对宋代士大夫政治的标志性描述。

那么，日益壮大和成熟起来的士大夫，究竟是怎样与皇帝"共治天下"的呢？前面提到的"引烛焚诏""祖宗之法""君子有党"都是共治天下的途径。不过，"引烛焚诏"依靠的是李沆的个人威望，威望因人而异，有高有低，最不稳定；"祖宗之法"是一种政治原则，原则过于模糊，谁都可以朝着有利于自己的方面解释；"君子有党"是一种意识形态，直接就被皇帝否决了。显然，仅仅依靠威望、原则和被皇帝否决的意识形态，士大夫仍然无力跟皇帝讨价还价。

威望需要由士大夫个人转向士大夫群体，原则需要明确固定下来，意识形态需要以另一种不刺激皇帝的形式落到实处，而这个"转向群体"、"明确固定"

和"落到实处"的途径,就是制度。

当然,制度这种东西架构过于宏大、环节过于精细,讲起来又过于乏味。所以,这里从大家既熟悉又陌生的视角——诏令文书,也就是"圣旨",来看看士大夫是如何争取"共治天下"主动权的。

在影视剧中,一道诏书下发,往往是皇帝金口一开,百官跪受圣旨。似乎皇帝的话自然就具有法律效力,百官更是不敢抗旨不遵。而实际上,发布诏书是有一套严密规范的流程的。具体来说,宋代的诏书可分为内制和外制两种。

内制诏书规格最高,由皇帝的秘书机构学士院负责草拟,供职学士院的翰林学士等内制官执笔。朝廷重大命令的发布,对后妃、皇太子、亲王、公主的册封,对宰相、枢密使、节度使等高官的任命,都使用内制诏书。

相对于内制诏书,外制诏书就是一般性的诏书。北宋前期,一般由中书门下的下属机构舍人院负责草拟,具体执笔的是供职舍人院的知制诰等外制官。皇帝册封嫔御,任免一般官员,都使用外制诏书。而士大夫群体在诏书发布过程中,利用制度充分表达自己的意志,抵制皇帝的"乱命",绝大多数都是在外制诏书的草拟发布环节。

下面就先从宋仁宗后宫里的一件小事说起。

大家都知道,皇帝在后宫里"妻妾成群"。皇帝的正妻是皇后,此外众多被我们称为"妃子""妃嫔"的都是皇帝的妾。这些"妃嫔"也都有着自身的等级。在宋代,妃嫔的等级从高到低分别是夫人(妃)、嫔、婕妤、美人和才人。

除此之外,宫里还有很多女官。有的负责侍奉帝后妃嫔,相当于宫里的生活秘书;有的负责协助皇帝处理文件,相当于皇帝的工作秘书。这些女官,也是有级别的。

也就是说,在后宫里,皇帝的老婆和女秘书,都跟朝廷里的官员一样,是有级别的,都对应着官品,相应的也就享受不同的待遇。朝廷里的官员日常有升迁,这些妃嫔和女官自然也有。

可是到宋仁宗晚年时,宫里的妃嫔和女官已经很久没有得到过升迁了,关键是不升职、不加薪也就算了,你是皇帝的人,轻易还不能跳槽,所以大家熬得很痛苦。

于是,经常有妃嫔给宋仁宗吹枕边风,请求皇帝把自己的级别提一提。可是宋仁宗却回答说:"无典故,朝廷不肯行。"就是说,没来由地就给妃嫔提升级别，我大宋朝开国以来，就没人这么干过，朝廷（也就是宰相领导的中央政府）肯定不会批准这样的要求。

妃嫔就很不服气，说："圣人出口为敕，批出，谁敢违？""圣人"是延续唐朝对皇帝的一种称呼。说皇帝您说的话就是圣旨，您给宰相下一道圣旨，谁还敢抗旨不遵？

宋仁宗无奈地笑了笑，对这位妃嫔回答道："朕这么说你也不信，那朕就试试，为你降一道旨吧。"于是，宋仁宗给宰相写了一道命令，要求给这位妃嫔提升等级。结果正如宋仁宗所料，宰相根本不买皇帝的账，跟宋仁宗说朝廷没有这样的规定，您不能无缘无故给宫里的妃嫔升级。这事儿就这么不了了之了。

这边妃嫔要求升级被拒了，那边女官还不死心。一帮女官商量好了，一起跑到宋仁宗那儿去，求宋仁宗给自己升升官。宋仁宗随手拿了张彩色的便笺，在上面写道："某宫某氏转某官。"就是说在某个宫里当差的某个人，现在升任某个在宫中的官职。"跑官"的女官得到皇帝的亲自任命，都十分得意。

过了不久，宫里该发工资了。这些拿了宋仁宗批条的女官，一个个都跑到有关部门，把条子递了上去，说我已经升任某某官了，现在你们给我发工资，得按照这个新定的级别发。

负责发工资的官员把宋仁宗的批条拿了过来，仔细研究了一下：嗯，没毛病，这确实是仁宗皇帝亲笔写的。大家一琢磨，这帮女官的面子也是够大的，连皇帝都亲自给她们封官许愿了，那我们这些办事的还有什么好说的。官员们当即决定：拒绝皇帝的要求，继续按照以前的职位和级别给这些女官发工资。至于皇帝写的批条，一律被官员们退了回去。

女官们一个个目瞪口呆，这好像哪里不对啊？皇帝亲自写的批条不就是圣旨吗？你们这些官员公然抗旨，这是吃了豹子胆啊！

吃了闭门羹的女官很是生气，当然，生气的还有那些升不上去级别的妃嫔，于是大家都跑到宋仁宗那儿去撒火。当着宋仁宗的面，她们把皇帝亲自写的这些批条撕了个稀巴烂，一边撕，嘴里还一边唠叨："原来皇帝批的条子真的什么用都没有！"

宋仁宗看她们这么闹，也不生气，只是笑呵呵地把这些妃嫔、女官打发走了。

这个故事是南宋人周煇在《清波别志》里写的。由于距离宋仁宗时已有近140

年之久，因而故事到底是不是真的发生过，即便发生过，这些细节是不是真的，都不太好说。比如，妃嫔、女官当着宋仁宗的面，骂骂咧咧地把皇帝亲笔批的条子给撕了，这个听起来好像不太真实。不过这个故事本身反映出来的基本精神，倒是跟宋仁宗时期的历史是吻合的。

相信很多朋友在看到这个故事的时候，一定跟宫里的这些妃嫔、女官一样，感到非常毁三观。

首先，在我们印象里，皇帝说的话、写的字不就是圣旨吗？就像那个妃嫔说的"圣人出口为敕"。怎么宋仁宗给宰相和有关部门的官员下道圣旨，这些官员说抗旨就抗旨呢？

其次，宋仁宗不过是给自己宫里的妃嫔、女官升个级别，这听起来就是皇帝自己的家事，皇帝处理家事，怎么还得看宰相的脸色呢？

最后，宰相抗旨，不但不会被杀头，反而理直气壮，皇帝居然也拿宰相无可奈何，皇帝的圣旨就这么不值钱吗？

要解决这些疑问，我们就得先来看看圣旨到底是什么。

理论上来说，不论是皇帝说的话，还是皇帝处理政务事务的意见，都是圣旨。这和我们印象里的圣旨是一样的。但和我们印象里不一样的是，这样的圣旨，官员不但可以合理合法地抵制，而且可以对皇帝提出抗议乃至谴责。

因为圣旨，至少在名义上，只是皇帝的私人文书，并不是朝廷正式颁布的文件。打个比方，这就相当于大家在一起讨论政务的时候，皇帝的讲话录音或者微信聊天截图。你拿着录音和截图去找文武百官，让他们执行命令，这没有法律效力，文武百官可以不认。

要具备法律效力，圣旨必须经过一系列的程序，成为国家正式的政令——诏书。根据制度规定，妃嫔在晋升前后，级别均在"嫔"这个等级以下的，要使用外制诏书；女官的任免也一样。要草拟和发布外制诏书，就需要获得中书门下的宰相（军事事务则是枢密院的枢密使、知枢密院事）的认可，并由宰相签发敕牒（军事事务则是由枢密院长官签署宣）。由他们签发敕牒和宣，圣旨才能成为具有法律效力的国家政令，才能以国家的名义正式颁布出去，要求官民遵守。

虽然说妃嫔（这里专指级别在"嫔"以下者，为了行文方便，仍称"妃嫔"）是宋仁宗的配偶，女官是宋仁宗的秘书，看起来都是宋仁宗的家里人，但是这些人有级别、有俸禄，级别是比照朝廷官员的品级制定的，俸禄是由财政发放的，所以这些人员都是纳入朝廷统一管理的。宋仁宗要改动她们的级别、职务或者俸禄，不是家事，而是国事。既然是国事，宋仁宗个人的圣旨就不管用了，得有国家的政令才行，而要想把圣旨变为政令，就必须有宰相的签字。

可是宰相认为，宋仁宗的圣旨有问题。女官是皇宫里的服务人员，职位的升降有相关规定。妃嫔，也不能皇帝宠谁了，说升级就升级。一般来说，总要有个理由，赶上机缘，比如侍寝生下子女，或者赶上皇帝在祭祀大典的时候有相关的升迁赏赐等。现在无缘无故就要给妃嫔升级，不符合规定，所以宰相拒绝签字。其实，宋仁宗自己也知道，这属于违规操作，所以一开始他就对妃嫔说，我写了条子也没用，宰相是不会签字的。

没有宰相签字的条子，就不是国家政令，本质上跟私人请托没有任何区别。所以后来女官们绕过宰相，拿着宋仁宗的批条去找发工资的官员，这些官员根本就不承认批条的合法性。

通常情况下，皇帝会与宰执通过面对面或书面的沟通来决定国家大政、人事任免，在双方达成共识后，才会进入下诏的程序。可有不少沟通是无法达成共识的。比如，当时来宋仁宗这里走后门的人远远不止妃嫔、女官，很多皇亲国戚甚至是朝廷官员也都结交宫里的人，让他们帮忙找皇帝走后门，要么是不够升官资格而求加官晋爵，要么是触犯法律而求量刑减罪，总之是违反法律和制度规定的事。宋仁宗耳根子软，禁不住软磨硬泡，只能以个人名义写批条，"走后门"。宋人专门给这种"走后门"的命令起了一个名字——"内降"。因为皇帝住的地方叫大内，从大内降出的旨意，就叫"内降"。

对于这样的内降，大多数致力于"行道"的优秀士大夫都会坚决抵制。例如，庆历新政期间，宋仁宗就曾多次给枢密使杜衍下内降，可杜衍不仅一概不执行，而且把积攒的十多封内降一股脑儿全退给了宋仁宗，以示抗议。宋仁宗非常委屈，当时欧阳修正好入朝，宋仁宗便向他诉苦道："外面的人都知道杜衍封还内降的事吗？凡是有求于朕的人，朕每次都告诉他们杜衍封不同意，让他们别再来'走后门'了。朕拦下来的人比杜衍封还的诏书要多得多。"

孰料，正是这个倾听宋仁宗诉苦的欧阳修，后来也跟杜衍一样，公开抵制起宋仁宗的内降来。由于像杜衍这样正直的宰执不接受内降，内降就无法转变成合法的诏书。宋仁宗无奈，只好绕过宰执，直接将内降送到有关部门去。嘉祐三年

（1058），欧阳修担任权知开封府，收到了大量内降。这一次，轮到欧阳修向宋仁宗诉苦了，他向宋仁宗抗议道："臣担任权知开封府还不到两个月，就收到了十次内降。我都抗议了好几次了，可是内降还是接连不断。我建议，干脆重重责罚这些'走后门'的人。"

当然，并非所有的官员都能像杜衍和欧阳修那样公开抵制皇帝批条子。有一次，皇宫的内东门检查高级官员的夫人入宫时所乘的车辆，搜到了向宫中行贿的赃物，于是就将案子送到开封府审理。可还没等权知开封府魏瓘把案件审理清楚，宋仁宗便递了条子，要求开封府放人。魏瓘随即将犯罪嫌疑人无罪释放，却因此遭到谏官弹劾而贬官。

原来，早在明道二年（1033）四月，宋仁宗刚刚亲政不久就曾立法，要求有关部门接到内降后，不要立即执行，而是要向皇帝再次请示，这被称为"内降覆奏法"。魏瓘被贬官，就是因为违反了"覆奏法"。

过了宰执这道关，皇帝的圣旨是不是就能顺畅地形成诏书并颁行全国呢？

不能，因为还要过一道关——封驳。

所谓"封"，是指封还皇帝有问题的诏令，"驳"是指驳正臣僚有错误的奏章。唐代确立三省六部制以后，门下省就是专门负责审核诏书、进行封驳的机构。可是随着三省六部制的破坏，到宋初时，朝廷里早就没有负责封驳的机构了。

淳化四年（993），宋太宗率先将宋代负责文书上传下达的机构通进司和银台司搬至同一地点办公，并由同一长官负责。当根据皇帝圣旨撰写的诏书通过通进银台司下达时，如果通进银台司的臣僚认为诏书内容不妥，就可以封还诏书，请求修改，这一权力被称为"封驳权"。通进银台司的长官一般称"知通进银台司事"，或"知通进银台司兼门下封驳事"。太宗朝的张咏、王禹偁，真宗朝的杨亿、王曾都曾数次封还诏书。

然而，通进银台司审核的毕竟是已经拟好的诏书和宰相签署的敕牒，虽然可以拦截不合规的诏敕，但并不能体现自己的意见；何况通过通进银台司下发的诏书也只是大量外制诏书中的一部分。因而，这个机构的封驳作用极为有限，甚至到了宋仁宗时，通进银台司的封驳权一度名存实亡。

既然皇帝自觉重建的封驳机构不能发挥作用，士大夫只好自己想办法。康定二年（1041），通过一场草拟诏书的"截胡"事件，士大夫真正建立起了自己的封驳体制。

刘太后有个侄子叫刘从德，他的妻子王氏姿色冠世。刘从德去世后，王氏受封遂国夫人，出入内庭，有人说她得到了宋仁宗的宠幸。后来王氏获罪，丢掉封号，一度失去觐见资格。可数年后，她不仅又得以出入禁中，而且宋仁宗要再度封她为遂国夫人，真是令人无限遐想。谏官张方平数次上书反对，都没能使宋仁宗回心转意。

对于册封，宰相倒是毫无异议。按照制度，宰相将宋仁宗的册封意向记录下来，这份记录称为"词头"。接着，他会将词头转交给舍人院里当天正在值班的知制诰，由知制诰根据词头拟定诏书的草稿。这份草稿经过宰相的审阅和修改后，宰相会签署一份敕牒，使诏书正式生效。

可让宋仁宗和宰相们都没想到的是，当日正在值班的知制诰富弼，认为册封遂国夫人的命令不合规矩，竟然拒绝草诏，还将词头退还给了宰相。这下连宋仁宗带宰相，都被富弼啪啪打脸。

外制官封还词头，这在宋代还是开天辟地头一回。大概宋仁宗也觉得复封王氏的事儿实在拿不上台面，经富弼这么一搅和，宋仁宗也就不了了之了。富弼由此创造了外制官封还词头的先例。据他回忆，在知制诰任上他曾经封还了两次词头。

不过，富弼虽然开了先例，但封还词头只是一个个别行为。真正使外制官有权封还词头成为君臣共识的，是皇祐元年（1049）的又一次人事任命。

当时，入内内侍省副都知（入内内侍省副长官，相当于民间所说的"大内总管太监"的副手）、管勾皇城司杨怀敏因牵涉宫里卫士叛乱而被外放到地方，宋仁宗想把他召回重新担任入内内侍省副都知，可词头却被当值的知制诰胡宿封还。胡宿还进言道："杨怀敏本来就有罪，陛下不忍加诛，只是贬黜于外。而且按照旧制，担任都知、副都知的内臣一旦被罢免，就不能再重新被任命为此官。现在中书把词头送到臣这里，臣不敢草拟诏书，就此封还。"

胡宿不仅封还词头，还表达了自己的意见，这让宋仁宗很是不满。宋仁宗觉得，知制诰就是个按照要求码字的，哪来那么多废话。第二天，宋仁宗便问宰相文彦博："前代有这样的先例吗？"文彦博答道："唐代就有。近年来，富弼也曾经封还词头。"既然有先例，宋仁宗就不好找胡宿的麻烦。于是，他只好等到胡宿不值班时，让另一名当值的知制诰来草诏。诏书是发布了，可台谏官们却愤愤不平。最后，迫于台谏的压力，宋仁宗只好收回成命。

与富弼当年封还词头不同，胡宿这次不是一个人在战斗。从宰相到台谏，大家都全力支持胡宿，这是优秀士大夫的又一次联合行动。在先例和舆论面前，宋仁宗不得不对封还词头表示默认。这标志着外制官封还词头的权力正式以政治惯例的形式获得了朝廷的认可。

由于外制官封还词头是在诏令的起草过程中，因而对朝廷决策的监督作用更为及时有效，不仅不会出现通进银台司那种封驳权名存实亡的尴尬，还能在封还词头的过程中全面表达自己的政治观点，士大夫的政治话语权大大加强。

胡宿封还词头能够转败为胜，离不开台谏的支持。

一道诏书正式颁布后，并不意味着一定能被执行，它还要经过台谏论列的环节。经历过台谏伏阁请对事件的宋仁宗，对台谏的力量有着清醒的认识。这里再举一个例子。

宋仁宗非常宠爱张贵妃，甚至于在张贵妃去世后，宋仁宗还要追封她为皇后。

张贵妃有位伯父，名叫张尧佐。这哥们儿仗着自己是外戚，整日里让张贵妃帮自己向宋仁宗吹枕边风；宋仁宗爱屋及乌，自然也想帮张贵妃的亲戚。于是，宋仁宗便一而再、再而三地给张尧佐加官晋爵。

但问题是，如果仅仅是按照人事制度的相关规定，以张尧佐的资历和政绩，往上爬是个遥遥无期的过程。为了让张尧佐坐上升官的火箭，仁宗皇帝动用了内降。

那时的张贵妃还只是个嫔，不是贵妃，不过已经有宠于宋仁宗。庆历四年（1044），宋仁宗发出一道内降，对张尧佐改赐章服。宋代不同级别的官员要穿不同颜色的衣服，改赐章服，就是允许张尧佐穿上比他实际级别更高的官服，以此来提高张尧佐的政治地位。这种违反规定的事，皇帝只能通过内降批条子的方式解决。

前面说过，皇帝"走后门"会大概率遭到拒绝。但并不是每个官员都有拒绝皇帝的勇气。比如，给张尧佐换衣服这件事，有关部门可能觉得不是什么大不了的事，居然不声不响地接受了。

有第一次就有第二次。不久以后，宋仁宗又通过内降，要求任命张尧佐为权开封府推官、提点开封府诸县镇公事，相当于国都开封的财政、司法长官。这个官已经很大了。

时任宰相章得象和晏殊一向喜欢"和稀泥",明知道宋仁宗的内降有问题,他们还是签了敕牒。这下可好,非法的"走后门"批条经过宰相一签字就变成了合法的国家政令,张尧佐很快就走马上任去了。

张尧佐升得太快,谏官余靖上书抗议。这位余靖,以正直敢言著称,也是后来庆历新政的重要参与者。

余靖说:"现在外面传得沸沸扬扬,都说张尧佐本事不大,升官全靠他那个宝贝儿侄女。主上您先是发了内降,给张尧佐'走后门',让他穿了高级官服;后来又批条子,说给他找份管理财政的差事。宰相不坚持原则,没有抵制,所以就让张尧佐来管理开封地区的财政了。"

后面余靖又直言不讳,批评了宋仁宗一番,宋仁宗被批得很尴尬,赶紧给自己打圆场,说我给张尧佐差事,哪是因为女人啊?我是因为有大臣推荐,这才任命他的。要是你觉得不合适,我给他换个地方就是了。

虽然有余靖的抗议,但是张尧佐后来依旧步步高升。到了庆历八年(1048),张尧佐已经做到权知开封府的职位,这个职位在北宋极为重要,也是最容易升任宰执的五大职位之一。寇准、范仲淹、包拯、欧阳修都曾担任过此职。

权知开封府还不够,皇祐元年(1049),张尧佐又出任权三司使,成为财长。此后,宋仁宗一度想让张尧佐当宣徽南院使、节度使,地位仅次于宰执,不过因为遭到士大夫的一致抵制,宋仁宗才暂时作罢。

到了皇祐三年(1051),宋仁宗旧事重提,再次通过二府颁布诏令,任命张尧佐为宣徽南院使,判河南府。就是以宣徽南院使的荣誉头衔去陪都洛阳当长官。

关于这次任命,有一个流传甚广的传说。据说有一天,宋仁宗要去上朝了,张贵妃依依不舍地把宋仁宗送到了宫殿门口,抚摸着宋仁宗的背说道:"官家今天别忘了,一定要任命我伯父当宣徽使。"宋仁宗满口答应,随即降旨,任命张尧佐当宣徽使。

据说当时包拯正担任御史中丞,听闻消息后,急忙请求入对。包拯(999—1062),字希仁,庐州合肥县(今安徽省合肥市)人。在殿上,包拯跟仁宗理论,慷慨激昂,情绪非常激动,唾沫星子满天飞,最后喷了宋仁宗一脸。

宋仁宗也不好意思当着老包的面把脸上的唾沫涂匀，只好等着它们慢慢风干。经过老包这一番"唾液淀粉酶的美容"后，仁宗皇帝终于洗心革面，表示服软了，不再提给张尧佐升官的事儿。不服软也不行，这唾沫星子攻势太彪悍，能喷到脸上，保不齐还会喷到嘴里去，宋仁宗扛不住了。

退朝后，宋仁宗见了张贵妃，一边在脸上擦擦擦，一边气急败坏地说："中丞在我面前说话，喷了我一脸唾沫。你就知道要宣徽使、宣徽使，你难道不知道包拯是御史中丞吗？"

这个故事是南宋人朱弁记录在笔记里的，不过朱弁搞错了两件事。首先，当时的御史中丞并非包拯；包拯也不在御史台，而是担任知谏院。其次，宋仁宗没有收回成命，当时的任命状已经在宰执签署敕牒后，正式生效，发布出去了。不过台谏官员确实集体向仁宗皇帝进行抗议，宋仁宗虽然没有改变对张尧佐的任命，但是被逼得立下规矩，表示下不为例，再也不给张尧佐加官晋爵了。

从抵制内降到封还词头，再到台谏论列，皇帝要将圣旨转化为外制诏书并进一步在全国颁行，可以说是过关斩将，稍不合规就会受到士大夫的抗议。

当然，这与宋仁宗的政治素养也有关系。作为皇帝，宋仁宗拥有对一切政务的最高决策权，但他更愿意让士大夫广泛参与政治，依靠士大夫来做决策，以致宋人周正夫嘲笑他："百事不会，只会做官家。"这一方面是宋仁宗优柔寡断的性格使然；另一方面是因为宋仁宗有自己的思考。宋仁宗曾说："总有人说朕少决断。不是朕不想独自做决断，而是因为国家自有祖宗先例。假如朕发布了诏令，却不符合有关规定，那就成了过失。因此，诏令必须经过宰执讨论才能发布执行，如果台谏官发现诏令有问题，就只管来提意见，朕不怕再追改成命。"

从这点上来看，宋代确实是政治风气开明，士大夫也确实在与皇帝共治天下。

但这仅是事情的一个方面。

事实上，抵制内降、封还词头和台谏论列能否成功，在很大程度上还是取决于皇帝是否强势。宰相不签敕牒，皇帝可以换宰相；知制诰封还词头，皇帝可以换知制诰；台谏"吐槽"，皇帝可以换台谏。只要皇帝坚持，宰相、知制诰和台谏就对皇帝毫无办法，因为你总不能把皇帝换掉。所以，当皇帝一意孤行时，士大夫只能采取最后一个办法来表达自己的不满——辞职。

不听话的辞职了，那么空出来的位子就只能留给听话的人。可如果位子上都是听话的人了，那么还有谁来抵制、封还或者论列皇帝的乱命呢？

更何况，除了外制诏书外，诏令里还有一种规格更高的内制诏书。负责起草内制诏书的学士院是皇帝的私人秘书机构，它独立于宰执机构之外，供职其间的翰林学士也被要求秉承君命。有宋一代，翰林学士极少拒绝草拟诏书；即便偶尔发生，也是波澜不惊，之后也鲜有人提及，与外制官封还词头时的声势和影响形成鲜明的对比。

归根结底，皇帝与士大夫只是"共治天下"，而非"共天下"。天下仍然是皇帝一人的，士大夫充其量只是参与治理。尽管宋仁宗也不是那么守规矩，但毕竟愿意遵守士大夫政治的玩儿法，愿意接受来自士大夫的制约，于是宋朝就显得不那么专制，出现了一个被许多人寄予厚望的士大夫政治的黄金时代——"共治时代"。

可皇帝如果不愿意这么玩儿了呢？

田余庆先生曾说，东晋门阀政治只是皇权政治的一种变态。其实，宋代的士大夫政治未尝不是一种皇权政治的变态，甚至还是不完全的变态。士大夫政治从未突破皇权—官僚政治的框架，士大夫也从未想过要去制衡皇帝的权力。君不见佼佼者如范仲淹、司马光，也在不遗余力地鼓吹皇帝要"宸断"。"致君尧舜"的关键不是限制皇帝滥用权力的权力，而是引导皇帝不去滥用权力。

因此，随着宋仁宗的驾崩，乾纲独断的皇帝便轻而易举地重登政治舞台。无论是大有为如宋神宗、宋哲宗、宋孝宗，还是无道如宋徽宗、宋钦宗、宋高宗，他们都没有回到宋仁宗的老路上。在强势权力的压迫下，看似独立的士大夫只能重新"皈依皇门"，或为了赢得皇帝的宠信而投君所好、不择手段，或只能苦口婆心、形而上学地教导皇帝"正君心"。

而那位生前被范仲淹、富弼、石介、文彦博、司马光等一众优秀士大夫不断"吐槽"，被认为根本不是祖宗法度的模范继承者的宋仁宗，就在这样的无可奈何间，被后来的士大夫塑造成了一代圣政的缔造者。人们在浮想联翩中制造出一个遥远的"盛治"神话。

嘉祐之治：北宋的文化盛景与经济进步

宋仁宗后期，人才鼎盛，政局清明。由于当时的年号是嘉祐（1056—1063），故自北宋中后期起，不仅被士大夫称赞为"嘉祐之治"，而且捧之愈高，直捧到与唐太宗的"贞观之治"相提并论，被誉为"几至三代"（几乎达到了三代的政治水平），赞誉之高，无以复加。

客观地说，宋代士大夫对"嘉祐之治"的称赞有言过其实的一面，更有它的政治目的性。不过，随着政务运作机制日趋完善，士大夫政治日趋成熟，嘉祐时期的宋朝也确实取得了不少成就。

首先，政局稳定。嘉祐时期，宋朝与辽朝、西夏基本相安无事，侬智高之乱被平定后南方亦无战火，庆历以来此起彼伏的民变和兵变也早已偃旗息鼓。放眼两宋320年的历史，嘉祐时期的政局稳定程度可谓翘楚。

其次，人才鼎盛。两宋是人才辈出的时代，这又以宋仁宗时期最为突出。一代名臣晏殊、范仲淹、韩琦、富弼、欧阳修、文彦博、庞籍、曾公亮、包拯、宋祁、赵槩、张方平、胡宿、胡瑗、司马光、王安石、范镇等，在仁宗朝相继登上政治舞台，他们有才华、思进取、讲风节。

嘉祐时期的人才盛景，有两点最值得称道。

一是所谓"嘉祐四真"。当时，宋仁宗以庆历名臣富弼为宰相，文才誉满天下的欧阳修为翰林学士，刚直不阿的包拯为权御史中丞，一代鸿儒胡瑗为天章阁侍讲。时称四人分别为"真宰相""真学士""真中丞""真先生"，是为"嘉祐四真"。

二是嘉祐二年（1057）的科举考试，所获人才之盛，可谓"空前绝后"。"唐宋八大家"中的苏轼、苏辙、曾巩；理学奠基人张载、程颢；熙宁变法时期的变法派能臣吕惠卿、曾布、章惇，反对派名臣朱光庭、梁焘；开边名将王韶等，都是在这一年的考试中脱颖而出的。

三是政治相对清明。这一时期，富弼、韩琦、曾公亮久居相位，士大夫同心辅政，朝中亦无党争。他们吸取庆历新政中"君子有党"的教训，从实际出发，推行了修河防洪、解除茶禁、平均田税、置惠民仓、改革马政等政策和措施，庆历新政时的部分举措也得到落实。

不过，在嘉祐时期，宋仁宗因身体每况愈下，对治国有所懈怠；富弼等老臣也没有了早年的锐气，对弊政虽有纠正，却无心根治，"三冗两积"仍然是宋朝不得不直面的问题。"嘉祐之治"更像是海啸前平静的海平面，在其背后，滔天巨浪正在滚滚而来。

嘉祐时期的另一道盛景是文化的繁荣。宋代崇文抑武，优待士大夫，政治文化氛围也相对宽松，到了宋仁宗后期，思想、文学、艺术领域开始涌现大批大师级的人物，这一势头一直延续到北宋后期，我们放在这里一起说一说。

首先，在思想领域，自从"宋初三先生"（孙复、石介、胡瑗）开创了"宋学"的学术传统后，士大夫们的思想便异常活跃。不少人不只精通儒学，对佛教和道教学说的造诣也颇为深厚，他们的这些思想融会贯通，逐渐产生了新的思想体系。到了宋仁宗后期和宋神宗时期，宋学发展越发迅速，不同的学术思想相继创立，呈现出百家争鸣的欣欣向荣的景象，第一批思想大师应运而生。比较著名的学派有王安石的新学，苏洵、苏轼、苏辙父子三人的蜀学，对后世影响极为深远的理学也在这一时期开始萌芽。

当时，周敦颐首创濂学，后来他的弟子程颐、程颢兄弟又开创了洛学；此外，张载开创关学，邵雍创立了象数学体系。南宋理学家朱熹认为，这五个人是理学的奠基者，对其推崇备至，史称"北宋五子"。"五子"之中，程颐、程颢并称"二程"。他们提出"理"（又称"天理"）或"道"是世界万物的本体，是永恒存在、无所不包的，先有"理"，然后产生万物，而后又统辖万物，这为理学的形成奠定了重要的理论基础。

不过，北宋中后期思想的大解放却得益于一场文学革命，这场文学革命就是古文运动。

在宋初的文坛上，讲求对偶声律、用字绮丽的骈文曾占统治地位。宋仁宗时，欧阳修登上文坛，主张继承唐代韩愈、柳宗元的传统，倡导流丽畅达的散文新风，掀起了北宋古文运动。古文运动以"复古"为旗帜，提倡写作平易自然、有血有肉的散文，要求在文章中承载儒家思想的治国之道。因而，古文运动在表面上是一场文学改革，实质上是一场复兴儒学的运动。

嘉祐二年（1057），欧阳修主持贡举考试，以散文为标准取士，将古文运动推向高潮，也彻底扭转了士大夫的文风。北宋的欧阳修、苏洵、苏轼、苏辙、王安石、曾巩皆善散文，与唐代的韩愈、柳宗元并称"唐宋八大家"。欧阳修的《朋党论》《醉翁亭记》，王安石的《游褒禅山记》《读孟尝君传》，苏洵和苏辙各自的《六国论》，苏轼的《石钟山记》《前赤壁赋》《后赤壁赋》，曾巩的《寄欧阳舍人书》等，都成为传诵至今的千古名篇。当然，这里也少不了欧阳修的前辈范仲淹及其《岳阳楼记》。

其次，在文学领域，宋人诗词方面的成就同样令人欣喜。提到宋代的诗歌，就不得不提到欧阳修，他不仅刷新了北宋的文风，也引领了一代诗风。在他身后有洒脱豪放的苏轼，关注现实的王安石，以及以故为新的黄庭坚。

跟诗歌相比，词更是宋代文学的标志性体裁。和古文与诗歌一样，与前代相比，宋代的词也面目一新，而第一位全面革新宋词的词人就是柳三变。柳三变后来改名柳永，他开创了慢曲长调的新体裁，代表作有《雨霖铃·寒蝉凄切》等。在他之后又出现了秦观、李清照等著名词人，形成了清新、典雅的婉约派。第二位有革新之功的词人是苏轼，他以豪迈的风格开创了豪放词派，代表作有《念奴娇·赤壁怀古》等。南宋时期的爱国词人辛弃疾、刘克庄等莫不受他的影响。

说到柳永与苏轼的词风，还有一个有趣的故事。据说苏轼曾问别人："我的词跟柳永比，怎么样？"那人回答说："柳永的词，只适合让十七八岁的女孩子，拿着红牙板，婉转清唱'杨柳岸晓风残月'（《雨霖铃·寒蝉凄切》中的词句）。而您的词，必须找关西大汉，用铜琵琶、铁绰板，唱'大江东去'（《念奴娇·赤壁怀古》中的词句）。"

我们今天读宋词，都是朗诵出来的，其实词原本有曲调，在古代是由人唱出来的，因此就需要一些乐器作为辅助。铜琵琶是指铜制的琵琶，声调铿锵有力。铁绰板和红牙板都是演奏音乐时用来打节拍的乐器。铁绰板由男子使用，音调响亮、有力；而红牙板则为女子所执，音调细腻、清脆。自从苏轼的故事之后，人们就用"铁板琵琶"来形容豪放有力的诗词文风，用"少女执红牙板而歌"来描述柔美婉约的诗词文风了。

在文学成就渐入佳境的同时，士大夫的文人审美也日益影响到艺术：不讲形似、只求神韵的文人画经苏轼、米芾等人的提倡而兴起，以李成、郭熙、巨然等为代表的山水画也自成一家。

宋代帝王颇好书法，宋太宗曾命人将秘阁收藏的历代书法家珍品编次为《淳化阁帖》。苏轼、黄庭坚、米芾、蔡襄的书法也甚为有名，合称"宋四家"。

到这里，我们不得不单独提一下苏轼。综观北宋空前繁荣的文化圈，在思想、散文、诗、词、绘画、书法等各个领域，这位大才子都取得了登峰造极的成就。苏轼（1037—1101），字子瞻，号东坡居士，眉州眉山（今四川省眉山市）人。在思想学术方面，他是蜀学的代表人物；他的散文气势雄放，与欧阳修并称"欧苏"，与其父苏洵、其弟苏辙合称"三苏"，名列"唐宋八大家"；诗清新豪健，与黄庭坚并称"苏黄"；词开豪放一派，与辛弃疾合称"苏辛"；书擅行、楷，与黄庭坚、米芾、蔡襄并称"宋四家"；画擅墨竹、怪石、枯木，为"文人画"奠定了基础。他还继承了欧阳修的精神，十分重视发现和培养人才，门下弟子黄庭坚、张耒、晁补之、秦观并称"苏门四学士"，他们在文学艺术方面也取得了不俗的成就。难怪一向孤傲的王安石都无不钦佩地称赞苏轼："不知道要等几百年才会有这样的人物！"

宋仁宗统治时期被称为"盛治"，除了表现在政治上的清明与稳定外，还表现在社会经济的繁荣上。

宋朝是中国古代经济突飞猛进的发展时期，在农业、手工业和商业方面都取得了令人瞩目的成就。

在传统社会，经济生产以个体劳动力为主，因此人口的多少会对社会经济产生直接的影响。北宋的人口始终保持着增长的势头。由于经过唐末、五代的长期战乱，宋太宗至道三年（997）全国登记在案的只有413万余户；在经过60多年的稳定发展后，到了宋仁宗嘉祐八年（1063），全国登记在案的已经增长到1246万余户。

人口的稳定增长直接推动了农业的发展。北宋时期，耕地面积不断地增加，不仅平原上的土地大多被垦辟，甚至连山地丘陵地带也出现了梯田。据学者估算，到宋神宗时，北宋垦田已达7亿~7.5亿亩，远超汉唐时期的垦田数。

与此同时，朝廷兴修农田水利，铁制农具得到改进，特别是新物种的引入，大大提升了北宋农业的产量。比如，原产于占城国（今越南南部）的占城稻，是一种耐旱、早熟的水稻，宋真宗时传入我国福建。大中祥符五年（1012），江淮两浙地区大旱，宋真宗派人到福建取占城稻三万斛，分给旱情严重的地区，又将这种水稻的种植技术写成文字，通过雕版印刷，在各地张榜发布。宋仁宗时，占城稻已在江淮两浙地区推广。稻米产量的增加对于我国经济重心南移、人口爆炸式增长具有重要的影响。

依托华北地区丰富的矿藏，北宋的矿冶业颇为繁荣。当时，北方大量开采石炭（煤）。河东路（今山西省一带）和国都开封的民众将石炭用作生活燃料；冶铁业也大量使用石炭，因此炼出的铁质量更好。宋仁宗皇祐年间（1049—1053），北宋全国每年可得铁7124万斤。此外，北宋还在军事和医药上使用石油，沈括在《梦溪笔谈》中预言，石油在日后一定会被普遍使用。

北宋时期，丝绸和陶瓷仍然是中国行销海内外的王牌产品。南方的丝织业已经逐渐超过北方，两浙、川蜀地区的丝织业最为发达，蜀锦号称"天下第一"。制瓷工艺也得到改善，瓷器不再只是达官贵人的奢侈品，而是发展成为普通百姓的日常用品。盛产白瓷的定州（今河北省定州市）定窑、盛产青瓷的官窑、汝州（今河南省汝州市）汝窑、处州（今浙江省丽水市西北）哥窑，以及盛产彩色瓷器的阳翟（今河南省禹州市）钧窑，被后世合称为"五大名窑"。当然，最著名的当属饶州景德镇窑生产的瓷器，驰名至今。

手工业的发展使大量商品涌现于市场，又促成了宋代商业的空前繁荣。无论是境内贸易，还是边境的榷场贸易，北宋的商业贸易都十分兴旺发达。

自秦国商鞅变法之后，历代王朝都遵循重农抑商的政策。在士、农、工、商四大传统身份中，商人的地位最低。哪怕是在以开放性和国际化著称的唐朝，商人也备受歧视。比如，商人不许骑马，穿衣服不能超过限制，商人子弟不能参加科举，甚至不能做官。

即便是有限的商业活动，朝廷也常常加以管控。例如，唐代只允许在州县以上的中心城市设立市场，而且市场要与居民区分开，市场外有围墙，还有军队把守，早上开放，傍晚关闭。其他时段或者地点的商业活动都属于违法行为，这就是所谓的"坊市制度"。

不过，到了唐代中叶，随着市场需求和规模的不断增大，坊市制度开始松动。当时的乡镇出现了自发的市场，称作"草市"，城市中也出现了夜间经营的夜市。五代时期战乱频仍，从朝廷到藩镇，士兵都是领工资的职业军人。维持军队需要大量的现钱，从现实角度出发，放任商业发展，从中征税，就可以解决军饷问题，这对统治者大大有利。因此，五代时期，各方势力均设有专门征收商税的机构。位于东南沿海地区的政权更是利用地理优势，大力鼓励海外贸易，并从中获得巨额利润。

宋朝建立后，宋朝的历代皇帝都认识到了商税的重要性，于是推出了振兴商业的五项新政策。

第一项新政策是提高商人的政治地位。

建隆元年（960），也就是宋朝开国当年，宋太祖下令，各地关卡不得随意扣留、刁难商人，不得对现钱之外的货物进行搜查。

商人地位的提高体现在开封罢市事件中。前面提到过，宋太祖有一名非常宠信的特务叫史珪，不少商人被史珪诬告犯法，甚至丢了性命。开宝七年（974）五月，开封的商人突然在大白天集体罢市，抗议史珪的迫害。宋太祖得知消息后，立刻组织调查，随后下诏书，表示会为商业出台专门的法律。到时犯法的就会受到严惩，而在公布法律前的违法行为则一概既往不咎。宋太祖还因为此事疏远了史珪。可见，商人已经不再是可以予取予求的"贱民"了。

第二项政策是开放坊市限制。

宋初，宋太祖下令，草市贸易要顺从民间的便利，官府不予干预。草市合法后，乡镇市场迅速崛起，与大中城市一起构成了全国商业的市场网络。到了乾德三年（965），宋太祖又规定不得禁止开封城里的夜市。每逢元宵、端午、七夕这些节日，城中的夜市甚至会通宵达旦。

到宋仁宗时，坊市制度被彻底打破。市民的行动不再受"坊"的限制，商业活动也不再受"市"的约束，开封城里不仅出现了通宵达旦营业的商铺，更有综合性的百货商场——瓦子。许多瓦子里还设有勾栏（小剧场），艺人们在这里表演说书、诨话（早期的相声）、音乐、舞蹈、木偶戏、杂技等节目，热闹非凡。

第三项政策是设置市舶司，推动海外贸易。

早在五代时期，南方沿海政权就积极鼓励海外贸易，以此来增加财政收入。开宝四年（971）二月，宋太祖派遣潘美率军进入两广，攻灭了盘踞当地的南汉政权。宋太祖任命潘美出任广州最高行政长官。到了六月，宋太祖在广州设立了一个全新的机构——市舶司，专门负责管理海外贸易。市舶司的长官市舶使，由潘美兼任。从市舶司成立之快、规格之高可以看出，宋太祖对海外贸易极为重视。

市舶司的重点任务是吸引外国商人。为了鼓励海外贸易，北宋朝廷甚至规定，要举办大宴欢送离港的商船。后来，宋王朝在更多的港口设立了市舶司，整个宋代，与中国建立海上贸易关系的国家和地区多达50余个，这为南宋时期进一步形成繁荣的"海上丝绸之路"奠定了坚实的基础。

第四项新政策是颁行《商税则例》。

五代时期，商业税的征收苛重混乱，这成为商品流通的一大障碍。建隆元年（960）开国伊始，宋太祖就颁布了中国历史上第一部通行全国的商业税务法规——《商税则例》，要求各地的商税务（商税税务部门）公开张贴。

《商税则例》规范了商税行为和商税的征收与缴纳，极大地激发了宋朝商业的发展与繁荣，推动了宋朝经济的发展。《商税则例》也从侧面说明，随着商业经济的发展，商业税成为宋朝重要的财政收入，商业在经济中的比重日渐增加，中国古代经济结构正在发生变化。

第五项新政策是发行交子。

北宋商业最具时代特点的是出现了人类历史上第一种纸币——交子。北宋的成都地区经济较为繁荣，但当地居民使用铁钱进行交易。铁钱笨重，携带不便，极大地影响了商业的发展。宋真宗初年，成都的16户富商发行了一种纸质交换券，取名"交子"。商户可以将铁钱兑换成交子，可以在指定范围内将交子作为货币使用，这大大方便了贸易往来。天圣元年（1023），刘太后垂帘听政期间，朝廷正式将交子的发行权收归国有，在成都设立交子务，负责印制和发行交子的事务。此后，交子的使用范围逐渐扩大到陕西、河东等地。交子的出现推动了宋朝商业的进一步繁荣。

在五项振兴商业的新政策影响下，宋代商业空前繁荣。北宋出现了一批人口在10万以上的大型商业城市，国都开封是最大的一座。宋真宗末年，开封的居民已经达到9.7万余户。商人的数量也急剧增加，北宋末年，仅开封城里向官府贷款的商户就多达2.7万个。

这一切促使财政结构在宋代发生了变化。宋朝时，商税在财政收入中的比重迅速增加，通常占比为10%~20%，极端时甚至高达50%。宋朝的海外贸易，也赚得盆满钵满。到了北宋中期，宋朝每年从海外收入中获得财政收入50万贯；到南宋绍兴二十九年（1159），增额已高达200万贯，占国家财政收入的20%。

商品经济繁荣，巨型商业城市兴起，商税在财政收入中的比重持续增加，出现于宋代的这些经济变化，成为此后元、明、清三朝社会经济发展高峰时的一种常态。

不过，在商业繁荣的背后，隐藏着朝廷对商业利润的追逐。

按照财经作家吴晓波的理论，在大一统的帝国时代，支撑集权政体的"大厦"需要四大"支柱"：一是郡县制度，属于中央与地方的权力分配模式，保证帝国的稳定；二是尊儒制度，属于全民思想的控制模式，保证全民意识形态上的统一；三是科举制度，属于社会精英的控制模式，保证社会精英被尽可能地吸纳入体制，为我所用；四是国有专营制度，属于宏观经济制度模式，实现重要资源的国营垄断化经营，以控制国计民生。

国有专营制度就是国家专利制度，由国家垄断重要资源（如盐、铁）的生产与经营。由于这些资源老百姓不得不买，因此国家可以从中获利，且旱涝保收。又由于这项收入隐藏在垄断利润里，而没有增加税额，因而不会遭到老百姓的抵触和反抗。这项制度开始于辅佐齐桓公一匡天下的管仲，在汉武帝时期的桑弘羊手里发扬光大，历经两宋，达到登峰造极的地步。

北宋继承前代政策，对盐、茶、酒、矾实行国营垄断专卖，严格控制民间资本进入这些领域，对于违法私营者往往处以极刑。宋初规定：商人私自贩运矾超过一两、私自销售矾超过三斤，处死；私自煮碱三斤，处死；私自酿造酒曲十五斤，处死；贩运私酒三斗进城，处死；私自贩盐十斤，处死。最后，甚至连醋、香料、象牙都被国家垄断经营。

就这样，上游产业由国家垄断经营，下游产业由民间自由竞争。历经宋、元、明、清四朝，中国的商业空前繁荣；但始终没能有所突破，使社会发生质的飞跃。

澶渊之盟：战和之间的政治博弈

提到宋真宗和宋仁宗时代，除了士大夫政治外，还有一件不能不说的大事——北宋与辽朝、西夏的关系。一个稳定的"新三国时代"正是在这一时期逐渐形成的，而三国关系中最重要的是宋辽关系。

自从"高粱河车神"宋太宗在三次经略幽燕的尝试中一败再败后，宋军便丧失了宋辽战争的主动权。辽朝转守为攻，频繁袭扰北宋的边境州县。不过，双方互有胜负，辽军并没有取得绝对的优势。

宋真宗即位不久便派使者至辽朝讲和。当时，辽朝军政大权仍掌握在承天太后萧绰手中。而在她掌权之初，曾遭到宋太宗发动的雍熙北伐。此刻，萧太后正酝酿着以彼之道还施彼身，趁着宋朝新君继位立足未稳之际发动新一轮进攻，以获取更多的利益。因而，对宋真宗的讲和提议，萧太后拒绝了。

不过，辽朝对宋朝也有所求，那就是榷场贸易。榷场是两国在边境设置的专门从事交易的市场。由于战和不定，宋辽双方的榷场开开停停。宋咸平五年、辽统和二十年（1002），辽朝主动请求宋朝重开榷场贸易。尽管宋真宗答应了这一请求，但鉴于辽朝虎视眈眈，宋朝对边境上的贸易活动相当戒备，特别是防止辽朝间谍趁机向宋朝渗透。

显然，在经过20年的战争后，宋辽双方恩怨纠葛，彼此之间早已失去信任。

第二年（1003）四月，辽南府宰相耶律奴瓜、南京统军使萧挞凛统兵南侵，攻入宋朝定州（今河北省定州市）境内。宋镇定高阳关三路都部署王超、镇州（今河北省石家庄市正定县）都部署桑赞、高阳关（今河北省保定市高阳县）副都部署王继忠等分别率军北上望都（今河北省保定市望都县）一带迎战。酣战之际，王继忠部陷入重围，王超、桑赞为求自保，不但未出兵支援，还畏缩退师。王继忠率部孤军奋战，终因寡不敌众，全军覆没。辽军乘胜进军，见宋军有备方才撤退。

当时军中传言，王继忠阵亡疆场，宋真宗大为震动，他一面下诏对王继忠褒奖封赠，一面加强河北守备，还以防范间谍为名，关闭了设在雄州（今河北省保定市雄县西南）的榷场。此后，宋辽两军在边境上冲突不断，一场规模更大的战争一触即发。

屋漏偏逢连夜雨。景德元年（1004）七月，"圣相"李沆病逝。中书无主，朝议纷纷。忧患之中，宋真宗决定起用"潜邸旧臣"毕士安。

早在宋真宗做开封府尹时，毕士安就是他的主要僚佐。宋真宗即位后，几经周折，德高望重的毕士安被拜为翰林侍读学士，成为宋真宗的老师，颇受宋真宗敬重。面对蠢蠢欲动的辽军，毕士安率先上书，力陈备战之策，宋真宗大为赞赏。

李沆去世不久，宋真宗便提拔毕士安做参知政事，并许诺即将拜他为宰相，还咨询他想和谁一起搭班子。毕士安极力推荐比自己小24岁的寇准，称寇准"天资忠义，善断大事"，自己不如他。

前面说过，宋真宗能成为宋太宗的继承人，寇准发挥了巨大的作用。宋真宗即位后，寇准先后出任权知开封府、权三司使等要职，卓有政绩，朝野上下都认为寇准拜相是早晚的事。可当毕士安推荐寇准后，宋真宗却没有立刻答应，反而说出了自己的疑虑："听说寇准为人强势，又爱意气用事，这可怎么办？"

毕士安劝导道："寇准忘身殉国，秉道嫉邪，所以那些流俗之人不喜欢他。如今北方强敌猖獗不服，像寇准这样的人，正应该重用。"

宋真宗的疑虑被打消了。八月，毕士安与寇准同日拜相。

中书人事稳定后，宋真宗与宰执们开始积极部署河北防线。宋真宗甚至要御驾亲征。寇准当即表示支持，并认为大敌当前，大军在外，御驾越早至前线，越能鼓舞宋军士气。不过，毕士安与枢密使王继英出于稳妥考虑，建议宋真宗不要亲上前线，只是进驻扼守黄河的重镇澶州（今河南省濮阳市）即可。但澶州城小，皇帝的御驾和大军都不宜久留，因此亲征晚去为宜。宋真宗采纳了毕士安和王继英的方案。

为了尽可能发挥前线宋军的积极作用，宋真宗对指挥体制也做了临时调整。一方面，他赋予宰相参与军事决策的权力。他对毕士安和寇准说："军事事务虽归枢密院管理，但宰相总领文武大政，发号施令。所以卿等要详阅边臣的奏议，共同商量御敌之策，不要因为枢密院的关系而有所顾忌。"显然，宋真宗是吸取了乃父在雍熙北伐时宰相不闻军政，最后导致惨败的教训。另一方面，宋真宗放松了对前线将领的管制。此前，宋真宗曾派宦官带着御剑到北方各战区严肃军令，至此也全部召回。

宋真宗的积极部署为宋军赢得了机会。可惜布置未定，辽军便大举进攻了。

九月，萧太后偕同辽圣宗宣布，以收复当年被周世宗攻占的瓦桥关、益津关和淤口关为由，发兵伐宋。闰九月，20万辽军正式自辽南京南下。由于宋军事先做了准备，辽军出师不利，接连进攻数城，都未得手。

尽管如此，但辽军是倾国而来，仍然给宋朝带来了巨大的压力，朝廷上下一时间人心惶惶。参知政事王钦若是江南人，建议宋真宗到金陵（今江苏省南京市）避难；签署枢密院事陈尧叟是四川人，力劝宋真宗迁往益州（今四川省成都市）。

对此，寇准坚决反对，他当着王钦若和陈尧佐的面，决绝地对宋真宗说："是谁给陛下出的这些主意？可将献此策的人斩首！现在陛下神武英明，将帅同仇敌忾,如果陛下亲征,敌军自然会退兵。敌军要是不退,我们就出奇策、守坚城,然后以逸待劳,必然稳操胜券。陛下何必要舍弃宗庙社稷,跑到楚、蜀之地?要是真用了此二策,必然导致人心涣散,敌骑深入,天下哪里还保得住!"

听了寇准一通义正词严的话,宋真宗打消了逃跑的念头。由于王钦若太聪明,寇准担心他在宋真宗身边吹风,坏了抗辽大事,便打算把他调出京城。恰巧宋真宗打算委派重臣镇守河北重镇大名府(今河北省邯郸市大名县),寇准便极力推荐王钦若。

接到急召,王钦若紧急觐见宋真宗,没承想自己刚进殿,便被寇准扣了一顶大帽子。寇准说:"主上都已亲征,我们做臣子的自然不能知难而退。参政是国家栋梁之臣,应当体会这层深意。"王钦若惊惧之余,不敢再对宋真宗的任命有任何推辞,于是以判天雄军府兼都部署、提举河北转运司的差遣,出镇大名府去了。

正当宋真宗准备御驾亲征之时,收到了前方将领转送来的神秘信件。

信的内容:北朝打算重修旧好。

来信人:辽臣,王继忠。

是的,这就是一年前那位在望都之战中"阵亡"、被宋真宗公开褒奖的王继忠。

原来,望都战败后,王继忠并没有死,而是做了辽军俘虏,继而投降了辽朝,并颇得萧太后信任,做起了高官。这啪啪打脸的程度,不亚于日后洪承畴之于崇祯皇帝。

但王继忠不是洪承畴,他没有为了功名利禄把屠刀指向自己的同胞。相反,王继忠用自己的方式为推动宋辽息兵做出了巨大贡献。

出仕辽朝后,王继忠利用萧太后对自己的信任,时常向萧太后进言,讲述宋辽恢复和平的好处,萧太后闻言颇为心动。毕竟,连年的征战持续消耗着辽朝国力,民众苦不堪言;更要命的是打打停停的战争破坏了宋辽的榷场贸易,而辽朝对榷场贸易非常重视。

正因如此,此次萧太后亲征,一定要带上王继忠。正当辽军改行迂回战略、分兵深入时,王继忠受命以北宋旧僚的身份给宋真宗写信,表达辽朝议和的意愿。

宋真宗收到王继忠的信后,一时间半信半疑。毕士安看出宋真宗担忧"敌强悍如此，恐怕议和不保"，便安慰他说议和之事绝非妄言，并表示自己愿意承担宋辽议和的职责。

但宋真宗表达了自己的忧虑："辽人在战场上没收获，这才想来议和。可如果答应了议和的请求，他们一定会来谈条件。为了老百姓过上和平安稳的日子，朕受点委屈，派人去给辽人送点钱财货物，那倒没什么；可朕担心他们会索要关南的土地，要是那样，朕绝不会答应议和，唯有率兵跟辽人在战场上见！"

可见，宋真宗很清醒，他不相信天上会掉馅饼，他坚信只有在战场上占了上风，才能让辽朝放弃土地主张。可是宋真宗对宋军又缺乏足够的信心，因而沿着当年宋太祖"赎买幽燕"的思路，提出了"赎买和平"的想法。

大略既定，宋真宗命边臣向王继忠转交自己的手诏（名义上由皇帝亲笔书写的诏书），诏中颇有乞和之意，却没有同意王继忠所要求的让宋朝先派使臣入辽议和的建议。

萧太后见宋真宗对议和的响应有限，便再度发动攻势。十月，辽军围攻宋北境重镇瀛洲（今河北省河间市），萧太后甚至亲自上阵，擂鼓助威。可辽军不但依旧未能克城，死者更是达三万余人。

鉴于辽军不善攻城的现实，萧太后改变了策略。她放弃了坚城，转而实施穿插迂回的战略，绕过宋军防线。这一招果然见效，辽军虽然极少攻克城池，却充分发挥了骑兵的优势，在一马平川的华北平原上狂奔，兵锋直指开封。这一招打了宋朝一个措手不及。

紧接着，王继忠的书信也于十月底再次被送入宋廷。信中说："契丹正在围攻瀛洲，因关南之地是其旧疆，恐怕宋军很难守住，还是早早遣使议和吧。"

战场上占不到便宜，萧太后开始通过外交搞政治讹诈，这是再明显不过的事了。

对于萧太后的意图，宋真宗不可能没有察觉。而且对于防备周全的瀛洲，他根本不担心。可萧太后放弃坚城、分兵南下的策略，确实打在了宋真宗的"七寸"上。这个生长于太平年代的天子，难掩心中对战争的恐惧。他担心辽军势如破竹，一举攻到开封城下。于是，宋真宗改变了自己的初衷，在与宰执"对方想让我们先派遣使者议和，这本来也没什么大碍"的自说自话中，派遣阁门祗候曹利用出使辽营。

在此之前，宋真宗已经宣布御驾亲征，但磨磨蹭蹭，始终没有成行。当时告急的边报一日数次送入开封，寇准全部扣下，等积攒到一定数量才一起交给宋真宗。宋真宗见这么多的边报都在告急，心急如焚，忙问宰相如何是好。寇准认为，宋真宗必须立即御驾亲征。

十一月二十日（1005年1月3日），日益胆怯的宋真宗终于半推半就地踏上了亲征的征程，朝着澶州行进。

此前，宋真宗曾任命皇弟雍王赵元份为东京留守，坐镇后方。可当宋真宗行至半路时，却传来赵元份暴死的报告。宋真宗只好命随行的参知政事王旦回京，王旦委婉地问道："如果十日之内还不能战胜辽军，臣该如何处置？"宋真宗明白，这是在问万一自己战败，朝廷该怎么办。宋真宗沉默良久才说："立太子。"

澶州地跨黄河，有南、北两城，南城较大，又在黄河南岸，因此比北城更安全；但宋军主力都在北城布防。

二十二日，当宋真宗一行抵达韦城县（今河南省安阳市滑县东南）时，传来辽军进逼澶州的急报；而本该奉命由前线回师保护皇帝的宋军主力却始终不见踪影。因而，又有人劝宋真宗"南幸金陵"，宋真宗产生了动摇。

关键时刻，寇准入见宋真宗，慨然道："如今敌骑迫近，四方心怀危惧。陛下现在只能进，不能退。河北诸军日夜盼望陛下亲至，届时士气必然高涨。若是陛下现在回銮，前方大军必将土崩瓦解。敌人乘机杀过来，恐怕我们根本到不了金陵。"

见宋真宗还在犹豫，寇准请辞离开。在门口，寇准正好遇到殿前都指挥使、检校太尉高琼。寇准问道："太尉受国家厚恩，今天可有什么能够报答的？"

高琼斩钉截铁地回答："琼乃一介武夫，愿效死力！"

于是，寇准拉上高琼再次入见宋真宗。寇准慷慨陈词，把刚才对宋真宗说过的话又说了一遍，并说："陛下如果认为臣说得不对，可以再问问高琼的意见。"

高琼高声奏道："寇准之言正是！随驾军士的父母妻儿都在京城里，必然不会抛弃妻子随陛下南行，途中肯定要逃亡而去。希望陛下能够速速赶到澶州，臣等愿为陛下效死力，契丹不难破！"

寇准也急忙接话道："机不可失，车驾应该速行！"

宋真宗终于放弃了"南幸金陵"的打算。

其实，看似凶猛的辽军已经进退维谷，成强弩之末。辽军弃坚城不攻，长驱直入，虽然对宋朝产生了极大的威慑力，但前有黄河天堑阻隔，后有宋军坚城拒守。一个不小心，辽军就可能被宋军"包饺子"。比起宋真宗，萧太后其实更急于议和。可偏偏宋朝议和的使节曹利用久久不至。

原来，王钦若到达大名府后，对辽朝议和的诚意深怀戒备。因而，当曹利用北上辽营、途经大名府时，王钦若索性将他扣住，不让他出城。这可急坏了萧太后，她一再通过王继忠等人向宋朝传递消息，催促曹利用速来议和。

二十四日傍晚，宋真宗命王旦给王钦若修书一封，让王钦若派曹利用继续使辽；同时，宋真宗对辽朝议和的诚意仍有疑心，表示一旦谈判破裂，自己就提兵与辽军决战。

正在双方反复试探之际，战争却突然朝着有利于宋军的方向转变了。

就在二十四日一早，辽军对澶州北城发起三面围攻。驻守澶州的宋朝名将李继隆早就得到内线情报，提前做了准备，特别是在城头架起了大量床子弩。

床子弩是弩的一种。大型床子弩，如三弓床弩，通常配备三张弓，需要70人才能拉开弓弦，装上弩箭。床子弩的弩箭也都有专门设计，如三弓床弩使用的一枪三剑箭，外形比一般的箭要大得多，发射之后，威力惊人，可以一次贯穿三人！床子弩的射程远、威力大。据史书记载，宋初魏丕制作的床子弩，射程可由原来的700步增至1000步（约合1.57千米）。北宋时期，床子弩是城池防守的重要武器。

有床子弩助防，宋军如虎添翼，辽军一时间攻城不下。辽朝重臣、先锋悍将萧挞凛亲上阵前督战，并察看地形。隐伏在城头的宋将张瓌看准时机，用射程甚远的床子弩向萧挞凛射击。萧挞凛被射中额头坠马，被辽军士兵抢回营寨，当晚去世。辽军士气一落千丈。

二十六日，宋真宗抵达澶州南城，打算停止前进。寇准力劝宋真宗过河，高琼也劝道："陛下如果不过河，百姓们会像死了父母一样着急！"进士出身的签署枢密院事冯拯呵斥高琼无理，高琼怒道："你靠写文章当上两府执政，现在大敌当前，你还指责我无理。你何不去赋诗一首以退敌？！"说罢，高琼便指挥卫士，簇拥着宋真宗的辇车前进。当车行到河边浮桥时，卫士们不敢再向前了。高琼用马鞭推着辇夫的后背喝道："还不赶紧过河！现在都到这个地步了，你们还犹豫什么？！"宋真宗只好下令渡河。

就这样，宋真宗半推半就地来到澶州北城。当宋真宗的御伞黄盖在北城城楼升起的一刹那，宋军将士欢声雷动，高呼"万岁"！

宋真宗后来回到南城，将驻守北城的军队全权交给寇准。寇准号令严密，将士畏服。为使宋真宗安心，他畅饮高歌，表现得从容不迫。宋真宗闻讯大喜，高兴地说："寇准如此，我还有什么好担忧的！"

北宋后期的陈瓘后来评价说："当时要是没有寇准，天下就要南北两分了！"

萧挞凛之死和宋真宗亲征，成为澶渊之战的转折点。

事已至此，萧太后以战促和的意图已难有更大的进展，如何趁着辽军余威尚在时从谈判桌上获取最大利益，成为萧太后最重视的问题。

宋真宗当然更希望尽早议和，结束战争。无论他把口号喊得多么响亮，害怕终究是害怕。宋真宗没有萧太后那样的胆略，故而在这场还没正式开始的谈判中，气势上已然落了下风。除此之外，宋真宗急于议和也的确有现实考虑。自宋太宗时起，宋廷西北边境就常年遭到党项（西夏前身）袭扰，苦不堪言；自开国以来就兵变、民变不断的四川地区，更是才安静下来没几年。避免多线作战，也是宋真宗急于与辽朝议和的原因之一。

十一月二十七日，也就是宋真宗抵达澶州的次日，曹利用终于来到辽军大营，见到了萧太后，不过双方在议和条件的问题上分歧太大。萧太后便命左飞龙使韩杞持国书随曹利用前往澶州。

十二月初一，韩杞入见宋真宗，呈上国书。不出宋真宗所料，辽朝要求宋朝割让关南，以此作为谈判的条件。其实，这未必是辽朝的真实诉求。这就好比商人卖东西，在抛出价格时，总是尽量把价格抬得更高，以此来为后面讨价还价争取空间。

寇准一眼就看穿了萧太后的伎俩，他针锋相对地提出，想要和谈，辽朝得先归还幽燕的土地，还要对宋称臣。谈判嘛，有讨价自然就有还价。

如果宋真宗真的按照寇准的话来开条件，那后来的澶渊之盟可能就是另一副模样了。

可关键时刻，只想息事宁人、不想节外生枝的宋真宗怵了。特别是，当有人散布谣言，说寇准坐拥重兵、养寇自重时，寇准也无法固守己见。就这样，朝廷最终按照宋真宗的想法统一了意见：地是万万不能割的，实在不行，大宋可以给钱。

曹利用再度受命，向萧太后转达了宋朝议和的条件。

临行前，宋真宗特意向曹利用交代："土地是祖宗传下来的基业，决不能割让！朕宁可拼死一战，也不答应割地！不过辽人若想要钱财，倒是可以考虑。"宋真宗还表示，只要能结束战争，辽人要100万的钱财也可以接受。曹利用当即表态："如果敌人不收回他们的非分要求，我绝不活着回来见陛下。"

可当曹利用走出行宫后，却被寇准召走了。寇准警告他说："虽然主上允许给100万两匹，但是你去谈判，最多只能给30万两匹。超过30万两匹，我要你的脑袋！"

为什么是30万两匹呢？史书没有明确记载，这恐怕跟石敬瑭有关。当年石敬瑭向辽朝割地称臣，就是许诺每年给辽朝30万匹绢帛。如果宋朝给辽朝的钱财超过30万两匹，那就是连石敬瑭都不如了，太屈辱了！

初四，曹利用随同韩杞再次来到辽军大营。在视死如归的曹利用的据理力争下，宋朝总算守住了不割地和30万两的底线。经过双方使臣的多次往来和讨价还价，宋辽两国最终于十二月（1005年1月）达成和议共识，各自颁布了誓书。

宋真宗的誓书是这样写的：

> 维景德元年，岁次甲辰，十二月庚辰朔，七日丙戌，大宋皇帝谨致誓书于大契丹皇帝阙下：
>
> 共遵成信，虔奉欢盟，以风土之宜，助军旅之费，每岁以绢二十万匹、银一十万两，更不差使臣专往北朝，只令三司差人般送至雄州交割。
>
> 沿边州军，各守疆界，两地人户，不得交侵。或有盗贼逋逃，彼此无令停匿。至于陇亩稼穑，南北勿纵惊骚。
>
> 所有两朝城池，并可依旧存守，淘壕完葺，一切如常，即不得创筑城隍，开拔河道。
>
> 誓书之外，各无所求。必务协同，庶存悠久。自此保安黎献，慎守封陲，质于天地神祇，告于宗庙社稷，子孙共守，传之无穷，有渝此盟，不克享国。昭昭天监，当共殛之。
>
> 远具披陈，专俟报复，不宣，谨白。

以辽圣宗名义发布的誓书是这样写的:

维统和二十二年,岁次甲辰,十二月庚辰朔,十二日辛卯,大契丹皇帝谨致誓书于大宋皇帝阙下:

共议戢兵,复论通好,兼承惠顾,特示誓书,云:

"以风土之宜,助军旅之费,每岁以绢二十万匹、银一十万两,更不差使臣专往北朝,只令三司差人般送至雄州交割。沿边州军,各守疆界,两地人户,不得交侵。或有盗贼逋逃,彼此无令停匿。至于陇亩稼穑,南北勿纵惊骚。所有两朝城池,并可依旧存守,淘壕完葺,一切如常,即不得创筑城隍,开拔河道。誓书之外,各无所求。必务协同,庶存悠久。自此保安黎献,慎守封陲,质于天地神祇,告于宗庙社稷,子孙共守,传之无穷,有渝此盟,不克享国。昭昭天监,当共殛之。"

孤虽不才,敢遵此约,谨当告于天地,誓之子孙,苟渝此盟,神明是殛。专具咨述,不宣,谨白。

概言之,誓书的主要内容为:
其一,宋朝每年给辽朝白银10万两、绢20万匹,总计30万两匹;
其二,双方罢兵,各守疆界,互不侵犯,不得收留对方的盗贼和逃亡人员;
其三,双方不得构建针对对方的新的军事设施;
其四,宋真宗和辽圣宗均在誓书中表示,自己和子孙后代都要坚守盟约。
除誓书之外,双方还约定:宋真宗尊萧太后为叔母,辽圣宗尊宋真宗为兄,宋辽结为兄弟之国,互称南北朝;双方使者定期互访;双方在边境开设榷场,互市贸易。

这次议和,史称"澶渊之盟"。此后近120年里,尽管宋辽之间偶有摩擦,但和平交往已经成为两国官方和民间的主流,这对两国的社会发展产生了积极的影响。

但对澶渊之盟的评价,却远非"百年和平"所能概括。

南北一家：澶渊之盟的政治账

关于澶渊之盟的评价，走向了两个极端。推崇澶渊之盟的人，认为它结束了宋辽之间的长期战争，缔造了近120年的和平，减轻了国家和民间的负担，促进了两国的文化交流与经贸往来。指责澶渊之盟的人，认为宋军能战不战，反而去交岁币，不仅是奇耻大辱，更是增加了民众负担，坐实了"大怂朝"的武功不振。

那究竟该怎么评价澶渊之盟呢？我们不急于下结论，先从政治和经济两方面来看看这个盟约和它缔造的两国关系是什么样的。

首先看政治。

可以肯定的是，在澶渊之盟订立之初，宋辽双方的政治地位确实是对等的。在当时，两国间的不平等关系无非两种：一种是君臣之国；另一种是父子之国，以及由此衍生出的伯侄之国、叔侄之国、祖孙之国。

君臣之国也就是一国之君为君，另一国之君为臣，为君之国自然就是称臣之国的宗主国。体现这种宗主国和藩属国关系的标志性礼仪便是藩属国的君主继位要接受宗主国的册封。比如，后来北宋和西夏虽然经常打得不可开交，但在西夏承认北宋宗主地位时，西夏皇帝继位便要接受北宋皇帝册封为夏国主。大家最熟悉的当然要数辽太宗耶律德光册封后晋高祖石敬瑭为晋帝、金熙宗完颜亶册封宋高宗赵构为宋帝。在这种关系下，宗主国向藩属国递交的外交文书都是皇帝的诏书。

至于父子之国，实际上是在两国皇帝之间构建起一种拟血缘关系。通过这种皇帝个人的拟血缘关系来确定两国之间的关系。双方皇帝结为父子、祖孙、伯侄、叔侄等关系。最著名的还是石敬瑭，认比自己小10岁的辽太宗为父，甘愿当儿皇帝，因此被骂了一千多年。这种拟血缘关系不一定就是君臣关系。比如，石敬瑭的继承人石重贵，后来就对辽太宗称孙不称臣，由此引发晋辽战争。不过，在预设辈分时，与皇帝的实际年龄毫不相干，而总是强大的一方做长辈，委曲求全的一方做晚辈。堂堂一国之君要给别国君主当儿子、装孙子，伤害性不大，侮辱性极强。

澶渊之盟确立的宋辽关系显然不是这两种。从誓书中的称呼来看，两国君主都自称大某国皇帝，也都称对方君主为大某国皇帝。国家级别的外交文书，使用的是平等相待的国书，而非由皇帝下发给臣子的诏令。

誓书之外，两国还约定结为兄弟之国。宋辽谈判期间，当曹利用同意支付30万两匹的岁币后，王继忠代表辽朝向他提出："南北通和，实为美事。国主年少，愿兄事南朝。"

也就是说，辽朝最先提出了宋辽两国结为兄弟之国。既是兄弟，在辈分上就是平等的，不存在父子之国、祖孙之国那样的侮辱性。当然，中国向来有"长兄如父"的习俗，如果两国是按照一国永远为兄、一国永远为弟的原则来确定关系，那么难免会让人想入非非。

而辽朝方面提出，两国结为兄弟，依据的是皇帝的实际年龄。宋真宗年龄比辽圣宗大，所以辽圣宗主动尊宋真宗为兄。一方面，显示了辽朝对宋真宗的尊重；另一方面，避免了兄高于弟的可能。由此可见，辽朝至少在提出皇帝间的伦理关系时，是追求两国平等的。

宋真宗和辽圣宗的辈分既定，必然衍生出其他的辈分关系。萧太后是辽圣宗的母亲，自然也是宋真宗的长辈，宋真宗称她为"叔母"；后来宋真宗之子宋仁宗、辽圣宗之子辽兴宗继位，宋仁宗年长为兄，辽兴宗为弟；辽兴宗之子辽道宗继位后，宋仁宗为伯，辽道宗为侄；宋仁宗之子宋英宗继位，宋英宗年长为兄，辽道宗为弟；宋英宗之子宋神宗继位，辽道宗又成了叔叔……

总之，按照辈分，双方都有做长辈和晚辈的机会，这与那种父子之国完全是两种性质。

除了两国君主之间的称呼外，岁币的性质也耐人寻味。

澶渊之盟规定，北宋每年对辽朝"助军旅之费"，也就是输送岁币。这总让人想起"称臣纳贡"。北宋既然没有向辽称臣，那么岁币是不是"纳贡"呢？

不是。

《澶渊誓书》里特别强调，北宋在缴纳岁币时，"更不差使臣专往北朝，只令三司差人般送至雄州交割"。也就是说，宋朝不派出专门的大使，把岁币运往辽朝的朝廷并举行进贡典礼；而是命主管财政的三司派臣僚，将岁币运送到宋辽边境的雄州，交给前来接收的辽朝官员。

因此，不管北宋缴纳岁币是否吃亏，但至少在名分上，岁币仍是宋朝送给辽朝的一笔财物——我把钱送到你家门口，你自己来取走。

不管这种"名分"有多么冠冕堂皇，至少不是藩属给宗主上贡。

另一个用来显示宋辽两国政治地位平等的因素，就是双方互称南北朝。

唐末五代，政权林立。南北方的政权无论是何关系，根据自己的相对位置，互称南北朝，已经是约定俗成的惯例。比如，作为宗主国的后唐与藩属国吴越互称南北朝，彼此独立的后周与南唐（当时南唐尚未对周称臣）也互称南北朝。

由于南北朝掩盖了政治关系，后晋石敬瑭在对辽称臣的同时，主动称辽为"北朝"，自称"南朝"，就好像两国是对等关系一样。自此，辽朝与中原王朝便互相称呼南北朝，直到宋初仍旧如此。

不过，"南北朝"从一个习惯性称呼到赋予政治意义，是从澶渊之盟开始的。

缔结盟约之际，在辽朝的积极推动下，宋辽两国达成共识：在誓书中的国号之前，加上"南朝""北朝"字样。也就是说，当时真实版本的《澶渊誓书》，开头分别写作"南朝大宋皇帝谨致誓书于北朝大契丹皇帝阙下"和"北朝大契丹皇帝谨致誓书于南朝大宋皇帝阙下"。至于现今流传的誓书版本里为什么不见了"南朝"和"北朝"，这里先卖个关子，留到后面去说。

将"南北朝"的习惯称呼制度化，这和"兄弟之国"一样，从侧面反映出宋辽在缔结澶渊之盟时的政治对等地位。

然而，在"南北朝"的背后，也显露出辽朝的政治主张。宋辽两国既然是兄弟之国，便是兄弟一家；既然是南北两朝，那便是两朝一国。澶渊之盟签订后，辽圣宗的弟弟耶律隆庆极力强调"今与中朝结好，事同一家"。继辽圣宗而立的辽兴宗也在给宋仁宗的信中称"两朝事同一家"。辽道宗更是明确指出，辽宋"虽境分二国""而义若一家"。

作为"南朝"的五代和北宋占据中原，向来以"中国"（中央之国）自居，辽朝也承认它们是"中国"。既然"南朝"是"中国"，那么与"南朝""事同一家"的"北朝"自然也是"中国"。在"南北朝"称呼的背后是辽朝自称"中国"、主动融入中华的思想倾向。

基于此，澶渊之盟便有了更加深刻的历史意义。澶渊之盟签订后，在以汉民族为主体的宋朝，绝大多数宋人视辽为大国，承认宋辽之间的对等地位，千百年来的"华夷之辨"有了松动的可能；而以契丹族居统治地位的辽朝，也得以以"北朝"的身份积极融入中华，呈现出中国多元一体的局面。以宋辽两大对等国为双核心的新的朝贡秩序正在悄无声息地形成。

不过，对这种南北一家的态势也无须过高估计。实际上，澶渊之盟签订不久，双方就开始暗中较劲，反映在政治层面，就是双方不断尝试打破南北对等的外交礼仪。

首先试图打破礼仪对等的是宋朝。

早在《澶渊誓书》在河北、河东地区颁行之时，将作监丞王曾（就是后来把丁谓赶走的那个王曾）就提出了异议。王曾指出："自古以来，都是以中国为尊贵，以夷狄为卑贱，这就好比一个人的头在上、脚在下。到了汉代，才开始违背这个原则，与匈奴和亲，只不过双方的礼仪仍然不对等，汉朝的礼仪仍较为尊贵。可按现在这个条件，是我们与辽人并立，头和脚一边高，比汉朝走得还远。这个头千万不可能开，不然今天是头脚一边高，明天恐怕就要头与脚颠倒过来了。臣建议，与辽的外交文书中只写上他们的国号'契丹'就足够了。"

宋真宗听从了王曾的建议，不过鉴于誓书已经颁行，也就来不及修改了。此后，宋朝虽然在与辽朝的交往中，仍按照旧俗，称辽为"北朝"而自称"南朝"，但在致辽的国书中，再没有在国号前冠以"南朝""北朝"的称呼。

正因如此，宋人在将《澶渊誓书》收入外交档案《两朝誓书册》时，便将誓书开头冠在国号前的"南朝"和"北朝"字样删除了，于是誓书便成了今人所见的样子。而到了修撰《真宗实录》时，史家干脆舍弃了这份在正文中出现了"北朝""南北""两朝"字样的誓书。

除了不愿在外交文书里承认南北朝，北宋在外交礼仪上也一度压制辽朝。辽圣宗开泰（1012—1021）初年，辽人萧和尚出使宋朝，恭贺新年的到来。按照惯例，宋朝要举办宴会迎接萧和尚，但负责礼仪的官员告诉他，宋朝将他的班次排在了节度使之下，而且赠送他一件锦袍。

萧和尚极为不满，他抗议道："班次搞成这样，是不拿我当大国的使节礼待。而且你们送我锦袍，就像对待那些前来朝贡的少数民族部落一样。如果真是这样，那这个饭局，我就不参加了！"

宋朝臣僚哑口无言，最后只好让他穿上只有高级官员才能穿的紫色官服，位次与执政相当。就这样，宋朝接待辽使的礼仪才确定下来。

在这次礼仪之争中，萧和尚为辽朝争来了澶渊之盟早已明确规定的对等待遇，可谓不辱使命，反倒是宋朝显得小家子气了。

然而，没过多久，辽朝的胃口突然大开。宋仁宗天圣五年、辽圣宗太平七年

（1027），辽使萧蕴、杜防入宋，庆贺宋仁宗的生日。负责接待辽使的是知制诰程琳。

这一次，辽使又对位次提出了异议。萧蕴拿着座位图来找程琳说："中国使者（指宋使）到契丹，坐在殿上的高位上；契丹使者来中国，位次却靠下。你得把我的位次升一升。"程琳道："这是真宗皇帝所定，不能改了。"

我们不知道程琳说的"真宗皇帝所定"，是否就是上一次萧和尚争取来的位次与执政相当。程琳认为，这已经体现了宋辽两国的对等关系，如果辽使还嫌不够尊贵，那么未免是蹬鼻子上脸了。

没想到杜防却傲慢地质问："大国的臣僚，哪有来小国还做臣僚的道理？！"言外之意，辽是大国，宋是小国。我大国的臣子来你小国当君主都不足为奇，所以我们要坐在高位上。

这时距离澶渊之盟也不过20来年，坐在辽朝皇位上的人，还是当年参与订立澶渊之盟的辽圣宗，辽人却开始以"大国"自居，轻视宋朝为"小国"了。

程琳不卑不亢地答道："南北虽是两朝，却没有大小之分。你也曾经坐在我们大宋的宫殿里，我们反而还成小国了？"杜防无言以对。

宰相觉得位次不是什么原则性的大问题，本着多一事不如少一事的态度，准备答应辽使的要求。程琳却认为："现在答应他们的小要求，以后就会有更大的要求！"在程琳的坚持下，宋朝最终没再调整辽使的位次。

王曾当年反对正式使用南北朝称呼时，曾指出怕日后辽朝借此机会骑到宋朝头上。现在看来，王曾并非杞人忧天。程琳的忧虑也不是多余的，尽管宋朝没有答应辽朝的"小要求"，可辽朝照旧提出了自己的"大要求"。

景福元年（1031），辽圣宗之子耶律宗真即位，是为辽兴宗（1031—1055年在位）。辽兴宗时，辽朝越发以"中国"自居，野心爆棚。而此时的宋朝，却深陷与西夏的战争泥沼中，焦头烂额。乘此机会，辽兴宗于辽重熙十一年、宋庆历二年（1042）狠狠敲了宋朝一笔竹杠，不仅将宋朝的岁币从30万两匹增至50万两匹，还胁迫宋朝在向辽朝输送岁币时，要称"纳"。这个"纳"字多少有了"纳贡"的含义。虽然岁币的交割方式未变，但辽朝在名头上占了宋朝的便宜，以至于辽朝在对自己人，特别是向真正对自己称臣纳贡的高丽王国做宣传时，不时宣称宋朝给自己的岁币就是进贡。辽朝俨然在为成为宋朝的宗主国而做准备。

辽重熙二十一年、宋皇祐四年（1052），辽兴宗又遣使，建议辽宋两国的国书去掉国号，只称"南朝""北朝"。

如果这条建议获得宋朝的认可，就意味着今后两国的国书不再是"大契丹皇帝谨致书于大宋皇帝阙下"或"大宋皇帝谨致书于大契丹皇帝阙下"，而是"北朝皇帝谨致书于南朝皇帝阙下"或"南朝皇帝谨致书于北朝皇帝阙下"。

辽兴宗的理由看起来非常合理。辽兴宗认为，辽宋两国是兄弟之国，既然是兄弟，又为何要各自称"大契丹""大宋"呢？不如改称"北朝""南朝"，这样才能体现"南北一家亲"。

表面上看，辽兴宗是要进一步推动"南北一家"，维护两国的对等地位，增进两国的感情；可真实目的却被宋人一眼看穿。曾出使过辽朝的张方平就一针见血地指出："北主在递交的国书里自称北朝，而去掉了契丹的国号，这是要妄自尊大！"

奇怪，"南北朝"不是对等的称呼吗，怎么就成了辽朝的妄自尊大了？

正所谓"此一时，彼一时"。在契丹语的语境里，有时"南"和"北"并不平等。契丹人崇拜太阳，皇帝在宫帐里就座、上朝时坐西朝东。而且契丹人尚左，因此契丹族的官衙都位于宫帐的左面，也就是北面；汉族的官衙位于宫帐的右面，也就是南面。久而久之，辽朝就形成了南北面官制，北面官的地位总体上要高于南面官。这就进一步又引申出了"北尊南卑"的文化内涵。

当萧太后与宋真宗谈兄弟之国时，南北朝便是一家之内的两个对等政权；可当辽兴宗一心要做宋朝的宗主国时，南北之间就有了尊卑的差异。

不过，此时大规模的宋夏战争早已结束。北宋在没有两线作战隐患的前提下，断然拒绝了辽朝的无理要求。

澶渊之盟以后，尽管辽朝利用国际形势多次向宋朝施压，在外交礼仪和岁币问题上略占上风，但宋朝除了对西夏作战初期外，其余时间大体上也能顶住压力，维持两国的对等政治地位。两国在政治地位上的讨价还价，可以说是澶渊之盟前两国战争的延续。既然战争因两国的势均力敌而结束，那么在这种均衡局势下，两国的对等地位就不会轻易发生改变。

在澶渊之盟后的120年里，两个基本对等的王朝在各自的影响范围里建立起了各自的朝贡体系，由此形成了两强和平竞争的新格局。

购买和平：澶渊之盟的经济账

解决了政治问题，下面来算算澶渊之盟的经济账。

在算账之前，我们先把北宋每年在岁币方面的花费说清楚。

澶渊之盟订立后，从景德二年（1005）到庆历二年（1042），北宋输辽的岁币标准是每年银10万两、绢20万匹，38年间共计银380万两、绢760万匹。此外，再算上辽朝预借未归还的银3万两和绢3万匹，总共是银383万两和绢763万匹。

从庆历三年（1043）起，北宋输辽岁币增至每年银20万两、绢30万匹。截止到宣和四年（1122）北宋伐辽，其间79年的岁币总数为银1580万两、绢2370万匹。

两个时间段相加，北宋输辽岁币总数为银1963万两、绢3133万匹。

除了向辽朝输送岁币外，北宋后来还给西夏岁赐。关于这段故事，我们在后面再细说。这里不妨先把这笔岁赐也计算进来，来看看全部岁币、岁赐对北宋经济产生的影响。

庆历四年（1044），宋夏议和。根据双方约定，北宋从第二年起，每年给西夏岁赐绢13万匹、银5万两、茶2万斤；宋朝皇帝过生日，要赏赐西夏银1万两、绢1万匹、茶5000斤；新年赏赐银5000两、绢5000匹、茶5000斤；冬至还要赏赐买冬装的财物，为银5000两、绢5000匹；此外，还有赐给西夏国主的生日礼物，为银器2000两、细衣着1000匹、杂帛2000匹。这里不考虑绢帛的差异性，合计每年给西夏银7.2万两、绢15.3万匹、茶3万斤。

与宋辽之间长期和平不同，宋夏之间是时战时停。岁赐只在庆历五年（1045）至元丰三年（1080）、元祐四年（1089）至绍圣三年（1096）、元符三年（1100）至崇宁二年（1103）这断断续续的48年实行。这样，北宋给西夏的岁赐总计为银345.6万两、绢734.4万匹、茶144万斤。

此外，早在景德二年（1005），宋朝与西夏前身定难军政权讲和时，曾一次性赐给其首领李德明银1万两、绢1万匹、钱2万贯、茶2万斤。若把这笔财物算上，北宋给西夏的赏赐至少为银346.6万两、绢735.4万匹、钱2万贯、茶146万斤。

也就是说，北宋在100余年里，输送辽夏的岁币岁赐共计：

银2309.6万两。

绢3868.4万匹。

钱2万贯。

茶146万斤。

相信大家最关心的还是岁币到底给北宋财政带来了多大的负担,最好是有精确的数据支持。

很遗憾,对于大家想要的那种每年财政收入有多少、岁币占了百分之多少的精确计算,无法获得精确的数据支持,只能通过各种数据来进行估算。这里我们从三个途径来估算一下岁币的影响。

第一个途径是大家最常想到的:财政收入折现。

最常见的误会莫过于说北宋每年财政收入上亿,如宋真宗天禧五年(1021)的财政收入已达1.4亿或1.5亿(为了行文方便,后面统一按1.4亿计),把百年间岁币、岁赐的总数加在一起,还不到这一年财政收入的一半。

之所以说是误会,是因为这种计算把单位搞错了。这1.4亿的单位,是"贯石匹两端围斤条片束颗席",贯是钱的单位,石是粮食的单位,匹是绢的单位,两是丝、绵、金、银的单位……依此类推,这种单位被称为"集合单位"。与之相对应的是,1.4亿的数字包括了20种物资,1贯钱被记作"1",1石大米被记作"1",1匹绢、1两金、1两银都被记作"1"……至于为什么要这样记账,我们下一节再说。1贯钱、1石大米、1匹绢、1两丝、1两绵、1两金、1两银之间是不等价的,因此,这1.4亿物资完全没法直接跟10万两银或20万匹绢做比较。

那么,能不能按照当时的物价,把这1.4亿物资折算成现钱,同时也把岁币、岁赐中的银、绢、茶转化成现钱,然后做比较呢?大多数时候不行,因为根本就不知道这些物资里到底有多少钱、多少米、多少绢、多少丝、多少绵、多少金、多少银……

不过也有特例。治平元年(1067),新上任的三司使蔡襄上奏《论兵十事》,对宋仁宗末年嘉祐年间(1056—1063)的财政收入做了比较细致的分类统计,具体为:

钱:36 822 541贯165文。

绢：8 745 535匹。

粮：26 943 575石。

草：29 396 113束。

总计为101 907 764，即1亿。这样是不是就能把物资分类折算成现钱了呢？可以，但极不准确。程民生先生在《宋代物价研究》一书中收集和分析了大量的宋代物价史料，这里就以此为基础来确定嘉祐年间或这一时期前后的商品价格。

首先，这里的"绢"只是个统称，在蔡襄的汇报中，称其为"匹帛绢绅绝"。

关于绢的价格，嘉祐年间，河北冀州南宫县（今河北省南宫市西北）的市场绢价为每匹1贯300文。稍早的皇祐三年（1051），绢价为每匹1贯750文。稍晚的熙宁二年（1069）至六年（1073）间，绢价为每匹1贯200文至1贯300文。

关于绅的价格，可供参考的数据极为有限。熙宁五年（1072），开封的绅大约每匹为2贯185文，而绢只有1贯200文。

关于绝的价格，嘉祐四年（1059），官方定价为每匹2贯850文省。这里的省，表示不足100文按100文算。比如，宋太宗时，官方就曾以77文为100文。而且，这个价格要高于市场价，也就是说绝的市面价格可能在2贯以下。

我们并不知道绢、绅、绝三者在收入中所占的精确比例，如果平均计算，价格在1贯800文左右。相比较而言，绢的使用范围更广，因此平均价格应该低于1贯800文。因此，这里便取用皇祐三年（1051）的绢价，即每匹1贯750文。

按此标准，财政收入中8 745 535匹绢折现后，便是15 304 686贯250文。

接下来是粮食。当时官府征收的粮食有大米、小麦、粟米等种类。皇祐后期至治平年间（1053—1067）的15年间，中等大米的价格为每石600文至700文。皇祐年间（1049—1054），孟州（今河南省孟州市）的小麦价格为每石600文。粟米的价格可供参考的数据极少，元祐六年（1091），颍州（今安徽省阜阳市）粟米价格为每石900文，而大米价格为每石800文，小麦价格为每石600文。

另外，大中祥符元年（1008），全国大米价格为每石70文至80文，京西路东部、京东路西部的小麦、粟米价格也都在每石100文以下。尽管这时的粮食价格远低于宋仁宗时期，但参考元祐年间颍州的粮价，可知当时三种谷物之间的价格相差并不是特别大。

我们这里取粮价每石600文，那么财政收入中的26 943 575石折现后便是

16 166 145贯。

最后是草料，宝元二年（1039）最低一等的草料市场价格为每束19文。按此标准，财政收入中29 396 113束草料折现便是558 526贯147文。

综上，折价后，嘉祐年间的年财政收入为：

钱：36 822 541贯165文。

绢折现：15 304 686贯250文。

粮折现：16 166 145贯。

草折现：558 526贯147文。

总计68 851 898贯562文，即近7000万，与折算前的1亿相比缩水不少。

再看岁币的负担。

嘉祐年间，北宋已经增加对辽岁币至银20万两、绢30万匹；同时需要给西夏岁赐银7.2万两、绢15.3万匹、茶3万斤。两项开销共计银27.2万两、绢45.3万匹、茶3万斤。

在宋初和北宋中后期白银的价格一般不论地域，都是每两1贯，不过宋真宗后期到宋仁宗前期，也曾达到1贯600文甚至2贯的高价。鉴于实在没有宋仁宗后期的数据，而且到了宋神宗熙宁二年（1069）福建路银价仍是每两1贯，这里我们就仍取每两1贯计。那么嘉祐年间，北宋花费在岁币、岁赐中的银27.2万两折现后，为272 000贯。

绢的价格仍取前面的每匹1贯750文，这样45.3万匹绢折现后为792 750贯。

茶的价格不好计算，因为不同品质的茶叶价格相去甚远。沈括在《梦溪笔谈》里记载了嘉祐六年（1061）淮南茶场的价格，平均下来每斤茶约60文。按照这个价格，3万斤茶折现后是1800贯。

这样，银折现272 000贯、绢折现792 750贯、茶折现1800贯，总计为1 066 550贯，其中输辽岁币折现为725 000贯，输夏岁赐折现为341 550贯。

1 066 550贯，占财政收入折现后68 851 898贯的1.55%。与动辄就占据财政收入七八成的养兵费、一二成的养官费相比，这个数字简直不值一提。

但1.55%并不能直接说明岁币、岁赐的负担很轻。在整个计算过程中，能够发现，从各种类的物资数量到物资价格，充斥着各种极不准确的数据。也就是说，根本无法保证1.55%这一数字的准确性。更致命的是，在北宋时期，特别是王安石变法以前，无论是国家财政体系，还是全社会的支付体系，货币化程度都严重不足，折现并不能反映出财政收入中这些物资的实际使用价值。

因此，我们只能说岁币、岁赐在全部财政收入中所占的比重并不大，但还是需要考察银、绢、茶自身的收入支出情况。

第二个途径：单项物资的收入支出情况。

在银、绢、茶这三大项支出里，茶叶的量不大，暂且不计。大家最关注的往往是白银，而经常被大家用来衡量的标准就是北宋每年的白银产量。

北宋前期开采冶炼银矿实行岁课制。各地银矿直属于朝廷，朝廷每年为银矿制订一个白银产量的计划，称为"岁课"。银矿按照岁课的要求开采冶炼，然后将银两全部上缴朝廷。宋仁宗以降，银矿生产的岁课常年保持在每年20万两至30万两，大约在宋神宗时一度高达40万两。而岁币、岁赐的白银数量是27.2万两。也就是说，北宋一年计划开采冶炼的白银几乎都送给了辽朝和西夏。

在这里，我们一直在强调"计划"，因为实际产量不容易把控。

在北宋前期，在金属冶炼行业大规模实行劳役制度，也就是在矿藏附近的住户（称为"冶户"）被强制去开采冶炼，这种强迫劳动自然没什么生产效率，矿场完不成岁课是常有的事。当时官府还会从冶户里指派主吏，负责主持矿场。如果岁课任务完不成，主吏就要自己花钱赔偿，倾家荡产者大有人在。

更极端的是，有些地方就没矿产，也被标注了岁课额。比如，宋太宗至道元年（995），福建转运使牛冕曾反映：邵武军归化县（今福建省三明市泰宁县）有个金矿工场，虽然有岁课的任务，可实际上根本没有矿井。官府命1100名老百姓自己花钱去买600余两黄金，这些老百姓走投无路，只好自杀。

金矿如此，银矿也没好到哪儿去。因此，北宋的白银年产量就有着达不到平均30万两计划目标的可能性。而开采冶炼白银的背后是无数老百姓的血汗甚至生命。这样看来，27.2万两岁币、岁赐银的负担就极重了。

但这并非全貌。到了宋真宗和宋仁宗时，朝廷逐渐开始改善管理办法。先是在矿场实施召募制，其实就是招标，将矿场承包给有财力、善经营又自愿采矿的人来经营，采冶效率有了提高。到了王安石变法时，正式实施二八抽分制，也就是民间承包采矿冶炼，自行承担成本，并将金银成品的20%作为所得税缴纳给朝廷，而产品的80%都为承包人所有。此后，金银矿冶业的生产效率迅速提升。

很多朋友讨论到这里就结束了，于是就陷入了一个误区：北宋各级官府及社会中的白银持有量完全是由白银产量决定的。

实际上，北宋时期直接出自坑冶的白银只是一小部分，特别是随着北宋中后期白银的货币化，朝廷的大部分白银不是直接从银矿里开采冶炼获得的，而是通过大规模的市场交易获得的。

比如，宋神宗熙宁七年（1074）至熙宁十年（1077）间的某一年，直接从开采冶炼中获得的白银只有不到13万两。此外，朝廷通过征收商税获得的白银有近7万两、征收田租获得的白银有近4万两。这些白银收入加在一起才20余万两，连岁币、岁赐都不够给的。

白银收入的大头实际上来自市场。一部分源自各路地方官府的"上供银"，也就是各路地方官府要向朝廷上缴白银。但由于银矿都掌握在朝廷手里，各路地方官府无法直接通过坑冶获得白银，只能到市场上去买。朝廷的这部分白银收入高达近115万两。

与此同时，朝廷自己也向市场购买白银，还通过出售商品获得白银，这部分白银收入也高达116万两。

合计下来，熙宁后期朝廷的白银年收入近255万两，通过市场获得的白银有230万两，占了全部白银收入的90%。

这说明：一方面，北宋朝廷每年的白银收入和持有量远远高于计划产量和实际产量；另一方面，社会上确实存在着大量白银，否则朝廷无法从市场获得白银。

以此为据，那么北宋27.2万两的岁币、岁赐银，占朝廷白银年收入的10.88%。这个支出比例不能算低，但尚不足以对白银收入构成太大的压力。

现在来看绢。岁币、岁赐的绢共计45.3万匹，如果直接用蔡襄8 745 535匹收入的数据，则占了5.18%。这固然比白银的压力要小一半，但跟前面计算的那个不靠谱的1.55%相比，也增加了近4%。

绢的问题在于，不同的品种，价值并不相同。与我们今天印象里的江南丝绸、蜀锦甲天下不同，北宋时期最上等的绢是出自京东（今山东省一带）的东绢和河北的河北绢。尤其是河北绢，以其精密厚重的特点在全国丝织业中独占鳌头，时称"精绢"，据说其精致达到了无正反面之分的程度。

正因如此，河北一直是北宋朝廷丝织品的主要供应地，备受宫廷青睐，连宋徽宗作画用的底材都是河北绢。既然是"精绢",河北绢的价格自然要高于其他绢。比如,与同是上品的四川绢相比,河北绢每匹的价格要贵出二三百文。元丰四年(1081)时,河北绢在陕西卖到每匹2贯200文至2贯300文的价格,几乎比前面提到的1贯300文的均价高出了1倍。

紧邻河北的辽朝自然不会对河北绢无动于衷。当时北宋河北东路的民户有不少从事丝织业,因此辽人将河北东路的各州称为"绫绢州",而输辽岁币中的30万匹绢,有不少就是出自这些"绫绢州"。

约于至和二年(1055),王安石曾在《河北民》一诗中写道:

家家养子学耕织,输与官家事夷狄。

河北的百姓要织绢向朝廷缴纳,然后这些绢再作为岁币由朝廷交给辽朝。

辽朝对绢的要求也越来越高。在北宋向辽朝交割岁币时,辽朝要对岁币进行检验,绢自然也不例外。最初的做法是,以每2000匹绢为1会。辽朝接收绢时,只清点150会的数量。可到了熙宁五年(1072)五月,辽朝却要求一匹一匹地检查绢的数量和质量,后来真的发现有数百匹绢上有穿孔。

这些绢到了辽朝手里,不仅可以用于穿衣搭戴,而且可以用来做转口贸易。北宋的绢经过辽朝转手,卖给西夏,辽人能赚取两三倍的利润。

由于没有相关数据,我们无法得知宋辽关于绢,特别是河北绢的交易量,也就不知道岁币对宋辽绢帛贸易的确切影响。鉴于河北绢的精良、高价,以及在国际市场上的溢价,30万匹绢虽对北宋朝廷的绢帛收入压力不大,但以机会成本来看,仍是一笔不小的损失。

第三个途径:查阅时人记述。

庆历二年(1042),曾任知越州(今浙江省绍兴市)的范仲淹指出,越州每年通过征税可获得12万匹绢,通过和预买可获得20万匹绢。和预买,就是由朝廷预先向民户垫付生产绢帛的资金,等到民户织好绢帛后,再和田税一起缴纳给朝廷,后来演变成了一种很特殊的税。

范仲淹说这番话时,北宋还是按照澶渊之盟最初议定的10万两白银、20万匹绢向辽支付岁币;宋夏之间也还没有岁赐。前文说过,北宋当时是把各种不同的物资放在一起计算数量,按照这一规则,岁币总数就是30万,越州每年的绢帛产出也是30万，两相抵销。所以，范仲淹认为，这是"费一郡之人而息天下之弊"。

范仲淹是从财政收入角度分析的，而王旦和富弼则把关注点转向了支出。

宋真宗后期的宰相王旦说："国家自从与契丹和好以来，河朔之间的百姓都安定了下来。虽然每年我们要给辽朝岁币，但跟打仗时的军费相比，岁币还不到军费的百分之一。"

无独有偶，庆历四年（1044）时，枢密副使富弼也说，澶渊之盟后，"河朔的百姓近四十年里不再见过战争，虽然要给辽朝岁币，但这笔花费还不足军费的百分之一二"。

虽然富弼说这话时，北宋输辽的岁币已从30万两匹涨至50万两匹，但富弼后面单独提到庆历二年（1042）北宋被迫向辽朝"不免益以金帛，苟且一时之安"。所以，还是可以认为，富弼这里的"百分之一二"针对的是30万两匹岁币而言。

按此理解，北宋给辽朝100年的岁币，足够支持宋辽之间打两场大仗。再结合范仲淹的话，岁币从朝廷财政的支出层面来看，确实不亏。

至此，我们就把朝廷财政在岁币、岁赐支出方面的经济账算完了。结论就是，从北宋每年的财政收入总额来看，岁币、岁赐支出所占比例甚小。从白银收入来看，支出比例偏大，但对朝廷的白银收入和持有量不构成太大的压力；从绢帛收入来看，支出比例较小，但考虑到交易中的利润，对北宋是一笔损失。

然而，就总体而言，自高梁河之战以来，宋军丧失了宋辽战场上的战略主动，只能被动防御；打输了固然不妙，打赢了也不过是自我保护。在这样的形势下，北宋既没能力通过战争获得政治、土地、人口等效益，又不得不被动通过战争来实现自我保护，于是巨额军费就这样打了水漂。相比之下，仅从财政支出的角度来看，岁币要比巨额军费划算得多了。

不过，除了朝廷的财政收支，我们还有两个问题需要解决。

一个问题是，朝廷财政收支是从全局和宏观层面分析的，那么具体到社会局部和微观层面，特别是紧邻辽朝的河北老百姓，是否真的像王旦所说的那样，过得很安定呢？

另一个问题是，除了朝廷的财政收支，以澶渊之盟为代表的一系列和议对社会财富的影响有多大呢？

先来看第一个问题，河北老百姓的真实生活怎么样。我们不妨来看两首诗，一首是前面提到过的王安石的《河北民》：

> 河北民，生近二边长苦辛。
> 家家养子学耕织，输与官家事夷狄。
> 今年大旱千里赤，州县仍催给河役。
> 老小相依来就南，南人丰年自无食。
> 悲愁天地白日昏，路旁过者无颜色。
> 汝生不及贞观中，斗粟数钱无兵戎！

王安石说，河北老百姓因为距离宋辽边境较近，一年到头都很辛苦。平时家家户户要种地、织绢，织出的河北绢都交给朝廷去送岁币。今年闹了大旱，河北赤地千里，结果州县的官府还在抓壮丁让老百姓去修治黄河。最后老百姓活不下去了，只好逃荒去河南。可是河南虽然丰收，但那里的老百姓同样吃不饱饭。

可见，河北老百姓过得仍然很惨。诗的后半部分描述的是宋代老百姓的常态，宋代对民间的剥削是非常重的，甚至连很多士大夫都看不下去了。这与澶渊之盟的关系并不大，而诗前面的四句就和澶渊之盟有关系了。在王安石眼里，由于要为岁币提供大量河北绢，河北边民的负担非常沉重，因此才会"长苦辛"。

欧阳修的《边户》则直接讲述了居住在宋辽边境上的民户的困境：

> 家世为边户，年年常备胡。
> 儿僮习鞍马，妇女能弯弧。
> 胡尘朝夕起，虏骑蔑如无。
> 邂逅辄相射，杀伤两常俱。
> 自从澶州盟，南北结欢娱。
> 虽云免战斗，两地供赋租。
> 将吏戒生事，庙堂为远图。
> 身居界河上，不敢界河渔。

边民世世代代生活在宋辽边境上。以前宋辽战争不断，为了防备辽人进犯，边民要常年习武，小孩儿能骑马，妇女也能弯弓搭箭。那时辽人经常突袭边境，契丹铁骑如入无人之境。民户与辽人遭遇，只好互相射杀，彼此两败俱伤。自从宋辽缔结澶渊之盟后，两国总算恢复了和平。可对于边境的民户来说，虽然免于战场上的杀戮是件好事，却要同时向宋辽两国缴纳赋税。官府也要求这些民户不要在边境上生事，以免破坏了朝廷的宏图大略。结果这些民户虽然居住在宋辽两国的界河——巨马河（现写作"拒马河"）边上，却根本不敢去河里打鱼，以免与辽人发生纠纷。

《边户》里讲述的这些住在边境上的民户，当时被称为"两属户"或"两输户"；"两属户"所在之地称为"两属地"。顾名思义，"两属"就是同时隶属于宋辽两国。

北宋的边境上存在大量两属地，如前面一再提及的北宋边镇雄州（今河北省保定市雄县西南），下辖的土地就多为两属地。这种两属地在法理上属于宋朝，当地的官员也由宋朝任命，但具体的赋税征收和差役征发却由两国分别负责。

端拱年间（988—989），宋太宗蠲免了河北边境民户的赋税，没想到辽朝却乘虚而入，对这些民户征起税来。刚刚接连在岐沟关和君子馆经历惨败的宋太宗不敢去找辽朝理论，大臣们却害怕这样时间久了这些民户就变成辽人了，于是又象征性地在边境征收起马桩、火牛草等物料来。就这样，北宋边境的民户开始有了"两属"的性质。

除了赋税，两属户也同内地民户一样要服差役。只不过他们有的向北宋服役，有的向辽朝服役。在确定徭役时，两国对民户有占户多少的划分，一般是宋占得多，辽占得少，毕竟这是在宋朝的土地上。

不过，两国差役的轻重不同，两属户里常有为了躲避一方过重的差役，而逃到差役较轻的一方的情况。比如，宋神宗时，辽朝差役重，服辽役的两属户就南逃，跑到北宋这边。起初宋神宗倒是很保护这些南来的两属户，可时间久了，两属户逃来窜去，影响边境的稳定和管理，于是朝廷只得要求边境加强对南下两属户的监管。

除了绢帛生产和两属户的问题，澶渊之盟对河北老百姓还有一个普遍存在的影响，那就是迎送辽朝使团时的扰民问题。

澶渊之盟订立后，宋辽使节的外交活动相当频繁。景德四年（1007），宋朝专门设立了新的外交机构管勾往来国信所（简称"国信所"），负责辽朝使节团入宋后的迎来送往。主管国信所的官员由入内内侍省的宦官充任。

每当辽朝使节团入境前夕，北宋朝廷都会临时选派高级文武官员各一名担任接伴使，国信所也会派出由宦官担任的三番使臣，共同完成对辽朝使节团的迎来送往工作。

接伴使一般负责对辽使的外交礼仪、政治斡旋等工作，而三番使臣则负责辽朝使节的饮食起居。使节团入境后，必然经过河北才能到达宋朝国都开封，因此北宋在河北设有接待辽朝使节的驿站。由于辽朝使节每至一驿，都有北宋皇帝赐予的酒宴、茶、药等，因此，三番使臣通常要比接伴使提前三五日出发，与河北当地官府协调，进行沿途安顿。

河北老百姓就倒霉在这"三五日"里。

辽朝使节团通常由一百多人组成。对北宋来说，这样的外交活动是向辽朝展现"中国广大"的重要窗口，因而极为重视，大讲排场。三番使臣到达河北后，首先向地方官府索取大量鸡鸭鱼肉、山珍海味，广设酒宴，以用于接待辽朝使节团。遇到一些辽朝使节想要购买某些货物的情况，三番使臣也会催促地方官员立即调拨，以满足辽朝使节的需求，以此来展现中华的国力昌盛，物产丰富。

这样做的结果是苦了一线官员。通常物资和人手都是在辽朝使节团驻地周边征调的，知县们骤然接到命令，马上就要像秋风扫落叶一样去辖境内扫荡，要是扫荡不利，凑不够三番使臣所要求的人力、物力，耽误了展现大宋强国风貌的大计，这些知县马上就会遭到弹劾丢官。

当然，毋庸置疑，最惨的还是被扫荡的老百姓，在时间紧、任务重的形势下，他们必须有钱的出钱，有力的出力，为大宋的国家荣誉做出超出自己承受能力的贡献。辽朝使节每过一趟河北，这里的民户就被三番使臣搞得鸡犬不宁。那兴师动众的场面，直追当年宋军与辽军打仗前的战前动员。

这么好的薅羊毛机会，谁会放过呢？三番使臣少不了中饱私囊，而那些冲在征收物资最前线的县乡胥吏更是赚得盆满钵满。

即便宋辽两国什么事情也没有，每年辽朝使节团也至少要来两次，一次是祝贺新年，另一次是为北宋皇帝庆贺生日。所以，对于河北老百姓来说，竟然没有一年是能躲过骚扰和洗劫的太平日子。

对这样的做法，有责任心的官员大为不满。宋真宗晚年，知永济县（今河北省邯郸市馆陶县北）陈耿到任后，便提前把供应辽朝使节团的物资储备好。辽朝使节团过境，陈耿从容自如地调度物资，没有再惊扰百姓。

陈耿只是做得有条理，尽量不再扰民，也由此减少了相关官吏上下其手的机会，但这并没有减少人力、物力的消耗，也就是说没有真正减轻老百姓的负担。直到宋仁宗皇祐二年（1050）五月，朝廷终于取消了三番使臣，改由地方官负责迎送事务。可没过几个月，就又恢复了旧制。气得谏官包拯直质问朝廷：这帮三番使臣跟强盗一样，好不容易取消了，为什么又恢复旧制？包拯建议，以后用于接待辽朝使节团的衣食住行物资，都由地方官府单独置办，国信所只负责督管。包拯的建议不知是否被当时的朝廷接纳，但直到宋哲宗元符元年（1098），朝廷才正式宣布辽朝使节团在河北沿途食宿置顿、车马出行等服务性的接待任务由地方官府独办。

由此可见，在曾经战火纷飞的河北地区，老百姓确实过上了和平的日子，比之那种生命随时受到威胁的战争岁月，澶渊之盟确实给了他们更安全的生活。但这种安全并不代表安逸，"长苦辛"才是河北老百姓的日常。正所谓"兴，百姓苦；亡，百姓苦"。

不过，澶渊之盟也确实有它的经济价值，在宋辽贸易乃至以此为核心的东亚国际贸易方面，澶渊之盟厥功甚伟。篇幅有限，这里就挑重点来说说。

辽朝的庆州释迦牟尼佛舍利塔，位于今内蒙古自治区赤峰市巴林右旗境内。1998年至1992年，考古工作人员在塔刹（塔的最高处）内发现了大批沉香、乳香等香药，这些香药是佛教重要的供养品。契丹族中有不少人信奉佛教，香药对于他们来说是必备用品。

香药原产于今天的东南亚各地，通过贸易进入宋朝，然后被宋人转手卖给辽人。小小的香药不仅将宋朝与辽朝联系在了一起，更是将两个政权与世界联系在了一起。

其实，宋辽贸易由来已久。哪怕是两国大打出手的宋太宗时期，互通有无的边境贸易依然时断时续。辽朝从宋朝进口茶叶、瓷器、漆器、丝绸、香药、珍珠、犀角，宋朝从辽朝买入羊、骆驼、布匹、马具、北珠。

宋人很早就发现贸易对于宋辽关系的重要性。雍熙北伐失败后，殿中侍御史赵孚曾向宋太宗指出，贸易畅通是维持宋辽两国长久和平的重要筹码。辽人对宋辽贸易也很重视，甚至在宋咸平五年、辽统和二十年（1002），主动请求宋朝开放边境贸易。日本学者畑地正宪甚至推测，10世纪末，萧太后与辽圣宗屡次袭扰宋朝，目的就是逼迫宋朝长期维持边境贸易。

澶渊之盟订立后，宋辽之间的军事对抗基本结束，和平的环境促进了边境榷场贸易的恢复和发展。榷场是两宋时期各政权在边界设置的市场。一方面，农牧民族之间需要贸易，互通有无；另一方面，榷场由各个政权的统治者经营，既可通过榷场控制边境贸易，调整与其他政权之间的关系，又可以通过榷场贸易获得巨额收入。

澶渊之盟后，宋朝于境内的雄州、霸州（今河北省霸州市）、安肃军（今河北省保定市徐水区）、广信军（今河北省保定市徐水区西），辽朝于境内的新城（今河北省高碑店市新城镇东南），都设有用于宋辽贸易的榷场。榷场贸易本身成为维持双方和平的重要保证，因为这种贸易使两国互惠互利，谁都不愿意轻易开战了。

尽管北宋每年要向辽朝输送岁币，包括了不少白银，但辽朝在与宋朝进行大宗贸易时用白银支付，由于辽朝进口的商品多于宋朝，因而不少白银又从辽朝回流至宋朝。这些回流的白银，60%进入了朝廷的国库，剩余的40%则流入民间。这也是北宋朝廷能够通过市场获得大量白银的原因。相对于需要花费巨额军费的战争，宋朝从和平的贸易中确实获得了实惠。

辽朝也从贸易中获得了好处。通过对草原商路的经营，辽朝与我国境内的西夏、高昌回鹘、于阗等政权，以及位于中亚、西亚的大食国（阿拉伯帝国），南亚的狮子国（今斯里兰卡）等都保持着密切的贸易往来。依靠这条"草原丝绸之路"，中亚的西瓜、中东的玻璃制品，甚至北欧的琥珀饰品，源源不断地传入辽朝；随后又通过宋辽贸易，流通到宋朝。辽朝依靠"草原丝绸之路"，成为当时东亚重要的转口贸易国，从中大获商利。

现在，我们可以从整体上来评价澶渊之盟对宋朝的影响了。

在政治上，澶渊之盟确定了宋辽两国的对等关系。在经济上，宋朝要向辽朝输送岁币，这笔岁币虽然在一定程度上加重了北宋的财政负担，但并不严重，北宋吃了一点小亏；不过依靠宋辽两国的和平关系，北宋在宋辽边境的榷场贸易中赚得盆满钵满，反而占了大便宜。辽朝也在和平中通过转口贸易积极经营"草原丝绸之路"，大获好处。这些都足以让澶渊之盟赢得喝彩。

但同时，我们也应该看到，对宋辽战争的重灾区河北而言，那里的民户虽然从澶渊之盟中获得了安全，却并没有获得安逸，由岁币、两属地和接待辽朝使节团导致的负担依然相当沉重。澶渊之盟中规定的政治对等也在随着时间的流逝悄然出现有利于辽朝的局面。

更糟糕的是，澶渊之盟成为一种祖宗之法，使以后一切"花钱买和平"的行为变得合理、合法。澶渊之盟后，出现的所谓"吃小亏，占大便宜"的现象，也使不少人打心眼儿里认为"花钱买和平"是值得的，更有甚者对整军备战嗤之以鼻。

澶渊之盟后的宋朝就像是一个交保护费后就可以安心闷声发大财的商贩，当"花钱买和平"成为一种外交路径依赖后，"交保护费"的权力便开始被滥用。有人天真地以为，只要交够钱，对方就不会来砸场子，结果被现实啪啪打脸教做人；还有人跪在地上，乞求对方给自己上交"保护费"的权力。凡此种种闹剧、丑剧，早在宋辽订立澶渊之盟时便已埋下了伏笔。

三足鼎立：宋、辽、夏间的军事外交制衡

澶渊之盟确立了宋辽两国南北朝的政治地位，但当时中原地区的局势并非南北对峙，而是"三足鼎立"。在宋辽之外还有一股不容忽视的力量——西夏。

在辽、宋、西夏三国中，西夏是正式独立建国最晚的一个；可是以建立稳固政权而论，西夏又是最早的一个。

西夏的前身是夏州党项族建立的定难军政权。党项族一说源于羌族，一说源于鲜卑族，在南北朝后期（6世纪后期）才崭露头角。唐中和元年（881），党项族首领拓跋思恭因镇压黄巢起义，被封为定难军节度使、夏国公，赐姓李氏，以夏州（今陕西省榆林市靖边县北）为首府。从此，党项族李氏世袭定难军节度使，建立起割据政权，统辖夏、绥（今陕西省榆林市绥德县东南）、银（今陕西省榆林市横山区）、宥（今内蒙古自治区鄂尔多斯市鄂托克旗敖勒召其镇）四州之地（后又增设静州，今陕西省榆林市米脂县）。唐朝灭亡后，定难军和当时的许多小政权一样，对中原的五代王朝和继之而起的宋朝称臣纳贡。宋太宗亲征北

汉时，定难军甚至派出军队，以壮宋军声势。

太平兴国五年（980），19岁的李继捧成为新一任定难军节度使。由于他太年轻，难以服众，李氏族人掀起叛乱。到了太平兴国七年（982）五月，焦头烂额的李继捧觉得自己实在难堪大任，索性主动入朝献土，表示愿意取消定难军这个半独立的割据政权，自己就留在京师开封了却余生。

宋太宗大喜过望，毕竟当年对吴越、漳泉这两个小政权，也是通过和平献土来完成统一的。宋太宗立刻批准了李继捧的请求，对党项李氏家族的主要成员一一加官晋爵，随即派出使者进入定难军，发遣李氏族人进京。

可宋太宗错估了定难军的形势。首先，当年的钱俶和陈洪进对吴越和漳泉有绝对控制力；而李继捧根本控制不了定难军的局面，换句话说，他入朝献土，不代表宗族内部其他人一定会老老实实地跟着他去开封。其次，吴越和漳泉都是临海的政权，面对强大的宋朝，他们缺乏战略纵深，只能献土；定难军却不同，作为一个紧邻沙漠的内陆政权，有的是打游击的机会。最后，定难军是一个少数民族政权，好勇斗狠，对宋朝没有那么大的向心力。

因而，眼看定难军政权被取消，李继捧的族弟、管内都知蕃落使李继迁大为不满。李继迁说："我们的祖先在这片土地上生活了三百多年，父兄子弟列居州郡，雄视一方。现在朝廷把我们宗族全迁到京师看管起来，生死大权都掌握在别人手里，李氏这是要绝嗣了！"其弟李继冲也认为："虎不能离开深山，鱼也不能离开深潭。我看不如乘着夏州没有防备，我们杀掉宋使，占据绥、银二州，大事可成！"谋士张浦却认为，夏州很难守住，不如暂时北走沙漠，积蓄力量，看准时机再卷土重来。

最后，李继迁采纳了张浦的谋略，带着家族亲信数十人逃到了夏州东北三百里外的地斤泽（今内蒙古自治区巴彦淖尔市），以此为根据地，招兵买马，联合大姓，不断侵扰宋朝的边境。

正是这几十人开创的基业，困扰了北宋近一个半世纪。

雍熙二年（985），李继迁一举攻下银州，自称定难军留后；次年对辽朝称臣联姻，受册封为定难军节度使。到了淳化元年（990），李继迁被辽朝封为夏国王。之所以封为"夏国"，是因为定难军节度使以夏州为首府，而日后西夏立国，国号也由此而来。此后，李继迁充分利用宋辽的对立关系，时而降辽，时而附宋，在两大强国的夹缝中纵横捭阖。

宋太宗决心彻底消灭李继迁。他一面对李继迁实行经济封锁，一面派李继捧坐镇夏州招抚李继迁。可由于宋朝不再进口银州出产的青盐，反而导致关陇地区的宋朝百姓没盐吃；而李继捧更是暗中与李继迁勾连。无奈，宋太宗最后只好再度诉诸武力，亲自部署五路大军进讨李继迁。结果，宋军还是老问题，缺乏协同，步调不一；西北地区又地势险恶，宋军粮运不济；加上李继迁熟悉地利，神出鬼没，宋军愣是连党项军的主力都没找到，只得在疲惫不堪中无功而返。

至道三年（997），宋太宗在遗憾中去世，李继迁遣使求和。新即位的宋真宗任命李继迁为定难军节度使，并将已经控制了15年的夏银绥宥静五州交给他，希望与定难军的关系恢复到李继捧献土以前的状态。可李继迁从中嗅出的味道却是宋朝的软弱无能。于是，他将矛头指向了西北重镇灵州（今宁夏回族自治区灵武市西南）。从这一刻起，李继迁从"收复故土"走向了"开疆拓土"。

灵州位于夏州西侧，地处要冲，是由夏州进入河西走廊，进而掌控丝绸之路的关键；而对于宋朝，失去灵州不仅意味着痛失西北边防重镇，更在于与河西地区的马匹贸易将受制于党项，从而可能导致战马缺乏，而战马又是与辽朝作战的重要战略物资。

然而，灵州地区赋役繁重，当地百姓已经被压得喘不过气来，而李继迁又是势在必得。包括"圣相"李沆在内的不少人认为，以宋朝目前的状态，根本守不住灵州。咸平五年（1002）三月，李继迁发动了第三次灵州之战。宋朝派出六万大军支援，可援军尚未到达，灵州就失陷了。

攻克灵州后，李继迁声势大振。他将灵州改名为西平府，作为自己新的都城，随后不断发动对外战争。次年十一月，李继迁攻占由吐蕃六谷部控制的河西重镇西凉府（今甘肃省武威市），并改名凉州，由此志骄意满，中了吐蕃人的埋伏，身受重伤，后来凉州也得而复失。景德元年（1004）正月，李继迁因伤重去世，其子李德明（因宋朝赐姓赵，又称赵德明）继位（1004—1032年在位）。

李继迁临终前，遗命李德明与宋朝重归旧好。这是因为，李继迁常年征战，夏国虽然在军事上屡战屡胜，可在经济上陷入了困窘。然而就在李继迁去世的这年年底，宋辽缔结了澶渊之盟，由敌对交战转变为友好和平。夏国外失强援，内有忧患，李德明不得不考虑偃旗息鼓、休养生息。

而北宋在同辽朝复和后，也开始对夏国采取"姑务羁縻，以缓战争"的方针，希望用类似的方法解决西北边患。景德二年（1005）春，宋朝迫不及待地主动向夏国提出议和。双方经过反复讨价还价，于景德三年（1006）九月正式签订和约。李德明向宋朝称臣，宋朝任命李德明为定难军节度使，封西平王，还赐给他银1万两、绢1万匹、钱2万贯、茶2万斤。与此同时，李德明继续向辽朝求封，并于辽统合二十八年（1010）受封夏国王。

李德明和宋盟辽的做法为夏国创造了绝佳的外部环境。在这样的环境中，夏国大力恢复发展经济，并依靠对外贸易积聚了大量财富，经济文化交流也大大提高了党项族的物质及精神生活。

在稳住宋辽两大国的同时，李德明继续不失时机地开疆拓土，经略河西。天圣六年（1028），夏国攻灭甘州回鹘，占领甘州（今甘肃省张掖市）；天圣十年（1032），又重夺凉州。夏国的蒸蒸日上使李德明有了称帝的野心。他迁都兴州（今宁夏回族自治区银川市），大建宫室，使用皇帝的礼仪；又册立李元昊为太子，追尊父亲李继迁为皇帝。

只不过，为了经济利益，李德明仍然对宋朝虚与委蛇，这引起了太子李元昊的不满。李元昊能征善战，甘州和凉州都是他打下来的，他早就对对宋称臣耿耿于怀，认为这样不利于党项族的团结。李德明却告诫他："我常年用兵，太疲惫了！我族人能在三十年里穿着绫罗绸缎制成的衣服，这都是宋朝的恩德，我们不能辜负宋朝。"李元昊却辩解说："穿着皮毛做的衣服去放牧，是我们蕃人的本性，英雄一世，就应该称王图霸，哪用得着穿绫罗绸缎！"

李德明在统治党项夏国29年后，于天圣十年（1032）十月去世。满脑子雄图霸业的太子李元昊继位（1032—1048年在位），这标志着近30年的宋夏和平即将走到尽头。

李元昊继位，宋辽两国按例遣使册封，宋朝任命他为定难军节度使、封西平王，辽朝封他为夏国王，但李元昊对这些封爵毫无兴趣。在接受宋朝封号时，李元昊一度不肯跪拜，后来不得不拜，起身后依旧心中不平，他跟大臣们说："先王大错！有如此之国，还要对别人跪拜称臣吗！"

于是，李元昊便有了自尊之意，公然搞起了"僭越"。他干的第一件事就是改名换姓。

关于李元昊的姓，倒是值得唠叨两句。

前面说过，建立西夏的这支党项家族姓拓跋，因为帮助唐朝镇压黄巢有功，因而被赐姓为李。到了宋朝，时过境迁，为了表示新朝恩宠，宋太宗一度为李继捧赐名赵保忠、为李继迁赐名赵保吉。然而，继捧、继迁兄弟对这样的"恩宠"不屑一顾，该造反一样造反。

可李元昊却认为，李也好，赵也好，都是汉人的姓，不值一提，于是别出心裁自创了一个姓——嵬名。

这是什么意思呢？学者们众说纷纭，一种常见的说法是，在西夏文里，"嵬"和"名"两个字都是由一个表示读音的符号和一个表示"圣"字的偏旁组成的。"圣"字旁表示这是一个神圣的、与王室有关的姓氏，而读音又可能出自汉语的谐音。由于夏州党项本姓拓跋，因而他们自称是北魏皇室后裔。西夏文里"嵬名"的读音与唐五代时期西北方言里"魏名"的读音相似。这样一来，"嵬名"也就是"魏名"，翻译过来便是"有魏的姓名的家族"。

如果真是这样，那"嵬名"这个姓还真是一大讽刺。李元昊执意要改掉汉姓，可最后造出来的新姓仍然摆脱不了汉语的读音。

值得一提的是，尽管在汉文史书中，李元昊的后人们又把皇帝的姓氏改回了李姓，但在西夏文中，他们一直姓"嵬名"，未再发生变动。

除了改姓，李元昊还改名，自称"曩霄"。也就是说，从这一刻起，李元昊便改叫嵬名曩霄了。

改完了姓名，嵬名曩霄又开始改头衔。什么夏国王、西平王，他统统不要，而是自称"兀卒"。在西夏语中，"兀卒"是"青天子"的意思。曩霄自称"青天子"，是要与被他们视为"黄天子"的大宋皇帝分庭抗礼。

在嵬名曩霄以前，定难军夏国政权一直使用中原王朝的年号，以表示奉其为正朔，自己为臣属。嵬名曩霄自然不能容忍这样的"屈辱"，特别赞赏谋臣杨守素"要必建元表岁，以示维新"的建议。恰好这年十一月，宋朝改元明道，嵬名曩霄便借口"明道"的"明"字触犯了父亲李德明的名讳，将"明道"改称"显道"。这时的嵬名曩霄还比较小心谨慎，见宋朝没什么反应，他干脆在显道三年（1034）七月改元开运，后来发现这是后晋亡国时的年号，又在八月改元广运。

改姓、改名、改元，还只是名号的变化，为了建国称帝，嵬名曩霄更是在制度、文化方面大做准备工作。

为了增强民族意识，夏显道元年（1032），嵬名曩霄发布秃发令，要求境内党项族人在三天之内，按照自己的民族传统剃光头顶，严禁按照汉族人的习俗结发。三天内不秃发的党项族人，人人都可以将他处死。夏广运三年（1036），曩霄又命大臣野利仁荣搜集、整理并正式创立西夏文字。

夏显道二年（1033），嵬名曩霄升兴州为兴庆府，按照唐都长安、宋都开封的规划布局，大兴土木。同年，他模仿宋朝制度，大规模改革官制、兵制和礼制，初步建立起一套粗糙的中央集权制度。

嵬名曩霄在军事方面也没有手软。夏显道三年（1034），嵬名曩霄兵出府州（今陕西省榆林市府谷县），大败宋军；次年又用兵河湟（今青海省东北部一带），与当地的吐蕃部族互有胜负；夏广运三年（1036）七月，嵬名曩霄再度发兵西征，先后攻克肃州（今甘肃省酒泉市）、瓜州（今甘肃省酒泉市瓜州县东南）和沙州（今甘肃省敦煌市），不仅彻底控制了河西走廊，也解除了回鹘族人对自己的后顾之忧。党项势力达到全盛，嵬名曩霄建国称帝的时机成熟了。

夏大庆三年（1038）十月，曩霄正式称帝，定国号为夏，改元天授礼法延祚，是为夏景宗。他追尊祖父李继迁为夏太祖、父亲李明德为夏太宗。因夏国地处宋朝之西，故史称"西夏"。澶渊之盟后的宋、辽南北朝，至此正式演变为宋、辽、夏三足鼎立。

西夏立国，宋朝朝堂鼎沸，宰相张士逊力主出兵，鄜延路副都部署（相当于西北鄜延战区副总司令）刘平甚至直接写好了《攻守之策》。只有右正言、直集贤院吴育指出，可以援引宋初太祖对待江南藩国的旧例，更改对西夏的称谓，暂时先安抚嵬名曩霄，再找机会收服他，结果被张士逊嘲笑为精神病。

宋宝元二年、夏天授礼法延祚二年（1039）十一月，嵬名曩霄向鄜延路、环庆路安抚使兼知延州（今陕西省延安市）范雍假意求和，然后乘范雍不备，突袭保安军（今陕西省延安市志丹县），范雍急调刘平等驰援；嵬名曩霄却已一举攻下延州西北门户金明寨（今陕西省延安市西北），杀至延州城下。范雍再度召刘平等军回援。次年正月二十三日晚，刘平率1万余人到达三川口（今陕西省延安市西），遭遇夏军，双方展开激战。刘平左耳、右颈中了流矢，仍然镇定指挥。后因黄德和率军逃走，宋军全线溃败。刘平率千余残军依然顽强抵抗夏军，终因寡不敌众，于次日兵败被俘，后不降而死。幸好当时天降大雪，嵬名曩霄见好就收，延州才不至陷落。

三川口之战是北宋中叶宋夏战争中宋军的首次大败。宋廷闻讯，朝堂震惊。为了应对战争，宋仁宗征调大量军队、粮草到西北，还要求边事由中书与枢密院共同商议，同时调整了人事部署。朝廷以三朝元老晏殊知枢密院事，职掌枢密院，晏殊立即强烈要求废止"颁授阵图""将从中御"的老传统，给前线将领更多指挥权。

宋仁宗又任命自己的老师夏竦任陕西经略安抚使，为西北前线统帅；以范仲淹和韩琦为安抚副使，分别知泾州（今甘肃省平凉市泾川县）和延州，作为夏竦的副手。

别看是副手，范仲淹和韩琦却对西北战局产生了重要的影响。范仲淹（989—1052），字希文，苏州吴县（今江苏省苏州市吴中区）人。他幼年丧父，母亲改嫁后，随继父改姓朱氏。后经寒窗苦读，进士及第，恢复范姓。范仲淹以秉公直言著称，曾因得罪宰相吕夷简而遭贬斥。他在任地方官期间政绩卓著。

范仲淹拥有较高的军事素养。这次他被派往延州主持军务后便打破了旧有编制，将辖区内主将、副将、监军手中的1.8万名士兵重新分给六将，每将率3000人分部训练，这成为日后王安石变法时"将兵法"的滥觞。此前，夏军来犯，宋军总是官位低的将领先领兵出战，官位高的将领后领兵出战。范仲淹则改为依据夏军多少，派相应的将兵抗击。经过范仲淹的改革，延州守备力量大大增强，夏人不再染指延州，并说："别打延州的主意了，现在的小范老子（指范仲淹）腹中有数万兵甲，没当年的大范老子（指范雍）那么好骗喽。"

韩琦（1008—1075），字稚圭，相州安阳县（今河南省安阳市）人。他早年做谏官，以直言敢谏著称，曾在灾荒时，因宰执束手无策，上书弹劾，致使四人同日罢职，人称"片纸落去四宰执"，韩琦自此名闻京师。此次韩琦与范仲淹共同负责西北防务，时人合称"韩范"。当时西北边塞有首歌谣说道："军中有一韩，西夏闻之心骨寒。军中有一范，西夏闻之惊破胆。"

然而，在对夏是攻还是守的问题上，范仲淹与韩琦的分歧却很大，致使北宋内部争议不断。

韩琦主张集中兵力灭夏；而范仲淹认为宋军长期边防不修，战斗力不强，因此主张固守抗敌。这年年底，宋仁宗召见韩琦，决定于次年正月发兵讨夏；但当他读了范仲淹的奏章后，又产生了动摇。等韩琦回到陕西，才发现宋仁宗已经允许范仲淹暂缓出兵。优柔寡断的宋仁宗在关键时刻"和稀泥"，这让刚毅果决的嵬名曩霄掌握了战略主动权。

宋康定二年、夏天授礼法延祚四年（1041）初，嵬名曩霄释放了被俘的宋塞门寨（今陕西省延安市安塞区镰刀湾镇）寨主高延德，让他回延州向知州范仲淹转达和平意向。由于高延德没有携带书信，范仲淹没有文件可以上奏朝廷，便以个人的名义给嵬名曩霄写了一封信。

在信中，范仲淹称嵬名曩霄为"大王"，劝其归附。他指出，朝廷对西夏有超过30年的恩德，并认为曩霄称帝不能与契丹相提并论。因为"北朝"称帝由来已久，与宋朝是兄弟之邦。现在朝廷以仁守国，而宋夏交战，必然会造成蕃汉兵民的伤亡。如果大王您还有爱民之德，愿意入贡，朝廷一定会封您王爵，不仅每年有丰厚的赏赐，还可以恢复双方的贸易。

范仲淹的信号很明确，嵬名曩霄必须取消帝号，继续向宋朝称臣纳贡。如果还要继续打下去，那么一旦宋军取胜，那时你再来称臣议和，朝廷可就不答应了。

范仲淹的"软钉子"让嵬名曩霄很不舒服，可这枚钉子终究是软的。在宋夏战意正浓的时刻，要想让嵬名曩霄服帖，最直接有效的方法是战场上的胜利，可战场上的宋军实在太不给力了。

二月，嵬名曩霄率10万夏军攻宋，韩琦急命环庆路副都部署任福率1万余人截断夏军后路。他一再嘱咐："山间道路狭隘，肯定有埋伏。要是敌人激怒我们，或者用诱饵引诱我们，都别理他。"

十二日，任福遭遇夏军，敌人一触即溃，丢下马、羊、骆驼就跑。任福乘胜追击，不料一头钻进嵬名曩霄在好水川（今宁夏回族自治区固原市隆德县西北）设下的埋伏圈。双方从清晨激战到正午，任福战死，6000名宋军将士殉国。主攻的韩琦也因此遭到降级处分。

这年四月，乘着好水川之胜，嵬名曩霄终于给范仲淹写了回信，只是这封书信态度极为傲慢。范仲淹抄录了一份副本，然后当着来使的面把书信原件二十六页中的二十页烧掉，将剩下的六页删改后上报给朝廷。

这一举动引起了朝中争议。大臣们都说范仲淹不应该私自与嵬名曩霄通信，更不应该私自烧毁信件原件。宰相吕夷简私下对参知政事宋庠说："人臣无外交，希文何敢如此？"天真的宋庠以为吕夷简要收拾范仲淹，于是在上朝时大放厥词，说范仲淹可斩。枢密副使杜衍坚决反对，吕夷简也出来支持杜衍，说范仲淹只可以薄责。最终，朝廷罢掉了范仲淹的陕西经略安抚副使，让他改知耀州（今陕西省铜川市耀州区），并做了降级处理。

两名安抚副使，一个主攻，一个主守，结果双双被罢掉。不过，好水川大败,终于"帮助"宋仁宗在攻守间做了决断。这年十月,朝廷将西北前沿阵地分为鄜延路、环庆路、泾原路和秦凤路,相当于建立了四个战区,四路帅府分别设置在延州、庆州(今甘肃省庆阳市)、渭州(今甘肃省平凉市)和秦州(今甘肃省天水市),由庞籍、范仲淹、王沿、韩琦分别担任知州,并兼任本路马步军都部署,也就是战区司令。

四路战区防地分明,有利于分区防守,体现了宋仁宗接受范仲淹的思想,已经转攻为守。不过,正如欧阳修所说,这样的分区"军无统制,分散支离,分多为寡,兵法所忌",在四路战区形成有效的协同作战体制前,这样的布局并不能有效改变"常战而常败"的局面。

宋仁宗虽然放弃了主攻的战略,但马上又陷入徘徊:下一步,究竟是和,还是战?宋仁宗倾向于和,但"帮助"他下定决心的却是大宋的"兄弟之国"——辽朝。

此时的辽朝,正在辽圣宗的儿子辽兴宗耶律宗真掌握之下。按照宋辽兄弟之国的约定,辽兴宗是宋仁宗的弟弟。但如前文所述,这位弟弟野心爆棚,满脑子都是要当哥哥的宗主的念头。

早在辽重熙六年(1037),辽兴宗就想发兵夺取三关,但被大臣劝阻。如今宋夏大打出手,宋朝还被打得几乎无还手之力,辽兴宗自然不会坐失这样的良机。从重熙九年(1040)到重熙十年(1041),辽兴宗屡屡提及周世宗取关南之事,还总是挑宋朝使臣礼仪的刺。他甚至以宋人的国书不合礼仪为由,准备御驾亲征。老臣张俭见已经劝阻不住,只好说:"先派个使臣去交涉就行了,何必兴师动众远劳车驾呢?"

宋庆历二年、辽重熙十一年、夏天授礼法延祚五年(1042)正月,辽宣徽南院使萧英和翰林学士刘六符入宋,一面杀气腾腾地索要周世宗曾经收复的关南十县之地,一面怒气冲冲地质问宋朝为什么要讨伐西夏并在边境增加戍兵。

一时之间,宋朝这边竟然没人敢去接待辽朝使节。最后,穷于应付的宋仁宗接受宰相吕夷简的建议,派知制诰富弼两次赴辽谈判。

富弼(1004—1083),字彦国,西京河南府(今河南省洛阳市)人。他素怀大志,范仲淹曾称赞富弼有王佐之才,并将他推荐给了晏殊。晏殊对富弼大为赞赏,便招他做了自己的乘龙快婿。这次富弼在接到宋仁宗的任命后,慨然道:"主忧臣辱,臣不敢爱惜自己的生命!"

其实辽朝有不少大臣对辽兴宗趁火打劫的做法不以为然,萧英就是其中之一。萧英见到富弼后,偷偷告诉他辽兴宗的目的,并吩咐说,对于辽兴宗的要求,"能答应的就答应,不能答应的就搪塞过去"。

由于富弼态度坚决,针锋相对,辽兴宗始终无法逼迫宋朝割地。到了九月,双方最终达成新的约定:澶渊之盟规定的岁币数额,白银由10万两增至20万两,绢由20万匹增至30万匹。宋向辽输送岁币,改称为"纳"。

当时宋军在西北败得一塌糊涂,增加岁币实在是无奈之举。既然辽人已经得到了实惠,宋朝大可不必再将输送岁币改称为"纳"。一旦改字,就有了"纳贡"的意味,这实在是太打脸了。因而富弼坚决不同意,但宋仁宗急于解决外交争端以专心对付西夏,竟然毫无原则地答应了辽朝的要求。

辽兴宗在大发横财之际,又在嘴上占足了宋朝的便宜,甚至跑去向自己的附属国高丽夸耀:"朕因为关南十县是我国故土,本来打算兴兵伐宋,收复失地。结果宋朝急不可耐地跑来求和,说在旧有的30万两匹贡品之外,每年再贡纳金帛。"宋朝丢人丢到了海外。

由于这次修约发生在宋朝庆历、辽朝重熙年间,因而被称为"庆历增币"或"重熙增币"。

富弼在国家危难之际两次出使辽朝,坚决捍卫宋朝的尊严,最终不仅避免了宋辽开战,也使辽朝放弃了割地的无理要求。富弼第一次使辽时,恰逢女儿暴亡;第二次使辽时,又赶上儿子出生,他都不顾而行。宋仁宗对富弼非常欣赏,几次要为他升迁,却都被他拒绝了。富弼说:"增加岁币并非臣的本意,只因我们在讨伐元昊,无暇与辽人较量,所以臣不敢以死与辽人相争。现在要给臣升迁,臣怎敢接受呢?"

宋辽修约之际,宋仁宗对西夏的态度,完成了由"守"向"和"的转变。那么,嵬名曩霄对宋辽的和解是什么反应呢?

闰九月,也就是宋辽修约一个月后,嵬名曩霄再度犯边,泾源路副都部署葛怀敏率军迎敌,在定川寨(今宁夏回族自治区固原市北)被夏军包围。最终,葛怀敏以下14员大将战死,万余士兵被俘。败报传入朝廷,宰相吕夷简不禁大呼:"一战不如一战,可怕!"

西夏虽然在军事上连战连胜,在经济上却输得一塌糊涂。和平年代,西夏可以从宋朝获得大量的赏赐,还可以通过边境贸易获得粮食、布匹、茶叶等生活必需品。现在两国开战，贸易停摆，商品稀缺，物价昂贵，从贵族到百姓都吃不消了。又因常年征战，西夏军民死伤惨重，兵力和劳动力无法补充。特别是，宋辽修约后，西夏与两国的关系也发生了微妙的变化。事已至此，于宋于夏，和谈都是结束这场战争的唯一出路。

而辽兴宗在拿了宋朝的"好处费"以后，也决定出面调停宋、夏矛盾，以此来凸显辽朝凌驾于宋、夏两国之上，在三国交涉中的主动地位。辽兴宗以宗主国的身份派人督促嵬名曩霄与宋朝议和，嵬名曩霄反倒来约辽攻宋，被辽兴宗一口拒绝。和澶渊之盟后李德明面临的国际形势一样，重熙增币后，嵬名曩霄也面临着被孤立的风险。

宋庆历三年、夏天授礼法延祚六年（1043）七月，备受压力的嵬名曩霄终于决定与宋朝和谈。只不过，他仍然不愿就这样向宋朝低头。宋朝要求西夏称臣，嵬名曩霄却只称男不称臣。特别是，他还按党项族风俗，在国书中自称"兀卒"，甚至后来改写作"吾祖"。这似乎是嵬名曩霄有意为之。宋朝臣僚大怒，知谏院蔡襄对仁宗说："'吾祖'，这就好像在说'我祖宗'。现在就算嵬名曩霄称臣，他上书朝廷的时候自称'吾祖'，朝廷赐下的诏书也称'吾祖'，这说的都是什么话！"

当时，宋仁宗已经改组了二府，新上任的宰相晏殊、枢密副使范仲淹力劝宋仁宗答应请和；而当初主攻、如今也是枢密副使的韩琦坚决反对议和。就像当年二府为了攻守吵了一年没结果一样，这一次又吵了一年，依然没结果。

最后的结果还得靠"契丹兄弟"来"帮忙"。

就在宋夏谈判之际，辽夏发生纠纷，关系急剧恶化。次年（1044）五月，辽朝境内党项族起兵叛乱，辽兴宗发兵镇压。嵬名曩霄派兵支援党项族，大败辽军，还杀了辽朝将领。辽兴宗大怒。

嵬名曩霄自知辽朝不会善罢甘休，害怕辽宋结盟后自己腹背受敌，遂急忙向宋称臣，进献誓表（接受议和的保证书），漫长的和谈总算修成正果。这年七月，辽兴宗决定伐夏，并将消息告诉了宋朝，要求宋朝停止对嵬名曩霄的册封。当时宋朝有不少人建议，让朝廷下诏给嵬名曩霄，命他归顺辽朝。谏官余靖提出反对意见，认为不但不能放弃与嵬名曩霄的议和，还应该让他去和辽人招架。朝廷最终采用了余靖的策略，派余靖使辽，说明如果嵬名曩霄前来归附，那么宋朝就很难拒绝。余靖回朝后，力主即刻册封嵬名曩霄。

十月，宋仁宗正式颁赐议和誓诏，西夏也表示愿意接受。双方约定：嵬名曩霄取消皇帝称号，由宋朝册封为夏国主；宋每年赐西夏绢13万匹、银5万两、茶2万斤；宋朝皇帝过生日，要赏赐西夏银1万两、绢1万匹、茶5000斤；新年赏赐银5000两、绢5000匹、茶5000斤；冬至还要赏赐买冬装的财物，为银5000两、绢5000匹；此外，还有赐给西夏国主的生日礼物，为银器2000两、细衣着1000匹、杂帛2000匹；两国恢复边境贸易。

十二月，宋使正式到西夏完成册封。长达6年的宋夏战争随着庆历和议的达成终于告一段落。最终的结局不过是当年那个被嘲笑为精神病的吴育所提的建议：更改西夏国号和官职称谓的名字，找时机安抚收服嵬名曩霄。

在宋夏和议之际，辽夏间的大战终于爆发。嵬名曩霄先后两次击退辽军，但考虑到实力对比，最后还是选择对辽称臣纳贡。就这样，西夏在宋辽两国的夹缝中再度纵横捭阖，活了下来。而宋辽两国彼此牵制，加之武德不备，谁也没办法全力吃掉西夏。宋、辽、夏三国鼎立的局面由此较为稳定地确立下来。

第二章 翻天覆地——时代挑战下的变法生死劫

庆历新政：除不去的冗官，澄不清的吏治

宋仁宗虽有"盛治"之名，社会经济发展迅速，可官员因循守旧，朝廷行政效率低下，朝廷也陷入深深的财政危机。当时，北宋冗兵多、冗官多，因为要养兵、养官，由此又导致冗费多，世称"三冗"。

除了"三冗"之外，人们谈到宋朝时还常用到"两积"一词。"两积"即"积贫积弱"。"积贫"指的是长期积累的贫困，主要指朝廷入不敷出的财政危机；"积弱"指的是长年累月的衰弱局面，主要指对外战争败多胜少。早在宋朝，就有人说朝廷是"积贫"或"积弱"，但集中用"积贫""积弱"来描述宋朝，始于1939年钱穆先生的《国史大纲》。

为了解决"三冗"问题，进一步摆脱"两积"状态，士大夫中的佼佼者振臂高呼，倡导变法图强。这一主张逐渐成为士大夫群体的共识。从宋仁宗时期的庆历新政，到宋神宗时期的熙丰变法；从范仲淹的《答手诏条陈十事》，到王安石的《本朝百年无事札子》。从北宋中期直到北宋灭亡，在这80余年的历史中，伴随着士大夫的荣辱与士大夫政治的兴衰，变法浪潮此起彼伏；可变法的结果却是把北宋王朝"变"没了。

对中后期的北宋来说，变法其实是个生死劫。不变，亡；变，亦亡。在这复杂的变法逻辑背后，是时代特色的社会经济结构与经久不衰的权力运作规律。

这篇就先来谈谈范仲淹和庆历新政。

庆历新政的改革措施是多方面的，不过最核心的是整肃吏治，具体做法就是增强官员选拔的公平性，重视官员的绩效考核。在今天看来，这场改革关于吏治方面的内容，显得有些老生常谈，即便是放在古代，相似的主张或举措也并不罕见；而这样的改革一定会触动既得利益者的蛋糕，因此最终的失败除了令人惋惜之外，也并不令人很意外。对一般读史者来说，人们对范仲淹、韩琦、富弼、欧阳修这般华丽的政治明星阵容的关注，要远胜过对改革内容本身的关注。

所以，在正式进入主题前，我们不得不花费一些笔墨来介绍一下庆历新政前的一些背景。就像只有了解士大夫的发展过程，才能明白"君子有党"的价值一样，只有了解了大的社会背景，才能明白庆历新政为何会受人瞩目。

关于这个背景介绍，就从冗官开始。

在"三冗"问题中，与士大夫的切身利益有直接关系的，便是冗官。顾名思义，冗官就是指朝廷有大量多余的官。在宋真宗澶渊之盟前后，宋朝总共有官员1万人；但到了宋仁宗中期，这个数字已高达2万。仅40余年，官员的总数就翻了一番。这么多的官都需要由朝廷来养，有时仅养官一项，就占朝廷财政的20%，这对朝廷财政形成了巨大压力。

其实，冗官有两个层面。第一个层面最明显，朝廷并不需要这么多吃财政的官员，特别是那种只拿俸禄却没事做的官员，偏偏这样的官员——闲官太多了。第二个层面更为致命，朝廷需要的官员整日里浑水摸鱼，吃了财政不干活——打酱油的太多。总而言之，朝廷财政给了太多没活干或有活不好好干的官员。

这些问题的直接原因，自然出在北宋的制度上；而这制度背后，却是一股来自时代的力量。

先来说说没事做的闲官问题。直接造成这个严重问题的原因之一，就是造就了士大夫政治盛景的科举制度。

前面提到过，宋太宗以来的北宋是中国历史上第一个真正意义上的"科举时代"。至少在名义上，通过科举考试进入官僚体制的大门，第一次最大限度地向全社会开放。上到宗室外戚、功勋贵胄、文武官僚之后，下到农民渔夫、贩夫走卒乃至僧侣子弟，大家都具备参加科举考试的资格。

与此同时，宋朝统治者还在推波助澜。宋真宗甚至亲自写下《劝学诗》，道出那两句"传唱千古"的"书中自有颜如玉"和"书中自有黄金屋"，号召大家都来通过读书当官发家致富，抱得美人归。

而在官本位的社会里，"士"乃"士、农、工、商"四民之首，只有做官，才能真正提高或维持家庭乃至家族的社会地位，才能真正掌握权力，调动社会资源。

就这样，绝大多数人至少在名义上都拥有了改变社会地位的资格。在巨大的诱惑下，这些人投身考场，梦想着一举中第，一鸣惊人。

宋朝科举考试的录取人数也水涨船高。到了宋真宗时期，科举考试的录取人数一再破纪录。咸平三年（1000），录取了2100余人，到了景德二年（1005），更是破天荒地录取了3000余人。据统计，整个北宋录取的进士、诸科高达6万多人；而南宋即使失去半壁江山，取士人数也仍高达4万人。这样，有宋一朝平均每年的取士人数是唐代的5倍、元代的30倍、明代的4倍、清代的3.6倍！科举取士之多，可谓空前绝后。

科举考试被录取的进士、诸科，按说只是获得了任官资格，还需要通过中央人事部门的考试，才能正式授官，等待授官的这段时间被称为"守选"。宋初也实行过守选制度，可太平兴国二年（977）"龙飞榜"时，宋太宗为了笼络士子，除了扩大录取名额外，还开了个先例——只要科举考试被录取，就直接授予官职。此后，守选制度虽然一度于宋真宗时期在考试名次非常靠后的进士、诸科中实行，但到后来还是不了了之。

这就意味着宋代的科举考试已经不再是缔造官僚的后备军了，而是直接制造官员。每一次科举考试都意味着朝廷又多了成百上千名官员。

科举考试只是宋代官僚系统"造血"的主要途径之一，另一个主要途径是荫补制度。简单来说，荫补制度就是权贵和官员的子弟不用参加科举考试，仅凭父祖辈的关系就可以做官，这是科举政治全面取代门阀政治后在政治利益分配方面妥协的产物。早在宋太祖时期便有了荫补，不过当时对荫补的限制极为严格。

荫补的扩大化，出现在宋真宗时期。大中祥符元年（1008），宋真宗东封泰山，为了让百官共同分享这样的"盛世盛典"，他打破了荫补的诸多限制，荫补人数激增。到了宋仁宗时期，荫补规模更是有增无减。皇帝过生日，官员子弟可以沾光荫补；皇帝祭天，官员子弟也可以荫补；甚至官员退休、死亡，他的子弟依然可以欢天喜地地迎来荫补。然而，这里的"子弟"不再单指直系亲属，弟弟、侄子、孙子甚至门客，都可以靠着沾荫补的光求得一官半职。这些人中虽然不乏翘楚，比如那位大事不糊涂的吕端，也有很多人为了追求更好的出路，在荫补后仍选择参加科举考试，但更多的人是庸庸碌碌之辈。

总而言之，在科举制度与荫补制度的推动下，大批有真才实学和不学无术的官员，就这样一股脑儿地拥入官僚体制。

那么问题来了，官僚体制能消化得了这么多人吗？

当然不能。

宋初经过"再造中央"后，各级政府里大量原来由武人把控的职位被让了出来，宋朝一度非常缺乏文官，这也是宋太宗扩大科举的初衷之一。可是随着国家的稳定，以及科举制度的扩大，官僚队伍日趋饱和，最终转变成了"官多阙少"的状态。

前文说过，宋朝实行官员和差遣分离的制度。差遣是真正有具体工作的岗位，本来是一个萝卜（官员）一个坑（差遣），结果，现在坑满了，萝卜却被不断地产出，那就只能等坑里的萝卜拔出来（官员正常离任、退休或发生事故）后，新萝卜才能填进去。可拔萝卜的速度远远赶不上产萝卜的速度，于是没有坑的萝卜越来越多，自然而然就成了冗官。

当官员的差遣任期满后，要到中央人事部门参加铨选，由人事部门按照一定标准授予新的差遣，这个过程称为"注拟"。由于来参加铨选的官员太多，人事部门不得不按照官员的顺序，分批次注拟。这样一来，就必然会有官员排队等待，这个过程被称为"待次"。

可即便获得了差遣，也并不意味着马上就能走马上任，因为前任官员的差遣任期有可能还没到。于是，这名获得差遣的官员只好默默等待前任离任，这个过程被称为"待阙"。

在当时，待次和待阙的官员非常多。比如，宋真宗时，陈尧叟曾建议通过增加数百个职位来缓解官员的就业压力。可王旦却说："待次官员多达2000人，就算增加几百个职位，也没有什么用。"到了宋仁宗庆历年间，更是发展到了每一个差遣职位有三个人来抢的程度。

由于存在大量没有实际工作岗位的官员亟须就业，负责分配岗位的中央人事部门压力巨大。但如果仅是如此，冗官还不至于形成对财政的压力。

关键问题在于，有不少冗官是有工资的。

宋代的文臣有朝官、京官和选人之分。选人在待次和待阙期间拿不到俸禄，有的选人实在等不下去，只好先回家种田经商，糊口度日，等待注拟差遣、正式赴任拿俸禄的那一天。

可京朝官就不一样了。由于宋朝统治者不断扩大统治基础，希望获得全体士大夫的拥戴，因此对官员的待遇非常优厚。京朝官在待次和待阙期间，可以依照自己本官阶的级别，领取到相应的俸禄。尽管与有差遣的在职官员相比，这笔俸禄要少很多；但对朝廷而言，实际上是在花钱养一帮等待工作、无事可做的待业者。而随着待次、待阙官员的人数越来越多，这笔财政开支也就越来越大。

特别是，为了安抚宗室贵胄，朝廷还设立了一系列闲职，比如，提举某某宫、提举某某观，相当于宗教场所的名誉住持。名义上是差遣，实际上根本无事可做。

就这样，待次、待阙的京朝官加上担任闲职的官员，大家一起成了"吃干饭"的闲官，导致冗官变成了冗费，就业压力则变成了财政压力。

再来说说那些有活不好好干的摸鱼官员。

相信已经上班的读者都能感受到，在工作中，有什么样的绩效考核，就有什么样的职工；考核机制的奖惩激励直接决定了职工在工作时的状态。所谓"重赏之下必有勇夫"，吃"大锅饭"的绝对会享受安逸。这个道理放在宋朝的官僚体制中也毫不违和。

本来，宋朝实行的是考课之法与资格之法并重的人事考核方法。考课之法就是考察官员的政绩；资格之法就是审核官员的资历。前者相当于绩效，后者相当于工龄。

可在实际应用的时候，却出现了无法操作的问题。

问题的根源就藏在宋太祖"再造中央"的改革措施中。宋朝初年，宋太祖收夺地方行政权力，其中就包括人事权力。此后，宋朝在人事工作中实施高度的中央集权。官员不分中央地方，职位不问高低，事务也不论巨细，全部由朝廷选任、考核。在这种情况下，人事部门根本无法掌握各级官员的政绩，只能依靠官员在为官时的考核档案开展工作。

可这些档案也往往流于形式，比如，考核标准当时有上（优秀）、中（合格）、下（不合规）三等，绝大多数官员不管政绩如何，都会获得"中等"的考核结果。鉴于三等标准已经不能体现政绩，有关部门又细化了考察项目，并赋予了一定分值，给出了评分标准。但人事部门怕出现错误而引起争议，因此对这些标准的执行非常教条，这样就使考课再度流于形式。

临江军新淦县（今江西省吉安市新干县）和吉州吉水县（今江西省吉安市吉水县）的县尉，曾在任内剪灭了大小盗贼40余伙，还组织县民结为伍保组织，使两县的治安大为好转。按理说，取得这么大的功绩，两名县尉肯定能从选人改为京官。可中央的人事部门却教条地拿出条文，认为县尉不是同时剪灭的40余伙盗贼，这样零零散散地平均下来，每次剪灭的盗贼就没多少了，因而算不得功绩。欧阳修为此大为光火，愤愤地为县尉鸣不平。

相反，和政绩相比，审查官员的资历就容易多了。由于人事部门无法掌握官员实际的政绩，资历几乎成了唯一可考的升迁凭证。到了宋真宗时期，宋朝正式形成了用于官员本官阶晋升的磨勘法。所谓磨勘法，是指主要依据官员档案来审核任官资格的方法。理论上，磨勘法囊括了考课与资历审查，可实际上只考察官员的资历，最后就变成了只要没有大的过失，文官每三年晋升一次，武官每五年晋升一次。

联想到待次、待阙问题和考课法的形同虚设，我们就会发现，宋代官员即便无事可做，治绩平平，也不妨碍他们升职加薪。既然干多干少、干好干坏都一样，那么谁还去费尽心思干多干好呢？

归根结底，在经历了唐末五代大乱后，士族彻底衰落，中古门阀政治的尾巴被彻底割断，整个社会结构发生了不可逆转的巨变。

自南北朝以来逐渐崛起的庶族终于全面填补了门阀士族崩溃后的权力空白；而昔日皇帝为了对抗士族、笼络庶族以扩大统治基础的做法，依然具有历史惯性。这就成为宋代扩大科举取士、优待士大夫的社会基础。贵族世袭的特权在帝制时代也始终没有消失，最终又演变成了荫补制度。在新制度与老制度的推波助澜下，科举和荫补成为批量制造冗官的永动机。

另外，门阀士族崩溃后，士族基于家族力量对皇权的刚性制衡日益削弱，新兴的士大夫群体只能通过模糊的政治原则和不完善的政治制度去实施弹性制衡，在这一过程中，中央集权被空前加强。在宋初"再造中央"的改革和确立祖宗之法的原则中，人事权也被空前地高度集中于朝廷。新的中央人事部门还无法完全适应这种集中，于是出现了考课名存实亡、铨选独重官资的现象。

两种因素结合在一起，就出现了官员冗余、开销巨大且吏治不振的冗官问题。

除了社会结构本身带来的人事制度问题外，触发庆历新政的还有一根导火索——宋朝出现了越来越深的统治危机。

其实，有识之士早就预计到严重的"三冗"问题会导致统治危机，因此不断提醒皇帝和朝廷注意。早在至道三年（997）宋真宗甫一即位，知制诰王禹偁就上书，主张"减冗兵，并冗吏"；明道二年（1033）宋仁宗亲政，右司谏范仲淹也明确提出"销冗兵，削冗吏，禁游惰，省工作（指各种土木工程）"的要求。

结果，"三冗"问题还没解决，宋夏战争就爆发了，本就捉襟见肘的财政更是雪上加霜,偏偏士兵和饥民也来凑热闹。庆历三年(1043)五月,京东路(今山东省、江苏省一带)爆发王伦兵变,王伦一度自立为帝。到了七月,好不容易击败了王伦,京西、陕西又爆发了张海等人领导的民变。八月,荆湖南路(今湖南省一带)的瑶族人也发动变乱。

遍地的变乱反映了社会矛盾的日益尖锐,同时也表现出宋朝吏治的腐败。变军所过州县,当地官吏不是投降就是逃跑。比如,王伦打到高邮军(今江苏省高邮市),知军晁仲约竟然贴出告示,要求官民拿出金帛牛酒犒劳叛军;张海进入邓州顺阳县(今河南省南阳市淅川县南),县令甚至敲锣打鼓迎接义军,并大摆宴席款待义军。这些官员平时摸鱼摸惯了,早已没有了对朝廷的责任担当。

财政吃紧,变乱四起,吏治腐败,庆历年间的北宋危机重重,改革迫在眉睫,已经拖不起了。

面对内忧外患,宋仁宗开始频繁地进行人事任免,将大量呼吁改革的官员引入朝廷中枢,其中包括枢密使杜衍,参知政事贾昌朝、范仲淹,枢密副使韩琦、富弼,谏官欧阳修、余靖、蔡襄等。

庆历三年(1043)九月,宋仁宗召集包括宰执在内的高级官员,到天章阁拜谒宋太祖、宋太宗画像御容,并向他们询问治国方略。宋仁宗还颁布手诏,点名要求范仲淹、韩琦和富弼递交一份改革方案。数日后,范仲淹、韩琦、富弼分别上书,其中最著名的就是范仲淹的《答手诏条陈十事》。

在这份改革方案中,范仲淹明确提出了十项改革建议:明黜陟、抑侥幸、精贡举、择官长、均公田、厚农桑、修武备、减徭役、覃恩信和重命令。其中,厚农桑和减徭役与发展经济相关,修武备与加强军备有关,其余七项全是整顿吏治、限制冗官方面的内容。

一个月后,在宋仁宗的支持下,庆历新政正式拉开帷幕。这十项建议中除了修武备,其于九项全都成为新政的正式措施。

最先颁行的措施是"十事"中的"择官长"。早在天章阁问策之前,贾昌朝和欧阳修就曾建议,让各路主管财政的转运使、副使兼任按察使、按察副使,负责对下辖地方官员的德行政绩进行考察,这一建议获得宋仁宗的批准。

在庆历新政正式开始后,范仲淹就推荐了一批朝官出任转运按察使,让他们考察本路州府长官是否称职,并根据政绩奏请升迁、留任或罢免;同时,知州(府)也对县官进行了考察。当时京东转运按察使薛绅有四名部属,专门负责搜集州县地方官的过失，官员们称这四个人是"京东四瞪"。

对于转运按察使的任职人选，范仲淹的要求极为严格。他在圈定任职名单时，若见到有不合格者，便大笔一挥圈去该人。这种严格连富弼都感到苛刻，他不无提醒地打趣道："一笔勾去个官员容易，可是你不知道被勾掉的这个官员，他的一家都要哭了？"范仲淹却回答："一家子哭，总比一路都哭好吧。"

有了得力的干将后，新政于十月底出台了"明黜陟"的具体办法。同时，针对旧有磨勘法变相鼓励官员"打酱油"的问题，新政颁布了新的磨勘法。新法不仅规定了明确而严格的考察政绩的办法，还延长了官员在磨勘时所需的资历年限。对于政绩突出的官员则不限资历，允许破格升迁。这也是在宋代三百多年历史上唯一一次对磨勘制度直接、正面的冲击。

在确保在职官员质量的制度搭建起来后，新政将目光投向了官员进入官场的通道。十一月中旬，朝廷推出了新的荫补规定，对荫补做了诸多限制，如皇帝生日不再荫补，官员子侄的荫补资格受到年龄的限制，荫补官员还要通过考试，以此来遏制荫补入仕的名额，特别是限制那些不学无术者进入官场。这是"十事"中所说的"抑侥幸"。

对于科举制度，新政推出了"精贡举"的改革措施。这项改革并没有限制科举入仕，却改变了科举的导向，对后世影响较大，我们放在最后单独说。

至于其他涉及吏治的方面，"均公田"是要解决官员职田分配不公的问题。职田由朝廷颁授给官员，它的收成用作官员的补贴。公平分配职田对养廉有着积极的意义。"覃恩信"和"重命令"是要解决朝廷政令在中央朝令夕改、在地方推行不力的问题。

总之，庆历新政最核心的目标就是整顿吏治，最主要的措施是改革人事制度。"择官长"和"明黜陟"要解决的就是中央人事部门无法有效考核官员的问题。"择官长"的目标是加强一线官员的政绩考核的有效性，保证在磨勘时有据可依，相当于将中央人事部门的手延伸到地方，从而实现"明黜陟"规定的磨勘新法；"抑侥幸"则是通过改革荫补制度，对素质相对较差的荫补官进行限制，以此来解决冗官问题。

这样看来，以范仲淹为首的改革派官员确实抓住了北宋中期冗官和吏治问题的制度命脉，可抓住命脉并不意味着能治病。由于人事大权高度集中于朝廷，虽然朝廷的手延长了，但基层官员的德行政绩仍需要通过文书层层上报，到达朝廷时难免走样。更何况,有权来"择官长"的仍然是朝廷的高层,他们为地方"择官长"时也难免会因主观意见而出现偏差。

庆历四年(1044)正月,权知凤翔府(今陕西省宝鸡市凤翔县)滕宗谅(就是《岳阳楼记》里提到的那位滕子京)因贪污公使钱的罪名被弹劾贬官。公使钱类似于地方政府的小金库,虽然大部分不能进入官员的私人腰包,但在使用上有很大的弹性。官员们打擦边球,公使钱时常会花得不清不楚。

根据监察御史梁坚的弹劾,滕宗谅在担任知泾州(今甘肃省平凉市泾川县)时,花了16万贯公使钱,其中有数万去路不明。朝廷接到举报后,便派人去查账,结果滕宗谅用一把火把账本烧了个干干净净。这下不仅说不清了,也使更多的人认为滕宗谅确实有问题。由于范仲淹与滕宗谅是同年,又十分看重他的能力,因而不惜以辞官来为滕宗谅辩护;权御史中丞王拱辰也用去职相要挟,要求对滕宗谅给予更重的处罚。最终,宋仁宗站到了王拱辰一边,滕宗谅再度被贬官。

从公使钱案不难看出,范仲淹作为"择官长"的重要责任者,不免有主观情绪。择官长者既不能免,被择之官长恐怕也不能免。那么这种单一途径的考课的准确性就难免受到质疑,最终结果就是,中央人事部门要么不顾舆论我行我素,要么重新回归资历审查的老路。

可见,作为科举时代第一次大规模的吏治改革,庆历新政在许多措施上仍显得不成熟,仍然是在摸着石头过河。

改革毕竟动了某些官员的蛋糕。重视考课,意味着早已习惯于靠资历就能混职位的官员有了升职加薪的压力;限制荫补,不仅让在职官员的利益受损,那些指望着科举成功后进入官场、带着七大姑八大姨鸡犬升天的士子也不买账。一时间"官不聊生",反对改革的论调喧嚣朝野。

范仲淹颇为忧虑。他曾对富弼感慨道:"我和富公在这里,同僚之中能有几个跟咱们是一心的呢?就算是主上,也不知道最终会支持哪一边。"

为了削弱这种阻力,也为了给自己的改革寻找合法性,范仲淹和富弼还特意搬出了祖宗之法。

在向宋仁宗提出的改革方案中,范仲淹明确指出,这场改革要"端本澄源""约前代帝王之道,求今朝祖宗之烈""庶几法制有立,纲纪再振"。也就是说,改革的目的是弘扬祖宗创立的制度、法律,复振祖宗之法。富弼还进一步建议，要编修宋太祖、宋太宗、宋真宗三朝的典故，将这些祖宗之法作为新政的施政参考。

改革派所说的"振兴祖宗之法"，不都是虚话。比如，范仲淹对荫补条件严格限制，确实称得上是振兴宋太祖、宋太宗时期的祖宗之法。可问题是，导致荫补泛滥的宋真宗早已去世多年，他现在也成了祖宗。于是那些在新政中利益受损的士大夫就抬出了宋真宗时期的做法。监察御史刘元瑜、右正言钱明逸等大肆抨击范仲淹和富弼等人"更张纲纪，纷扰国经"，声称新政破坏了祖宗之法，并建议宋仁宗"酌祖宗旧规，别定可行之制"。

正当大家为了谁的"祖宗之法"才是"祖宗之法"而争论不休时，改革派自身却出现了问题。

在公使钱案中，以王拱辰为代表的台官与以范仲淹为代表的改革派官员几乎闹到了水火不容的地步；抨击范仲淹等人乱改祖宗之法的刘元瑜和钱明逸也是台谏官员。台谏对新政集中火力的猛攻并非偶然，正是改革派自己引火烧身。

早在新政实施后不久，知谏院欧阳修就曾上书，把御史台的官员轮番数落了一遍，说"近年来的台官，没一个称职的"。这番上书杀伤力很大，但被杀伤的是改革派自己。现任御史中丞王拱辰，原本并不反对改革；前任御史中丞、现在的参知政事贾昌朝，甚至是改革的支持者。可是，欧阳修上书一下就把这两位重量级人物都推到了改革派的对立面。恶果随即而来，公使钱案便是御史台对改革派的打击报复。

到了四月，改革派自己人又吵了起来，起因是水洛城（今甘肃省平凉市庄浪县）事件。这是一座用于防御西夏的边境要塞，最初在范仲淹的连襟、陕西四路马步军都部署郑戬的支持下，由边将刘沪主持修筑；然而修到一半的时候，郑戬离任，新任主管官员尹洙是原属韩琦的主攻派，反对修城。双方意见不合，竟闹到了尹洙发兵拘捕刘沪的地步，最后还是靠宋仁宗"和稀泥"的看家本领解决了此次争端。

在水洛城事件中，范仲淹、欧阳修等人站在刘沪一边，与对方争得面红耳赤。从欧阳修的上书到公使钱案，再到水洛城事件，改革派不仅对外咄咄逼人，内部也出现了激烈的辩论，不免给人各自拉帮结派之嫌。正是这时，宋仁宗提出了"君子也结党吗"的疑问。结果，范仲淹和欧阳修不仅坚持"君子有党"，还一口咬定自己是君子党。大臣结党会威胁皇权，向来为皇帝所防范；何况改革派是"君子党",那其他官员是否就是"小人党"呢?一篇《朋党论》,把皇帝、官员都推到了改革派的对立面。

这让反对改革的夏竦找到了机会,他伪造信件,声称改革派要废黜宋仁宗。消息一经传出,就引起了改革派的不安。这年六月,范仲淹以参知政事的身份,宣抚陕西、河东;八月,富弼以枢密副使宣抚河北;九月,富弼的岳父晏殊罢相。尽管支持新政的杜衍升任宰相,但更多的反对派拥入了中枢机构。

十月,宋夏议和,宋仁宗的燃眉之急已解。到了庆历五年(1045)正月,宰相杜衍、参知政事范仲淹、枢密副使富弼皆罢;二月,朝廷开始陆续罢废新政举措;三月,韩琦罢枢密副使,欧阳修等人也遭到贬黜。最终,除了对官员有利的"均公田"外,其他改革措施皆被废除;而操持罢废新政的新任宰相,正是那位曾经呼吁改革却被欧阳修排挤在外的贾昌朝。

至此,短暂的"庆历新政"宣告失败。

眼见国家积弊不能消除,被贬黜的改革派士大夫莫不心怀苦闷。欧阳修自号"醉翁",写下《醉翁亭记》,在"醉翁之意不在酒"的名句中抒发着自己的忧虑与痛苦。

相比于欧阳修的才子情怀,范仲淹更多了几分担当。庆历六年(1046),范仲淹写下千古名篇《岳阳楼记》。在文中,他表达了自己追求"不以物喜,不以己悲"的高尚志向,抒发了"先天下之忧而忧,后天下之乐而乐"的忧国忧民情怀。庆历新政虽然失败了,但范仲淹的浩然正气开创了宋朝一代士风,影响深远。后来,宋元之际人们谈论宋朝的人物,皆称"以范仲淹为第一"。

最后,简单说说庆历新政的其他几项措施。

"厚农桑"与"减徭役"针对的是民生问题。前者要求各路转运使督导州县兴修水利,促进农业生产;后者则合并了一些人口较少的县,从而减少县属官吏人数以及县里的杂役,进而减轻人民的负担。

"十事"中唯一没被宋仁宗采纳的"修武备",则是在国都附近招募5万民兵,每年春、夏、秋三季耕种,冬季训练。朝廷不用花巨资养兵,而战争爆发时又能保证有兵可用。这条建议对后来的宋神宗和王安石产生了影响。

庆历新政中还有一项重要的措施,叫"精贡举",它与"庆历兴学"活动一起,对宋朝及其后的历史产生了深远的影响。

五代时期,兵荒马乱,各地学校教育凋零,直至宋初也未恢复。天圣五年

（1027），知应天府（今河南省商丘市）晏殊请范仲淹来应天府书院教书。自此，地方官员兴办学校逐渐成为风尚。最典型的当然还是范仲淹本人。他的官做到哪里，学校就开到哪里，苏州（今江苏省苏州市）、饶州（今江西省上饶市鄱阳县）、润州（今江苏省镇江市）、湖州（今浙江省湖州市），到处都有他兴办的学校。

宋朝文官多是通过科举考试步入仕途的，总体上文化素养较高。这些士大夫出身的官员笃信儒学，相信教化民众是自己的使命，培养人才是治国的前提，而教化和育才都离不开学校。因而，不少士大夫官员热衷于在地方兴学。

在士大夫的集体推动下，庆历四年（1044）三月，朝廷正式宣布，各州、县都要设立学校。一时间，州、县学校如雨后春笋。朝廷也在国子监的基础上兴建了国家最高学府——太学，并聘请孙复、石介等鸿儒执教，招生人数从70人增至400人。史称"庆历兴学"。

在大力扶持学校教育的同时，范仲淹还将学校与科举制联系在一起。他认为，当时的科举考试，进士考词赋，诸科考墨义；前者考的是吟诗作赋的文学功底，后者考的是死记硬背的经学知识。范仲淹认为，考生们为了应考，自然也不去学习研究治国和做人的道理。这样的科举考试所录取的考生，十个里挑不出一两个有真才实学的来。

因此，结合庆历兴学，庆历新政对科举考试也做出了改革。首先，朝廷在各地的学校聘请老师，教授学以致用的学问。其次，规定考生必须在学校学习300日，并且有人担保其品德没有大问题，才能参加州县考试。最后，考试的内容也要进行更改，进士考试以发挥才识的策论为主，诗赋为辅；诸科考试则废除了死记硬背的贴经墨义，改而考查对经术大义的理解。

总之，科举改革的目的是选拔实用型人才，实现这一目标的途径就是学校教育。这些对科举和学校制度的改革，尽管很快随着庆历新政的失败而罢废，但后来被宋神宗和王安石所继承，进而影响到了我国明清的科举制度。

庆历兴学还深刻影响了宋代的学术文化。

宋朝以前，学者对儒家经典的研究多是考证其具体章句的句义、字义，称为"章句之学"。到了宋仁宗时期，这种学术风气却发生了重大改变。

以孙复、石介、胡瑗为代表的新学者，在讲授儒学时注重阐释道理，自己也积极参加改革活动。同时，自唐代以来，佛教、道教兴起，儒家也对两大宗教的学说有所吸收。这样，就形成了以阐释义理、救时行道、吸纳佛道为特点的"宋学"。孙复、石介、胡瑗皆出自范仲淹门下，积极参加了"庆历兴学"，同时也是宋学的先驱，史称"宋初三先生"。

新的学术风气吹来了新的思潮，成为后来盛极一时的王氏新学、程朱理学的起点。

养兵经济："冗兵"背后的经济结构变革

前面说完了"冗官"，接下来说"冗兵"。

同"冗官"一样，"冗兵"自然是指多余的兵。在宋太祖晚年的时候，宋朝军队的总规模只有37.8万人，其中中央禁军19.3万人，地方厢军18.5万人。这一时期的宋军前承后周，最为精锐。到了宋太宗晚年，经过一系列对辽战争的惨败，宋军精锐尽失，不得不通过扩张军力来守住北方边境，当时的军队规模已激增到66.6万人，其中35.8万人是禁军，比宋太祖晚年时增长了近1倍。

自此以后，宋军规模迅速膨胀。宋真宗咸平年间（998—1003），宋军兵额首次达到了100万人，虽然在宋真宗晚年的天禧年间（1017—1021）裁减到91.2万人，但到了宋仁宗的庆历年间（1041—1048）对夏用兵时，军队总数再度突破百万，竟高达125.9万人；皇祐年间（1049—1054），更是达到141万人的巅峰，当时士兵占全国人口的6.32%。此后，宋军规模虽然又有所下降，但仍然长期保持在百万规模。

这百万常备军的吃穿住行都要靠朝廷的财政支持，这笔军费通常要花掉财政收入的70%~80%。在这百万大军中，多一半（五六十万）是负责打仗的禁军，但他们在对辽夏作战中的表现实在不能令人满意；而剩下那少一半（四五十万）是只负责杂役的厢军，连仗都不用打。也就是说，朝廷花重金养了一支战斗力堪忧的军队，久而久之，这支庞大的军队在士大夫眼里俨然成了累赘。养冗兵的军费就同养冗官的俸禄一样，成了冗费。

那么，为什么宋朝的军队规模会急剧膨胀，而且居高不下呢？我们今天看到的军队规模数额只是当时军队编制的数量。在那个贪腐横行的帝制社会里，编制数量和实际数量一定是有差距的，而这中间的差距自然是被军官们吃了空饷。但吃空饷并不是主要原因，因为无论如何，也不可能只靠吃空饷就把军队的规模持续从40万人吃到60万人，再从60万人吃到100万人。

因此，真正促成宋军规模居高不下的重要原因有两个。第一个是直接原因——军事需要。自从宋太宗经略幽燕和收复夏州失败后，宋朝的北部边界线上就没消停过，特别是在河北地区，连天险都没有。为了应付北方辽朝和西北西夏的军事压力，宋朝不得不在河北、河东、陕西地区常年配置数十万的重兵。而根据内外相制的原则，沿边的禁军兵力增加，驻守京师重地的禁军兵力也要增加。

更何况，河北地区一马平川，开封更是无险可守。要守住开封，宋朝也确实需要配置重兵。因此，当年宋太祖才提出想要迁都洛阳。尽管迁都的动机是多方面的，但有一条他确实很有预见性："以开封为都，不出百年，天下民力就要被冗兵耗尽了！"

然而，军事需要只是造成冗兵的直接原因，却不是根本原因。真正造成冗兵的，其实是宋朝的兵制——养兵之制，这便是第二个重要原因，也是根本原因。

养兵之制说来简单，其实复杂。简单来说，如前所云，宋朝继承了唐末五代的传统，全面实行募兵制。士兵全都是直接招募而来、以打仗训练为生的职业军人，朝廷向士兵支付俸禄，因而被称为"养兵"。这本来是一个纯粹的军事制度。

但宋太祖发现，养兵不仅与军事有关，还可以为维持社会稳定做出突出贡献。在灾荒之年，大量破产甚至吃不上饭的农民会沦为流民，成为威胁社会稳定的隐患。如果将这些失业流民招募为士兵，然后由朝廷供养，不仅可以防止他们造反，甚至可以将他们转化为维护宋朝统治的军事力量。正因如此，宋太祖曾骄傲地说："养兵可为百代之利！"

可以这样说，导致冗官的宋朝官制，是为了解决以士大夫为主体的社会精英的失业问题；而导致冗兵的宋朝兵制——养兵之制，则是为了解决以农民为主体的社会底层大众的失业问题。

再深挖下去，之所以社会精英会有失业风险，是因为有科举制和荫补制，这两项制度成为批量生产冗官的永动机；同理，宋朝的社会上也存在着批量生产冗兵的永动机,它在不断地制造失业的流民。这部永动机就是宋朝不抑兼并的土地制度。

不抑兼并,就是国家不再干预土地的自由买卖。(从秦汉大一统王朝开始,不让土地过分集中在私人手中,以致动摇国家权威,就是朝廷的基本倾向,这种"抑制兼并"的倾向绵延了大概1000年之久。)到了唐朝前期,朝廷实施了号称是历代最好田制的均田制。在这一制度下,官府按人口给农户分配土地,土地的产权并不完全属于个人,通常不允许自由买卖。这样一来,土地兼并被大大放缓,农民只能依附官府,为官府提供稳定的财源和兵源。

但到了中唐时期,均田制就失效了。

首先,随着社会的稳定,经济的发展,人口必然会增多;但是,朝廷手中的土地是有限的。因此,伴随着人口的增长,能分配的土地必然越来越少,甚至无地可分。不仅大批得不到土地的农民会沦为流民,那些得不到足够土地耕种却还要背负沉重税赋的农民也可能破产。

其次,国家的剥削压迫并不轻,小农经济极为脆弱。稍有风吹草动,农民就会大量破产逃亡,再招揽新人耕种行政成本太高。

最后,普通农民在遇到婚丧嫁娶或天灾人祸急着要钱时,也希望出售土地;而握有社会财富的特权阶层也热衷于购买田产,让卖地农民租种自己的土地。由于真实市场的存在,国家只好睁一只眼闭一只眼,默许土地私有和买卖自由,放弃对农民的直接控制。在这个过程中,国家控制的土地进一步流失,可用来分配的土地进一步减少,又加剧了土地分配的矛盾。

有鉴于此,宋太祖在建立宋朝后,顺应时代潮流,不再实施国有土地制度。乾德四年(966),宋太祖下诏宣布,战乱过后由国家控制的荒地不再以国有土地的形式颁授,而是对社会全面开放,谁开垦就归谁,甚至免去开荒者的租税。这就等于放弃了土地国有化的传统手段。

三年后,宋太祖又要求:私人在买卖土地时,需要到有关部门进行公证,由有关部门向买卖双方出具盖有官印的契约,并收取一笔手续费。这次,朝廷不仅不再反对土地兼并,还做起了土地买卖的公证人。不抑兼并的土地政策正式以法律的形式予以落实。

宋太祖这一系列做法被宋代的后继者继承了下来。到了北宋中期,私有土地已占全国土地的98.63%。此后的近千年里,历代王朝再也没有全民性的国有土地政策，土地私有得以确立。

放任土地自由买卖后，按照经济规律，土地必然会快速集中，社会贫富分化进一步加剧。大规模的农民失地、失业几乎达到无可避免的地步。由于国家放弃干预土地经济，农民的人身依附减弱，并且得以自由流动。他们中有些人流向了地广人稀的区域，在那里承租土地耕种，并把精细化的农业技术带到了那里，促进了当地的农业发展。另一些人则流入了手工业和商业部门，由此宋代商品经济开始走向繁荣。这一政策对宋、元、明、清社会经济的快速发展产生了深远的影响。

但无论如何，宋代仍是一个农业社会，租佃制土地经济和有限的商品经济仍然不足以消灭失业人口，这种情况就极容易诱发大规模的社会动荡，甚至出现王朝颠覆。正是在这一背景下，宋太祖才提出了"养兵可为百代之利"的观念。

正是因为养兵具有失业救济的性质，所以产生了两个问题。

第一个问题是军队素质不高，与宋初的精兵相比，"百万雄师"鱼龙混杂，而且军纪不佳。宋军打仗打不赢，还时不时会闹小股兵变。

第二个问题是由于经济规律不会变化，时代潮流不会变化，不抑兼并的土地政策不可逆转，因此离开土地的农民会越来越多；人口在不断增加，但社会经济的发展又不足以为他们提供就业岗位，说是这些失业流民为了糊口也好，朝廷为了社会稳定也罢，养兵之制只能这样一直贯彻执行下去。

就这样，土地制度成了批量生产冗兵的永动机，但在绝大多数时期，一个国家且不说裁军，能做到不进一步扩军，就已经是一种胜利了。

既然养兵不能废止，冗兵难以裁减，北宋朝廷就只能竭尽所能地来供养这支百万大军了，因此造成北宋财政的首要任务就是养兵。

前面我们一再强调，北宋前期财政使用的计量单位不是单独的货币单位，而是把各种单位混合在一起的"集合单位"。单独计量时，现钱用贯、粮食用石、绢帛用匹、金银用两、草料用束等；然后再把这些单位下的数字加在一起，统一用"贯石匹两束"作单位。

那么为什么北宋财政采用这么奇怪的"集合单位"呢？其秘密就藏在养兵里。因为对朝廷而言，这些财物值多少钱并不重要，重要的是朝廷手里有多少财物能用来给士兵发军饷、供军队穿衣吃饭、供马匹吃草……在这里，甚至连现钱都不完全是当作货币来看待的，而是和粮食、绢帛一样，看作一种用来供给军队的物资。正因如此，宋初对现钱本身都要征税。

这种养兵财政的首要任务，必然是保证有足够的财物来供养军队。

北宋有一个很有趣的现象，就是不管什么时候，也不管军队规模有多大，只要士大夫们提到军费，一定会占财政收入的七八成。

皇祐年间（1049—1054），宋军规模达到前所未有的141万人，王铚在谈论这一时期的军费时曾说"耗于兵者常什八"。

宝元年间（1038—1039），宋军规模已接近庆历年间（1041—1048）的125万，富弼在谈论这一时期的军费时曾说"自来天下财货所入，十中八九赡军"。

宋仁宗嘉祐（1056—1063）、宋英宗治平（1064—1067）之际，宋军兵力达118万，针对这一情况蔡襄说"一岁所用养兵之费常居六七"，又说"天下六分之物，五分养兵"，陈襄也说"六分之财，兵占其五"。

后来，到了宋神宗时期，宋军规模已经从宋仁宗时的140万至120万缩减至110万左右，可张载在提起这时期的军费时，还是说"在天下十居七八"。

那么，为什么军队规模变化，养兵的军费却始终不变呢？其实不变的并不是军费，而是军费在财政收入中所占的比例，这个比例本来就是计划好的。

自从中唐以来，朝廷开始实行募兵制后，国家财政就发生了巨大变化，其中之一就是由"量入为出"转变为"量出为入"。所谓的"量出为入"，就是根据下一年的财政支出，来确定需要征收多少赋税。显然，朝廷根据军队规模，可以计算出需要支出多少军费；同理，朝廷根据官员规模，也可以计算出需要支出多少俸禄；其他费用同样如此。而且朝廷在编制预算的时候，一定会打出富裕。比如，朝廷要想供养百万大军，首先要按人头计算，准备大于或等于百万人的物资，同时将运输、储存及意外消耗的物资也都算进去，然后按照这个数额去征税。

前面在讲述宋太祖"再造中央"的时候，提到过从宋真宗时期开始，朝廷的财政部门明确为地方各路每年的税收额度设立了计划目标。之所以会出现这种"立额"，也是为了配合"量出为入"的财政体制。

在确定了财政预算后，大宋朝廷当然要开动国家机器，想尽办法去征收钱物，以确保达到财政收入的目标。最基本的收入是两税，这也是宋代的主要农业税。按此规定，农民根据自己所占有的土地和资产数量，在每年夏季和秋季时分别缴纳税款，"两税"之称也因此而来。由于各地的传统和经济发展不同，因此税额、缴税的具体日期也有差异。两税既征收现钱，也征收粮食、绢帛等实物。

但是，直接从两税征收来的钱物太少了。前面在计算澶渊之盟的经济账时曾经提到过，三司使蔡襄在《论兵十事》中列出，宋仁宗末年的嘉祐年间（1056—1063）财政收入为1亿贯匹石束，包括钱、绢、粮、草。由于钱、绢、粮涉及两税的征收，因此我们单独列出来，为7251万贯匹石。其中，有2576万贯匹石是从两税中直接征收的，只占总收入的35.5%，比占了七八成的军费所需，相差一半还多。这还没有将草料计算在内。显然，如果只靠两税，别的不说，仅是宋军就要饿死至少一半人了。

除了两税之外，宋朝由于商业发展良好，还有数量可观的商税，能在财政收入中占到10%~20%。可是即便加上商税，宋朝的财政收入也只能完成预期的50%，依旧养不起军队。

然而，直接征税已经达到极限，若征得太狠就会遭到抵制，甚至激起民变。于是，宋朝开始想方设法地绕着弯子来征收钱物，最常见的就是折变、和预买与和籴。

折变和我们今天说的"折现"意思差不多，就是在征收两税的过程中，官府任意地要求将一种钱物折合成另一种钱物。可以是将一种实物折成另一种实物；也可以先折成钱，再将这些钱折成其他实物。

别小看折变，每折一次，就会割一轮"韭菜"；如果折了好几次，可能就要多交数倍的税了。在嘉祐年间，三司使包拯曾写过一份调研报告，据这份报告反映，当时陈州（今河南省周口市淮阳区）在征收夏税时，大小麦每斗要折成现钱100文，再加上其他附加费40文后，每斗实际折合现钱140文，但当时市面上的价格是每斗50文。这只是折变了一次，就要多交两倍半的税。

这种情况的出现仅仅是个开始。宋朝有配给蚕盐的制度。在每年二月的育蚕时节，官府会按户向民户配给食盐，到了缴纳夏税时，民户再随夏税一起缴纳盐款。陈州官府向农民配给食盐时，按照每斤100文折价，但当时市面上每斤不过二三十文。即便按照每斤30文算，配给的食盐也已经是市面价格的3.3倍。

紧接着，陈州官府又将100文折成小麦，为了让折得的小麦变得更多，这次官府采用了低于每斗50文的市面价格，按每斗40文折合，这样一斤盐在折为100文现钱后，又被折为2.5斗小麦。

然而，到现在事情还没有完。陈州官府选择继续折变，将刚由现钱折成的小麦,又折回了现钱。只不过这次是按缴纳两税时的折合价格,以每斗140文折现,2.5斗小麦折成350文钱。

好了,到这里陈州官府总算收手了。最终结果是,市面上每斤30文的盐,在经过陈州官府反复折变后,变成了每斤350文,将近市面价格的11.7倍!

和预买是从宋真宗时期开始实施的预购绢帛的制度。官府会在春天预先将钱借给需要钱的民户,民户拿到钱后便可以开始生产绢帛,生产完成后随两税一起缴纳给官府,这实际上是一种官府预购绢帛的行为,只不过预购价格比市面价格略低,但民户可以提前得到收益,因此实际上是官民两便。

但慢慢地,和预买就变味儿了。到了宋仁宗时期,官府预买只有三成给现钱,剩下七成都折成了盐;后来,又要求民户为官府预支的本钱支付利息;再后来,官府不仅不给盐,甚至连钱都不给了。此时,和预买已经变成了附加税。

折变与和预买从扩大普及到发生变质,都发生在号称"盛治"的宋仁宗时期,而养兵财政压力最大的也是宋仁宗时期,这并非巧合。为了养兵,当时宋朝的普通劳动者付出了无数的血汗。正因如此,司马光后来才"吐槽"北宋的"财用羡溢百倍于前"。南宋的朱熹更是忍无可忍地指出:"古者刻剥之法,本朝皆备。"

有了足够的财物,只是养兵的第一步,还有更关键的一步,那就是怎么把这些财物运到沿边驻军的营地里去。

宋仁宗末年,宋军的军需消耗已达7000万集合单位,其中只粮食一项消耗就高达3000万石。这样巨大的军需消耗,驻军所在地的财政收入根本承担不起。宋仁宗景祐元年(1034),三司使陈琳汇报说,河北一年消耗的军粮有1020万石,而当地征收的军粮仅为这个数额的30%;陕西的情况也类似,一年耗粮1500万石,当地的粮食收入仅能供应这一数字的50%,其余的粮食只能靠京师运输补给。

但京师的粮食也是依靠外地运来的。当时,全国最大的粮食生产区在东南一带的淮南路、江南东路、江南西路、荆湖南路、荆湖北路以及两浙路。东南六路每年通过运河漕运,至少要向京师运输600万石粮食,在宋真宗和宋仁宗时期,甚至要运输七八百万石。

当然,这种由官府主导的粮食运输,必然会出现成本高、效率低的问题。其实,由于北方有巨大的粮食需求,南方有剩余的粮食供给,朝廷能看出这是一个潜在的市场。因此朝廷打起了商人和商业的主意，开始将粮食收入与运输的重点转向和籴及入中贸易。

所谓和籴，简单来说就是官府向民间采购粮食，由此产生的贸易便是入中贸易。由于北宋朝廷的积极引导，和籴范围与规模越来越大，入中贸易也形成了稳定的基本模式。

首先，商人在以东南六路为主的粮食产区集中收购粮食，然后将粮食运输到朝廷指定的地点，这一过程称为"入中"。

接着，朝廷根据商人入中的粮食数量，向商人支付相应的报酬。其中，包括商人购粮、运粮的成本，也包括商人要赚取的利润（称为"加饶"）。这一过程称为"折中"。

不过，鉴于在军事财政中，养兵有时不完全依靠现钱，因而朝廷日常征收的现钱也极为有限，这就造成了朝廷在向商人折中时拿不出那么多现钱来。于是，朝廷便向商人支付一种叫作"交引"的凭证。拿到交引后，商人便可以到京师或其他指定地区兑换相应的物资。朝廷通常会按照一定比例，同时给予商人现钱交引、茶叶交引和盐交引。

那么，除了现钱以外，大宋朝廷为什么要拿茶与盐作为和籴折中时的物资呢？因为这两大产品都是由大宋朝廷垄断经营的。这是当时朝廷手里的比现钱还要硬的支付手段。

以茶叶为例。一开始的时候，朝廷对茶叶实施的是榷卖制度。茶农种植的茶叶由朝廷统一低价收购，因此茶叶的产量稳定且巨大。商人通过到沿边入中军粮，或到京师开封入中现钱，就可以获得茶叶交引。然后，商人拿着交引到产茶地向当地官府的有关部门兑换成茶叶，最后再将这些茶叶转运到各地出售，并向朝廷缴纳相应的商税，朝廷便可从中获得现钱。这种茶叶榷卖制度被称为"交引法"。朝廷实行交引法时，获得的茶叶利润颇丰。

但交引法也有很大的问题。在商人入中后，往往会夸大运粮的成本和困难，于是他们会要求获得更多的交引，这被称为"虚估加抬"；而朝廷为了吸引商人到沿边入中粮食，也默认了他们虚估加抬。这样做的结果只能是沿边购买粮食的价格越来越贵。

另外，虚估加抬又引起了交引滥发的现象。时间一久，交引发得越来越多，当交引多到超过茶叶的生产能力时，商人手中的交引就无法及时兑换成相应数量的茶叶，交引发生贬值，商人自然就不愿意不远万里把粮食从东南运到西北去了，由此就会导致入中贸易量萎缩，直接威胁边境驻军的补给。

一句话，交引法可以获得很多现钱，也可以吸引商人到沿边入中粮食，但一定会产生"虚估加抬"的现象，一方面会使朝廷购粮价格上升，另一方面就可能导致入中贸易萎缩。

于是，朝廷只得继续更改茶法。这次实行的是通商制度，当时被称为"贴射法"。贴射法规定，商人可以直接去找茶农购买茶叶，然后拿到市场上出售并缴纳商税。但是，朝廷因为放弃垄断而损失的利润，要由商人向朝廷补齐，这笔补偿费用，就是"贴射"。

贴射法把茶叶贸易和粮食入中贸易彻底分割开来。朝廷通过茶叶贸易中的贴射和商税获得了现钱，加上此前在实行交引法时还积累了大量的现钱，朝廷就有了足够的现钱，可以在商人到沿边入中粮食后，以现钱来支付相应的报酬。

贴射法的好处就是可以把茶叶贸易和粮食入中贸易彻底拆开，杜绝了"虚估加抬"现象。但贴射法的收入是以商税为主，明显不如交引法以垄断利润为主的收入。一旦通商法实施久了，朝廷买粮食的现钱也花得差不多了，就不得不回到交引法的老路上去。

北宋时期，茶法和盐法不断地在榷卖和通商之间转换，原因之一就是要维持入中贸易里粮食价格的稳定，但始终无法做到一劳永逸。不过，通商制度的实行使朝廷越来越依靠用现钱来购买粮食。现钱的货币属性越来越强，对北宋的财政结构产生了巨大的冲击。王安石的熙宁变法就是在这个基础上全面展开的。

最后，我们来总结一下。北宋时期的社会经济结构发生了巨大变化，从而促使土地制度也发生了改变，这又与养兵之制结合，结果就是促成了源源不断的冗兵。由于冗兵从数量上难以大规模裁减，因此北宋朝廷不得不通过财政手段尽量维持军需消耗。为了达成这个目的，北宋朝廷无所不用其极，其中最重要的就是通过和籴与入中贸易来解决粮食问题。然而和籴与入中贸易的关键，则是掌握粮食定价权。为此，朝廷不惜反复调整与入中贸易息息相关的茶盐榷卖制度。

作为帝制集权体制下四大支柱的一部分，社会精英控制模式和宏观经济制度模式根本无法驾驭社会结构和经济结构，科举考出了冗官，养兵养出了冗兵。正是这两大顽疾，促成了北宋中期此起彼伏的改革运动。

超越祖宗：大变法时代的到来

宋仁宗以来，在社会表面繁荣的"盛治"背后，是被冗官和冗兵拖垮的财政。

庆历八年（1048），北宋全年财政收入1.23亿贯石匹两（122 592 900），支出1.12亿贯石匹两（111 784 600），支出占收入的91.18%；

皇祐元年（1049），收入1.26亿贯石匹两（126 251 964），几乎全部支出，所剩无余；

嘉祐年间，收入1.02亿贯石匹束（101 907 764），支出1亿贯石匹束（100 399 449），支出占收入的98.52%；

到了宋仁宗的继任者宋英宗的治平二年（1065），收入1.16亿贯石匹两（116 138 405），支出1.2亿贯石匹两（120 343 174），导致财政入不敷出，赤字了。

究其原因有二：一是支出太多，一是收入不足。

支出方面最主要的问题还是"三冗"；另外，宋仁宗对官员的不吝赏赐也给朝廷的财政造成了不小的负担。

收入方面则与税收有关。宋朝根据民户的土地占有数量征收赋税，但占有大量土地的大官富姓不仅享有减免税赋的特权，更有甚者通过隐匿田产偷税漏税。于是，一部分税赋被转嫁给社会的中下阶层，从而加重了普通百姓的负担；还有大量的税款和变相的附加税无从征收，朝廷的财政收入自然不足。

在朝廷"积贫"、百姓穷困、社会危机四伏的情况下，士大夫纷纷上书要求变革旧制。此时的改革已经成为士大夫群体的共识，变法迫在眉睫；而在这些呼吁改革的士大夫中，最为后人瞩目的莫过于司马光与王安石。

司马光（1019—1086），字君实，号迂叟，世称"涑水先生"，陕州夏县（今山西省运城市夏县）人。他早年曾担任过地方官，自宋仁宗末年起，便入朝担任谏官，更是常常为了民生疾苦恳请罢除弊政。同时，参知政事欧阳修也对司马光极为推崇，称赞他"德性淳正，学术通明"。

王安石（1021—1086），字介甫，号半山，抚州临川县（今江西省抚州市临川区）人，先后担任签署淮南节度使判官厅公事、知鄞县（今浙江省宁波市鄞州区）、知常州（今江苏省常州市）等。王安石本来有很多机会入朝担任要职，他却长年自请留在地方。因为在王安石眼里，与其留在施政滞缓的朝廷里碌碌无为，还不如到地方上兢兢业业，造福一方。正因如此，王安石获得了极高的声望，天下人都说："安石不出，当如苍生何！"

就是这样两个以天下为己任的士大夫，曾先后在"嘉祐之治"中打破了歌舞升平的假象，发出了盛世危言。

嘉祐四年（1059），刚从江东提刑召还阙廷的王安石便向宋仁宗进奏了长达万言的《上仁宗皇帝言事书》。在这篇奏章中，王安石尖锐地指出宋朝内有财力窘迫、风俗败坏之困，外有辽夏之忧，有志之士都在担心"天下之久不安"。而宋朝统治危机的根源就在于为政者不懂法度，导致宋代的制度不符合"先王之政"。要解决这个问题，就要效法"先王之政"的精神，彻底改革制度；而推行改革，最重要的就是培养人才。

知谏院司马光则反复强调树立纲纪、整饬风俗的重要性。他在嘉祐六年（1061）向宋仁宗进呈的"保业""惜时""远谋""重微""务实"《五规》中，表示出"太平之世难得而易失"的担忧，并明确提出要执守纲纪。

除了这些原则性的主张以外，作为谏官的司马光还经常有针对性地针砭时弊。比如，次年，他在向宋仁宗进奏的《论财利疏》中具体指出："农民都是苦身劳力，粗衣粗食，他们不仅要向官府缴纳赋税，还要承担各种劳役。遇到丰收的年岁，他们还能以低价卖掉粮食，用来应付官府和个人的需求；可一旦遇到凶年，他们就要流离失所，甚至冻饿而死。"因此，他建议，朝廷应推行利民的政策。在宋英宗时期，司马光连续上书，批评朝廷在西北边地招募民兵，给百姓带来了极大的困扰和苦难，要求朝廷废止这样的政策。

至少在当时的人们看来，王安石与司马光的主张非常类似。两人一个担心天下"久不安"，一个忧虑太平"易失"；一个高喊"明法度"，一个呼吁"立纲纪"；一个主张"重建贤才"，一个重视"求贤"；一个在《河北民》中感慨农民的"长苦辛"，一个在《论财利疏》中为民请命。同样拥有忧国忧民的赤诚精神，拥有高尚的人格，这也使司马光与王安石成了知心挚交。

可惜，已经50余岁的宋仁宗常年被病魔纠缠，既无心也无力再去操持改革了。宋仁宗早年有三个儿子，但都夭折了，后来他的嫔妃们再也没人生出儿子。

嘉祐年间，宋仁宗身体每况愈下，在士大夫们的催促下，于嘉祐七年（1062）八月以堂兄之子赵宗实为养子，并立为皇太子，改名赵曙。次年三月，宋仁宗去世，赵曙即位，是为宋英宗（1063—1067年在位）；宋仁宗的皇后曹氏被尊为皇太后。

新皇登基，士大夫们正准备一展雄图，可惜还没等日常政务走上正轨，改革的热情就被一场莫名其妙的政治伦理风波浇灭了。

宋英宗即位不久便得了病，整日胡言乱语，不能理政，和养母曹太后的关系也日渐紧张。宰相韩琦等人一面请曹太后垂帘听政，一面协调宋英宗与曹太后的矛盾。治平元年（1064）五月，宋英宗康复，曹太后随即撤帘，动荡的政局终于平稳了下来。

可惜好景不长，宋英宗虽为宋仁宗养子，却想给已经去世的生父濮王赵允让皇帝的名分。治平二年（1065），在宰相韩琦的提议下，宋英宗将给濮王名分的问题交给了有关部门进行讨论。

朝臣很快分成两大派。一派主张宋英宗应称濮王为"皇伯"，理由是宋英宗已为宋仁宗之子。这一派以台谏官司马光、吕诲，翰林学士王珪，判太常寺范镇，知制诰韩维，权三司使吕公弼等为主，声势极其浩大。另一派则认为宋英宗可称濮王为"皇考"，因为过继给他人为子者，对自己的养父母、生父母皆称父母。这一派包括韩琦、欧阳修、曾公亮、赵槩，他们都是宰执。

两派引经据典，唇枪舌剑，争论了18个月之久。由于皇考派有宋英宗支持，并且说服了曹太后，因此取得了最终胜利；皇伯派的台谏官员则因此事被贬出朝。由于这是一场围绕濮王名分的议论，故史称"濮议"。

在濮议过程中，宋英宗与那些宰执联手，逼退了代表士大夫群体的台谏。宋仁宗时期的士大夫政治标志性的权力格局——皇帝、宰相、台谏三足鼎立，随着皇帝意愿的变化，开始松动。

治平三年（1066），"濮议"结束后，宋英宗将精力转移到了治国理政上。正当他准备奋发有为之际，却突然再度患病，并于次年正月驾崩。短暂的宋英宗时代就此谢幕。

治平四年（1067）正月，在韩琦的拥护下，宋英宗长子赵顼即位，是为宋神宗（1067—1085年在位）。宋神宗即位的第三天，三司使韩绛便奏报：自仁宗庆历年间以来，国家财力消耗严重，百年间的财富积累，仅剩下空空如也的账本。

其实，在两年前，北宋一年的财政赤字已经高达400万。可见，宋仁宗时期出现的"积贫"问题非但没有好转，在经历了所谓的"嘉祐之治"以后，反而愈演愈烈。

宋神宗是一位志向高远的皇帝，他不仅想解决"积贫"的问题，更想改变北宋"积弱"的面貌。在众多呼吁改革的士大夫中，宋神宗非常看好司马光与王安石。这年秋，宋神宗下诏，将出任谏官的司马光和担任地方官的王安石先后擢升为翰林学士，同时兼任经筵侍讲。在宋代，翰林学士既是负责起草重要诏书的皇帝秘书，又是对国家大政方针献计献策的皇帝顾问，地位十分显要，担任翰林学士的人，最后往往会晋升为宰执；而经筵侍讲是皇帝的老师，专门为皇帝授课。由此可见宋神宗对司马光与王安石的殷殷期待。

然而，这样的期待最终却演变成宋神宗对司马光、王安石的二选一。究竟是什么使司马光最终主动出局，使接下来的"熙宁变法"成为"王安石变法"呢？

首先是司马光与宋神宗的冲突。司马光是一个讲原则的人，而宋神宗却是一个不怎么守规矩的人。治平四年（1067）九月，宋神宗起用财政专家张方平出任参知政事，张方平可能是宋神宗确定的第一个主持改革的人选。结果，时任权御史中丞的司马光立刻提出反对意见，并翻出了张方平贪财的旧账。其实，在司马光出任权御史中丞的5个月以来，这并不是第一次与宋神宗产生磕碰。

经过这件事宋神宗最终决定，把司马光调离御史台，改任翰林学士兼经筵侍讲，让他在新的岗位上继续发挥重要作用。按照流程，宋神宗的诏书要通过通进银台司审核，审核无误后再通过阁门司交给司马光本人。

可知通进银台司事吕公著认为，权御史中丞的职责就是弹劾官员，如果只因司马光弹劾了张方平就要被调离岗位，此例一开，以后台谏官员就都不敢说话了。因而，他封驳了诏书，并请求宋神宗重新考虑。

如果在宋仁宗时代，这可能会引起一轮君臣之间的大辩论，但宋神宗没有给官员们这个机会。既然通进银台司不能"通进"，宋神宗索性将这个部门绕开，直接将诏书发到了阁门司。不过，为了缓解尴尬局面，宋神宗还专门下了一道手诏，解释说调任司马光的职位，跟弹劾张方平无关，只是因为敬重他、重用他。

既然宋神宗给足了面子，司马光也就无法拒绝。十月，司马光在面见宋神宗后，接受了调动，正式出任翰林学士兼经筵侍讲。但是，就像他当年试图通过"濮议"来树立绝对威信的父亲宋英宗一样，如今这位年轻气盛、血气方刚的神宗皇帝正在试图打破祖宗之法对皇帝行为的规范，摆脱一切束缚他的制度和传统，乾纲独断，回归独裁。然而，这正是"皇帝与士大夫共治天下"的士大夫政治最大的危机。

这一切，都让司马光进一步认识到，他一直呼吁的振举祖宗之法是多么重要。直到熙宁二年（1069）八月，司马光仍在《体要疏》中不厌其烦地强调，"祖宗创业垂统，为后世法"，坚守祖宗之法，可以统御内外、秩序上下，"此所谓纲纪者也"。然而这样的司马光逐渐让宋神宗感到失望，他曾与吕公著在谈话中提及自己对司马光的评价："方直"而"迂阔"，而偏偏王安石表现出了超越祖宗之法的念头。

与当时绝大多数高举"祖宗之法"旗帜的做法不同，王安石早在《上仁宗皇帝言事书》中就提出了"先王之法"。同样是明法度、立纲纪，在司马光那里，这个法度和纲纪是祖宗之法；而在王安石这里，却是"先王之法"。

所谓"先王之法"，其实与士大夫口中的"三代之治"的意思差不多。宋神宗曾问王安石，如何看待唐太宗。王安石却回答："唐太宗有什么好的？陛下应效法尧舜！"尧舜之法便是先王之法的一部分。

尽管这个"先王之法"的具体内涵全靠王安石依据自己对儒家经典的理解来解释，跟士大夫对"祖宗之法"的解释方法半斤八两，但已经表露出王安石希望超越本朝政治传统的倾向。

在王安石看来，祖宗之法并不是像司马光等人说的那样"不可变"，而是应该根据具体形势，"择利害""辨是非"，通过"询考贤才、讲求法度"的"大有为"措施来达到强化中央力量、治弊防乱的目的，要根据"所遭之变"和"所遇之势"来推行改革，解决严重的统治危机。

由于指导思想从根源上的不同，注定司马光与王安石会分道扬镳。在具体的施政方针上，两人的主张更是南辕北辙。

熙宁元年（1068），正好赶上要举办每三年一次的南郊大典，按照惯例，在皇帝祭祀天地后，要对官员们颁行重大赏赐。可是，这一年天灾不断，因而宰相曾公亮在八月时就建议，由于国家财政困难，二府大臣的待遇也已经很丰厚了，索性南郊大典之后就不要再赏赐了。

宋神宗将曾公亮的提案转交给学士院讨论。司马光认为，不仅宰相不要赏赐了，所有高官的赏赐都应该减半。可王安石却坚决反对。后来，宋神宗在延和殿召见翰林学士，商讨赏赐方案，两人干脆就在御前针锋相对地辩论起来。

实事求是地说，南郊赏赐总额并不是多大的数目。王安石认为大宋富有四海，区区"小钱"根本没必要省下来。司马光虽然也认为这笔钱即便省下来，也不能缓解财政危机。但他又指出，这一笔"小钱"不省，那一笔"小钱"也不省，那还怎么能省下钱？

在司马光的改革方案中，"节流"是整顿财政的核心。他希望宋神宗和朝廷能进行裁军，量才录用官员，减损冗费，节省财用；同时强调安民养民，认为只要百姓安居乐业，生活富足，朝廷的税收状况自然能得到改善。正因如此，司马光才坚决主张减省南郊赏赐，能省钱的地方一定要省，支出少了，自然能缓解财政危机。

没想到王安石却说："且用度不足，非方今天下之急务也。"财政困难，并不是现在的紧要事务。

这让司马光大为不解。国家财政捉襟见肘，世人皆知，连你王安石当年在万言书里也说"天下之财力日以困穷"，怎么又突然不是"急务"了？

王安石解释道："国用不足，那是因为没有得到善于理财的人。"

理财？司马光大为恼火地反驳道："那不就是用苛捐杂税来榨干老百姓的财富！"折变算不算理财，和预买算不算理财，还要怎么理财？！

王安石却自信满满地说："这些人都不善于理财。善理财者，民不加赋而国用饶。"

"民不加赋而国用饶"，亲自主持修撰《资治通鉴》的司马光对这句话太熟悉了。这不就是汉代桑弘羊搞的那一套吗？通过朝廷直接出面经商，贱买贵卖，与民争利，最后朝廷赚得盆满钵满，老百姓虽然没有多交税，但商人和手工业者大量破产，人们买东西要花数倍的价钱，这不还是敛财吗？！

司马光尖锐地批评道："天下的财富就那么多，不在民间，就在官府。"你这样改革，理财就是敛财。

然而王安石这样实行改革自有其一番道理。早在《上仁宗皇帝言事书》中，王安石就提出了"因天下之力以生天下之财，取天下之财以供天下之费"的主张，也就是通过刺激生产来增加社会财富，进而增加财政收入。这和他提出的

"先王之道"的主张一样，都是以更加积极进取的心态分析问题。而理财的原则是：通过"摧抑兼并"，将过去大商人、官僚、地主的部分剥削收入收归朝廷；通过扶植社会中下阶层来发展生产，提升国力，同时防止民变。

这场争论的结果是王安石胜出。这年十一月，南郊大典。宋神宗皇恩浩荡，一口气花了900多万，比三年前宋英宗的南郊大典还多花了200万。

其实，早在南郊大典以前，宋神宗就已经倾心于王安石了。宋神宗在做皇子时，便一直仰慕王安石。熙宁元年（1068）四月初，王安石刚刚抵达京师开封，便在四日奉诏越次入对。在宋朝，官员入见皇帝都是需要预先排班的，而宋神宗却让王安石不按顺序"加塞儿"来见，足见他迫切想见到王安石的心情。

就是在这次见面中，王安石鼓励宋神宗放弃效法唐太宗的想法，直接去做尧舜。入对结束后，王安石又根据宋神宗的提问，一气呵成写下《本朝百年无事札子》。在这篇文章中，王安石指出宋朝存在的八大问题：其一，皇帝不够努力，应该去做大有为之君；其二，朝廷思想不统一；其三，科举取士制度不科学；其四，选拔官吏重资历轻政绩；其五，农民饱受差役之苦，农田水利不修；其六，军队无战斗力；其七，宗室规模太大，待遇优厚却对国家无用；其八，理财无法。

这八大问题几乎囊括了日后王安石变法时的绝大多数举措。其中，如科举、选官、农民、军队的问题，几乎上承庆历新政；而皇帝大有为、统一思想、讲求理财之法，又大大对了宋神宗的胃口。

此后的一年多里，王安石借助经筵侍讲的机会，极力向宋神宗讲述自己的改革观点，宋神宗这位学生也日渐接受了王安石的学说。后来，曾推荐了王安石又成为王安石反对派的宰相曾公亮感慨道："陛下和王安石好得就像是同一个人，真是天意啊！"（上与安石如一人，此乃天也！）

在宋神宗眼里，一个是"方直""迂阔"，另一个是"如一人"，谁会成为变法改革的主力，已经没有悬念了。

熙宁二年（1069）二月，王安石出任参知政事。不久，宋神宗根据王安石的建议，设立"变法领导小组"。由于变法的核心是理财，事涉三司的相关规定，故而这个领导小组被称为"制置三司条例司"。条例司由知枢密院事陈升之（不久升任宰相）和王安石共同负责。同时，在地方各路设立提举常平官，专门督促州县推行新法。

在条例司初设之时，中书共有五位宰执，分别是首相曾公亮，亚相富弼，参知政事赵抃、唐介、王安石。时人用"生、老、病、死、苦"来形容这五个人："生"指王安石，生机勃勃，锐意改革；"老"指曾公亮，因年老而依违在变法派与反对派之间；"病"指富弼，因反对新法而称病不理政事；"死"指唐介，因与王安石争论新法，宋神宗又总是袒护王安石，最终被活活气死；"苦"指赵抃，每有新法出台时，他都叫苦连天。

由此也就不难理解，作为变法司令部的制置三司条例司，为什么最初只有王安石一个参政入职，而宰相和其他参政都无缘在条例司中讨论变法。更讽刺的是，制置三司条例司"制置"的是三司的"条例"，可三司使却也被排除在外。

实际上，条例司凌驾于三司之上，中书门下也不得过问。由于它直属于皇帝管辖，因此条例司在用人做事等方面相当灵活。可以想见，设置这样一个机构，就是为了绕开旧有的行政体系，另起炉灶，提高变法改革的效率。这和当年宋神宗绕开通进银台司，直接给阁门司下诏书，在本质上是一样的。

司马光对这种肆意破坏制度和传统的做法非常反感，以他为代表的不少官员不断提议取消这个在制度体系之外的机构。到了第二年（1070）五月，朝廷终于撤销了条例司，变法事务也分别归入司农寺和中书门下。这年十二月，王安石正式拜相。

轰轰烈烈的熙宁变法正式拉开了序幕。

熙宁变法：前进，不择手段地前进

熙宁变法规模宏大，大体可分为富国、强兵、取士三大类。

富国之法以理财为核心，力图解决"积贫"问题。具体又可分为针对商人的均输法、市易法和免行法，针对农民的青苗法、免役法、农田水利法和方田均税法，总共七项措施。

均输法

位于东南的江南东、江南西、淮南、两浙、荆湖南和荆湖北这六路,是经济最发达的地区,因此它们成为朝廷财政的倚重之地。在变法前,朝廷设有六路发运司,专门负责六路对朝廷的物资供应。发运司按照规定的物资和数量,在各路购买物资,再运往京师。

问题是,发运司并不知道开封对物资的具体需求,因此往往京师急需的物资发运司手里没货,而城里库存积压的东西反被源源不断地运送进来。

另外,由于发运司也不知道各地的具体生产情况,结果就出现甲地不产某物却需要上缴,乙地盛产此物却没有任务的情况。甲地的百姓只好从乙地买入此物,再缴纳给发运司。富商巨贾便利用这个机会操控物价,以此垄断获得暴利;发运司和各路官员也借此横征暴敛;老百姓的赋税负担加重,朝廷却仍然财用窘迫。

针对这一问题,制置三司条例司于熙宁二年(1069)七月任命薛向为六路发运使,在六路颁行均输法。新法规定,发运司总管六路财赋。宋神宗从内藏库(直属于皇帝的财库)拨钱500万贯和米300万石,作为发运司周转经费。发运司在及时了解了京师库存和各地物资情况后,开始灵活采购物资。比如,在少产某物的甲地,发运司将此物根据当地物价折成税款,向百姓征收;然后拿征收的税款到盛产此物的乙地购买。

按照设计,理论上通过均输法,发运司不仅可以降低购买物资的价格,节省运输费用,还能获得一定的收益,同时老百姓也能减轻一些负担。

市易法

富商巨贾通过垄断市场、操控物价,往往能够获得巨额利润,而中小商人和普通百姓的利益却遭到损害。对此,平民魏继宗上书建议,在开封设置常平市易司,管理京城的市场。如果市场上某商品的价格较低,市易司就以稍高于市场的价格收购这种商品用于储备;等商品的价格较高时,市易司再以低于市场的价格出售。由此,朝廷不仅可以调整市场物价,维护交易公平,还可以从中增加财政收入。

魏继宗的建议获得了变法派的赏识。熙宁五年（1072）三月，制置三司条例司颁行市易法，在开封设立市易务，并拨款187万贯作为本金，任命吕嘉问为提举市易务，负责具体事务。市易务平时收购滞销品；等到市场再需要这些商品时，商人就可以向市易务抵押资产，然后赊贷商品拿到各地出售，再向市易务支付货款，其中包括20%的年息。商人还可以向市易务贷款，年息率仍然是20%。

此后，朝廷又陆续在杭州、广州等众多重要城市设立市易机构，将开封市易务升为都提举市易司，作为市易务的总机构。从理论上来说，市易法可以限制大商人对市场的垄断，为朝廷增加财政收入。

免行法

开封各行商铺有向官府供应物资的义务，因此商人经常被迫以高价收购货物用来供应官府，导致商人苦不堪言。熙宁六年（1073），有商人建议向官府缴纳"免行役钱"，官府可以拿着这笔钱自己去采购物资，各行商铺不再负担此任务。这项建议被朝廷采纳，遂于七月，由市易务制定颁行免行法，规定了各行商铺依据收入多少，每个月向市易务交纳免行钱，即可免除其对官府的物资供应。免行法将商人从向官府供应物资的劳苦中解救了出来，同时增加了朝廷的财政收入。

以上是富国之法中针对商人的三项新法，下面我们来看看针对农民的四项新法。

青苗法

青苗法，又叫常平法。在宋仁宗时期，陕西是边防重地，兵多粮少。于是，陕西转运使李参在当地百姓缺少钱粮时，让他们自己估计当年的粮食产量，然后据此向官府贷款耕种，粮食收获后再归还贷款，这笔贷款就称为"青苗钱"。陕西转运司一时间成了"农业银行"，对促进农业生产非常有效。不过数年，陕西的仓库中就有了剩余的粮食。

王安石知鄞县（今浙江省宁波市鄞州区）时，也在县里推行过类似的政策，同样取得了较好的效果。在地方实践中，王安石发现，每逢青黄不接或天灾人祸时，普通农民都会被迫去借高利贷来渡过难关。一旦无力偿还，这些农民就会失去土地。既然农民有贷款需求，还不如由官府出款借贷。如此，既可免去农民受高利贷盘剥之苦，又可增加朝廷的财政收入，一举两得。

王安石决定将自己的经验向全国推广。熙宁二年（1069）九月，制置三司条例司颁布青苗法。法令规定，各路以常平广惠仓中的粮食折成现钱作为本金；民户可自愿在每年的正月和五月向官府贷款，用于农业生产；收获以后，民户可随夏秋两税一起，将贷款还清，并支付20%~30%的利息。

理论上，青苗法可以限制放高利贷者对农民的盘剥，为农民提供必要的生产资金，同时也为朝廷增加了财政收入。

免役法

免役法，又叫募役法或雇役法。在免疫法出现之前，宋朝实施的是差役法。当时，乡村居民根据其资产情况，被划分为不同的等级，这种等级称为"户等"。其中，较为富裕的上等户要承担乡村和州县官衙中的差役。但是这些差役不仅没有任何报酬，有些还会导致服役人员倾家荡产。

由于差役法弊端太大，士大夫对其改革的呼声极为强烈。无论是司马光还是王安石，都曾提出以雇人服役的方法来代替差役法，这种雇人服役的方法就是免役法。熙宁二年（1069），朝廷开始讨论实施免役法的细节。几经争论，到了熙宁四年（1071）正月，司农寺正式拟定免役法并在开封府界试行；十月，免役法在全国实施。

免役法废除了按户等轮流服差役的办法，改为由州县官府出钱雇人服役。各州县应先预估当年雇役所需的费用，然后按照户等分摊，由上等户缴纳，这笔钱被称为"免役钱"。

不过，以前并不服役的下等户，以及官户、女户、僧道户、未成丁户、坊郭户（类似城市户口）等，现在同样要缴纳一半免役钱，这笔钱称为"助役钱"。州县官府在雇人服役的费用之外，还要加收20%的免役宽剩钱，由各地留存。如果发生灾荒，朝廷就可以免向灾民征收"役钱"，而用之前征收留存的免役宽剩钱雇人服役。

对于饱受差役法困扰的上等户而言，免役法使他们免于服役，这让他们不仅有了更多的自由时间，同时也免于在服役中破产。特别是，对于经济较为发达地区的农民来说，免役法简直是一种解放。这种以钱代役的做法是历史进步的表现。朝廷也从免役法中获得了不少的财政收入，特别是过去拥有免役特权的官户现在也不得不交钱了。

农田水利法

农田水利法集中体现了王安石"因天下之力以生天下之财，取天下之财以供天下之费"的思想。熙宁二年（1069）十一月，制置三司条例司颁布《农田利害条约》，鼓励各地开垦荒田，兴修水利。新法规定，水利工程由受益人出资兴建。如果工程过于浩大，民间无力投资，则按照青苗法的规定，由受益人向官府贷款来修建水利设施。凡是提出合理建议或出钱募工兴建工程的人，官府都会按照实效给予奖励。

方田均税法

宋真宗时期，官方统计的全国耕地面积达524万顷，而宋仁宗后期竟然只有228万顷。可见官僚地主隐瞒田产、偷税漏税问题的严重性。熙宁五年（1072）八月，司农寺颁行《方田均税条约》，命令有关部门丈量耕地，清查漏赋，均定田税。方田均税法只在北方的开封府界、京东、陕西、河北、河东五路得到了实施，到元丰八年（1085）被废止时，共清丈土地248万余顷，约为全国纳税土地的半数以上。新法实施后，赋税负担与土地占有的实际情况重新符合，朝廷的财政收入也有了保证。

富国之法推行后，北宋的财政收入有了巨大改观。熙宁六年（1073），仅青苗钱的利息就高达292万贯；熙宁九年（1076），支付役钱后剩余的免役钱也高达392万贯。农田水利法颁行7年后，全国共修建水利工程1万余处，水利田36万余顷，疏浚的河道、湖港更是不计其数。不少荒芜的土地得到了开垦，大片贫瘠的土地变成了良田。

除了使财政收入转好之外，熙宁新法还有一个突出的特点：朝廷向民间投入大量作为货币的现钱，同时又有大量现钱通过包括新法在内的各种税费回流到朝廷。特别是新法中最重要的青苗法和免役法，征收的全部都是现钱，这和前面提到北宋前期的财政结构是完全不一样的。为什么王安石要收这么多现钱呢？

这就要回到前面提到的老问题了，北宋财政的最核心问题是养兵。朝廷通过入中贸易和茶盐榷卖，借助豪商巨贾解决粮食的购买和运输问题。但是，在经济规律面前，一心想要控制粮食定价权的朝廷却越来越力不从心。王安石曾说："小商人没有实力去从事入中贸易，能做入中贸易的都是豪商巨贾。正因如此，沿边地区的粮食价格完全受制于这些大商人，因而粮价总是居高不下，进而导致朝廷开销巨大。"既然豪商巨贾难以控制，那就绕开他们，直接从农民手里买粮食，问题不就解决了吗？

真正的"摧抑兼并"，到这里才算浮出水面。

由于统计的数据有缺陷，因此学者们只能根据史料对当时的经济情况做出推测。根据这个推测，以熙宁九年（1076）或十年（1177）为例，朝廷在当年要向民间投入现钱1600万贯，其中包括出贷的青苗本钱约1000万贯，用于雇人服役的一般性免役钱支出和应对天灾救济的临时性免役钱支出加在一起约600万贯。

与此同时，朝廷当年从民间回流的货币为3300万贯，其中包括青苗本钱约1000万贯，青苗息钱约300万贯，免役钱1041万贯，两税中的现钱559万贯，以及坊场河渡钱360万贯。

也就是说，朝廷这一年直接投入了1600万贯，收回了3300万贯，之间有1700多万贯的差额。这1700万贯除去从商人手中获得的360万贯坊场河渡钱（也就是商税），其余约1300万贯全部由农民承担。在这1300万贯中，只有两税中的559万贯是农民在变法前需要缴纳的。也就是说，农民对现钱货币的需求比变法前增加了近750万贯现钱，增长了1.3倍。

那么，这些因新法而多出来的近750万贯现钱，农民要从哪儿得来呢？

农民只种地，不领工资，那他们唯一获得现钱的途径就是将自己剩余的农产品卖掉。卖给从事入中贸易的商人吗？不，卖给朝廷，卖给官府。

就在王安石推行新法的同时，朝廷也推出了五花八门的和籴方式。其中有一种和籴方式叫作俵籴，就是朝廷预先估计好农民的粮食产量，然后以大致相当的青苗钱贷给农民，收获时农民再连本带利地用粮食偿还。这其实是另一种形式的青苗法，本质上是朝廷用低于市场的价格来预定购买粮食，其实跟和预买绢帛的形式差不多。

还有一种和籴方式叫作结籴。所谓的结，就是商人用金银、田土、房产作抵押，朝廷向商人发放贷款，然后由商人收购农民的粮食，再转卖给朝廷，同时一并清算贷款利息。与从事入中贸易的商人不同，这里的商人通过贷款和抵押被朝廷严格控制，买卖的双方依然是朝廷与农民，商人在这里只不过是一个被操控的运输工具而已。

值得一提的是，当时还有一种寄籴，是朝廷在年景不好的时候把官粮贷给农民，此举措被称为"寄"；等年景好的时候，农民再连本带利用粮食偿还。寄籴虽然不涉及现钱，但和俵籴、结籴一样，都是由朝廷直接跟农民进行交易。

本来，若农民有出售粮食的需求，那从事入中贸易的商人是大有商机的。可关键是，粮食都被朝廷买去了。商人如果想要买粮，就只有两个办法。一个是以高于朝廷的粮价从农民手里买粮，但这几乎不可能，因为这意味着商人要以更高的价格出售粮食，根本卖不出去。另一个是抢在朝廷买粮前，先把粮食买走，但这也不成，因为早在农民连种子还没播下去的时候，朝廷就已经通过各种和籴预定了粮食，更不用说朝廷还可以违规操作强买强卖了。

通过这些方式，王安石将粮食贸易中的大量商业资本排挤出来。与此同时，高利贷资本也开始退出农村。尽管在青苗法的推行中，一些地方官员有抬高贷款利率的现象，但从整体来看，青苗钱的利率基本稳定在20%~30%。比如，元丰三年（1080），全国出贷青苗钱1318.6万贯，收回1500万贯，所得利息181.4万贯，利率13.8%；元丰六年（1083），出贷1103.7万贯，收回1396万贯，利息292万贯，利率26.5%。由此可以看出，至少有部分高利贷资本被从农业中排挤出去了。

这样，在粮食买卖中，商人不再居于主要地位，朝廷开始占据主动。那么接下来的问题是，朝廷哪来那么多钱投入民间和购买粮食呢？

答案是：铸币。

从宋朝建立到王安石变法以前，宋朝每年的铜钱铸币量从未超过200万贯，甚至在大多数时候只有100万贯左右；铁钱铸币量除了宋太宗初年的50万贯之外，大多数时候只有20余万贯。而在宋神宗时期，北宋铸币量开始出现了惊人的飞跃。熙宁末年，铸铜钱373万贯、铁钱98.6万贯；元丰三年（1080），更是达到铸铜钱506万贯、铁钱88.9万贯的巅峰值。

而从北宋的财政收支来看，熙宁九年（1076），朝廷已经累积了2773万贯的盈余。如果从熙宁二年（1069）推行新法算起，这八年里，朝廷平均每年累积的货币盈余为347万贯，与铸币数量大致相同。也就是说，通过王安石的新法，朝廷把增铸的货币作为财政盈余全部收回了国库。

换句话说，就是在王安石推行新法后，朝廷一边铸币，一边给农民发钱，一边又把发给农民的钱收了回来。在这个过程中，农民交出了绝大多数剩余产品，朝廷既赚了钱又收了粮。

更可怕的是，在朝廷积累的现钱货币中，有1500万贯都存在了沿边地区，占据了一大半。为什么说可怕呢？因为沿边地区遍布着市易务或市易司，隶属北宋朝廷掌控的全国物资流通体系。

市易法推行后，王安石在全国各地都设置了市易机构。

在京师开封，设有都提举市易司。

在西北地区，设有古渭寨（今甘肃省定西市陇西县）市易司（后更名为"秦凤市易司"）、镇洮军（今甘肃省定西市临洮县，后升为熙州）市易司、秦州（今甘肃省天水市）市易司、永兴军（今陕西省西安市）市易司和凤翔府（今陕西省宝鸡市凤翔县）市易司。

在河北地区，不仅在大名府（今河北省邯郸市大名县东北）、安肃军（今河北省保定市徐水区）、瀛州（今河北省河间市）、沧州（今河北省沧州市东南）、定州（今河北省定州市）、真定府（今河北省石家庄市正定县）、郓州（今山东省泰安市东平县）设立了市易机构，还设有专门负责买卖粮食的河北籴便司。

这两个地区的市易机构主要负责沿边粮草买卖和边境贸易。

在东南地区，设有杭州（今浙江省杭州市）市易务（后升级为两浙市易司）、楚州（今江苏省淮安市）市易务（后升级为淮南东路市易司）、润州（今江苏省镇江市）市易务、越州（今浙江省绍兴市）市易务和真州（今江苏省仪征市）市易务。

这些设有市易机构的城市，或为外贸港口，或为运河港口，而且地处粮食核心产区。

在西南地区，设有位于黔州（今重庆市彭水苗族土家族自治县）的夔路市易司，及成都府利州路茶场司。

在南方地区，设有广州（今广东省广州市）市易务（后升级为广州市易司）。

西南地区的市易机构主要经营茶马贸易；而广州在设有市易司的同时还设有

市舶司,显然是经营外贸。

在这个全国性的网络里,沿边市易机构动辄动用数十万贯钱作为购买粮食的籴本,这是任何从事入中贸易的商豪巨贾都望尘莫及的;而东南地区的市易机构临近粮食生产地与运输渠道,西南地区的市易机构与茶马贸易紧密相连。它们共同构成了一个服务于沿边驻军的全国性流通系统。通过这个系统,朝廷可以彻底垄断边地的粮食贸易,摆脱与商人争夺边地粮食定价权的力不从心,甚至可以更加完善对茶盐的榷卖。

由此看来,王安石眼中的"理财"与司马光眼中的"理财"确实有很大的区别。王安石或许已经意识到,财政危机来自"三冗",既然冗官、冗兵不可废除,那么想要依靠节流来摆脱财政危机就根本不可能,这样只能开源。开源的方式有两种:一种是通过投资来促进生产,以增加粮食产量;一种是通过财政货币化和构建庞大的全国性流通体系,抛开入中贸易,让朝廷用更低的成本来完成养兵的财政目标。

就财政的意义而言,两种开源的方法都成功了。这或许正是王安石将那些反对派视为"俗吏"的骄傲所在。

强兵之法

"强兵"是熙宁变法中仅次于"富国"的目标。强兵之法中,最重要的就是将兵法和保甲法。

将兵法的渊源,可以追溯到范仲淹在延州进行的军事改革。王安石执政以来,精简军队,合并军营,并在此基础上于熙宁七年(1074)九月颁行将兵法。根据王安石的新法,朝廷以"将"和"指挥"作为军队编制的基本单位,在全国设立了92将和独立的25个指挥。每将置正将一人,挑选武艺较高、作战经验较多的武官担任,专掌训练。将兵法所针对的是更戍法造成的"兵不识将,将不识兵"和士兵疏于训练的问题。新法使兵知其将,将练其兵,提高了军队的战斗力;但是朝廷在原有的行政体系之外又设立了新的将官,导致官僚机构更加臃肿。

熙宁三年(1070)十二月,司农寺制定颁行《畿县保甲条制》,保甲法正式实行。保甲法规定,相邻民户组成小保、大保、都保,并设保长、都保正等职位总负其责。有两丁以上的家庭，出一人为保丁，保长、保正则选富户担任。保丁在农闲时要集合进行军训；夜间还要轮流参加巡逻，以维持治安。从理论上来说，保甲法既能防止民众暴乱，又能使兵民合一，与募兵相辅，同时节省养兵的费用。不过，保甲法又把农民重新束缚在土地上，开了历史倒车；更何况，广大民众在缴纳免役钱后依然要参加军训、巡逻，等于还要服"役外之役"。

除了将兵法和保甲法之外，强兵之法还包括保马法和军器监法。保马法就是由保甲自愿申请为朝廷养马，并享受相应的税收优惠，相当于承包养马，用来解决宋军缺马的问题；军器监法则是在开封设立专门的军器监，负责武器制造，通过提高武器质量来提升军队的战斗力。

在推行强兵之法时，在王安石和宋神宗的支持下，北宋边将王韶成功取得了"熙河开边"的胜利。

庆历和议后，西夏的外部基本维持了和平的环境，但是统治阶级内部斗争不断，这给宋朝创造了可乘之机。熙宁元年（1068），王韶向宋神宗上《平戎策》，提出了先收复河湟，再威服吐蕃，最后攻取西夏的战略方针。一心想要强兵的宋神宗备受鼓舞，任命王韶为秦凤路经略司机宜文字（相当于秦凤战区的参谋官）。尽管有司马光和富弼等老臣的反对，但在王安石的支持下，宋神宗毅然决定落实《平戎策》的战略部署。

熙宁三年（1070），宋神宗任命王韶为同提举秦州西部蕃部，负责处理河湟地区少数民族的事务。次年，又命王韶兼管勾秦凤路缘边安抚司兼营田、市易司；并设立洮河安抚司，以王韶为长官，开始经略河湟地区。此后，王韶通过软硬兼施的策略取得了一系列的胜利。熙宁五年（1072），宋神宗升镇洮军为熙州，设立熙河路，以王韶为经略安抚使。次年，王韶先后攻占了河州（今甘肃省临夏回族自治州）、宕州（今甘肃省陇南市宕昌县）、岷州（今甘肃省定西市岷县）、叠州（今甘肃省甘南藏族自治州迭部县）和洮州（今甘肃省甘南藏族自治州临潭县），招抚吐蕃部落30余万人，拓地2000余里。至熙宁七年（1074），河湟地区被彻底平定。

熙河开边是北宋结束十国割据后的近百年间，取得的最大的一次军事胜利。它不仅使宋朝在西夏侧翼开辟了新的根据地，牵制了西夏的军事行动；更是通过宋朝在河湟地区开展的贸易活动，促进了各民族之间的经济文化交流。熙宁八年（1075），宋军又击退了交阯（今越南北部）的入侵，迫使其称臣求和。

不过，面对辽朝，北宋君臣的"恐辽症"依旧很严重。就在熙河开边的同时，朝廷对宋辽边境的防务也进行了整饬。宋熙宁五年、辽咸雍八年（1072），辽朝开始骚扰宋朝边境，并于两年后提出重新划定边界的无理要求。当时王安石不在朝中，由于宋朝的宰执对地理情况并不了解，因此派出的使者在与辽朝交涉时，几乎造成了重大损失。宋熙宁八年、辽大康元年（1075），沈括在仔细研究了档案与地理情况后，作为使者赴辽谈判，与辽朝据理力争。但是，宋神宗因为害怕宋辽之间重开战端，最终同意将河东北部边境的数百里土地割让给辽朝。

取士之法

宋嘉祐年间（1056—1063），王安石就在《上仁宗皇帝言事书》中提出了培养变法人才的重要性。这一思想在熙宁变法期间正式落实为以科举新法和三舍法为代表的取士之法。

宋朝继承了唐代的科举制度，以诗赋取进士、以记诵试明经。采用这种考试方法所选拔出来的人才往往脱离实际。针对这一问题，王安石于熙宁四年（1071）二月推出了科举新法。新法废除了明经诸科，以前修习明经诸科者一律改考进士科。

宋初的进士选拔，考试分四场，第一场考诗、赋，即文学创作；第二场和第三场分别考论、策，即对时政和治国之道的理解；第四场考帖经和墨义，帖经是关于《论语》的填空题，墨义则是对《春秋》和《礼记》内容的默写。

新法废掉了诗、赋、帖经和墨义考试。第一场改为考大经（《诗经》《尚书》《周易》《周礼》《礼记》）；第二场改为考兼经（《论语》《孟子》）和律令大义。这两场考的不再是死记硬背，而是对儒家经典和律令的理解。第三场和第四场分别考论和时务策，也就是过去的论策考试。

王安石还明确提出"一道德，同风俗"的主张，要求士大夫统一思想，践行"先王之道"。这其实是士大夫群体一贯的思想倾向。熙宁八年（1075）二月，朝廷将代表王安石新学思想的《三经新义》作为考试的必读教材和取士的唯一标准，目的是统一思想，造就变法人才。新学是王安石创立的学派。新学广泛吸取百家思想，重视义理阐发，主张学以致用，这便是熙宁变法的理论基础，对正在形成中的理学也产生了巨大的影响。

除了科举新法之外，熙宁变法期间还实行了三舍法。北宋早期的太学规模很小，形同虚设，难以承担培养人才的重任。在熙宁四年（1071）十月，王安石颁行三舍法，规定太学将从州县考选入学的太学生分为三等，初入学者为外舍生，不限名额（后改为限2000人）；考试合格后转为内舍生（限200人）；最后再通过考试选拔100人为上舍生。上舍生可以不经过科举考试直接做官。太学增设直讲十员，每两人主讲一经，并根据所教学生在三舍进退的人数进行考评。同时，朝廷又令各州设置学校，赐予学田，考核学官，这是继"庆历兴学"后掀起的第二次办学热潮，史称"熙宁兴学"。

科举新法将唐代以来的诗赋取士变成了经义论策取士，配合三舍法和熙宁兴学的学校教育改革，更有利于国家造就和选拔经世致用的实干人才。然而，朝廷以《三经新义》为唯一的取士标准，也束缚了士大夫的自由，禁锢了人们的思想。

经过宋神宗和王安石数年的改革，熙宁变法在富国、强兵、取士方面取得了初步成效。作为士大夫的杰出人物，王安石也怀有实现"致君尧舜"和"三代之治"的政治理想，熙宁变法正是他对这一理想的实践。为了推行新法，王安石起用了吕惠卿、曾布、章惇等一批年轻有为的官员，这些变法派官员后来被称为"新党"。

另一批同样以天下为己任的士大夫却坚决反对新法的实施。其中既包括宋仁宗庆历、嘉祐时期的著名宰执韩琦、富弼、文彦博、欧阳修，也包括在朝中甚有威望的司马光、吕公著、范镇、吕诲，还包括后起之秀范纯仁、苏轼、苏辙等人，这些反对派后来被称为"旧党"。在旧党与新党的争论中，北宋士大夫将实现政治理想的活动推向了高潮。

反对派中有不少德高望重者。吕公著曾说："过去被视为贤者的人，现在都认为新法不对。难道过去的贤者，现在品质都败坏了吗？"

当然不是。反对派之所以反对新法，是因为他们认为新法存在严重的缺陷。尽管王安石提出"因天下之力以生天下之财，取天下之财以供天下之费"，但是农业社会生产力有限，短时期内是无法通过社会财富的增加来实现朝廷财政收入的增长的。所以，司马光才会针锋相对地指出："天下的财富就那么多，不在民间，就在官府。"理财最后一定会变为聚敛。

为了更快地增加朝廷财政收入，有些新法在官员执行过程中走了样。比如青苗法。不少地方官员为了完成或超额完成放贷取息的任务，硬性向老百姓摊派贷款。时任河北安抚使的韩琦就抗议道："兴利之臣纷纷跑到地方上去推行新法。虽然法律规定禁止摊派，可是如果不摊派，那些经济富裕、无须贷款的上等户必然不会向官府贷款；经济不富裕的下等户，借钱的时候容易，可是还的时候就还不上了。"由于官府掌握着绝对的权威，又没有别的权力能够制衡，因此这种走样根本无法避免。

有些法令在官员执行过程中逐渐被改变了初衷。比如免役法。它在试行时，只向过去服差役的上等户征收免役钱；可当免役法在全国推广后，却让不服差役的下等户缴纳助役钱，从而增加了下等户的负担。正如司马光后来所说："有关部门立法，唯利是图。免役法实施后，贫困户只能越来越穷。"

当然，还有的法令本身就是"与民争利"。比如市易法。市易司垄断商品市场后，开封城里连水果都由朝廷专卖。商人必须把手中的货物贱卖给市易司，再从市易司以昂贵的价格进货。结果导致市易司卖什么商品，什么商品的价格就飞涨。市易司借此大发横财，商人却大量破产，商品经济一片萧条。最后，连变法派骨干曾布和最初建议实行市易法的魏继宗也开始反对市易法。

与此同时，由于朝廷新铸的货币最终都回流了国库，大批的货币被朝廷收缴积藏，因此社会上出现了严重的"钱荒"。除了入中贸易和茶盐专卖之外，即便是实力雄厚的豪商巨贾也无力经营大范围的商品流通体系；而由于农民将货币和剩余农产品都给了朝廷，农村的商品经济也无法活跃起来。农、工、商不仅没钱赚，还得竭力去应付各种赋税。

总而言之，就大方向而言，王安石的思想有多超前、手段有多高明、对财政的贡献有多大，对社会的危害就有多剧烈。

归根结底，王安石始终是站在朝廷的角度来看问题。熙宁新法的实质也不过是在面对社会经济发生巨变的新时代的挑战时，找到一条更加适合帝制社会专制统治的最佳途径。在这一点上，要实行"先王之法"的王安石也好，要维护"祖宗之法"的司马光也罢，他们并没有本质的区别，只不过王安石的"暴风雨"来得比司马光更猛烈。

不过客观来说，即便是从维护帝制社会专制统治的角度出发，新法也存在弊病。有些新法确实具有积极的作用，但仍需改良（如免役法）；有些新法出现的消极影响极大，亟待罢黜（如市易法）。面对反对的声音，王安石却刚愎自用，拒绝承认新法存在的问题，因此被称为"拗相公"。

为了进一步统一思想，减少变法阻力，王安石对反对派实施打压。包括御史中丞吕公著在内的大批反对派官员被罢职外放，参知政事赵抃、枢密使文彦博也先后辞职。宋神宗本来打算起用司马光为枢密副使，以调和反对派与变法派的矛盾，但因王安石的坚决反对，司马光的一辞再辞，最后只好作罢。

熙宁四年（1071），宋神宗正式批准司马光的请求，让他到西京洛阳去做一名闲官。在那里，司马光将满腔热血和政治抱负都倾尽在了他一生的心血——《资治通鉴》上。

司马光出京后，变法派不仅因此丧失了改良新法的机会，与反对派的结怨也日渐加深。一些见风使舵、阿谀奉承之辈，如吕嘉问、邓绾、蔡京等，打着支持新法的旗号，受到了朝廷的重用，这使新法在执行过程中进一步剑走偏锋。

王安石还打破了宰执不得举荐台谏官的传统，直接干预台谏官的任免，以保证台谏发出支持变法的声音。此举虽有利于变法，却削弱了台谏作为监察机构的独立性。士大夫政治标志性的皇帝、宰相、台谏三足鼎立格局进一步松动。

熙宁六年（1073）七月起，北宋连续大旱，引发了饥荒，而新法规定的各种征敛却没有停止。大批走投无路的灾民涌向开封，以乞讨为生。熙宁七年（1074）四月，被王安石一手提拔的郑侠心怀不忍，将惨状画成《流民图》送入宫中。宋神宗见图大惊失色，对实施新法产生了动摇，王安石因此罢相，出知江宁府（今江苏省南京市）。

离开开封前，王安石推荐韩绛为宰相，吕惠卿为参知政事，被宋神宗接受。二人被分别称为"传法使者"和"护法善神"。然而，"善神"与"使者"很快就闹出了矛盾。吕惠卿一心想成为新的变法领袖，一面对王安石百般诋毁，一面对其他变法派成员竭力排挤。王安石在变法中用人不当的问题至此暴露无遗。宋神宗为了稳定政局，于熙宁八年（1075）二月再度任命王安石为宰相。

然而，随着年龄的增长，宋神宗逐渐走到前台，直接主持变法。他与王安石的分歧也越来越大，这使王安石倍感失望。熙宁九年（1076）六月，王安石因爱子王雱去世，心力交瘁，提请辞职；十月，王安石第二次罢相，从此隐居江宁，不再过问朝廷是非。伴随着王安石的第二次罢相，由王安石主持的熙宁变法就此也告一段落。但是变法并未因此结束，一个由宋神宗亲自主导变法的时代即将到来。

元丰改制：一个精心设计的低效中央政府

熙宁十年（1077）十二月，宋神宗宣布将于明年改元元丰（1078—1085），这标志着在王安石退出后，由宋神宗亲自主持的改革正式开始。在元丰时期，宋神宗继续实施富国强兵之法的同时，将重点转移到了改革官制和整顿军事上，并起用了部分旧党官员以调和新旧矛盾。

宋神宗亲自主持变法后，对新法做了部分调整。如减少青苗钱的放贷规模，整顿官府非法占有役人的状况，免除部分贫苦商人的免行钱，从而减轻新法对百姓的负担；同时，又进一步扩大了助役钱和朝廷专卖的范围，以保证朝廷的财政收入。据当时朝臣的估计，变法给朝廷带来的收入可用20年，宋神宗则专门修建了52座仓库用来储存这些财富。

这一时期，宋神宗一面起用新党的蔡确出任宰相，一面又召用旧党的吕公著出任枢密副使，同时也对司马光寄予厚望。不过，大政皆出自宋神宗的决断，士大夫已经很难像在宋仁宗时期和熙宁年间那样主导国家的大政方针了。

最典型的便是首相王珪，被时人讥为"三旨相公"，因为他有三句口头禅：上朝进奏，说"取圣旨"；接受批阅，说"领圣旨"；归见下属，说"已得圣旨"。王珪的尸位素餐，说明宋太宗时代的独裁君主正在回归，与皇帝"共治天下"的士大夫政治受到了严峻的挑战。

为了巩固君主独裁的局面，宋神宗在制度层面做了不少调整。

首先是推行以敕代律。在宋代，皇帝发布的诏敕是最有效力的法律形式。这些诏敕由皇帝根据实际需要随时颁布，虽然不如律稳定，但更加灵活。每逢新皇帝即位或改元，都要组织臣僚把多年的单行敕令分类整理，删去重复和矛盾的内容，再颁布实行。这种立法活动称为"编敕"。早在乾德元年（963）《宋刑统》颁布之时，宋朝第一部编敕——《建隆编敕》便同时颁行，由此确立了北宋前期敕、律并行的格局。到了元丰二年（1079），宋神宗实行以敕代律，将唐代以来"律、令、格、式"的法律形式正式改为"敕、令、格、式"，使皇帝在立法活动中的权威性大大增强。

此外，宋神宗还进一步加强了皇帝干预决策与行政的力量。本来，对一些极为琐碎又有章可循的日常小事，可由宰相通过批状自行处理。所谓"批状"，是指宰相直接在有关部门和官员的奏报末尾，批示处理意见，下达执行。

而现在，批状的权力被收入宫廷。全国上下，事无巨细，所有的奏章都要送入宫中，由宋神宗一一批阅。这种由宋神宗在奏章上进行批复的处理意见，称为"内批"。宋神宗时期的内批数量以及其中政务内容所占的比重，都居于北宋历朝之最。

元丰时期，更大规模的制度调整，是被称为"元丰改制"的官制改革。

北宋前期实行官职差遣制度，机构臃肿，叠床架屋。比如，管礼乐的，有礼部、太常寺、礼仪院和太常礼院；管司法的，有刑部、大理寺和审刑院。这样的官制不仅行政效率低下，而且冗官丛生。在经过多年的准备后，宋神宗以《唐六典》为蓝图，于元丰五年（1082）五月正式实行新的官制。

新官制仿照唐朝制度，重建了三省六部。过去分散在各个部门的职能，重新回到了以六部为代表的机构。比如，三司被撤销，相关职能被划入户部；太常礼院的职能被归入礼部；审刑院的职能被并入刑部。至于官员的级别和俸禄，则专门设置寄禄官来承载。

新官制还将宰相机构中书门下一分为三，设立门下省、中书省和尚书省。宰执也随之发生变化。三省名义上的长官分别是中书令、侍中和尚书令，但并不授人；实际上以左仆射兼门下侍郎（简称"左相""门下相"）为首相，兼管尚书省和门下省事务；右仆射兼中书侍郎（简称"右相""中书相"）为亚相，兼管尚书省和中书省的事务。副宰相则分别是门下省的副长官门下侍郎，中书省的副长官中书侍郎，以及尚书省的副长官尚书左、右丞。

然而，新官制也并非完全照搬《唐六典》。宋代最高军事机构枢密院被保留了下来，长贰改为知枢密院事和同知枢密院事。

元丰官制改革在一定程度上改变了宋朝中央官制的混乱状况，对减少冗官、冗费，提高行政效率，具有积极意义。然而，在中书门下被分为三省后，由于决策流程更为复杂，宰相机构的行政决策效率反而不如改制前。

三省的权限，最初是按照政务的大小来区分的。宋神宗规定，大事由门下省决定，稍小的事由中书省处理，更小的事则由尚书省负责。三省的长官仍各自用敕牒发布执行命令。这样，实际上是将原来一个中书门下分成了三个中书门下，三省各自同时掌握着自己的决策权和执行权。

不过，具体什么是大事，什么是小事，本身就不容易严格划分。如此政出多门，最后就造成了中央决策的杂乱无章。到了六月，宋神宗按照职能的不同，重新划分了三省的权力，中书省草拟诏令，门下省负责审核诏令草稿（包括中书省起草的，也包括枢密院起草的），最后由尚书省负责执行，这与唐初经典的三省制是一样的。

三省分立后，宰执们不再聚在一起讨论政务。甚至在上早朝时，也由原来的一个班次分成了三个班次。

三省之中，权力最大的是中书省。兼管中书的右相继承了以前宰相"进呈取旨"的职责，在征得皇帝首肯后制定政策。由于参与决策，因而右相在朝中的地位举足轻重。隶属于中书省的中书舍人还继承了知制诰起草外制诏书、封还词头的权力。与此前知制诰相比，中书舍人封还词头的权力首次被制度明确承认。

相比较而言，左相和门下省的地位就显得十分微妙了。由于门下省负责审核中书省和枢密院起草的诏令，实际上在三省枢密院体制中，门下省起到了枢纽的作用。但是这个枢纽的地位颇为尴尬。

按照新制，中书省、枢密院草拟的命令在获得皇帝批准后，需交由门下省审读；对于不恰当的诏令应由门下省的官员给事中封还。由于给事中和中书舍人共同履行封驳职责，因而被合称为"给舍封驳"。然而，给事中所能审核的大都是诏草符不符合制度规定，不能像中书舍人那样直接提出反对意见。就犹如改制前的通进银台司无法与舍人院相提并论一样，门下省的权力远不如中书省重要。正因如此，到了宋哲宗时期，门下省的副长官门下侍郎往往阙而不除；兼管门下省的左相，工作重点往往也不在门下省，而在尚书省。

尚书省统辖吏、户、礼、兵、刑、工六部。当诏令在门下省审读合格后，便交由尚书省签署敕牒、札子，再下发到有关部门具体执行。

这样，三省在流程上形成了制度性制衡；两名宰相在权力和位次上的错位（首相权轻、亚相权重），也形成了制度性制衡。更何况由于分班奏事，三省之间互不通气。在这样的三省体制下，很难再出现一位像王安石那样强势的宰相。

然而，当年在唐朝初期，经典的三省制没使用多久，就向中书门下体制转变，这是有其自身道理的——三省制效率太差。

司马光后来批评三省制，说中书出令、门下审核，两省意见不统一时，这诏令就退来改去，互相扯皮，很多事情就因此陷入了长期争论中而无法做出决断。

正因如此，唐初才设立了政事堂，让两省长官先在政事堂开会，把事情讨论清楚以后，再进入出令和审核的流程，以减少扯皮。后来到了唐玄宗开元年间（713—741），根据宰相张说提出的建议，朝廷干脆就把政事堂改名为"中书门下"，将中书省和门下省的职能正式合并。当时的人们不是不想拆开中书省和门下省，实在是因这两个省没法拆开。

而宋神宗时期的三省，与唐初的三省比起来还有一大不同，就是三省管辖的事务远远超过了唐初。当年宋神宗在撤销制置三司条例司后，条例司的不少事务归入了中书门下。随着元丰改制的开始，这些激增的政务自然也就归入了三省。唐初都运行不下去的三省，这时怎么可能运行得下去？

事实上，改制不久，三省就出现了行政效率明显降低的情况。宋神宗甚至忧心忡忡地向宰执们表示："非常后悔改动了官制。"可后悔归后悔，直到宋神宗驾崩，他也没有改回中书门下体制。

宋神宗宁可牺牲效率，也要坚持新制。他这样做是想通过分化宰相机构，削弱宰相的权力，进而建立起一套新的专制政治体系，继续强化高度集中的中央集权和皇权。

与急剧收紧的权力相伴随的，是急剧收紧的政治环境。

元丰二年（1079）四月，苏轼调任知湖州（今浙江省湖州市），按照惯例要给宋神宗写谢表。在表文中，苏轼却流露出对新法的不满。七月，新党的御史台官员李定、何正臣、舒亶接连弹劾苏轼。他们对苏轼所作的诗文采取牵强附会和断章取义的解读，声称苏轼在诗作中诽谤新法，愚弄皇帝，罪不容诛。苏轼也因此被捕入狱。由于御史台别称"乌台"，案件又因诗而起，故此案被称为"乌台诗案"。

李定等人捕风捉影、随意栽赃，不仅手段卑劣，而且严重违背了北宋前期不因言罪人的祖宗之法。一个人因写诗而入狱，这是宋朝自开国以来前所未有的事！

"乌台诗案"发生后，在朝野内外激起了轩然大波。在反对派的士大夫中，王安石的亲家、宰相吴充，退休在家的元老张方平，王安石的弟弟王安礼，以及苏轼的弟弟苏辙等人四下奔走，大力营救。重病在床的太皇太后曹氏也非常气愤，她把宋神宗叫到床前说："当年仁宗得到苏氏兄弟，非常高兴，说是得了宰相之才。仁宗觉得自己老了，怕用不上这两个人才，说要将苏轼兄弟留给子孙，好让他们堪当大任。你现在反倒把苏轼下了大狱，真令人难过！"

面对李定等人的卑劣手段，变法派骨干也义愤填膺。苏轼的好友章惇不顾个人安危，竭力营救苏轼，他还对宋神宗说："仁宗得苏轼，认为他是一代之宝。现在陛下却把他关进大狱，恐怕后人会说陛下不爱惜人才，而爱听阿谀奉承之词！"早已在江宁府隐居、不问朝政多年的王安石，听闻此事也异常愤怒，他随即上书宋神宗说："哪有在大好时代里杀有才之士的道理！"

在多方营救之下，苏轼终于逃过一劫，但仍然被贬居黄州（今湖北省黄冈市黄州区）。直到五年后，他才被重新任用，迁知汝州（今河南省汝州市）。在履职的路上，苏轼专程探望了王安石，两人摒弃前嫌，诗赋唱和，携手登高，彼此赞佩，留下了一段千古佳话。

"乌台诗案"表明，随着君主独裁专制的再度加强，以及变法期间政治格局的变化，北宋开国以来开明宽松的政治风气正在急剧收紧。

宋神宗实行富国强兵之法，其中一个远大的目标便是恢复汉唐旧疆，再现汉唐时期的盛世，他不断收揽权力，为的就是实现这个宏伟蓝图。

宋元丰四年、夏大安七年（1081），西夏梁太后发动政变，囚禁夏惠宗嵬名秉常（1067—1086年在位）并临朝称制。鄜延路副总管种谔提议乘机发兵攻夏，宋神宗不顾知枢密院事孙固和同知枢密院事吕公著的反对，毅然决定发动战争攻打西夏。

此次战役，宋神宗部署了五路大军共同发起进攻。他以宦官李宪为主帅，出熙河路；外戚高遵裕出环庆路；以刘昌祚出泾原路，受高遵裕节制；宦官王中正出河东路；种谔出鄜延路，受王中正节制。五路大军分头进军，计划在灵州（今宁夏回族自治区灵武市西南）会师，进而攻灭西夏。

宋军于八月正式出兵。种谔率军9万攻克了米脂（今陕西省榆林市米脂县），随即轻兵冒进，至十一月，因军粮不继，又遭遇大雪，大批将士被冻死，生还者仅3万。王中正的军队军纪极差，在占领宥州（今内蒙古自治区鄂尔多斯市鄂托克前旗敖勒召其镇）烧杀劫掠一通后，因粮草断绝而死亡2万人，随即溃不成军。

高遵裕于十月兵不血刃占领了韦州（今宁夏回族自治区吴忠市同心县东北）。受其节制的刘昌祚率军5万大破3万夏军后，于十一月进逼灵州城下，几乎破门而入。然而，高遵裕忌功，命刘昌祚立即停止攻城，从而坐失良机。此后，宋军钝兵灵州，久攻不下，终被夏军击破，仅剩1.3万人逃生。

主帅李宪率军10余万，于九月收复兰州（今甘肃省兰州市）后，便迟疑不前。到了十一月，李宪听闻高遵裕、刘昌祚已败，遂奉诏回师。声势浩大的"五路伐夏"就这样在惨败中结束。

灵州之役，宋军损失惨重，不过北宋在西夏东北方占领了军事重镇米脂等四寨，打通了北进横山（位于今陕西省榆林市一带，为宋夏边界）的要道；在西北方控制了兰州，扩大了熙河开边的战果，开拓了从腹背压迫西夏的范围。

宋元丰五年即夏大安八年（1082），宋神宗采纳了鄜延路经略安抚使沈括和副使种谔的建议，决定在横山一带筑城，作为进攻西夏的桥头堡。宋神宗派出给事中徐禧和宦官李舜举赴前线勘察并选择建城之地。这年八月，志大才疏的徐禧不顾众人的反对，执意在缺水的永乐（今陕西省榆林市米脂县西北）建城。永乐建城后不久，西夏就派出倾国精锐前来攻取，宋军将士殊死奋战。但因徐禧刚愎自用，拒绝接受沈括等人的防守建议，致使战斗异常惨烈。九月中旬，永乐城陷落，守城宋军几乎全军覆没。

十月一日，宋神宗接到了永乐城失陷的消息，悲愤涕泣，早朝时更是面对辅臣失声痛哭。灵州、永乐之役，宋军死伤军民60万，宋神宗恢复汉唐旧疆的梦想彻底破灭，精神自此萎靡不振，身体状况急转直下。元丰八年（1085）三月，壮志未酬的宋神宗病逝，年仅38岁。

更化绍述：士大夫政治的挽歌

元丰八年（1085）三月，宋神宗驾崩后，年仅10岁的宋哲宗赵煦继位（1085—1100年在位）；英宗皇后高滔滔则以太皇太后的身份垂帘听政。

宋神宗的富国强兵，留给士大夫的不仅是遗憾，还有极大的困惑。然而作为反对派的威望所在，司马光对过去的历史也做了深刻的反思。在宋仁宗时期，他与许多士大夫一样，将国势不振归因于宋仁宗的不能振作。那时，立志改革变法的优秀士大夫都在鼓励宋仁宗"宸断"。然而，当真的出现振作有为的宋英宗，尤其是事事宸断的宋神宗时，朝堂的氛围却日益压抑到让人喘不过气来，全然不符合士大夫的期待。

士大夫政治从来都是皇权政治的附庸，曾经的它看上去光辉璀璨，士大夫可以与皇帝叫板，但那只是源于皇帝个人的包容或懦弱。实际上，皇帝与士大夫彼此在权力上的边界，从来都是由皇帝自己定义的。一旦皇帝决定对边界重新定义，士大夫根本没有还手之力。

然而，士大夫也从来没想过要制衡皇帝，而是希望引导皇帝去正确行使权力。因此，司马光反思的结果，也只是"开言路"，让皇帝听到多元化的声音，而不是被一种意见所左右。用他自己的话说，就是"不先开言路，人主之心就无法觉悟"（欲寤人主之心，而不先开言路，则人主之心不可得而寤矣）。

可惜的是，在熙丰时代压抑久了，连司马光自己也把握不住"开言路"的大局了。

在经历了熙丰变法后，士大夫群体不分新党旧党，普遍反思了"一刀切"式的改革思路，对新法和政局产生了两个新的认识。

一个认识是：法不分新旧，关键在于是否利国利民。比如，新党的章惇主张废除保甲法和保马法，改良免役法。旧党的吕公著、范纯仁和苏轼也主张不要尽废新法，而应具体问题具体分析。

另一个认识是：人不分新旧，关键在于修补士大夫间的裂痕。新党宰相蔡确积极推动对旧党刘挚、梁焘、苏轼等人的进用；后来旧党上台，吕公著和范纯仁也主张新旧并用。

遗憾的是，这两种调和新旧矛盾的认识并没有成为朝廷的指导思想。宋神宗在去世前，遗命司马光与吕公著担任宋哲宗的师傅。宋哲宗即位后，高太后又任命司马光为门下侍郎、吕公著为尚书左丞，入朝参政。司马光建议广开言路，全面废除新法，并举荐文彦博、吕大防、刘挚等一大批旧党入朝为官。自七月起，新法被一一罢废，新党官员先后被贬。

司马光还主张把宋神宗在熙河开边和灵州之役中攻占的西夏土地，全部归还给西夏，以此来结束宋夏之间的战争状态，恢复两国和平。

旧党还通过经筵侍讲制度，选派士大夫担任小哲宗的老师，希望通过对宋哲宗的教育，将他塑造成一个符合旧党观念的明君，从而继续实现"致君尧舜"和"三代之治"的目标。

经筵侍讲制度是皇帝接受文化教育的制度。宋朝皇帝延请饱学之士入宫，为自己上课。负责为皇帝讲课的官员，统称"经筵官"，包括翰林侍读学士、翰林侍读、侍读，翰林侍讲学士、侍讲学士、侍讲，以及崇政殿说书。经筵官要定期为皇帝讲解经、史、诗、宝训（皇帝的言论）、时政记（皇帝与大臣商讨军国大事的记录）等内容。

早在太平兴国八年（983），宋太宗就要求翰林学士每天到宫中为自己讲授经史；宋真宗时期，又设立了专门的翰林侍读学士和侍讲学士；至宋仁宗时期，经筵制度正式确立。经筵侍讲有利于皇帝提高自身文化素养和治国理政的能力，宋朝皇帝大多擅诗赋书画，原因就在于此。同时，经筵侍讲也是士大夫塑造和影响皇帝的重要方式与途径，因此备受士大夫重视，王安石的"熙宁变法"、司马光的"元祐更化"都将经筵侍讲作为推行自己政策的重要阵地。

有鉴于宋哲宗年幼、高太后政治经验不足，在司马光等人的呼吁下，朝廷对三省制也做出了调整。

元丰八年（1085）九月，三省"同取旨"，也就是三省不再分班奏事。这意味着作为首相的左相（门下相）拥有了同右相（中书相）一样的决策权。这种改变之所以能够实现，除了因为宋神宗已经去世之外，跟当时的人事部署也密切相关。一方面，元丰时期的新党右相蔡确此时升任左相，并按惯例兼任山陵使，负责神宗皇帝入葬事宜，已经暂时远离朝堂。另一方面，旧党的副宰相司马光在门下省、吕公著在尚书省，他们在新党环伺的三省里无法发挥作用。因而，三省"同取旨"，名义上使蔡确、司马光和吕公著都获得了决策权，可实际上蔡确已无法行使这项权力，受益者变成了司马光和吕公著。

不久后，三省又实现了都堂聚议，也就是三省共同商议政务。与此同时，朝廷又通过在宰相之上设平章军国事这个贵官的方式，来进一步统一协调三省枢密院。吕公著在担任平章军国事后，几乎负责了所有军国事务，三省也通过这个职位在实际运作中有了合一的趋势。

元祐元年（1086），宋哲宗正式改元。闰二月，司马光拜左相，全面废除新法的运动正式启动，史称"元祐更化"。

对于司马光"一边倒"式地废除新法，新党自然竭力反对，旧党也持有不同意见。司马光要求在五天之内，各地废除免役法，恢复差役法。对此，首先提出反对意见的，是知枢密院事范纯仁。

范纯仁（1027—1101），字尧夫，他是范仲淹的第二子。早年他冒着被变法派打压的风险，曾直言不讳地批评王安石的新法"改变了祖宗法度，搜刮聚敛，使百姓不得安宁"。不过，范纯仁并未执着于是新法还是旧法，他一直秉承着实事求是的原则。因此，当司马光执意要以迅雷不及掩耳之势废除免役法时，范纯仁又提出了意见。他对司马光说："只要改掉免役法里面比较过分的内容就好了。至于差役法，我们仔细研究出一个方案，然后慢慢推行，就不会扰民。如果急急忙忙推行差役法，方案并不成熟，就会扰民。万一任用的官吏不合格，还会给老百姓带来更大的伤害。"

苏轼也不同意司马光骤然将免役法改为差役法。熙宁初年，苏轼力驳新法，后来又因新法几乎死于"乌台诗案"。可多年的地方从政经验使他的思想发生了转变。熙宁十年（1077）至元丰二年（1079），苏轼知徐州（今江苏省徐州市）期间，曾在写给滕元发的信中说："我们在新法推行之初，总是心存偏见，直至引发巨大的争论。虽说是怀着忧国之心，可是我们的观点大多是错误的，很少切合事理。如今主上的圣德日日进步，变法的成果也卓有成效，反思我当年对新法的执念偏见，就更觉得那时候的自己疏漏浅薄了。"

当了多年地方官的苏轼，显然比常年待在洛阳编书的司马光更了解民情。他根据自己的经验告诉司马光，差役法和免役法各有利弊。结果惹得司马光非常不高兴。苏轼忍不住说道："当年韩琦在陕西招募民兵，您正担任谏官，据理力争，反对这一举措。韩琦听了很不高兴，您却根本不顾。现在您做了宰相，怎么就不许我把话说完了呢？"司马光这才稍微消了气。然而，对于苏轼的反对意见，司马光仍然不听。两人争得面红耳赤，气得苏轼回家后不禁大呼："司马牛！司马牛！"

但也有投机分子积极响应司马光的政策。知开封府蔡京本来是新党，此刻却摇身一变，响应旧党，改为支持司马光。全国上下，也是只有蔡京在五天之内，不分青红皂白，将辖区内的免役法全部改成了差役法。司马光高兴地称赞蔡京："如果每个人都跟你一样，还有什么政策贯彻不了？"范纯仁却表示："你这是不让人说话！这与当年那些为了谋求富贵而曲意迎合王安石的人有什么不同？"

虽然熙宁变法与元祐更化对新法的态度截然不同，但处理政务的方式却惊人地相似。王安石"一刀切"，容不得反对意见；司马光"一边倒"，听不进不同声音。王安石急于求成，使理财变成了聚敛；司马光比王安石更急，安民也变成了扰民。对此，南宋学者朱熹曾指出，元祐更化不过是"关着门讲道理""自以为是矫正新法之弊，结果又陷入因循守旧的泥潭中"。

元祐元年（1086）四月，王安石去世。司马光闻讯，急忙给吕公著写信道："介甫文章节义有许多过人之处，只因为不晓事体喜欢更张，才施行了变法。现在我们矫正其弊端，不幸介甫却去世了。那些反复无常的小人肯定要百般诋毁他。我们应该对他优加厚礼，拯救风气。"

司马光是王安石的好友，两人因为治国方略的不同成为政治上的死敌。但他们都是忧国忧民的士大夫，彼此对对方的人格和才学抱有充分的尊重。

其实，生长于宋仁宗之时、有为于宋神宗之际的士大夫中，有不少人既以天下为己任又品德高尚。类似于司马光和王安石的例子不在少数。比如，曾称赞王安石才华的欧阳修，也曾抨击王安石的新法，恼怒的王安石甚至称欧阳修"善于依附流俗"。但当欧阳修去世后，王安石又作《祭欧阳文忠公文》盛赞欧阳修，无一字贬损。

然而，这种令人神往的君子之风却随着王安石、司马光的相继离世渐渐消失了。

同年九月，司马光去世，高太后继续执行元祐路线。在旧党内，司马光曾以个人威望压制的各种利益纠纷，逐渐暴露出来。崇政殿说书程颐以师道自居，常对宋哲宗以正色训诫，又主张一切用古礼。中书舍人苏轼讥讽他不近人情，两人因此不和。后来，程颐及其门人被称为"洛党"，苏轼等被称为"蜀党"，刘挚、梁焘等被称为"朔党"。三党交争不已，旧党分崩离析。

此时，旧党与新党的矛盾也进一步激化。当时范纯仁已经升任右相，他常常引导宋哲宗要心胸宽广，希望刷新士大夫的风气，特别是缓和朝政中的党争情绪。新党的章惇因得罪了高太后而被罢为地方官，朝廷本来顾及章惇的父亲年老，让章惇就近任职，可不久就打消了这一念头。范纯仁闻讯，马上请求避开章惇的罪过，建议体恤章惇的个人情况。新党的邓绾在这时也被言官接二连三地弹劾，范纯仁再次出面，向高太后道："臣当年曾遭受邓绾诬陷而被贬官，现在却要为邓绾说几句话。降职时，朝廷不应该把人家的过失记录得太深。"高太后听从了范纯仁的建议。

新党的蔡确罢相被贬后，曾赋诗十章，却被梁焘等人诬陷为"讥讪"高太后。盛怒之下，高太后听从了平章军国重事文彦博的建议，将蔡确贬至环境恶劣的岭南新州（今广东省云浮市新兴县）。梁焘等人趁机扩大打击面，甚至开具了"蔡确亲党"和"王安石亲党"的名单，对新党穷追猛打，史称"车盖亭诗案"。

范纯仁极力反对这种"文字狱"。当他听说蔡确流放岭南后，不禁感慨道："这条流放之路，自从真宗末年以来，已经快70年没有用过了。我们现在重新将它开启，恐怕以后自己也不免要被流放岭南了。"于是，他面谏高太后道："圣朝应该宽厚，不能因为语言文字之间暧昧不明的过错，就诛杀流放宰相。现在的措施都将成为以后效仿的对象，这种事情不能就此开了先河。"

与此同时，支持贬谪蔡确的刘挚也反对将其贬至岭南，建议将蔡确流放至近一点的地方。可惜这一次高太后不依不饶，对这些意见一概否决，并宣称："山可移，此州不可移！"

范纯仁不顾个人安危，再次挺身而出，建议高太后"高抬贵手"，不要扩大追究。正直的范纯仁这一次终于引火烧身。梁焘、刘安世掉转枪头，对范纯仁发起了弹劾。元祐四年（1089），范纯仁以"党附蔡确"的罪名遭到罢相。

范纯仁人如其名，他是一位纯粹的仁者。在王安石推行新法时，他还在地方上任职，凡是新法中有扰民的举措，他一律拒绝执行；而司马光的元祐更化，尽废新法，他又敢于指出新法不必皆废，只要改掉扰民之政即可；到了元祐后期，旧党对章惇、蔡确大肆伐挞时，又是他挺身而出，不计较个人得失，为这些失势之人说公道话。即使在哲宗朝异常激烈的党争中，范纯仁也是始终一身正气，只以公道论曲直，不以党争论是非。《宋史》评价他有其父范仲淹的风范。只可惜，像范纯仁这样的人太少了。

蔡确最终贬死岭南，这也使新党对高太后和旧党的怨恨变得更深。元祐更化期间，朝野上下充斥着党同伐异。熙丰变法时出现的士大夫间的裂缝不但没有得到修补，反而越来越大。在党争中成长起来的士大夫，也逐渐失去了君子之风。北宋政局开始朝着越发危险的方向行进。

尽管旧党部分官员通过"车盖亭诗案"，以非常极端的方式报复了新党。但随着高太后一天天衰老，不少人意识到，元祐更化即将进入尾声。甚至连高太后自己也意识到了这个问题，她试图同那些有调停意识的旧党一起，调和新旧之间的矛盾，并在元祐八年（1093）七月，再度起用了旧党中的温和派范纯仁为右相。

然而，另一批人则希望通过继续影响和塑造宋哲宗来防止元祐更化的夭折。

在元祐更化期间，要求回归变法前政治路线的旧党士大夫，始终不得不面对一个尴尬的现实，那就是去世后的宋神宗已经成为新的祖宗。宋神宗时代的新法，尤其是那些和旧体制明显矛盾、明显冲突的内容，也成了祖宗之法的一部分。

为了应对这些挑战，旧党将祖宗之法的解释权发挥到了极致，侍讲学士范祖禹就是一个典型。元祐七年（1092）三月，范祖禹在上奏宋哲宗的《迩英阁奏对札子》中，极力称赞宋仁宗，说他有"丰功盛德"。十二月，范祖禹更是亲自挑选了300余件仁宗朝的典故，编纂成《仁皇圣典》，并提出"专法仁宗"。他把宋仁宗描绘成恪守祖宗之法、缔造太平盛世的明君。但是对宋神宗，他只强调其勤奋好学、遵守祖制的一面，尽量削弱甚至回避神宗变法的事实。

生活在宋仁宗时代的士大夫，如范仲淹、富弼、石介、文彦博、司马光等人，从来不认为宋仁宗是祖宗之法的模范继承者。但是，在四五十年后，在旧党感到新法随时可能卷土重来时，宋仁宗却被赋予了"祖宗之法"最佳代言人的地位。

然而，这种掩耳盗铃的做法注定徒劳。元祐八年（1093）九月，也就是范纯仁拜相后的两个月，高太后与世长辞，宋哲宗亲政。

年轻的哲宗长期对高太后不满，并一心想继承宋神宗富国强兵的遗志，这点小心思被一名叫杨畏的官员窥探到。杨畏向宋哲宗献策道："神宗皇帝改革创立的制度，足以流传万世。臣乞求能够讲习研究神宗新法，从而能够继承神宗遗志。"面对祖宗之法中矛盾的两面，宋哲宗最终选择了宋神宗。

元祐九年（1094），宋哲宗罢免左相吕大防、右相范纯仁、门下侍郎苏辙，任命新党章惇为左相，改元绍圣（1094—1098），宣布"绍述熙丰"（继承熙宁、元丰时期的政治路线），全面恢复宋神宗新法。

绍述期间，以左相章惇、尚书右丞蔡卞、知枢密院事曾布为首的新党，先后恢复了免役法、保甲法、青苗法和市易法。绍圣五年（1098），朝廷又将青苗法、免役法、农田水利法和保甲法的相关法令汇编成书，取名《常平、免役敕令》，颁行全国。各项新法基本上依照熙丰时期的模式推行，但对具体细节做了调整，以克服熙丰新法产生的弊端。

章惇、曾布等人还恢复了对西夏的开边活动。绍圣二年（1095）八月，朝廷开始采用进筑堡寨、开拓疆土的战略，先后在宋夏边境修筑了50余座堡寨，攻占了河东路西北、陕西路横山和天都山一线的一系列战略要地，并多次击败夏军。

绍圣四年（1097）四月，北宋修筑平夏城（今宁夏回族自治区固原市北），扼住了西夏南下的咽喉。次年十月，梁太后率30万夏军亲征平夏城，却遭到了宋军的重创。这是宋夏战争中少有的大捷，扭转了宋朝长期以来被动挨打的局面。

元符二年（1099），宋军攻占青唐，设立鄯州（今青海省西宁市）和湟州（今青海省海东市乐都区南），并平定了当地吐蕃部落在西夏支持下的叛乱。十二月，西夏请和，表示臣服。北宋因军费开支浩大，财政雪上加霜，也不得不停止了这场战争。

章惇虽然有富国强兵之志，但为人狭隘偏激，这为绍圣绍述蒙上了挥之不去的阴影。在恢复新法、开边的同时，他与蔡卞仿照"车盖亭诗案"的做法，对旧党公然进行报复。宋哲宗因在元祐更化期间，经常遭到旧党轻视，也怀恨在心。于是，在章惇等人的鼓动下，宋哲宗追贬早已去世的司马光、吕公著等人，罗列旧党名单，将吕大防、刘挚、苏辙、苏轼、梁焘等人流放到岭南。连深受宋哲宗器重的范纯仁，也被贬至永州（今湖南省永州市零陵区）；而已经身故的高太后更是被斥为"老奸擅国"。

章惇、蔡卞还组织人员对宋神宗以来士大夫所写的疏奏进行审查，以此来确认士大夫的思想和立场，进而作为选用士人的依据。在这种极端高压的政策下，北宋前期宽松的政治环境荡然无存，士大夫的责任感逐渐消亡。

新党内部也在进一步分裂。立场相对中立的曾布攻击章惇、蔡卞对旧党的处理是"报私怨"，指责章惇引用小人，专恣弄权；但曾布此举的目的并非扭转政治风气，而是谋取个人利益。章惇与蔡京、蔡卞兄弟原本政见一致，后来也发展到相互倾轧的地步。

当时朝中也有一些秉持正气的士大夫上书直言，如陈瓘呼吁消除门户之见，公正持平，救弊治国；邹浩弹劾章惇，规谏宋哲宗。结果却是陈瓘被贬出朝廷，邹浩被流放岭南。

至此，昔日变法的路线之争已被党同伐异所取代。实现"致君尧舜"和"三代之治"的理想也被许多士大夫束之高阁，取而代之的是对政治立场的选择和对当权者的依附。

宋哲宗在位的15年间，元祐更化是一次折腾，绍圣绍述又是一次折腾。经过了这两次折腾，北宋政局越发混乱，士大夫元气大伤，士大夫政治不可避免地走向了失败。

拓边西北："大怂朝"的武功巅峰

自从熙宁变法以来，消灭西夏就一直是北宋富国强兵的重要军事目标。从熙宁年间的熙河开边，到元丰时期的五路伐夏，再到绍述绍圣的一系列军事行动，在胜负交错之间，宋朝终于逐渐取得了对西夏的军事优势，这是"大怂朝"三百年间对外主动进攻的高光时刻。

自嵬名曩霄闹独立以来，北宋常年拿西夏没办法，这与宋军在河北能够较为有效地防御辽军进攻大为不同。除了宋军自身的原因外，西北地区特有的三个不利因素，也严重削弱了宋军的防御能力。

第一个不利因素是西北的地理环境分割，这也是最大的不利因素。

西北多山谷，在西夏的宁夏平原与宋朝的关中平原之间是大片的山脉阻隔，山中的几条重要河谷就成了连接两大平原区的主要通道。为了控制山谷的进出，加强边防，宋朝在对夏战争中，在西北前线设置了四个战区，这些战区被称为"路"，自东向西，分别是以延州（今陕西省延安市）为帅府的鄜延路、以庆州（今甘肃省庆阳市）为帅府的环庆路、以渭州（今甘肃省平凉市）为帅府的泾原路，以及以秦州（今甘肃省天水市）为帅府的秦凤路；另外，在西北后方，还设有以京兆府（今陕西省西安市）为帅府的永兴军路。

由于山谷众多，各路宋军只能沿着山谷行军或防守。山谷间的崇山峻岭，割断了不同山谷中宋军的联系，使他们彼此难以支援。由于军队无法及时到达指定位置，宋朝只能分兵拒守各个据点，结果又造成了兵力分散，每个据点的兵力都不充足。

在宋夏第一场大规模作战——前面提到过的三川口之战中，地理因素就严重影响了战况。宋宝元三年、夏天授礼法延祚三年（1040），西夏进犯延州，宋军在延州外围的据点分兵拒守,被西夏集中优势兵力各个击破,延州危在旦夕。宋朝急忙调动西北各路的军队前往支援。其中一支援军在鄜延路副都部署(鄜延战区副司令)刘平的带领下,赶到了距离延州仅五里的三川口,却因孤军冒进,中了西夏的埋伏,全军覆没。其他各路援军则在山谷里兜兜绕绕,直到西夏撤军几天后,才迟迟到达延州。要不是因为突降大雪,夏军主动撤退,延州早就被攻陷了。

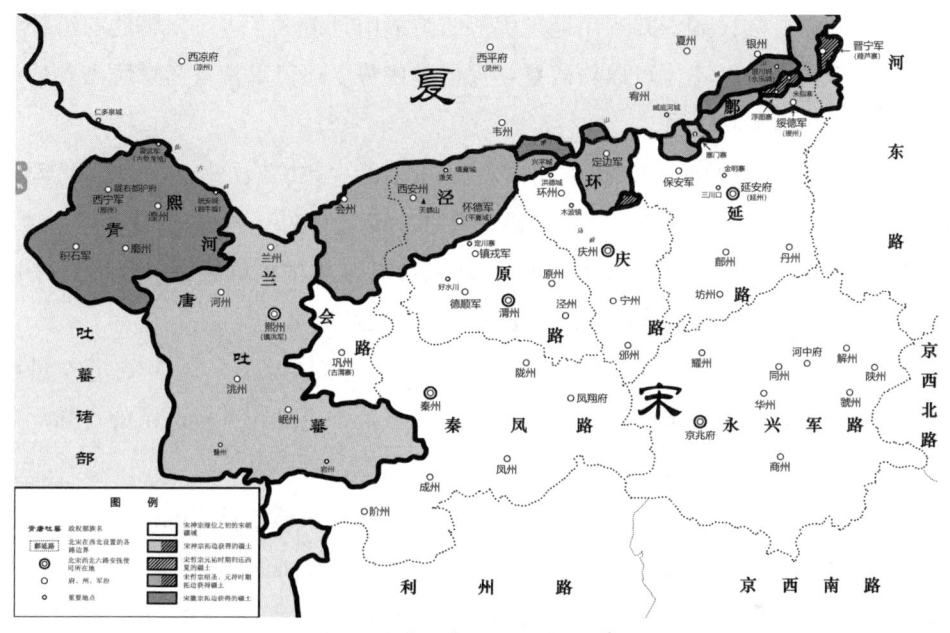

图 4 北宋"拓边西北"形势图

第二个不利因素是边防年久失修。在河北地区,宋军往往依托牢固的城池和据点,配合野战军组织防御。然而西北地区水资源匮乏,人烟稀少,天然缺乏这样的据点,野战军往往是在没有掩护或补给的情况下,被迫接受西夏发起的会战。

第三个不利因素是作为防御核心的野战军战斗力低下。宋朝驻扎在西北的主力是禁军,可是到了北宋中期,这些驻扎在西北的禁军早就因疏于训练而打不了硬仗。这在当时几乎是公开的秘密。

面对这些当时公认的不利因素,宋朝的军事指挥官开始因地制宜,调整策略,在对夏战争中不断地争取战略主动,努力摆脱被动挨打的局面。

在诸多解决西夏问题的方案中,对后世影响最为深远的要数经略横山计划。

这个计划的提出者就是后来主持庆历新政的名臣范仲淹。

当时，范仲淹先后担任陕西经略安抚副使、环庆路马步军都部署。他认为，鉴于西北的三大不利因素，宋朝根本无法建立起稳固的防御体系。因此要想建立永久防线，宋军必须攻占西夏境内的横山。

横山，位于今陕西省北部榆林市一带，靠近宋夏边境。这条山脉不仅是一道天然的地理屏障，而且山中物产丰富，周边遍布少数民族。占据着横山的西夏积极笼络当地的少数民族，并利用地理优势，将横山打造成了进攻宋朝的前沿补给站。宋军攻占横山，不仅可以使西夏丧失地理优势，还可以使自己摆脱山谷的束缚，利用天险构筑起防线。

为此，范仲淹提出，宋朝应积极招纳边境上的少数民族；修建堡寨，巩固边防；训练野战军，增强战斗力。待时机成熟时，转守为攻，一举拿下横山。

经略横山计划虽然是防御性战略，却包含着进攻横山的因素。正是这个因素，使宋朝在西北地区的战略防御逐渐转化成了拓边战争。

到了熙宁变法期间，宋神宗依靠王安石的"富国之法"，聚敛了大量财物，为发动拓边战争积累了物质财富；而沿袭自范仲淹延州军事改革的"强兵之法"，又有效地提高了宋军的战斗力。

熙宁元年（1068），宋神宗发动了熙河开边战役。通过拓边战争，宋军在青藏高原东北部，也就是今甘肃与青海两省的交界处，拓地2000余里，设立了西北的第六个战区熙河路，还与当地最大的吐蕃族政权——青唐吐蕃结盟，商讨共同对付西夏的策略。宋军虽然没有与西夏短兵相接，却切断了它与吐蕃的联系，不仅在外交上孤立了西夏，而且在军事上绕到了西夏侧翼，使西夏腹背受敌。

随着变法的深入和熙河开边的完成，宋神宗正式展开战略反攻，在元丰四年（1081）和元丰五年（1082），先后两次发动大规模的伐夏战役。虽然宋军仍然败多胜少，也没能攻占横山，却占领了兰州等战略要地，这为后面的拓边战争奠定了基础。

元丰八年（1085），宋神宗驾崩，宋哲宗即位，太皇太后高滔滔垂帘听政。司马光等旧党上台执政，尽废新法，这直接影响了西北地区的军事局面。

宋朝想要维持西北防务，需要巨额的军费开支，仅成守兰州一地，一年就要花掉100万贯钱。可是新法废除后，朝廷的财政收入锐减，无力支持西北军费。司马光等人希望与西夏恢复和平，以缓解财政压力，减轻老百姓的负担。为了表达诚意，他们将宋神宗攻占的部分土地归还给西夏，并提出与西夏划定明确的国界，以保证两国间的长久和平。

然而，这只是司马光等人的一厢情愿。因为西夏皇帝夏崇宗嵬名乾顺（1086—1139年在位）年仅三四岁，此时的朝政都控制在摄政的梁太后手中；而梁太后为了巩固自己的权力，极力主张攻打宋朝。宋元祐二年、夏天仪治平二年（1087），宋夏战争再度爆发。到了宋元祐七年、夏天祐民安三年（1092），梁太后更是亲率大军，悍然进攻宋朝的环庆路。

环庆路是宋朝西北六大战区中比较靠东部的一个，以环州（今甘肃省庆阳市环县）和庆州两座城池为核心。其中，环州城位于庆州城的西北边，靠近横山。两座州城依水而建，由同一条山谷相连。

这年十月十二日，梁太后亲率20万夏军攻进山谷，重兵包围环州城和周围的堡寨，前锋军队更是深入山谷，屯驻在环州与庆州之间的战略要地木波镇（今甘肃省庆阳市环县木钵乡），以阻隔庆州方面的援军；而驻扎于庆州城的环庆路主帅——环庆路经略安抚使章楶，可用于抵御的兵力仅有3万。

章楶（1027—1102），字质夫，建宁军浦城县（今福建省南平市浦城县）人。和绝大多数沿边战区的主帅一样，章楶也是文臣。但这并不能遮掩他的军事才干。面对数倍于己的敌人，章楶决定采取针锋相对的防御战略。

早在范仲淹在世时，宋人就发现，西夏全民皆兵，军队人数众多。当夏军集中兵力进攻时，兵力分散的宋军若贸然以寡击众，绝无取胜可能。不过，夏军的行动目标往往是掠夺人口财物，掠夺完毕后，满载而归的西夏士兵在撤军过程中斗志全无，军队战斗力严重下降。所以，防御西夏进攻的最佳方式是采取遮断战法，也就是避其锋芒，在夏军撤退的必经之路上设伏，待其撤军时，集中兵力发动进攻。

章楶采取的正是这种遮断战法。西夏大军压境之际，章楶并没有急于与夏军交战，他强调："若敌进一舍，我退一舍，敌方一定会认为我方胆怯。他们就不再防备我军在边境线上设置的堡垒。这时，我们秘密派兵从小道绕到敌军的背后，在山谷中设下埋伏，等待时机，在敌军撤退时发起攻击。"

于是，章楶派折可适领1万野战军避开夏军前锋，取道马岭，绕到包围环州的夏军主力背后。十月十六日，折可适率军进驻环州以北的洪德城，这里是西夏退军的必经之路，地形复杂，非常适合埋伏。

不久，夏军的前锋军队北返，协助主力围攻环州。章楶抓住时机，派副都总管（此前的副都部署）李浩率领仅剩的不到2万宋军，从庆州日夜兼程，正面支援环州。到了十七日深夜，梁太后意识到自己可能会遭到宋军的前后夹击，被迫从环州撤围。

十月十八日凌晨，夏军的前锋经过洪德城附近，折可适放他们先行过去。到了上午，梁太后率领的中军也抵达洪德城，在此等待多时的折可适出其不意，开门迎战，附近的伏兵也一拥而上，夏军顿时乱作一团。

可到了午后，西夏的后军赶到了洪德城，夏军实力大增。而连续作战16个小时的宋军早已疲惫不堪。折可适意识到形势可能逆转，便迅速率军入城，转入防御。夏军对洪德城发起进攻，双方又厮杀到午夜，直到三更时分，宋军才再度开门出击，大破夏军。梁太后从小道逃跑，才幸免于难。

洪德城一役，宋军与夏军恶战一天一夜。章楶迅速捕捉战机、采取遮断战法，折可适的野战军灵活敏锐，这是宋军取胜的关键。西夏的指挥中枢在战斗中受到直接冲击，以至于梁太后逃回国后，立即找辽朝帮忙调停，向宋朝求和。

洪德城战役的胜利说明，在经过一系列的调整和变革后，宋军已经能够通过新的防御战略有效地抵御西夏的进攻，并且具备了主动进攻的实力，宋朝与西夏的停战已无必要。

元祐九年（1094），宋哲宗亲政。他起用变法派章惇为宰相，全面效法宋神宗，一边恢复新法，一边主动对西夏用兵。

在洪德城战役中立下了汗马功劳的章楶，是章惇的亲戚。有了章惇的支持，章楶在拓边西北中的影响力越来越大。在章楶的主导下，宋军成功取得了进筑天都山战役的胜利，在西北展开了全面进攻。

绍圣四年（1097）初，章楶调任泾原路经略安抚使，成为这一路的主帅。泾原路位于环庆路西侧，在西北六大战区里居于正中，是各路的枢纽。在泾原路内，北流的葫芦河（今清水河）和东南流的泾水构成了灵州和关中地区的交通干线。在两条河流中间的分水岭处，宋朝设置镇戎军（今宁夏回族自治区固原市）加以控扼。当时镇守此处的是担任知镇戎军的种朴。种朴出身于西北著名将门种氏，是参与过灵州、永乐之役的种谔的儿子，与北宋末年军中的顶梁柱种师道、种师中兄弟是堂兄弟。

然而，镇戎军虽然重要，却缺乏险要地形，无法阻挡西夏骑兵的冲击。因而，泾原路虽然是西北六大战区的枢纽，防御能力却极差。要弥补这个防线上的薄弱环节，宋军就必须向前推进国界，抵达西夏境内的天都山（位于今宁夏回族自治区中卫市海原县）。经略天都山，是经略横山计划的翻版。所用的手段，就是进筑。

所谓进筑，最初是指修建堡垒营寨，作为抵御夏军的据点，这是范仲淹针对边防年久失修而积极主张的军事战略。后来，宋人意识到，如果把堡寨修到西夏境内，宋军就可以依托堡寨与夏军作战，进而蚕食西夏国土，将国界一步一步地向前推进。因此，宋人干脆将修筑堡寨的行为称为"进筑"。

从泾原路出兵，沿葫芦河谷向北进筑，最终抵达天都山，这一路上的地形极为复杂。所以，章楶急需一张精确的军事地图。虽然宋军在此前也曾绘制过这一带的军事地图，但那些地图质量粗糙，错漏极多。

为此，章楶派种朴深入山谷和前线实地考察，并依据考察结果重新绘制了一幅彩色的军事地图，新图纠正了旧图中的许多错误。地图中的战略要地都被种朴贴上纸条，一一做了标记。

有了精确的军事地图，章楶就能做出更加严密的军事部署。这让宋哲宗大为信服。他称赞章楶说："各个战区在讨论军事战略时，大多是纸上谈兵。只有章楶是根据军事地图来做战略部署的。章楶的战略一定能够成功！"

此外，章楶还与西北各路的主帅做了沟通协调，要求各大战区积极配合进筑行动，同时对西夏发动浅攻。

和进筑一样，浅攻本来也是一种防御战术。西北各战区的宋军受到地理限制，难以在境内互相支援。鉴于此，浅攻战术要求，当一路受到进攻时，其他各路立即发兵，就近对西夏边境发起进攻。一方面，可以分散西夏的注意力，减轻被攻击的路的压力；另一方面，可以破坏西夏的社会经济，削弱其长期作战的能力。

章楶集结了西北四路的兵力，在准备工作全部就绪后，正式发动进筑天都山战役。整场战役可分为四个阶段。

第一阶段，是进筑平夏城。

宋绍圣四年、夏天祐民安八年（1097）三月，西北各路突然同时对西夏发动浅攻，西夏一时间无法准确判断宋朝的主要军事目标。章楶乘机发兵，进攻西夏境内40里处的石门口（今宁夏回族自治区固原市北）。石门口是天都山的南大门，西夏为防止宋军进入天都山，急忙发兵前来争夺。尽管双方在战斗中互有胜负，但石门口始终牢牢控制在宋军手里。历经22天，宋军终于在这里修筑起了平夏城，作为下一步军事行动的重要据点。

到了四月，不甘心丧失战略要地的西夏发动10余万大军，力争平夏城，第一次平夏城之战爆发。关于这场大战的细节，相关的直接记载已经丢失。但章楶后来回忆说，此战一度险象环生。西夏军曾绕到平夏城的侧后方，企图利用这里的防线漏洞，切断平夏城的粮道。幸亏章楶早有防备，事先配置了预备兵力防护粮道，才使西夏的计略没有得逞。

在取得第一次平夏城之战的胜利后，章楶和种朴于五月着手巩固平夏城侧后方的安全。进筑天都山战役进入第二阶段。

在此过程中，仍由种朴实地进行精密勘察，然后章楶根据种朴的勘察报告，制订在平夏城周边进筑堡寨的计划，再将计划汇报给枢密院。由于计划周密而有说服力，知枢密院事曾布不仅批准了计划，还认为落实这项计划的优先度，应高于其他战区的进筑计划。在枢密院的支持下，这年六月，章楶和种朴迅速完成了对平夏城周边的进筑工作，形成了一个以平夏城为中心的半月形防线，巩固了宋军在这一地区的军事优势。

此后，章楶与泾原路的宋军进入休整状态。可是围绕下一步该如何进筑天都山，泾原路西侧的两个战区，却发生了一场不大不小的风波。

与泾原路西界比邻的战区是秦凤路，再往西就是宋神宗时开拓的熙河路。这年十二月，代理熙河路主帅的熙河路经略安抚判官钟传，联合秦凤路经略安抚使陆师闵，在未经朝廷批准的情况下，擅自对西夏发兵，取得了胜利。随即，钟传提出，希望自己从西、章楶从东，协同作战，共同进筑天都山。

这项建议很快得到枢密院的肯定。绍圣五年（1098）正月，枢密院干脆制订了一个由泾源、熙河、秦凤三路联合进筑天都山的计划，这将大大减轻章楶的压力，增加进筑成功的概率。

然而，这个看似宏大的计划却根本推行不下去。问题首先出在秦凤路上。秦凤路远离天都山，在联合进筑计划中并不担任主力，而陆师闵又不愿沦为配角，因此根本不愿意加入进筑天都山的行列。

更大的问题出在熙河路上。钟传之所以积极响应进筑天都山，是因为在第一次平夏城之战后，他看到这场战役前景光明，想来瓜分章楶的战功。然而，当枢密院制订了联合进筑计划后,章楶执意要掌握三路联合指挥部的最高指挥权。这就引起了野心勃勃的钟传的不满。在经过面谈后,钟传与章楶没有达成任何共识。最终,三路联合进筑天都山的计划不了了之。

尽管这场风波未对进筑天都山战役产生实质性的影响,但它已显现出枢密院对西北前线作战计划的影响力正在下降;反而是各路主帅之间自发的战略协调对拓边战争的影响越来越大。

绕了一大圈,进筑天都山的计划最终又回到章楶最初的方案上来。这年六月,章楶由泾原路派军挺进天都山,开始在山中地势险恶的峡谷中进筑堡寨,以此作为进一步控制天都山的跳板。进筑天都山战役进入第三阶段。

与此同时,其他战区的进筑成果也十分显著。除了西面的熙河路与秦凤路在伺机扩大地盘之外,东面的环庆路和鄜延路的进筑也相当顺利。

环庆路取得了白马川通往灵州的据点,筑成兴平城(位于洪德城以北)。环庆路经略安抚使孙路还在山峦高地筑起横山城,工事完成后,党项部落纷纷来归。

当时出任鄜延路经略安抚使的,是熙宁变法中的"护法善神"吕惠卿。早在上年年初,吕惠卿就加强了乌延口的防御。此地是当年沈括与种谔进筑横山时,最初选定的筑址。在第一次平夏城之战爆发时,吕惠卿乘机在此筑成浮图寨。宋绍圣五年、夏永安元年(1098),吕惠卿发动了大规模的进攻,一口气进筑了九座堡寨,完成了当年沈括与种谔的进筑计划。

宋朝各路通过进筑而蚕食的西夏土地,正在逐渐连成一片。

西夏的梁太后不愿坐以待毙,决定以倾国之力绝地反击,反击的突破口就是最要害的平夏城。

这年七月,梁太后一面在天都山集结兵力,一面通过外国使团向宋朝转达和平意向。对于西夏释放的烟幕弹和它背后的意图,宋朝决策层始终保持着高度的清醒与警惕。枢密院紧急向西北各路下发了名为《划一指挥》的指导性文件,文件从七个方面强调了协调防御作战的重要性,还详细列举了训练、纪律、计划、后勤和修筑防御工事等九项作战指导,要求西北各路加强戒备。

此次枢密院的判断是正确的。此刻,梁太后正在与西夏将领共同制订进攻方案。梁太后认为,平夏城是宋朝在天都山附近规模最大的防御工事,镇守平夏城的宋将郭成最善于用兵。因而,只要西夏攻占最难啃的平夏城,周边的堡寨就会不战自溃。到了十月，梁太后已经在天都山北部集结起40万大军，对外号称150万大军，驻地距离章楶在天都山中修筑的堡寨仅50里。

当时，平夏城仅有守军四五千人，算上周边堡寨里的驻军，也不过2万人。宋朝枢密院急忙调遣西北诸路入援泾原路，在平夏城的正面战场上集结了7万以上的兵力，由泾原路副都总管王恩统领；其他各路也各自集结起数万大军，准备以浅攻牵制夏军，以缓解平夏城的压力。宋夏边境上一时陈兵数十万，一场决定性的大战一触即发。

不过，直到最后关头，梁太后仍然小心地隐瞒着自己的作战目标。以至宋朝枢密院一度怀疑，西夏是否会在其他地方发起进攻。正当战争疑云密布之际，梁太后裹挟着西夏小皇帝，亲率主力对平夏城发起了空前猛烈的进攻，第二次平夏城之战正式爆发。

30余万西夏军迅速包围了平夏城和周边的堡寨。主力大军由六路统军嵬名阿埋指挥，在包围了六座宋军的堡寨后，使用了云梯、楼车等攻城器械，运用了挖地道等攻城战术，不分昼夜地猛攻平夏城。西寿监军司妹勒都逋则率领拦截军队，专门对付宋军的援军。

而在平夏城中，宋将郭成率领仅有的四五千士兵顽强抵抗。他们在城墙上用神臂弓——一种射程较远的发射器，向夏军射击，又在深夜发动偷袭扰敌。然而寡众悬殊，平夏城还是一度出现危机，几乎要守不住了。

值此存亡之际，王恩麾下的泾原路将领、郭成的义兄郭祖德建议，应该不惜任何代价进攻夏军主力，以解平夏城之围。王恩和将官姚雄、姚古也一致赞成。已经调任至环庆路、此时率领1万军队入援平夏城的种朴却坚决反对。他指出："拒绝支援平夏城，并非出于胆怯，而是有更加重要的原因。平夏城中的将士们之所以能够坚定信心守卫孤城、抵抗强敌，是因为城外有援军。现在相对于夏军主力，我军援军的兵力微不足道。以这点兵力去解围，就算打赢了，也不一定能使夏军撤围；万一打输了，夏军拿着战利品向城中展示，守军的士气会立刻崩溃。真到了这步田地，还能依靠谁来守城？何况郭公最为知兵善战，有他镇守平夏城，大家还有什么疑虑的？"在种朴的坚持下，宋朝的援军没有盲目地进攻围困平夏城的夏军主力。

种朴的想法与章楶和郭成不谋而合。章楶认为，只有城外有机动的野战军，城内的军队才敢拼命死守。郭成后来也说，他对守住平夏城唯一的忧虑，就是救援军队可能会过早到来。

经过13天的围攻,平夏城依旧屹然不动,宋军依然士气高涨。反倒是西夏士兵伤亡惨重,口粮也即将消耗殆尽。一天夜里,平夏城外突然刮起了大风,西夏的攻城器械遭强风摧毁,军中士气彻底崩溃,西夏军陷入恐慌与无序状态。梁太后见状失声痛哭,只得趁着夜色匆忙撤军,结果却一头扎进了姚雄和姚古设下的埋伏圈,夏军损失惨重。

章楶抓住战机,命郭成与折可适率1万轻骑兵,按照事先约定的计划进击天都山。在山上,宋军不仅再度攻破了夏军主力,还生擒了嵬名阿埋和妹勒都逋。至此,第二次平夏城之战随着西夏军队前沿指挥中枢的彻底瘫痪而结束。

究竟有多少夏军死于此战,史书没有记载。据说决战平夏后,西夏军队再也无法组织起大规模的作战。这种说法虽然夸张,但自第二次平夏城之战以后,宋朝完全掌握了宋夏战争的战略主动。章楶也因此被《宋史》称赞为"楶立边功,为西方最"。

宋军的空前胜利引起了西夏的举国恐慌。梁太后连续三次遣使到辽朝,请求辽朝再度出面调停。当时的宋、辽、夏呈三足鼎立的局面,如果宋朝灭掉西夏,宋辽之间的平衡也会被打破,这并不符合辽朝的战略利益。

为了促使宋、夏实现永久和平,辽道宗耶律洪基(1055—1101年在位)采取了一系列的外交手段。首先,辽朝不但拒绝了西夏提出的出兵干预的请求,而且秘密派使者毒死了好战的梁太后,以此断绝了西夏继续发动战争的可能。

紧接着,辽朝又派使者前往宋朝国都开封,催促宋朝归还所有占领的西夏土地,以此来突出辽朝在两国之上的优越地位。

最后,辽道宗亲自率兵,在距离宋辽边境五里至七里的地方巡视,对宋朝施压。

自从宋初经略幽燕失败后,宋朝在对辽关系上一直妥协、退让。然而,第二次平夏城之战的胜利使宋朝有了扬眉吐气的资本。

宰相章惇强硬地认为,根本无须理会辽朝的调停,要战要和,都应该由大宋自己决定。章惇指出:"夏国的叛乱还没结束,即使有北朝使臣来劝和,我们也必须对他们进行讨伐;如果夏国能够服罪听命,那么就算北朝使臣不来劝和,我们也会听而许之。"

不过,宋哲宗在听取了知枢密院事曾布和鄜延路经略安抚使吕惠卿的意见后,还是表示不应进一步破坏宋辽关系。

宋元符二年、辽寿昌五年、夏永安二年(1099)四月,宋朝许诺与西夏和谈,但有附加条件。一方面,宋朝要求西夏呈上谢罪书,并交出两名战犯,作为和谈的前提。另一方面,面对咄咄逼人的辽朝使臣,宋朝强硬地拒绝了将所得土地归还给西夏的无理要求。

在递交辽使的国书中,宋朝明确指出,西夏"虽于北尝预婚姻之亲,而在南全居臣子之分"。意思是说,西夏虽然曾与辽朝联姻,跟你们是甥舅之国;可对于我们宋朝而言,他就是我们的臣子。

国书还尖锐地指出:辽朝也曾对付西夏的入侵,现在宋朝不过是效仿辽朝罢了。更何况西夏曾向宋朝称臣,宋朝就是西夏的宗主国,在法理上,西夏的土地都是宋朝授予的。如果西夏不打算投降,那么宋朝仍保有收回这片土地统治权的最终权力。

而在另一份白札子里,宋朝更加强硬地表示:"夏国自李继迁之后,建国赐姓,没有一样不是出自朝廷的恩典。夏国所有的土地,全是朝廷赐给他们的。"当辽使对此提出质疑时,负责与辽使沟通的蔡京反问道:"兴州、灵州、银州、夏州、绥州、宥州,这些不是朝廷的土地又是谁的土地?这些地方都是太宗和真宗赐给李继迁的!"

宋朝态度之强硬,让辽朝使节瞠目结舌。辽朝使节在逗留开封35天后,只得接受国书,灰溜溜地返回辽朝复命。

在调停期间,宋朝并没有停止军事行动。

平夏城的大胜加快了宋军进筑天都山的步伐,进筑战役也进入最后一个阶段。就在宋朝许诺和谈的四月,章楶的泾原路战区已经全面占领天都山,并在山上修筑了大量堡寨,宋朝在这里设立西安州(今宁夏回族自治区中卫市海原县),作为新的前线指挥部。

其他各路战区的进筑行动也一路凯歌。在东部地区,鄜延路的宋军成功进筑横山,将部分西夏人驱逐到山后的沙漠地带;在西部地区,熙河路与泾原路实现连接,秦凤路成为远离战火的大后方。

从兰州、天都山、平夏城,再到横山,宋朝在西北拓边战争中建立起的新防线已经连成一片。新占领的地区还密布着盐池,每月出产的盐值高达14万贯钱,这大大缓解了宋军前线的军费压力。

这年秋，西夏遣使谢罪。在呈递给宋哲宗的奏章中，言辞极为谦卑。到了年底，双方终于恢复和平，重新划定了国界。当年范仲淹以攻为守，再转入主动防御的战略构想，历经近60年，至此完成。宋朝在西北获得了空前的威望。

宋朝能取得这样的军事成就，主要有两个原因：一是自从范仲淹调整防御战略，提出经略横山计划后，西北各路就始终坚持这一攻守兼备的军事战略，将政治对军事的干扰降到最低；二是在战略的制订过程中，前线战区主帅的作用越来越大。由于作战日益频繁，战略规划日益依靠细微的情报收集和分析，枢密院在战略制订中的优势，远不如熟知前线情况的战区主帅。传统上中央集权自上而下的纵向决策过程，逐渐让位给各路战区主帅间的横向协调。

宋哲宗的拓边西北战争，使宋朝在战略和战术上全面压制西夏。到了他的后继者宋徽宗时期，双方再度交战，互有胜负。西夏靠着辽朝的斡旋，勉强应付。下一步是依托横山实施积极防御，进一步发兵攻灭西夏，主动权一度操持在宋朝手里。

然而，这样的大好局面最终被好大喜功的宋徽宗毁掉了。

宋徽宗命宦官童贯经略西北。最初，童贯与王韶之子王厚合作，继续经略河湟地区，于崇宁三年（1104）彻底攻灭了位于今青海湖以东的青唐吐蕃政权，收复了湟（今青海省海东市乐都区南）、鄯（今青海省西宁市）、廓（今青海省黄南藏族自治州尖扎县北）等州。宋朝在此地设置陇右都护府，治所设在由鄯州改置的西宁州。所谓"敌人的敌人就是朋友"，西夏连忙收容出逃的青唐吐蕃贵族，扶持他们与宋军反复在河湟地区交战。

据后来王安中奉宋徽宗之命撰写的《定功继伐碑》说，宋军在征战河湟的过程中，曾大举西征，越过青海湖，招降数万黄头回鹘，并一直杀到了塔里木盆地内的节占城（今新疆维吾尔自治区巴音郭楞蒙古自治州且末县）。以至于今天网上有不少地图，都将北宋的陇右都护府西界画到了青藏高原与塔里木盆地的交界处。不过，《定功继伐碑》里有大量阿谀夸大之语，因此大多数学者并不认同这种自吹自擂的说法。

就在陇右都护府设置十年后，宋夏两国爆发了更大规模的决战。

宋政和五年、夏雍宁二年（1115）春，童贯派熙河路经略安抚使刘法率步骑15万出湟州，秦凤路经略安抚使刘仲武率兵5万出会州（今甘肃省白银市靖远县），童贯率中军主力驻兰州，为两路应援。刘仲武行至清水河（今甘肃省兰州市永登县境）筑城，留兵屯戍，自己则返回秦凤驻地。刘法率军抵达古骨龙城（今青海省海北藏族自治州门源回族自治县东川镇克图口）与西夏右厢军激战，大获全胜，斩敌首3000余级。战后，刘法在此修筑震武城，设震武军，派兵驻守。

二月，宋徽宗以童贯领六路边事，西北六路经略安抚使司全部隶属于童贯，西方边陲兵柄皆操于童贯手中。

九月，王厚、刘仲武纠合泾原、鄜延、环庆、秦凤四路大军，攻打西夏臧底河城（今陕西省榆林市定边县西北），惨败而归，士兵阵亡大半。王厚害怕宋廷追究战败之责，于是贿赂童贯。童贯封锁消息，没有上报。冬天，西夏乘胜大掠萧关（今宁夏回族自治区吴忠市同心县南）而去。

宋政和六年、夏雍宁三年（1116）二月，童贯命刘法、刘仲武会合熙河、秦凤两路10万大军，进攻西夏的仁多泉城（今青海省海北藏族自治州门源回族自治县东南）。城中守军兵力单薄，后因援军不至，请求投降。刘法受其降后又屠之，斩首3000级。

与此同时，都统制种师道率领陕西、河东等七路10万大军，再次进攻臧底河城，原拟定十日攻克，后围攻至第八天，因夏军守备十分坚固，未能攻破，宋军便开始松懈。种师道下令，凡是攻战不卖力气的人，无论军官还是士兵，均立即处斩。当时军官中有坐在胡床上休息的，立刻被种师道拿下问斩。这样一来，宋军将士再也不敢懈怠，只得奋力进攻，终于一举攻克了臧底河城。

十一月，夏崇宗为了报仁多泉城之仇，大举攻克泾原路所属、由种师道修筑的靖夏城（今宁夏回族自治区吴忠市同心县南），屠城而去。双方互有胜负，战争进入胶着状态。

宋重和元年、夏雍宁五年（1118）二月，西夏乘宋熙河、环庆、泾原等地发生地震，人心慌乱之机，派兵进围震武军。知军孟明殊死奋战，身受重伤。就在千钧一发之际，刘法率援兵来救，夏军被迫解围。

同年六月，西夏也开始仿照宋军的进筑战略，在乫六岭（今甘肃省冷龙岭）宋夏交界处修筑割牛城（今甘肃省兰州市永登县西），并屯重兵防守，作为屏障。童贯命廓州防御使何灌由肤公城乘夜出兵偷袭破城，遂改名统安。

自童贯领六路边事以来，尽管双方互有胜负，但总体上宋军仍占上风。此时的童贯已兼领枢密院事，正志骄意满。宋宣和元年、夏元德元年（1119）三月，他竟命刘法去进攻西夏重镇西平府（即前文提到的灵州，今宁夏回族自治区灵武市西南）和国都兴庆府（即兴州，今宁夏回族自治区银川市）。

鉴于两地均处西夏的心腹之地，刘法认为用兵时机并不成熟，现在去打灵州和兴州，是盲目冒险。可童贯却强迫道："君在京师时，亲自接受王命，自言一定能成功。现在却摆起了困难，这是何故啊？"

在童贯的多次强调下，刘法只得统兵2万至统安城，在路上与夏崇宗之弟晋王察哥所率大军相遇。宋军鏖战七个小时，终因寡不敌众而败，被誉为"西北名将之首"的刘法在败退的路上被杀，宋军兵民损失10万。

当察哥看见刘法的首级时，对部下感慨道："刘将军先败我于古骨龙，再败我于仁多泉，我常避其兵锋，称他为'天生神将'，谁能料到他会死在一个小卒手里！他的失败在于恃胜轻出，不可不戒！"察哥乘胜率军围攻震武军。在即将攻破之际，察哥却忽然罢兵不攻了。他对部下说："留下此城，作为南朝的累赘。"

就这样，"天生神将"刘法与10万人马，在童贯"恃胜轻出"的指挥中灰飞烟灭。可令人瞠目结舌的是，童贯竟然向朝廷谎称宋军取得了大捷；更令人惊讶的是，居然没有一个人敢站出来戳破童贯的谎言。

四月，童贯又命种师道、刘仲武、刘延庆率领鄜延路、环庆路的军队出萧关，大败夏军，将西夏境内的横山地区全部占领。

然而，经历了统安城之败，宋军实力已大不如前。而且，童贯虽然主持在边境修筑了大量堡寨，可是这些堡寨多建于不毛之地，用处不大，白白劳民伤财。在巨大的人力和物力消耗下，西北地区一片萧条。常年的战争也使西夏吃不消了，于是夏崇宗主动向宋请和，宋徽宗表示赞同，下令六路罢兵。

至此，宋夏战争基本进入尾声。尽管北宋仍然占据着优势，但实际上已经无力再继续经营西北的拓边战争。由于宋徽宗的统治昏暗、腐败，导致民不聊生，宋朝已经失去了支持对外战争的基础。靖康二年（1127），北宋在靖康之变中被金朝攻灭。南宋建立后，西北地区已被纳入金朝的版图。拓边西北的事业就这样无疾而终。

丰亨豫大：宋徽宗的"极乐盛世"

元符三年（1100）正月，宋哲宗病逝。宋哲宗无子，宋神宗的皇后向氏提议立宋神宗第十一子端王赵佶为帝。左相章惇尖锐地指出："端王轻佻，不可以君天下！"却遭到知枢密院事曾布、尚书左丞蔡卞的呵斥。大局既定，赵佶得以继位，是为宋徽宗（1100—1125年在位）。向太后垂帘听政，至七月撤帘，宋徽宗亲政。

宋徽宗登基之初，励精图治。对于旧党，他起用名相韩琦之子韩忠彦为左相，范纯仁之弟范纯礼为尚书右丞，又以宰执的待遇召还范纯仁。当时范纯仁已风烛残年，无法参政。宋徽宗虽不得不许之，但仍时常询问范纯仁的身体状况，并感慨道："范纯仁，得一识面足矣！"宋徽宗还恢复了文彦博、司马光、刘挚等33位旧党大臣的名誉和官职，尊奉被宋哲宗废黜的孟皇后为元祐皇后。对于新党，宋徽宗一面将章惇、蔡卞、蔡京等人贬斥出朝；一面升任立场中立的曾布为右相，以李清臣和王安石弟子陆佃等人为执政。

宋徽宗广开言路，察纳雅言。他鼓励社会各阶层广泛上书，并下诏说："如果上书的言论能够被采用，朕一定有赏；如果话说得不合适，朕也不加罪。"宋徽宗又将陈瓘、邹浩等直臣召回，担任谏官。在宋徽宗的鼓舞下，上至官员，下至百姓，都纷纷上书，献计献策。宋徽宗也总是虚心纳谏，从善如流。

这年年底，宋徽宗明确表示，元祐更化、绍圣绍述都有过失，现在要以大公至正的精神来治理国家，消除党争。他还将明年的年号改为建中靖国。建中，就是在新旧之间不偏不倚；靖国，就是要安定团结。自熙宁变法以来，被党争的阴霾压得喘不过气来的士大夫终于迎来了一缕阳光。

明末清初思想家王夫之曾说："徽宗之初政，粲然可观。"宋徽宗除旧布新，去奸任贤，为自己开了一个好局。倘若能够坚持下去，北宋末年的政局或许会是另一番气象。

建中之政实施不久，曾布便原形毕露。在他的影响下，韩忠彦罢相，蔡京入朝，宋徽宗重拾"绍述"之说。宋徽宗声称，宋神宗革新了制度，并将新制度流传给我们这些后人。建中靖国元年（1101）十一月，宋徽宗正式宣布明年改元崇宁。崇宁，就是崇尚熙宁。朝廷重新回到对新法"一边倒"的路线上。

崇宁元年（1102）七月，蔡京取代曾布成为宰相。蔡京（1047—1126），字元长，兴化军仙游县（今福建省莆田市仙游县）人。熙丰变法期间，他与新党关系密切，其胞弟蔡卞为王安石女婿。后来元祐更化，蔡京转而积极响应司马光废除免役法的命令。绍圣绍述，蔡京又转身一变，以新党元老的姿态，怂恿章惇改行免役法。其投机政治、反复无常如此。宋徽宗即位后，蔡京被贬出朝，但不久后又通过结交宦官童贯而还朝。他在徽宗朝的20多年间四次拜相，与童贯、王黼、梁师成、杨戬、朱勔、李彦、高俅等人执掌军政大权，无恶不作，北宋陷入了极度腐朽、黑暗的时期。

蔡京拜相后，将文彦博、吕公著、司马光、苏轼、苏辙、程颐等120人列入元祐奸党；又对向太后听政时上书言事者进行审查，不合己意者皆定为邪等；最后将这些所谓的"奸党""邪等"共309人合列为"元祐党籍"，由宋徽宗御笔书写，在文德殿门刻石后颁行全国，称"元祐党籍碑"。被列入党籍者，重者流放远地，轻者赋闲贬黜，子弟受到种种限制。元祐皇后也再度被废。

讽刺的是，名列"元祐党籍"者，有章惇、李清臣、陆佃这些资深新党；有被宋徽宗赞为"得一识面足矣"的范纯仁；有因直言敢谏而被任命为谏官的陈瓘、邹浩；还有大批在宋徽宗"如果话说得不合适，朕也不加罪"的号召下，积极献言献策的士大夫和老百姓。可见，所谓"元祐党籍"针对的已远远不止旧党，而是所有与宋徽宗、蔡京意见不同的人。

蔡京为排除异己，以"元祐党籍"掩丑；宋徽宗为尽情享乐，则搬出了士大夫的政治理想遮羞。

崇宁五年（1106），宋徽宗对大臣讲，蔡京执掌财政，从来不会说钱不够花，而是引用儒家经典《周官》里"惟王不会"的说法。"惟王不会"，按宋人理解，是指对尧舜这样的理想君主，可以竭尽天下之力来奉养。

政和六年（1116），宋徽宗在诏书中又提出"丰亨豫大"。《丰》《豫》是《周易》中的两卦，按宋人解释，是指圣人在上、大臣在下，最终使天下之人和悦安乐的理想统治。

有理想的君主（尧舜之君）、理想的大臣（任天下之事）和理想的统治成效（天下之人和悦安乐），这就是"丰亨豫大"与"惟王不会"，就是"极盛之时"。然而，这些本来是士大夫群体孜孜以求的"致君尧舜"与"三代之治"。

在这样的政治口号下，宋徽宗建设了一系列形象工程。一方面，推行制礼作乐、社会救济、宗室存养、兴建学校等"善政"，以表明天下人皆和悦安乐；另一方面，崇兴道教，不断人为地制造祥瑞，甚至把自己打造成天神下凡，以表明自己是尧舜圣君。

在熙宁变法后，历经元祐更化、绍圣绍述，至宋徽宗时期，士大夫的政治理想被彻底扭曲。"一道德，同风俗"变成了政治整顿，"致君尧舜"变成了天神下凡，"三代之治"变成了宗教祥瑞。在诸多变质的口号中，宋徽宗时期的北宋进入了"极盛之时"。

在我国古代，一个标准的盛世，除了有太平的景象之外，还要有昌盛的文化。因此，历朝历代的皇帝在标榜自己创造了"太平盛世"的同时，总是喜欢附庸风雅。宋徽宗也不例外，不过与其他大多数皇帝不同，宋徽宗确实极具艺术天赋。

早在做皇帝前，宋徽宗就喜欢书画、图书、古玩、花石，而且有极高的造诣。他独创瘦金体书法，笔迹瘦劲，如屈铁断金；他的花鸟画体物入微，精细逼真；他又善诗词，通音律。正因如此，宋徽宗才能将诗、书、画、印融为一体，对元明以后的绘画产生了深远的影响。宋徽宗让文臣编撰了《宣和书谱》《宣和画谱》《宣和博古图》，将宫中收藏的商代以来的书法、绘画、青铜器编录成书，为后世的书画和青铜器研究奠定了重要基础。

在宋徽宗的大力支持下，北宋的艺术成就趋于巅峰。当时，朝廷设有翰林图画院，云集了北宋大批顶级画家。这些画家佳作频出，最著名的当属张择端的《清明上河图》。

张择端供职于翰林图画院，擅长风俗画。《清明上河图》描绘了当时东京开封城的繁华景象。打开画卷，开封郊外的田园风光，汴河之上的舟船云集，街头闹市的车水马龙，勾栏瓦肆的熙熙攘攘，随着精妙的笔触映入眼帘。士、农、工、商、医、卜、僧、道、胥吏、缆夫、妇女、儿童，各色市民齐聚街市，或牵牛，或赶驴，或骑马，或乘轿，或饮酒聚谈，或闲逛采买，生动形象，惟妙惟肖，一眼望去，仿佛置身于这座12世纪全世界最繁华的城市。《清明上河图》细腻地描绘了清明时节，人们到汴河去的风俗人情，再现了开封东南地区城内外汴河两岸的繁荣景象，如今此画已是国宝级文物，珍藏在故宫博物院。

与《清明上河图》交相辉映的是一部名为《东京梦华录》的著作。作者孟元老在东京开封城生活了20余年。北宋灭亡后，他避难江南，追忆旧事，写下了这部书。《东京梦华录》记载了北宋后期开封的令节、物产与民风。书中的开封富庶繁华，市民生活热闹非凡。仅开封城里各行各业的店铺，《东京梦华录》就记载了100多家，其中半数是酒楼和餐馆，其他还有客店、面店、米行、鱼行、茶坊、药铺、金银铺、彩帛铺、珠子铺、香药铺等。书中还记录了夜市，这是为了满足市民夜生活而出现的夜间市场，也是到了宋代才开始出现，足见宋徽宗"丰亨豫大之时"，国都开封的丰饶景象。

《清明上河图》和《东京梦华录》在一定程度上再现了开封城的繁荣景象。只是就东京开封城来看，宋徽宗确实有理由相信，北宋在他的统治下进入太平盛世。

然而，北宋只有一座开封城，在更广阔的大宋土地上，民众正深陷水深火热之中。即便是开封城里的"盛世"，也是危机潜伏。张择端在《清明上河图》中留下了官衙门口懒散的士兵、沿街乞讨的乞丐、大街上乱跑的猪，辛辣地嘲讽着所谓的"太平盛世"。当后来国破之际，孟元老再忆东京往事，已是恍如隔世，犹如宋徽宗的"盛世"之政，不过黄粱一梦。

在"丰亨豫大"等政治口号下，宋徽宗仿照熙宁变法时的制置三司条例司，设置讲议司，由蔡京负责推行所谓"新法"。在神宗新法中，宋徽宗和蔡京等一批佞臣专门寻找那些能够满足自己骄奢淫逸的内容。

比如，王安石曾提出要"为天下理财"，他的这项建议得到了宋神宗的肯定。到了宋徽宗时，蔡京也援引这一惯例，声称"不患无财，患不能理财"，朝廷并不是担忧没有钱财，而是担忧不能整顿财政，以此作为他们君臣敛财的理论依据。

宋神宗时期的免役法，宋徽宗和蔡京也继续实行。只不过新的免役法，役钱大幅提高，有的地方役钱竟由元丰时每年400贯增加到近3万贯，居然高出了70多倍！

方田均税法不仅在推行过程中肆意增税，而且在实施过程中地主豪强公然行贿，官员在丈量土地时翻云覆雨，豪强由此减免税赋，将负担转嫁到社会中下层身上去。

蔡京还推行新的盐法、茶法，进一步与民争利，以此增加朝廷的财政收入，百姓被摊派买盐，大量盐商、茶商破产。

政和六年（1116），宋徽宗命宦官杨戬在京西路设置公田所；后又命宦官李彦设置西城括田所。李彦在北方打着将官地、荒地等土地收归朝廷的旗号，指鹿为马，将大量民田指作"天荒"，掠为"公田"，并收取"公田钱"。大批百姓被夺去田产。

为了建设"丰亨豫大"的形象工程，满足自己的穷奢极欲，宋徽宗搜刮聚敛，大兴土木。崇宁四年（1105），他命朱勔在苏州设立应奉局，专门搜罗江浙的奇花异石进奉至开封。所运花石规模庞大，动辄要用数十艘船运送，每十艘编为一纲，称为"花石纲"。运输一块石头，要强征大量百姓服役，花费30万贯钱。政和四年（1114），宋徽宗在蔡京的提议下，修建新延福宫；三年后又开工修建皇家园林艮岳。新延福宫和艮岳不仅艺术水平极高，也是宋徽宗标榜"极盛之时"的标志性工程，只可惜在这样的"盛世"下，万骨皆枯。同时，以蔡京为首的官僚群体贪污受贿，腐败不堪。宋朝的政治此时已昏暗到了极点。

为建立不朽的功业，宋徽宗频频发动战争。既有前面介绍过的宋夏拓边战争，也有后面即将介绍的联金灭辽。宋徽宗的拓边战争不仅劳民伤财，还使宋朝丧失了消灭西夏的可能；而联金灭辽，更是开启了北宋的灭亡之路。

宋徽宗为了凸显皇帝的个人权威，还将内批改名为"御笔"。虽然宋神宗已经频繁通过内批事无巨细地指导政务，但内批毕竟与内降一样不具备法律效力，需要经过三省的程序，才能最终成为合法的诏令。可宋徽宗却规定，御笔拥有法律效力，可以绕过宰执机构，直接下达有关部门执行。这样，宋徽宗个人的非法要求得以畅通无阻；在宋徽宗的纵容下，宰相蔡京也常常事无巨细，假托御笔发号施令。御笔的实施导致君权的恶性膨胀，北宋的君主独裁程度及其造成的恶劣后果同时达到巅峰。

对于宋徽宗的统治，明末清初思想家王夫之批评道："君不似人之君，相不似君之相，垂老之童心，冶游之浪子，拥离散之人心以当大变，无一而非必亡之势！"君王不像一国的君王，宰相不像君王的宰相。徽宗君臣就像垂垂老矣的儿童，游手好闲的浪子，依靠着早已离散的人心来应对时局的巨变。这些没有一样不显示出北宋的必亡之势！

在宋徽宗君臣的黑暗统治下，大批不堪重负、倾家荡产的老百姓被迫铤而走险。

政和八年（1118），河北、京东发生水灾，大量农民流离失所。宣和元年（1119），京东路的农民在宋江的带领下揭竿而起。义军活跃在河北、京东、淮南一带。宣和三年（1121），宋江等36名首领接受了招安。宋江起义虽然规模不大，但活动区域距离开封较近，对宋朝构成了直接威胁。元末明初，施耐庵等人以此为原型，创作了小说《水浒传》，宋江起义的故事从此家喻户晓。

就在宋江转战京东路的时候，两浙地区爆发了北宋末年规模最大的农民起义——方腊起义。

宋徽宗在两浙路大兴花石纲之役，对当地的农民、工匠百般搜刮，民众终于忍无可忍。宣和二年（1120）十月，睦州青溪（今浙江省杭州市淳安县西北）西部山区帮源峒的漆园主方腊利用摩尼教组织民众，发动起义。

摩尼教是3世纪中叶，在波斯（今伊朗）萨珊王朝兴起的一种宗教，因创始人摩尼而得名。唐高宗以后，摩尼教传入中国，佛道色彩日益浓厚。唐武宗会昌灭佛时，摩尼教遭到打击，被迫转入地下，成为民间秘密宗教。入宋前后，摩尼教演变为明教，以"清净、光明、大力、智慧"为教义，多次被农民起义所利用。

起义发起后的数日之内，义军就从千余人发展到十万之众。方腊自称"圣公"，改元永乐，署官命将，建立政权。在不到三个月的时间，义军先后攻占睦（今浙江省建德市东）、歙（今安徽省黄山市歙县）、杭（今浙江省杭州市）、婺（今浙江省金华市）、衢（今浙江省衢州市衢江区）、处（今浙江省丽水市西北）等6州52县。宋徽宗君臣大为震惊。

宣和三年（1121）正月，宋徽宗派童贯率京畿禁军和陕西蕃、汉兵15万南下，镇压起义。义军接连战败，杭州、歙州、睦州、青溪相继失陷。方腊率余部退守帮源峒。四月末，宋军血洗帮源峒，7万多人壮烈牺牲。方腊被宋将韩世忠俘虏，押往开封处死。义军余部继续在浙东战斗，直到宣和四年（1122）三月才最后失败。

靖康之变："不世之功"引来的斩首行动

就在宋徽宗君臣醉生梦死之际，在遥远的东北，一个叫"女真"的强悍民族搅动了整个历史的走向。

女真族生活在今黑龙江和松花江流域，其祖先可追溯到先秦的肃慎。早在宋朝建立后不久的建隆二年（961），北宋就获得了女真族进贡的方物和马匹。从此，向女真族买马成为宋朝的一项重要政策。为了马市，宋朝甚至免除了登州沙门岛（今山东省烟台市长岛县）居民的赋税，让他们自备船只，经海路到辽东半岛，向女真族购买马匹。

然而，女真族处于辽朝统治之下，宋辽战争爆发后，辽朝于辽统和九年、宋淳化二年（991）切断了这一贸易通道。元丰五年（1082），宋神宗曾派出使臣，要求高丽国允许女真族通过高丽国境卖马给宋人，最终也不了了之。

辽兴宗时，活动于按出虎水（今黑龙江省哈尔滨市东南阿什河）一带的女真族完颜部发展壮大，逐渐形成了以其为核心的女真部落联盟，完颜部酋长长期垄断联盟首领，并由辽朝册封为节度使。

与完颜女真蒸蒸日上相反，辽朝暮气沉沉。辽圣宗于太平十一年（1031）驾崩后，继任的辽兴宗耶律宗真对外征讨西夏大败而归，内政也越发腐败，辽朝盛极而衰。其子辽道宗耶律洪基卖官鬻爵，佞佛成性，当时叛乱此起彼伏，辽朝加剧衰落。其后继位的辽天祚帝耶律延禧（1101—1125年在位）更是"拒谏饰非，穷奢极欲"。辽朝已然与宋徽宗治下的宋朝一样岌岌可危，真可谓"难兄难弟"。

天祚帝时，辽朝对女真族的压榨变本加厉，引起了女真族的强烈不满。辽天庆三年（1113），完颜部酋长完颜阿骨打（汉名完颜旻）继任女真联盟首领，称都勃极烈。次年，阿骨打起兵反辽，一举攻下辽朝在东北的重镇宁江州（今吉林省松原市北伯都乡伯都村古城）。

辽天庆五年（1115）元旦，阿骨打称帝，建元收国，建立金朝，是为金太祖（1115—1123年在位）。金太祖立国，庶事草创，制度质朴。当时甚至没有宫室城郭，只将金太祖所居之处称为"皇帝寨"（今黑龙江省哈尔滨市阿城区南白城）。金天辅三年（1119），金太祖颁行女真大字，女真族自此有了文字。

金朝立国当年，便发动对辽朝的军事进攻。金收国元年、辽天庆五年（1115）九月，金军攻占黄龙府（今吉林省长春市农安县），又大破辽天祚帝亲征大军；次年，攻占东京辽阳府（今辽宁省辽阳市）；金天辅四年、辽天庆十年（1120），再破上京临潢府（今内蒙古自治区巴林左旗林东镇南波罗城）。

辽军兵败如山倒的消息传入开封，宋徽宗君臣认为辽朝必亡，遂背弃"澶渊之盟"以来宋、辽的和平约定，决定联金灭辽，收复燕云。宋宣和二年、金天辅四年（1120），宋、金约定：双方夹击辽朝，金军攻取辽朝的中京大定府（今内蒙古自治区赤峰市宁城县大明镇），宋军攻取辽朝的南京析津府（今北京市）和西京大同府（今山西省大同市）；灭辽后，燕京（辽南京）归宋，宋将原来送与辽朝的岁币转输金朝。由于宋朝的使臣自今山东渡海赴金谈判，故史称"海上之盟"。

宋宣和四年、金天辅六年、辽保大二年（1122），金军以破竹之势先后攻克辽中京、西京；而童贯率领的宋军却接连在燕京城下被辽军击溃。金太祖看穿了宋朝"纸老虎"的本质，遂于当年年底亲率大军攻克燕京。宋朝在同意每年向金朝支付30万匹绢、20万两银和100万贯钱后，金朝才将燕京地区的6州24县交给宋朝。宣和五年（1123），宋朝号称"收复"的燕京城，不过是一座被金朝洗劫一空、残败不堪的空城。

虽然如此，宋徽宗仍自诩完成了宋太祖、宋太宗未竟的伟业，还命人撰写《复燕云碑》"歌功颂德"；宰相王黼等人加官晋爵，宦官童贯更是因"收复之功"加封为王。宋徽宗君臣沉浸在"不世之功"的喜悦中，却不知金朝已经磨刀霍霍了。

在攻打燕京和交涉燕京归属的过程中，宋朝政治军事的腐朽状况在金朝面前暴露无遗，这大大刺激了金朝贵族消灭宋朝的野心。金太祖死后，其弟金太宗完颜吴乞买（汉名完颜晟，1123—1135年在位）积极谋划攻宋事宜。金天会三年、辽保大五年（1125）二月，金军俘获了辽朝天祚帝，辽朝随即灭亡。

此后，金朝将要南侵的情报不断地传入宋廷。可昏聩的宋徽宗君臣正沉浸在收复燕京的喜悦中，对情报不闻不问。这年十月，金太宗正式下诏伐宋；年底，金朝以完颜斜也（汉名完颜杲）为都元帅坐镇后方，以左副元帅完颜粘罕（汉名完颜宗翰）率西路军进攻河东重镇太原府，右副元帅完颜斡离不（汉名完颜宗望）率东路军攻河北重镇燕山府（燕京），两路大军计划在宋朝的国都开封会师。

十二月，宋燕山府守将降金，斡离不兵锋直逼宋朝国都开封。宋军望风而降，金军如入无人之境，安然渡过了黄河。

在一片歌舞升平中接到军报的宋徽宗惊慌失措。为了避免沦为亡国之君，他一面召集各地军队入援，一面急忙甩锅，将皇位传给了太子赵桓，也就是宋钦宗（1126—1127年在位）。宋徽宗则以太上皇的名义，于第二年正月连夜逃出开封。

被迫做了接盘侠的宋钦宗，本来也想学宋徽宗一走了之。他一面宣布御驾亲征，一面又同意宰相白时中、李邦彦等的建议，准备弃国都逃亡。

关键时刻，兵部侍郎李纲挺身而出，竭力阻止了宋钦宗君臣的逃跑计划。李纲（1083—1140），字伯纪，号梁溪先生，祖籍邵武军（今福建省邵武市）。李纲问道："道君皇帝（指宋徽宗）将祖宗社稷授予陛下，陛下难道可以弃城而去吗？"宋钦宗闻言，默不作声。

白时中坚称开封守不住了。李纲又说道："全天下的城池，哪还有像都城这样的呢？而且宗庙社稷、百官万民都在都城里，舍弃了都城，又能去哪儿呢？"

宋钦宗回头看着宰执们，询问道："现在该怎么办？"不等白时中等人接话，李纲便又向钦宗进陈："今日之计，应该整饬兵马，团结民心，与军民共同坚守，等待勤王之师。"宋钦宗又问，谁能带兵守城。李纲指出，组织开封保卫战，宰执责无旁贷。这一下可气坏了白时中，他没好气儿地反问道："李纲，你能不能带兵出战？"李纲掷地有声地回答："如果让我带兵，我愿意以死报国！"

李纲的决心终于打动了宋钦宗，他任命李纲为尚书右丞，成为执政。可宋钦宗马上又发生了动摇，数次准备"亡命天涯"。李纲一再苦谏，甚至痛哭跪拜，以死阻拦。

宋钦宗最后一次准备南逃时，禁卫都已经身披铠甲，即将把他护送出城了。不过，对于宋钦宗这种"尿包"行为，禁卫将士也很不满。李纲见状，急忙高呼："你们愿意守卫社稷，还是愿意跟着陛下出城？"将士们异口同声道："愿意死守！"李纲又说："现在军队将士们的父母妻子都在城中，愿意死守，万一陛下出行途中，有将士跑回来，陛下还靠谁来护卫？而且敌兵已经临近，如果知道陛下出行未远，必然会快马加鞭去追，陛下又靠什么来拒敌？"李纲的话句句击中要害。既然逃跑会被金人抓住，那还不如坚守城池安全。

在得知留下比跑路更安全后，宋钦宗终于同意留在开封，不再出逃。于是，李纲传旨："敢再说弃城而去的人，斩！"禁卫将士听罢，都拜伏于地，高呼："万岁！"其他将士听见呼声，无不感泣流涕。

李纲被任命为亲征行营使，担负起保卫开封的重责。仅仅三天后的正月初七，斡离不便率东路金军兵临城下，对开封发起了猛攻。幸好李纲早有准备，开封军民在他的指挥下奋勇抗战，金军被一次又一次地击退，伤亡惨重，开封城却依然屹立不倒。

可宋钦宗根本没有战胜金军的信心。因为他最为倚重的并不是李纲，而是拿不出任何守备方案、只会叫嚷着割地赔款换和平的宰相李邦彦、张邦昌等人。正月初八，斡离不抛来橄榄枝，要求宋朝派出亲王和宰相到金营议和。宋钦宗迫不及待地命同知枢密院事李棁出使金营。李纲担心李棁怯懦，耽误国事，主动请缨要求自己去与金人谈判。

如果让李纲出使金营，那么他绝对会是下一个曹利用、富弼和沈括，为宋朝的利益据理力争。可宋钦宗却因他性格刚烈，怕他坏了"好事"，坚决不允，只是催促李棁，让他赶紧上路。李棁到金营后，吓得跪地而行，词不达意，原封不动地将金人提出的条件带回了开封城中，宋钦宗一概应允：

其一，宋朝向金朝支付巨额赔款，包括黄金500万两、白银5000万两、牛马1万头（匹）、表缎100万匹；

其二，金宋结为伯侄之国，金太宗为伯父，宋钦宗为侄子；

其三，宋朝向金朝归还在宋境内的燕、云之人；

其四，宋朝割让中山府（今河北省定州市）、太原府、河间府（今河北省河间市）与金朝；

其五，宋朝派亲王和宰相到金营中做人质。

这是继"海上之盟"以后，宋朝与金朝订立的第二份盟约。尽管宋朝未对金朝称臣，在国书中仍可自称"大宋"，但确立的伯侄关系和割地赔款已属屈辱求和。宋朝至此丧失了与金朝的对等地位。

正月十八日，在大风雪中，都统制马忠率京西募兵到达开封，击败了数千金兵，打通了开封与西面诸州军的通道。二十日，京畿河北制置使种师道与统制官姚平仲率泾原路、秦凤路的3000骑兵和1000步兵赶至京师。

种师道（1051—1126）字彝叔，姚平仲字希晏，两人分别出自西北著名将门种氏和姚氏家族，都是当世名将。

76岁的种师道到达洛阳时，听说斡离不已经开始包围开封。有人劝他暂驻洛阳，以保证自己的安全。种师道却说："我的兵太少了，如果犹豫不进，被敌军发现,就是取败之道。现在我们大张旗鼓地进军,金人如何分辨我军虚实?都城中的人知道我们来了,士气自然会大振,哪还用怕敌人!"随即在沿途张贴告示,说:"种少保领陕西兵百万来!"吓得金人立刻收敛了游骑,退守营垒自卫。

又过了几天,熙河路经略安抚使姚古与秦凤路经略安抚使、种师道的弟弟种师中率领折可求、杨可胜等一众西北名将领兵赶来;东南方向的援军也陆续赶到。这样,来自全国各地的"勤王"军队陆续云集开封,宋军已达20余万,而金军只有6万。果真如种师道所言,宋军士气大振。

李纲提议,将各路援军交给自己统一指挥,集中力量,必能破敌。宋钦宗却不同意。原因无他,还是"事为之防,曲为之制"的祖宗之法。按照宋朝的祖宗之法,宋军在作战时,一般不设前线最高指挥,而是将兵权同时交给数名将领,让他们互相牵制,从而避免将帅因兵权过重而威胁皇权。在这国家存亡时刻,宋钦宗最在意的不是防守破敌,而是保住皇位,这给宋军留下了深深的阴影。

最终,宋钦宗将兵权三分,分别交给李纲、种师道和姚平仲。宋钦宗以种师道为京畿、河北、河东宣抚使,姚平仲为宣抚司都统制,指挥"勤王"之师和亲征行营司在城外的前、后两军,如要有所行动,可以事涉机密为由,不必事事都向行营司报告;而亲征行营使李纲,只统辖行营司的左、中、右三军而已。在宋钦宗看来,李纲和种师道、姚平仲三足鼎立,互相牵制,自己就可以高枕无忧了。

德高望重的种师道到达开封后,被任命为同知枢密院事,参与执掌枢密院。种师道与李纲均认为,金军粮草未尽,战斗力仍然很强。宋军应立即切断金军粮道,坚守勿战,等到孤军深入的金军食尽力疲,被迫渡过黄河撤军时,宋军再一举将其歼灭。

然而,仗着有20万大军,向来胆怯的钦宗竟然膨胀起来,急于通过决战将金军赶走。正月二十八日,与李纲、种师道同掌兵权的姚平仲为了争夺战功,乘机向宋钦宗建议,于三天后偷袭金军大营,获得了宋钦宗的批准。

既然是偷袭,就一定要保密。可为了准备劫营成功后的凯旋仪式,宋廷竟然大张旗鼓,以至从开封城里的贩夫走卒,到金军营内的将帅士卒,全都知道了宋军将要劫营。

二月初一,姚平仲按计划率军偷袭金营,自然被早有准备的金军打得落花流水。姚平仲畏罪潜逃，李纲和种师道因为力主抗金，被作为替罪羊罢官。反倒是最高决策者宋钦宗，不用承担任何责任。

但开封城里的军民却不以为然。在最高学府太学里就读的太学生们首先发起了抗议活动。二月初五黎明，陈东率领上百名太学生伏阙上书，指出朝中大臣能奋不顾身承担天下大任的就只有李纲一人，而宰相李邦彦、张邦昌之流都是嫉贤妒能的酒囊饭袋，强烈要求恢复李纲与种师道的职务。京城军民望风而来，据说前后有10余万军民加入，自发到皇宫外请愿。

但是，陈东的上书并没有得到回应。愤怒的军民毁坏了宣德门外的护栏，还将平民告御状用的登闻鼓抬到东华门外，敲得震天响，最后甚至将鼓皮敲破了。此时正逢退朝，宰相李邦彦刚一出来就遭到了愤怒军民的咒骂，还有不少人朝他投掷瓦砾。李邦彦只好抱头鼠窜。前来传旨的宦官甚至直接被愤怒的军民活活打死。

开封府尹王时雍派兵围住陈东等学子，指责太学生要挟天子，企图镇压抗议请愿。太学生们理直气壮地回答："以忠义挟持天子，不比奸佞挟持天子强多了！"王时雍一时无言以对，狼狈逃去。

宋钦宗自知犯了众怒，生怕引起民变，这才重新起用了李纲和种师道。眼见开封军民同仇敌忾，宋军入援军队也越来越多，形势对宋朝越来越有利，斡离不决定退兵。

然而，为了让金军尽快退兵，宋钦宗依然决定履行对斡离不的承诺，全盘接受缴纳巨额赔款、割让边境三镇、尊金太宗为伯父，以及派遣宰相和亲王到金朝做人质等条件。只是鉴于粘罕的西路金军迟迟未能到达开封，斡离不害怕夜长梦多，因此不等赔款全部送来，也顾不上落实割地的事宜，便于二月十七日匆匆撤兵北还。第一次东京保卫战至此结束。

东京开封解围后，侥幸躲过灭国之灾的宋钦宗并没有吸取教训，加强守备；反而是集中精力收拾起自己人来。

首先要收拾的就是太上皇宋徽宗。当李纲和开封军民在水深火热的城中抵抗金军时，宋徽宗已经逃到了镇江（今江苏省镇江市）逍遥快活。大敌当前，宋徽宗居然在镇江大兴土木，建造园林，一个月的开销高达20万贯。而且，早已甩锅当了太上皇的宋徽宗这时候又以君主自居，根本不愿放权，长江以南地区，宋钦宗根本指挥不动，因为这些地方只听宋徽宗的。镇江成了宋朝的第二个朝廷。

宋徽宗的胡作非为引起了宋钦宗君臣的强烈不满。东京保卫战取胜后，在朝臣的要求下，宋徽宗优哉游哉地回到了国都。在朝野的呼吁下，以蔡京为首的"六贼"遭到了贬官流放或处斩，失去爪牙的宋徽宗也终于陆续丧失了权力。

接下来要收拾的人是陈东。李棁等人曾一度责令太学开除陈东的学籍；又散布谣言，暗示李纲曾煽动太学生闹事，胁迫皇帝，企图以此为罪名将李纲赶出权力中枢。这一举动又一次激怒了正义的人们，不少官员上书谏诤，太学生更是准备全体退学离去。如果真闹到那个地步，宋钦宗的脸面就荡然无存了。迫不得已，宋钦宗只好恢复了陈东的学籍，却加紧控制抗金舆论。当时开封城中流传着一首民谣："城门闭，言路开；城门开，言路闭。"

总之，一心乞和的宋钦宗不许任何人挑战自己作为皇帝的权威。

主战的李纲和种师道日子自然也不好过。种师道以老病为由辞职，李纲也被主和派排挤出了朝廷。

当时，斡离不的东路金军虽已撤退，但粘罕的西路金军仍在围攻河东重镇太原。由于李纲坚持抗金，宋钦宗和主和派便故意让他率军去解太原之围。

这一决定完全是儿戏。首先，李纲并不擅长大规模作战，无法胜任解围的任务。其次，宋钦宗又拿出祖宗之法，对宋军遥控指挥，李纲现在就是个光杆司令，甚至对李纲提出的调拨战略物资的要求，宋钦宗也根本不予理睬。最后，在准备不足的条件下，宋钦宗仍执意让李纲出兵。结果可想而知，宋军精锐全军覆没，种师道的弟弟种师中战死沙场。九月，粘罕率西路金军攻克太原府；十月，斡离不率东路金军攻占真定府（今河北省石家庄市正定县）。

战争接连失利，李纲与主战派大臣被罢免追责，只有最高决策者宋钦宗，依旧不用承担任何责任。

解围太原失败后，宋军精锐大部被歼，士气低落，宋朝岌岌可危。种师道不顾重病在身，再度出山主持防务。种师道认为，边防重镇太原和真定沦陷后，金军一定会大举南下。因此，他一面命地方军队火速增援开封，一面劝宋钦宗暂时迁居到地理形势更有利于防守的长安，以防开封失守、皇帝沦为阶下囚。

可宋钦宗却认为种师道小题大做。更可笑的是，主和派宰相唐恪、耿南仲由于害怕激怒金朝，给金军南下的借口，竟然将正在赶往开封的援军全部遣回。

眼看朝廷已无药可救，种师道在忧虑中病逝。

没有了李纲和种师道，朝廷彻底被主和派控制，宋钦宗甚至愿意割让黄河以北的全部土地，只为换取同金朝议和，宋军士气更加低落。朝堂上，臣僚们为是否割地吵得人仰马翻。主张割地的唐恪、耿南仲自然是因为害怕激怒金朝；可反对割地的何㮚也并非为了抗金，而是害怕强行割地会激起老百姓造反。正当宋廷还在毫无意义地争吵时，金军主力已经再度南下，东西两路大军如入无人之境，于十一月成功在开封会师。这一次他们把开封围得如铁桶一般，城外的人进不来，城里的人出不去。

见此情境，宋钦宗才临时抱佛脚，召集地方军队再次入援。可大部分军队经过上次的折腾后，急需整备，因此响应者寥寥无几。此时的宋朝文无李纲，武无种师道，内无精兵，外无援军，而金军的兵力翻倍，开封形势岌岌可危。

宋钦宗彻底没了主意，只好病急乱投医。闰十一月，在宰执何㮚、孙傅的怂恿下，宋钦宗起用了一个叫郭京的神棍。郭京按照生辰八字，招募了7000余名市井无赖，组成了所谓的"六甲神兵"。

与金军对决当天，郭京登城作法。何㮚按照郭京的指示，下令开封城上的宋军将士全部下城，然后大开城门，命"六甲神兵"冲入敌阵，而"六甲神兵"瞬间就被金军一扫而尽。金军乘胜攻入城中，士气本就低落的宋军一哄而散。守御了一个月的开封就这样稀里糊涂地被攻破了。

不过，开封城有内外两道城墙，金军攻占的只是外城城墙。在生死关头，城中军民同仇敌忾，准备与金军展开殊死搏斗；而金军的士兵见到此景竟然不敢下城墙。

关键时刻，掉链子的又是宋钦宗。一番痛哭流涕后，早已吓破胆的宋钦宗亲自来到金营。十二月二日，宋钦宗向粘罕等递交降表，全盘接受金朝的议和条件。金人狮子大开口，要求宋朝缴纳1000万锭黄金、2000万锭白银和1000万匹绢帛作为赔款，然后放宋钦宗回城，让其筹备赔款。

尽管宋钦宗在金人面前低三下四，可一回到开封，立马就拿出了皇帝的威风。

按照金人的要求，宋钦宗首先颁布了严刑峻法，解除了开封城内军民的武装，然后通过开封府，在城中全力进行搜刮。1000万匹绢帛，朝廷尚能勉强应付；可1000万锭黄金、2000万锭白银简直是天文数字。根据考古发现，宋朝的银锭有50两、25两和12.5两等多种形式。1000万锭黄金，折合1.25亿两至5亿两黄金；2000万锭白银，折合2.5亿两至10亿两白银。

有一种记载说，当时金朝在接收宋朝仓库时，发现了300万锭黄金和800万锭白银。不过这个记载恐怕有点问题，因为宋钦宗交给金朝的金银一共也没有这么多。当时，在开封府的逼迫下，上到宗室亲贵，下到黎民百姓，甚至是福利院里的老弱病残，都被勒令缴纳金银。可金人的要求实在过于离谱，宋钦宗竭尽所能，也仅是搜刮到了十分之一的赔款。最后实在拿不出钱，宋钦宗竟然想到拿城中的妇女折价，抵充金银。

一时间，开封城内哀鸿遍野。城中百姓开始暗中打造兵器，准备反抗，而朝廷却查封了铁炉，还对抗金百姓施以重刑。当时有个叫李宝的摔跤艺人，会集了部分百姓，揭露了金军洗劫开封的罪行，结果被朝廷以造谣的罪名残暴杀害。在宋钦宗眼里，百姓是用来搜刮的，社稷是用来宰割的，爱国官员将士是用来背锅的，只有他的皇位是不容动摇的。

讽刺的是，宋钦宗虽然竭力奉承金朝，却不能挽救自己的皇位。靖康二年（1127）正月，宋钦宗再度应粘罕和斡离不的要求来到金营。只是这一次，他再也没有机会回到开封城了。

二月六日黎明，粘罕和斡离不命人将宋钦宗押到金军元帅帐内，跪听金太宗废黜宋钦宗、宋徽宗为庶人的诏书。到了四月，金军裹挟着宋钦宗、宋徽宗以及宋朝后妃、宗室、大臣等数千人，艺伎、工匠、倡优等各色群众十余万人，以及不计其数的金银珠宝等撤兵北去。宋朝皇室的宝玺、舆服、法物、礼器、浑天仪，府库与官户、民户的金银钱帛均被金军洗劫一空。北宋王朝在号称的"极盛之时"中灭亡。因这一年是靖康二年，故史称"靖康之变"。被金人掳去的后妃公主多遭金人强暴，男人则被逼着在冰天雪地里服苦役。金天会十三年（1135），54岁的宋徽宗不堪折磨，死于五国城（今黑龙江省哈尔滨市依兰县）；金正隆元年（1156），57岁的宋钦宗也在这遥远的苦寒之地去世了。

第四章 战时王朝——中国转向内在

建炎中兴：溃逃与重建

北宋虽然灭亡，但金朝无力完全占领和统治宋朝旧境。金天会五年（1127）三月，金军在从开封撤退前夕，以开封城军民性命相威胁，逼迫原北宋太宰（宋徽宗时更改的首相的名称）张邦昌做皇帝，建立了伪楚傀儡政权，统治黄河以南地区。这一举措也为宋朝的复国提供了良机。

就在金军第二次包围开封前夕，宋徽宗的第九子、宋钦宗同父异母的弟弟康王赵构，被当作人质送往金营。在去金营的路上，由于地方官员和民众的竭力挽留，赵构决定留在相州（今河南省安阳市），观望局势。这步决定使他成为宋朝宗室里唯一未被金人掳走的亲王。

靖康元年十二月（1127年1月）一日，就在宋钦宗向金军递交降表前夕，赵构接到宋钦宗的蜡丸密诏，随后他在相州就任天下兵马大元帅，以追随自己的地方官员知中山府（今河北省定州市）陈遘为元帅，知相州汪伯彦、知磁州（今河北省邯郸市磁县）宗泽为副元帅，号召天下起兵救援。大元帅府建立后，各路人马云集响应，纷纷来归。仅用了一个月的时间，赵构麾下就已聚集8万大军。

可实际上，赵构与他的父兄一样，根本不敢与金人一战。大元帅府的大军非但没有向西南方的开封进军支援，反而朝东方转移。坚决主张入援的宗泽则被赵构排挤出了大元帅府的决策圈。就这样，赵构眼睁睁地看着金人掳走了自己的父兄却无动于衷。

金军全部撤离后，宋朝的亲贵和官员重新控制了开封，谋划复国。靖康二年（1127）四月二日，也就是金军北撤的次日，伪楚皇帝张邦昌便听从吕公著之孙吕好问的建议，派人寻访赵构。九日，他迎宋哲宗的废后孟氏入宫，尊为元祐皇后，让其垂帘听政；自己则宣布退位，仍称太宰。仅仅存在了32天的"大楚"寿终正寝，而宋朝则在名义上复活了。

当然，一个复活的王朝不能总是由太后垂帘听政，应该尽快拥立一位新皇帝。因此，张邦昌为赵构送去了传国玉玺。在百官劝进下，赵构来到南京应天府（今河南省商丘市）正式登基，改元建炎，是为宋高宗（1127—1162年在位）。由于宋高宗建立的宋朝主要统治中国南部，因此被称为"南宋"。在即位诏书中，宋高宗高呼"同徯两宫之复"，意思是共同等待宋徽宗和宋钦宗回到宋朝，而这也成为后来"迎还二圣"政治口号的最初渊源。

宋高宗即位后，遥上宋钦宗尊号为孝慈渊圣皇帝，遥尊生母韦氏为宣和皇后，遥立被金人掳去的邢夫人为皇后，尊元祐皇后为元祐太后（后改称"隆祐太后"）；又任命黄潜善为中书侍郎，汪伯彦为同知枢密院事，吕好问为尚书右丞，组建宰执班子。张邦昌也以"知几达变，勋在社稷"为由，被任命为太保，一月两次赴都堂议事，还加封节度使、同安郡王。

然而，南宋的第一届宰执班子有两个致命弱点。第一，宋高宗最为倚重的黄潜善和汪伯彦以前只做过地方官，一夜之间变成执政，根本无法轻车熟路地驾驭在慌乱中拼凑的朝廷；第二，张邦昌、吕好问都有伪楚经历的污点，受人诟病。显然，在这个岌岌可危的小朝廷里，这几个人根本无法服众。

更大的问题在于，这个宰执班子就是个空架子。在靖康之变中，北宋禁军精锐早已伤亡殆尽，上到枢密院、三衙，下到各路经略安抚使司无不号令失效；类似的，宋朝的行政与财政体制也难以正常运转。没有可靠的兵，也没钱养兵，只有一些拼凑来的勤王军队，这是宋高宗不得不面对的一大难题。

为了稳定人心，宋高宗决定任命在保卫开封战斗中立下汗马功劳的李纲为右相。六月初一，李纲抵达应天府，面见宋高宗，奏陈守国抗敌之策。

作为唯一一位在中央担任过宰执并与金军交过手的重臣，李纲本应受到宋高宗的重用。然而，两人在一系列问题上产生了严重的分歧。

首先是对张邦昌的态度，李纲坚决要求严惩张邦昌。但宋高宗有难言之隐，他本想留着张邦昌，准备日后金军再来攻打时，告诉金人是张邦昌"以天下不忘本朝而归宝避位"，以争取金人的谅解。可是，这种苟且的话在大义凛然的李纲面前，宋高宗实在说不出口。最终，由于张邦昌被告发曾在开封皇宫中玷污宫人，宋高宗才不得不将他贬黜，直至赐死。

但是，更严重的分歧在军事财政体制的重建上。有鉴于中央集权体制已经分崩离析，李纲主张模仿唐朝，在宋金旧边境的太原（今山西省太原市）、真定（今河北省石家庄市正定县）、中山（今河北省定州市）、河间（今河北省河间市）四府设置藩镇，选择将帅戍守，允许世袭；规定藩镇在辖区内有征收赋税的权力，这样就可以让他们自给自足。藩镇军队则通过在当地征募的士兵组建，这些士兵出于保卫自己家乡的目的，也不会轻易逃亡。藩镇之间彼此呼应，互为奥援。这样，朝廷外有藩戍之军，内无养兵之费，就可以顺利化解眼前的危机。

李纲的藩镇构想，是通过向地方放权来应对中央无力直接组织反击的难题。依据这样的构想，李纲推荐宗泽为东京留守兼开封府尹，张所为河北西路招抚使，王燮为河东经制使，傅亮为经制副使，积极联络河北、河东的抗金义军，制订收复失地的计划。在这些将帅中，宗泽最为突出。宗泽回到开封后，开始整顿秩序，招抚溃军，收编义军，仅用了50多天就初步把开封打造成了北方的抗金重镇。

然而，尽管宋高宗才当了一个月的皇帝，却深谙宋朝历代皇帝的驭人之道。自从太祖皇帝以来，没有哪个皇帝去搞地方放权。不断加强手中的权力，不断防范别人从自己手中分走权力，这才是宋朝皇帝自我认同的祖宗之法。因而，与李纲的藩镇体制恰恰相反，宋高宗执意重建中央集权体制。

当时，追随在宋高宗左右的军队成分极为复杂，有王渊、杨惟忠、韩世忠统率的河北兵，有刘光世麾下的陕西兵，有张俊、苗傅指挥的原大元帅府军队，还有招抚的溃军、招募的民兵等。这些军队彼此互不统属，号令不一。

为了整合和指挥这些军队，早在李纲到任前，宋高宗就已经撇开形同虚设的枢密院，特别设置了一个由皇帝直辖的新军事机构——御营使司。各路杂牌军队被分为五支大军，名义上隶属于御营使司，称为"御营五军"。黄潜善兼御营使，汪伯彦兼副使，领导御营司；王渊为御营都统制、刘光世为提举御营一行事务，在御营使和副使的领导下统管御营五军；韩世忠为左军统制，张俊为前军统制，苗傅也担任其中一军的统制，具体率领五军中的某一军。

宋高宗整合的御营五军，与宗泽选练的东京留守司军队，外加日后由陕西退入四川的西北军，成为南宋国家军队的三大源头。

除了重建中央军事体制，宋高宗还着手重建财政体制。他任命张悫为户部尚书，负责一般财政的重建；又命江淮发运使梁扬祖提领东南茶盐事，负责茶盐酒专卖。这两个人都是理财高手。张悫主管户部后，据说东南诸路都小心翼翼地秉承着朝廷的命令，朝廷的财政赖以足用。不过要取得这样的成果，并非一朝一夕所能完成的。倒是梁扬祖推行的盐钞法更适合救急。盐钞法推行不到一个月，商人入纳的现钱就已高达百余万贯，军饷由此才有了着落。

尽管宋高宗对藩镇体制不以为然，但李纲对于重建中央集权体制倒也没有成见。特别是李纲到任后，由于自己就身兼着御营使，因此对号令不一的御营司兵马和新招募的士兵，进行了大力整顿，重立军法，为整合御营军做出了积极贡献。

事实上，无论藩镇体制还是中央集权体制，都是为了在金人的威胁下保住南宋朝廷。因而，不管选用哪个体制，都会不可避免地与对金朝的态度联系在一起。

组建一支由皇帝牢牢握在自己手里的中央军需要极为漫长的过程。在这种情况下，本就畏惧金人的宋高宗更加倾向于向金朝乞怜乞和，而求和恰恰是宋金开战以来，始终主战的李纲所不能容忍的。

对金态度的问题，最终以皇帝驻跸地之争的形式爆发。李纲在应天府主持政局的一个多月里，对军政、边防已经逐渐有了头绪。但是应天府不利于防守，不是久留之地，宋高宗下一步该到哪里驻跸，朝廷始终定不下来。

宗泽主张宋高宗直接回到开封，主持规复大计。这就意味着南宋将与金朝决一死战，决不放弃两河（河北、河东）地区，是主攻之策。

李纲建议可以暂时到南阳（今河南省南阳市）去，以示朝廷从来没有忘记中原地区，等到时机成熟，宋高宗还可以回到开封。这是在防守的基础上为日后反攻做准备，是主守之策。

黄潜善和汪伯彦则认为，宋高宗应该"巡幸"东南地区，渡过淮河驻跸扬州（今江苏省扬州市）；更有甚者，如中书舍人刘珏，呼吁宋高宗直接渡过长江驻跸金陵。尽管东南地区经济发达，但退守到东南地区意味着放弃中原，那么南宋对金朝就只有议和一条路可走，是主和之策。

宗泽的主张在朝中并没有获得多大的支持，士大夫们争论的重点是在南阳和扬州之间二选一。宋高宗曾一度表示应该到南阳去，但最终还是决定去扬州。这意味着对内加强中央集权、对外争取与金朝议和将成为宋高宗的大战略，也意味着坚持抗击金朝的李纲由此失势。同年八月初，李纲升任左相，右相由黄潜善接替，此时的宋高宗已经在为"用黄罢李"做准备了。

这年八月十八日，仅做了75天宰相的李纲被罢相。当年在第一次东京保卫战中，曾为李纲、种师道被罢职而上书请愿的太学生陈东，又一次挺身而出。他两次上书，指出要恢复中原，非用李纲不可，应尽早罢黜黄潜善和汪伯彦。陈东还正告宋高宗，认为他不应即位，责问他日后若宋钦宗回来了，他将如何自处。抚州（今江西省抚州市）布衣士子欧阳澈也上书指责高宗沉湎女色。

宋高宗在读了二人的上书后大发雷霆。八月二十五日，他不惜违背"不得杀士大夫和上书言事者"的祖宗之法，将上书言事、力主抗金的陈东和欧阳澈押到应天府的东市中斩首。这一年，陈东42岁，欧阳澈年仅31岁。

在李纲被罢相前后，河北西路招讨司、河东经制司也遭到废黜，傅亮被罢使，张所被贬官，只有宗泽凭借无人能及的威望和政绩，躲过了黄潜善的迫害。

同年十月一日，宋高宗正式从应天府乘船启程，于月底到达扬州，将北方的宋军和义军丢给了在开封浴血奋战的宗泽。

宗泽（1060—1128），字汝霖，婺州义乌县（今浙江省义乌市）人。早在靖康之变前，他就曾不顾个人安危，到磁州准备抗金。南宋建立后，宗泽主动联络黄河以北的抗金义军，迅速稳住了开封周边的局势，并一举粉碎了金朝对南宋发动的大规模全面进攻，使刚刚诞生的南宋免于夭折。

与此同时，宗泽积极联络各地的抗金武装，谋划北伐抗金，想要收复失地。当时，北方已有不少抗金武装，都自愿接受宗泽的领导，最著名的当属王彦的"八字军"。

王彦原是河北西路招抚使张所的部下。李纲被罢相后，张所被贬官，河北西路招抚司被撤销。王彦失去上级领导，与金军几经交战，最后率领残部700余人，退守卫州共城（今河南省辉县市）的西山。为了表示宁死不屈的斗志，王彦及其部属都在脸部刺上"赤心报国，誓杀金贼"八个字，人称"八字军"。河北、河东的民兵群起响应，"八字军"发展至10万人，数败金军，威名大震。后来，王彦与其他抗金义军领袖纷纷听命于宗泽，并与宗泽共同制订了北伐计划，抗金形势一片大好。

可惜的是，宋高宗根本不想收复失地。在短短的一年里，宗泽先后上书24次，请求宋高宗回到开封主持抗金事业，均被宋高宗拒绝。宋高宗非但不支持宗泽北伐抗金，反而对他横加掣肘。建炎二年（1128）七月，在苦守开封一年后，70岁的宗泽在遗恨中溘然长逝。临终前，他连连高呼："过河！过河！过河！"

宗泽去世后，接任东京留守的杜充一反宗泽所为，抗金形势一落千丈。两年后，开封再次沦陷。

正当宗泽在北方忘身奋战之际，宋高宗和黄潜善、汪伯彦却躲在南方醉生梦死。这年十二月，黄潜善迁左相、汪伯彦拜右相，朝廷一派歌舞升平。在驻跸扬州的15个月里，宋高宗不思守备，一面在深宫中夜以继日地恣情享乐，一面不断地派使臣向金朝乞和，以求苟安。

可是一心要消灭南宋的金朝根本不吃这一套。宗泽去世才一个月，金军就再度全面南下，宋军被杀得丢盔弃甲。失去宗泽这个屏障，扬州被彻底暴露在女真铁骑之下。建炎三年（1129）二月初二，宋高宗正在宫中临幸妃子，突然听说金军马上就要杀到扬州，吓得急忙穿衣上马，弃城而去，连文武百官都来不及通知。由于惊吓过度，宋高宗从此丧失了生育能力。

第二天中午，黄潜善、汪伯彦听说宋高宗跑路后，自己也不管不顾跑路了。一看宋高宗和宰相都跑了，扬州城中人心大乱，驻屯扬州的10万宋军顷刻瓦解。当天傍晚，只有500名骑兵的金军前锋军队在马五率领下杀入扬州，在城中烧杀劫掠，大批难民被杀被掠。扬州一代名城就此化为废墟，是为"维扬之变"。

南渡后的宋高宗先到达镇江，随即又逃往杭州，开始做"维扬之变"的善后工作。他按照惯例，发布罪己诏，求言上策。同时，免去黄潜善、汪伯彦的宰相职位。到了三月，宋高宗任命朱胜非为右相，王渊为签书枢密院事，仍兼御营司都统制。

在"维扬之变"的溃逃中，上到皇帝下到官员，都在仓皇之际拼命搬运财物。宋高宗就曾命随从的卫兵连夜搬走皇家内帑库中的所有财物。御营司都统制王渊更是强征了10艘大船，专门运送他的金银珠宝。深得宋高宗宠幸的宦官康履、蓝珪等，也在溃退时用数十只船搬运私财。而扬州的广大军民却因无船渡江，死于金军的屠杀。不仅如此，这些宦官还不知收敛，一路上作威作福，强买强卖，凌辱诸将，终于激起了军民的怒火。

当时，不少中下层将士不满这种贫富等级悬殊的情况，也有许多将领不满宋高宗即位以来的逃跑政策。于是，在这年三月初五，御营司统制官苗傅、副统制官刘正彦发动兵变，杀死在维扬之变中逃跑的王渊，以及作威作福的康履、蓝珪等100多名宦官，控制了朝廷，并将黄潜善、汪伯彦贬到岭南边远之地，然后剑锋一转，指向了宋高宗。

在苗傅、刘正彦二将的逼迫下，宋高宗被迫退位，让其年仅三岁的独子赵旉继位，改元明受，并由隆祐太后垂帘听政。二将还建议，皇帝移跸江宁府（今江苏省南京市），积极对金作战；同时加强江防，准备重用抗金领袖张浚。

不过，苗、刘二人毕竟是一介武夫，没有掌控全局的能力。宰相朱胜非明里与苗、刘合作，暗地里却与正在江宁府的同签书枢密院事吕颐浩、督军平江府（今江苏省苏州市）的礼部侍郎张浚联络，由他们召集武将张俊、韩世忠、刘光世等率军勤王。苗傅和刘正彦见状顿时手足无措，只得于四月初一同意宋高宗复辟，自己则率领心腹将士连夜逃跑。五月，二人被韩世忠俘获，于七月被处决。苗刘兵变虽然被平定，但当时有不少士大夫和老百姓都为二人感到惋惜。

宋高宗的幼子赵旉在兵变中因惊吓过度而去世，而宋高宗由于丧失了生育能力，此后再也无法以亲子作为皇位的继承人。

这场兵变结束后，朱胜非罢政，吕颐浩拜右相，张浚任知枢密院事。与此同时，为了应对频繁发生的战争和千变万化的局面，提高决策和行政的效率，宋高宗彻底摒弃了北宋后期的三省制，将三省合并为中书门下省和尚书省两省，宰相改为左仆射兼同中书门下平章事（左相）和右仆射兼同中书门下平章事（右相），副相恢复为参知政事。

参与平定苗刘兵变的张俊、韩世忠、刘光世三大将的地位也在平叛后迅速提升。首先是刘光世，因平叛有功，升任御营副使。他的军队单独成军，称"御营副使军"。紧接着，宋高宗任命辛企宗接替王渊死后空悬的御营司都统制，结果张俊和韩世忠不服。宋高宗只得将两人的军队番号改为"御前军"，韩世忠和张俊分别担任御前左军都统制和御前右军都统制；同时，又重新设立御营司五军统制，继续由辛企宗统率。

经过这么一折腾，刘光世、韩世忠和张俊这三大将的军队实际上都不再隶属于御营司。御营司的权限大为削弱，直属军队也不多了，宋高宗重建中央军事体制的企图面临破产。

五月，宋高宗迫于朝野的主战舆论，不得不来到江宁府，并将这里改名为建康府，作为自己的驻跸之地。面对咄咄逼人的金军，宋高宗不仅不思抵抗，反而给金军主帅写信求放过。在信中，宋高宗甚至不敢以皇帝自居，无耻地屈称自己为"小邦"，恭维金朝是"大国"，还声称南宋的财富就是金朝寄存在外面仓库里的货物，南宋的士大夫就是金朝的陪臣走卒，简直就是"量南宋之国力，结金朝之欢心"。

可宋高宗的热脸却贴在了金人的冷屁股上。七月底，宋高宗的送信使者还未到达金军大营，金朝就发动了第三次全面进攻，宗室名将完颜兀术（汉名完颜宗弼）亲率主力南下，宣称就算搜山检海，也要把宋高宗抓回来。

为了应对金军，宋高宗急忙调整了中枢团队。吕颐浩拜左相；弃守开封、率东京留守司军队余部逃回来的杜充则拜右相，兼领江淮宣抚使，镇守建康府。镇守镇江府的韩世忠、镇守江州（今江西省九江市）的刘光世并受杜充节制。宋高宗自己则又从建康跑回了杭州，并升杭州为临安府，以张俊、辛企宗率领的御前禁军卫护。

结果，在昏聩的杜充的指挥下，本就一盘散沙的宋军再次一溃千里。十一月，杜充率6万大军投降，建康沦陷，宋军的长江防线彻底崩溃，不善水战的金军竟然一举跨过长江天堑。宋高宗只好再度出逃，流亡至越州（今浙江省绍兴市）、明州（今浙江省宁波市）。岁末，眼见金军越追越近，宋高宗索性登船入海。当然，皇帝逃跑决不能叫逃跑，由于这年是己酉年，故史称"己酉航海"。

宋建炎四年、金天会八年（1130）正月初四，宋高宗一口气逃到台州章安镇（今浙江省台州市黄岩区东北）才敢落脚，可仅半个月后，小朝廷便再度收锚，并于二月初二逃到了更南边的温州江心寺。南宋人心涣散，几乎到了亡国的边缘。

自即位以来，宋高宗过于孬的表现给金人壮了胆。一向善于骑兵作战的女真军队居然敢于下海，乘海船经昌国县（今浙江省舟山市）一路追逐300余里，幸好半路遇到了大风雨，又在沈家门（今浙江省舟山市南）附近海域遭到枢密院提领海船张公裕所率的南宋水军阻击，宋高宗这才死里逃生。

三月，完颜兀术见实在抓不到宋高宗，又顾虑后方空虚，战线漫长，于是宣布"搜山检海"完毕，收兵北撤。一路上金军纵火焚城，掳掠奸淫，明州、临安、平江狼烟不绝。

完颜兀术的担忧并非杞人忧天。尽管宋军一溃千里，但一些将领并未完全放弃抵抗。当时，韩世忠率御前左军退出镇江后，活跃在江阴（今江苏省江阴市）一带。曾隶属于东京留守司的岳飞，也率所部从建康退至宜兴（今江苏省宜兴市）。

韩世忠（1090—1151），字良臣，绥德军（今陕西省榆林市绥德县）人。他出身贫寒，18岁从军，在与西夏的战斗中英勇善战。后来，他参与镇压方腊起义，并俘虏了方腊。韩世忠还曾从征燕京。金军伐宋以后，他在河北坚持抗金数年，颇有威名。南宋建立后，韩世忠扈从宋高宗一路南迁。

就在完颜兀术"搜山检海"追击宋高宗时，韩世忠已然料定金人不会久留，便未雨绸缪，打造了百余艘海船，谋划拦截北返的金军。

这年三月，完颜兀术率领10万金军北撤至镇江，准备从这里渡江回到北方。提前探知消息的韩世忠率领8000宋军先期赶到，封锁了焦山寺附近的江面，截断了金军归路。金军只好向江中的宋军发起进攻。韩世忠命海船上的将士拿着系有大钩的铁索，待金船一靠近，便以铁钩钩住将其俘获。韩世忠的妻子梁氏（就是民间戏曲、小说中的梁红玉的原型）亲自擂鼓助战。宋军士气大振，打得金军狼狈不堪。

鉴于南宋水军往来如飞，金朝水军毫无招架之力，完颜兀术只得向韩世忠表示，愿将掠夺的财产和人口都交还给他，只求放金军一条生路。韩世忠严词拒绝，并要求金朝归还宋徽宗、宋钦宗和侵占的土地。

完颜兀术见无法从镇江北渡，只得率领金军沿长江南岸西上。韩世忠一路追赶，最终将金军逼入距离建康府东北70公里处的黄天荡。黄天荡是一条死水港，宋军堵住出口，将金军围困其中。金军多次突围均宣告失败。

这时，梁氏建议，宋军应尽快向黄天荡内进攻，全歼金军，可惜此建议未被韩世忠采纳。金军在被围困了20多天后，完颜兀术在当地土著居民的指点下，一夜间挖开淤塞的50公里河流故道，终于在四月中旬逃出了黄天荡。韩世忠奋起直追，却在金军的火攻下败退。五月，疲惫不堪的金军总算撤回长江北岸。

黄天荡之战虽然以宋军失败告终，但韩世忠率领8000宋军与10万金军大战40天，杀伤大批金兵，沉重打击了金人的嚣张气焰。此后，完颜兀术再也不敢提出渡江灭宋的建议了。

就在韩世忠从水路截击金军之时，岳飞也从陆路率部收复了建康。岳飞（1103—1142），字鹏举，相州汤阴县（今河南省安阳市汤阴县）人，靖康元年（1126），24岁的岳飞决定投军抗金，临行前，其母请人在他背上刺下"尽忠报国"四个字。岳飞最初隶属于宗泽，后来随杜充南撤。在岳飞收复建康后，为了表彰他忠义的品性和高超的军事作战能力，宋高宗赐与他亲自书写的"精忠岳飞"战旗。

宋高宗闻听金军北撤后，终于决定从温州泛海北返，结束了长达四个月的海上亡命生活。但他不敢回到长江沿岸的建康，只敢暂驻离海岸较近的越州，因为一旦金军再度来袭，他便可以从这里下海逃命。第二年（1131），宋高宗改元绍兴，表面上寓意"绍祚中兴"，却又于十月将越州升为绍兴府，似乎有常驻之意。只是绍兴漕运不便，宋高宗不得不于绍兴二年（1132）正月回到临安，以此作为驻跸之地。不过，为了做出恢复中原的姿态，临安始终被称为"行在"，也就是临时驻地。至此，南宋在长江下游也算是站稳了脚跟。

金军在结束江南战事后，并未停下消灭宋朝的脚步，而是将进攻南宋的重点转向了陕西地区。

当时，知枢密院事、川陕京湖宣抚处置使张浚坐镇秦州（今甘肃省天水市），节制陕西五路人马。宋高宗为缓解江南的压力，命令张浚找准时机出兵，将金军主力全部吸引到陕西去。张浚也误以为金军主力滞留江淮，遂于建炎四年（1130）九月，在富平（今陕西渭南市富平县）集结40万军队，对金朝发动战略反攻。

十四日，右副元帅完颜讹里朵（汉名完颜宗辅）和完颜兀术、完颜娄室率领金军，与宋军决战于富平，从清晨恶战至中午。这是宋金交战以来规模最大的一次会战，金军集中进攻宋军的薄弱环节，导致宋军大溃。南宋彻底丧失对陕西的控制权，只能退保川蜀。都统制吴玠整编宋军残部，退守大散关（今陕西省宝鸡市西南）东的和尚原。

吴玠（1093—1139），字晋卿，德顺军陇干（今甘肃省平凉市静宁县）人，是南宋初期抗金名将。他少年参军，在宋徽宗、宋钦宗时，曾参加防御西夏、镇压方腊的战斗，屡立战功。建炎二年（1128），吴玠在青溪岭（今甘肃省平凉市泾川县西南）大败金军，又收复华州（今陕西省渭南市华州区）。此后，他和弟弟吴璘受到经略川陕的张浚的器重，受命共掌张浚帐前亲兵。

富平之战溃败后，吴玠积极防守和尚原。宋绍兴元年、金天会九年（1131）十月，完颜兀术亲率数万大军进攻和尚原。吴玠依托险要地形，命宋军持强弓劲弩轮番怒射，瞬间箭如雨下。金军难以抵挡，加之粮道被宋军切断，被迫后退。行至30里处，遭到宋军伏击，金军死伤以万计，完颜兀术也身中两箭，逃回燕京，命撒离喝（汉名完颜杲）经略陕西，与吴玠继续对峙。和尚原之战是金军灭辽破宋以来的首次惨败。

宋绍兴三年、金天会十一年（1133）正月，金军攻克金州（今陕西省安康市），吴玠驰援饶风关（今陕西省安康市石泉县西北）抵敌战败，兴元府（今陕西省汉中市）随即失陷。但不久后宋军便收复了金州，撒离喝孤军深入，由于补给困难，被迫放弃兴元。

饶风关之战后，吴玠改变战略部署，放弃远离蜀地的和尚原，另于西南的仙人关（今甘肃省陇南市徽县东南）修建营垒，取名"杀金坪"，构建阻挡金军入蜀的防线。宋绍兴四年、金天会十二年（1134）二月，完颜兀术和撒离喝率领10万金军直扑仙人关。吴玠仅以1万军队阻击，后其弟吴璘率援军至，两军合流共同御敌，经过三日大战，彻底击溃金军。自此，金朝放弃了由陕入蜀的战略。四月，吴玠收复凤（今陕西省宝鸡市凤县东凤州镇）、秦、陇（今陕西省宝鸡市陇县）三州，川陕形势终于稳定下来。此后，吴玠以仙人关为大本营，主持川陕战守大计。《宋史·吴玠传》评价说，要是没有吴玠，南宋早就把川蜀弄丢了。

经历了建炎末绍兴初的一系列战争，宋高宗初步摆脱了流亡岁月，南宋开始扭转宋金交战以来宋军一直溃败的不利局面。宋金初步形成南北对峙、拉锯作战的格局。

金天会八年（1130）九月，金朝册立南宋降臣刘豫为"大齐皇帝"，建立伪齐傀儡政权，统治黄河以南金朝的占领区。次年年底，金朝又将陕西五路划归伪齐。金天会十年、齐阜昌二年（1132）四月，刘豫将自己的都城迁到北宋旧都开封。这样一来，金朝通过扶持伪齐傀儡政权，重新在自己与南宋之间建立起缓冲区，一方面有利于巩固自己占领的黄河以北地区；另一方面企图以伪齐攻灭南宋，伪齐遂成为南宋首先直面的外部威胁。

除了金朝和伪齐的共同威胁，南宋内部也存在一系列亟待解决的问题。这些问题之间的关系错综复杂，甚至有时互为因果。

最直接的便是"群盗"问题。所谓"群盗"，是指当时南宋境内盘踞的大大小小的非政府武装势力。这些武装势力的来源和性质大为不同。

有的是民间抗金武装势力，这部分武装势力往往愿意接受南宋朝廷的节制。

有的是溃兵流寇武装势力。南宋初年，在金军的不断进攻下，大批溃兵由北方南下，拥入江南、荆湖地区。这些溃兵毫无军纪，在各地大肆抢劫、敲诈，成为对社会破坏极大的流寇。

这种溃兵流寇武装势力又衍生出两种武装势力：一种是各地乡里临时拼凑的军队，用以保卫本土；一种是无以聊生、被迫铤而走险的农民起义武装势力。

南宋初建的这几年，是两宋农民起义的高峰期，次数之密集，区域之广泛，在宋朝历史上绝无仅有。其中，规模和影响最大的是钟相、杨幺起义。

北宋末年，鼎州武陵县（今湖南省常德市）人钟相利用秘密宗教组织民众。于建炎四年（1130）二月，钟相发动起义，自称楚王，建元天载，控制了洞庭湖周围的19个县，并在洞庭湖中建立水寨。钟相宣称："法分贵贱贫富，就不是好法；我行法，要等贵贱，均贫富！"贫苦百姓深受吸引，纷纷响应起义。

当时，宋高宗正在海上逃亡，此时的宋军对付金军已经是捉襟见肘，自然没有工夫去管钟相。在宰相范宗尹的建议下，朝廷决定采取"以盗制盗"的方针，任命一批兵强马壮的溃兵流寇武装首领为"捉杀使"，让他们去对付那些公开与朝廷叫板的武装势力。就在钟相发动起义之际，盘踞在洞庭湖地区为害一方的孔彦舟被南宋朝廷任命为荆湖南北路捉杀使，受命对付钟相。

孔彦舟在北宋时曾任京西东路钤辖，北宋灭亡后，流窜到荆湖地区，属于溃兵流寇武装。孔彦舟受命后，秘密派出间谍，混入钟相的楚军内部，然后里应外合，在这年三月的一个深夜，突袭钟相大营，俘杀钟相及其妻儿。

除了捉杀使，南宋朝廷还任命了一批镇抚使。两者的任命对象都是非政府武装首领，区别在于，捉杀使是用来平定内乱的，而镇抚使则用来防御外患。

设置镇抚使的建议仍是由范宗尹提出的。范宗尹认为，既然在宋金接壤地区的各州军已经被各路溃将、流寇、土豪占据，那还不如承认既成事实，任命这些实力派为镇抚使，赋予一方军政大权，让他们作为南宋和金朝（后来是伪齐）的缓冲带，防御金、齐南下。

这看起来就是当年李纲重建藩镇体制的翻版。但实际上，镇抚使体制和藩镇体制有着极大的区别。李纲的藩镇是建在抗金最前沿的两河地区，各藩镇的辖区较大，藩镇的兵源来自北方的抗金武装；而范宗尹的镇抚使却已经南撤到江淮一线，辖区狭小，招安的对象是各路溃将、流寇、土豪。北方抗金武装的目标相对纯粹，而南方这群溃将、流寇、土豪却良莠不齐。

当时朝廷共设置了20个镇抚使司，先后任命了35位镇抚使。其中，不乏岳飞这样坚决抗金、能征善战者，但大多数镇抚使根本不能担负起抗金使命。他们或叛变降金，或火并被杀，或战败牺牲，或丧失辖境，活到最后的寥寥无几，南宋朝廷也只好将他们全部撤销。

当然，对宋高宗来说，镇抚使最大的问题是有悖于他的中央集权。就在设置镇抚使司当年，从海上归来的宋高宗便撤销了早已名存实亡的御营司，将御前五军改为"神武军",原隶属于御营司的御营五军改为"神武副军",又将刘光世军队改为"御前巡卫军",一并归枢密院统辖;地方各路设置宣抚使司、招讨使司、制置使司、安抚使司,在形式上恢复了中央集权的枢密院管军体制。枢密院的长官知枢密院事或枢密使多由宰相兼任,宰执率军出镇时兼任都督军事或督视军马,权力大为提升。

宋绍兴元年(1131)九月,曾被短暂罢相的吕颐浩再度入主中枢,以左相兼知枢密院事。吕颐浩主张对金朝和伪齐用兵,但他执政的重点却放在了内部:一是彻底解决南宋境内的各类非政府武装;二是加强对东南财富的聚敛。

在众多非政府武装中,对南宋朝廷威胁最大的要数李成和杨幺。北宋末年,李成曾归附于赵构的大元帅府,后来因谋士说他有割据一方的霸主之相,遂野心膨胀,从山东南下。他曾接受南宋朝廷的招安,但反复无常。李成自号"李天王",动辄连兵数万,有席卷东南之心。直到绍兴元年(1131)上半年,李成在岳飞的追击下一败再败,干脆投降了伪齐。

杨幺(又作杨么,本名杨太)原是钟相的部将。钟相遇害后,他被义军推举为领袖,继续战斗。杨幺自称"大圣天王",立钟相幼子为太子,仍以洞庭湖为根据地,实行陆上耕地、水中作战的方针,势力很快发展到25万人。

当时,义军使用了一种车船。这种船形制雄伟,分两层到三层,大者长16丈(宋代1丈约合今314厘米),高7丈余,可载千余人。车船上装有翼轮,每一双翼轮贯一根轴,称为一"车";轴上设有踏板,人踩踏踏板,翼轮击水,从而带动车船行驶。车船的前后左右各设长达十余丈的拍竿,用来发射巨石攻击敌船。车船进退灵活,行驶快速,大大增强了义军的战斗力。

绍兴三年(1133),南宋数万大军联合围剿义军。杨幺诱敌深入,南宋官军遭到重创,1万水军全军覆没。宋廷又派遣官员去招安,结果都被杨幺处决。

绍兴五年(1135)五月,右相兼知枢密院事、都督诸路军马张浚坐镇潭州(今湖南省长沙市),并从抗金前线调回神武后军都统制岳飞镇压义军。岳飞采用剿抚并用的策略,诱降了少数义军首领,了解了义军内情。他暗中派人打开西洞庭湖的堰闸,降低水位;又命官军以巨筏堵塞河道;接着将大量青草束投入湖中,以阻挠义军使用的车船行进。一切准备妥当后,岳飞于六月向杨幺发起总攻,杨幺战败,被俘遇害,起义失败。

战后,岳飞将义军中数万强壮者编入岳家军,壮大了抗金力量;同时遣散义军中老弱者，让他们耕种荒田，恢复社会生产，荆湖地区渐渐稳定下来。

由此可见，在消灭非政府武装的过程中，南渡诸将的军队也在迅速膨胀。与岳飞一样，韩世忠、刘光世、张俊也在平定"群盗"的过程中收编了大量军队，手下兵员数量激增。自绍兴二年（1132）起，不同性质的武装集团被泥沙俱下地纳入诸大将麾下，由诸大将领导的私家军开始形成。枢密院对这些将领渐渐失去控制，吕颐浩的军事路线宣告破产；而对东南财富的聚敛，更是加剧了他的执政危机。

南宋甫一建立，朝廷就打着抗金的旗号，巧立各种苛捐杂税，大肆搜刮民脂民膏。早在南宋之初，朝廷就在东南诸路征收起版帐钱，以两浙路最为繁重。绍兴二年（1132）起，江南东路、江南西路、两浙路和荆湖路的各州县，又要按月缴纳月桩钱。

除此之外，北宋时期的两税、和籴、和预买、预催一个都不少。所谓预催，就是提前征收税赋。这项五代时期出现的恶政本来已经绝迹100多年，可在北宋末年又重新出现，至南宋建立后更是愈演愈烈。按规定，田赋的夏税应当在八月半以前才缴纳，可当时户部将缴纳时间提前至五月，后来甚至在四月就将当年的夏税送到了临安。最严重时，预催的税款已经到了六年以后。

这些都是比较普遍的大名目，至于各地的小名堂更是花样迭出。建炎、绍兴时期的军饷和朝廷开支，都要由江南农民来承担。南方籍官员的利益也捎带受到损害，因此他们对吕颐浩强烈不满。

绍兴三年（1133）九月，在风雨飘摇中，吕颐浩被罢相。

绍兴体制：中国转向内在

就在吕颐浩被罢相的绍兴三年（1133），伪齐攻占包括襄阳府（今湖北省襄阳市）在内的襄汉诸州府，对位于江南的南宋朝廷形成巨大的威胁。次年（1134），神武后军统制岳飞（此时尚未晋升神武后军都统制）请兵北伐，获得了宋高宗的批准。

这年五月，岳飞率军出征，发动了第一次北伐。一举收复郢州（今湖北省钟祥市）、随州（今湖北省随州市）和襄阳。在攻克随州的战斗中，岳飞长子、16岁的岳云身先士卒，勇冠三军，第一个冲上随州城头。

六月，已经投降伪齐的李成率军反扑，号称拥兵30万。岳飞帐下虎将王贵、牛皋纷纷请战。岳飞却笑着说："且慢。此贼屡次败在我手下，我还以为他能有所长进，好好练兵，可现在看来，他还是这么浅薄、愚昧。步兵发挥优势要借山川之险，骑兵发挥优势要靠一马平川。李成却把骑兵部署在江岸，把步兵安排在平地，就算有十万之众，又能干得了什么！"他举起马鞭指着王贵说："你率长枪步卒，从李成右侧攻击骑兵。"又指着牛皋说："你率骑兵，从李成左侧攻击步兵。"安排妥当后，岳飞随即发动进攻，李成一败涂地。岳家军追奔逐北，李成军横尸20余里。

败报频传，刘豫大为震惊，他集结伪齐和金朝的数万重兵，驻扎于邓州（今河南省邓州市）西北。南宋朝廷闻讯，大为惶恐，要求岳飞马上终止北伐。但岳飞毫无畏惧，并于七月大破敌军，进而收复邓州。此战中，岳云又是第一个冲上邓州城头，但岳飞认为岳云已有随州之功，遂不再向朝廷报功。

邓州决战后，岳家军一鼓作气，收复了唐州（今河南省南阳市唐河县）和信阳军（今河南省信阳市）。至此，襄汉六郡全部收复，这是南宋建立以来第一次收复大片失地。

克复襄汉六郡是岳飞发动第一次北伐的战果。此战之后，岳家军以英勇善战、军纪严明闻名于世。岳飞率大军还屯鄂州（今湖北省武汉市武昌区），任湖北路荆襄潭州制置使，并超升为节度使。当时，武将建节（拜节度使）是至高荣誉，岳飞之前建节的大将有刘光世、韩世忠、张俊和吴玠。岳飞因战功而以32岁建节，骤然与诸大将平列，在当时绝无仅有。

岳飞能够胜利，除了与他个人的军事才干息息相关外，在平定"群盗"的过程中逐渐增强的军事实力也是重要原因。

对于这样的胜利，宋高宗既感到振奋，更感到恐惧。振奋自然是因为宋军实力增强，自己不会再有累卵之危；恐惧同样也是因为宋军实力增强，因为这些宋军并不姓赵。

感到恐惧的不仅有宋高宗，还有宰执，甚至满朝文臣。绍兴六年（1136），曾亲自领导过抗金作战的著名主战派前宰相李纲入朝，他对宋高宗表示，自己最担心的是"朝廷与诸路之兵，尽付诸将，外重内轻"。随即李纲提出，应该逐渐恢复祖宗之法"销弥后患"，并递交了自己削兵权的方案。

由主战的李纲来提出削兵权，这看起来着实有些讽刺。李纲提出要恢复的祖宗之法，自然是北宋崇文抑武、以文制武的祖宗之法。无独有偶，当时的两位宰相赵鼎和张浚也是削兵权的支持者。

绍兴四年（1134）九月，赵鼎拜右相兼知枢密院事。次年二月，赵鼎升任左相，仍兼枢府；张浚由枢密使进位右相兼知枢密院事。在对金问题上，赵鼎主张不战不和，为主守派；张浚主张以战促和，为主战派。两人存在较大分歧。可他们却一致认为，应该刻不容缓地削夺诸大将的兵权。张浚甚至早在陕西督战时，就曾对不听指挥的大将曲端处以极刑。自赵鼎和张浚以下，满朝文臣无论对金是何态度，都纷纷提出了自己的削兵权方案。

对于南宋朝廷来说，强敌未除，失地未复，削兵权有合理性吗？

还真有。

当我们习惯用岳飞和岳家军来讨论问题时，总会忽视一个事实——岳飞只有一个。

建炎、绍兴时期，将领败亡、贬黜、叛降是常有之事。其他武将往往会抓住这个机会，动用各种方式，吞掉别人的军队，再加上在镇压"群盗"中的不断收编，到绍兴时，南宋的军队主要集中在刘光世、韩世忠、张俊、吴玠、岳飞、杨沂中、刘锜几个人手中。岳飞领兵10万以上，韩世忠、张俊的军队最终也达到8万（一说韩世忠领兵3万，似乎偏少），吴玠领兵6.8万，刘光世领兵5.2万，杨沂中领兵3万，刘锜领兵2万。这些军队被称为"岳家军""韩家军""张家军""吴家军""刘家军""杨家军"，私军色彩浓厚，朝廷对军队的影响力越来越弱。

伴随着军事实力的增强，诸大将的政治地位也迅速上升。节度使是宋代武将最高的荣誉官阶，吴玠、岳飞和杨沂中都官拜两镇节度使，韩世忠、张俊和刘光世甚至加到三镇节度使。中央的枢密使副文武参用，地方上例由二府文官大臣担任的宣抚使也全部是武将，至于担任经略使、提刑、知州、知军、知府、知县的武臣更是屡见不鲜。武将们不仅自选将佐僚属，甚至干预州县长吏的选用，这就有点当年唐末五代节度使的意思了。

作为朝廷新贵，武将们还成了经济上的暴发户。刘光世、张俊、韩世忠、杨沂中不仅广置田产，而且富甲一方。韩世忠一次就曾向朝廷进献10万贯钱，罢兵后仅上缴靠军队经商获得的利息就高达100万贯钱。张俊热衷于海外经商，动辄获利几十倍，死后由诸子献给朝廷的黄金竟高达9万两。刘光世派军队为自己大搞长途贩卖，自比陶朱公。杨沂中则收购了9座官营酒坊。在宋高宗和满朝文臣眼里，财大气粗的诸大将不仅能够尽情挥霍，更可以散财募兵，若不及时制止，后果难以想象。

对于亲身经历过苗刘兵变的宋高宗来说，武将的崛起和擅权是他最大的一块心病。

绍兴五年（1135）十二月，宋高宗再度改革兵制，将神武兵制改为行营护军制，由诸大将统领，卫戍各大战区。经过一系列调整，最终形成以下格局。

京东、淮南东路宣抚处置使韩世忠，以楚州为大本营，所统神武左军改名"行营前护军"。

淮南西路宣抚使刘光世，以池州（今安徽省池州市贵池区）和庐州（今安徽省合肥市）为大本营，所统御前巡卫军改名"行营左护军"。

江南东路宣抚使张俊，以建康府为大本营，所统神武右军改名"行营中护军"。

荆湖北路、京西南路宣抚使岳飞，以鄂州为大本营，所统神武后军改名"行营后护军"。

四川宣抚使吴玠，以仙人关（今甘肃省陇南市徽县东南）为大本营，所统军队定名"行营右护军"。

除了五大将之外，杨沂中的神武中军改为殿前司军，王彦的前护副军（"八字军"，后归刘锜统率）改为侍卫马军司军，戍守行在临安府。

五大将的军队以五代宋初出征时常用的"行营"为名，预示着这是由朝廷派出的军队；而殿前军、侍卫马军的称号，更是直接比附北宋的三衙禁军。通过改革兵制，宋高宗企图建立一个各路私家军联合合作的体制，在加强各部协调作战的同时，加强朝廷对这些军队的控制。

在此基础上，右相兼都督诸路军马的张浚于绍兴七年（1137）三月，开始推动实质性的削兵权行动。在不久前南宋与伪齐的战争中，向来怯懦无能的刘光世再一次成了"长腿将军"。张浚以此为由，罢了刘光世的兵权。宋高宗特赐刘光世甲第一区，拜为少师，还对他说："有了这样的恩遇和礼待，诸将就都能知道会有后福，也就都会效力了。"

刘光世被罢兵权后，张浚派出都督府参谋军事、文臣吕祉前往军中节制，企图将行营左护军并入都督府直辖。这种违背祖宗之法的做法，尽管遭到赵鼎的极力反对，但宋高宗并未制止。想来宋高宗也是要借张浚之手，先把兵权收回朝廷再说。

然而，由于张浚和吕祉举措乖张，激起淮西兵变。驻守淮西的行营左护军大批叛变投敌，屏蔽江南的淮西战区一时间竟陷入无兵无防的危险境地，朝野震惊。

淮西兵变不仅加快了张浚的下台，也加重了宋高宗对武将的猜忌和恐惧。特别是当兵变与金朝和伪齐牵扯到一起时，那就更为致命了。对宋高宗而言，只有与金朝达成和议，消弭战争威胁，才能够放手解除大将兵权，从而消除腹心之患。

除了兵权问题，自南宋建立以来，宋高宗还有两大心病始终无法解决。

一大心病是金人的进攻。在金军的穷追猛打下，宋高宗一路南逃，心理上严重恐惧金朝。在宋高宗眼中，只有与金朝达成和议，获得金朝承认，自己才能彻底摆脱险境。

另一大心病则是宋钦宗复位。金天会十三年（1135）金太宗去世，金熙宗完颜合剌（汉名完颜亶）继位（1135—1150年在位），支持伪齐的粘罕逐渐失势。金天会十五年（1137）粘罕去世，在左副元帅完颜挞懒（汉名完颜昌）的坚持下，金朝废黜了伪齐政权。

后来，金朝放出传言，声称要让早已被废黜的宋钦宗在开封复位，组建傀儡政权。这严重威胁了宋高宗帝位的合法性。陈东和苗傅曾指责过宋高宗不应即位，质问他如果宋钦宗回来该如何自处。对于这样的指责，宋高宗记忆犹新。在宋高宗看来，既然金朝想在中原找代理人，与其让宋钦宗来做傀儡，还不如自己捷足先登，通过向金朝称臣纳贡，让宋朝间接成为金朝的属邦，从而避免宋钦宗在金朝的扶持下回来跟自己抢皇位。

两大心病，一言以蔽之，就是宋高宗要极力保住从天而降的皇位和皇权。在皇位和皇权面前，什么国仇家恨、江山社稷、黎民百姓，全都一文不值。

绍兴七年（1137）初，宋徽宗去世的噩耗传至南宋朝廷，宋高宗随即派使者赴金，迎奉宋徽宗灵柩，乘机向金朝表示投降乞和之意。同年，宋高宗取消了曾许诺岳飞的北伐计划。

与此同时,金朝内部也在发生变化。首先,随着完颜挞懒的掌权,金朝主战力量暂时受到了削弱。其次,金朝在占领区内实施暴政,激起了民众此起彼伏的抗金斗争。最后,随着南宋军事力量的加强,金军在伐宋战争中伤亡惨重,无论是女真族还是汉族都不愿再参战,金军士气低落,战斗力持续下降。基于此,金朝改变了对南宋的战略。

完颜挞懒放出口风,同意将黄河以南的土地归还给南宋,条件是南宋向金朝称臣纳贡。乞和心切的宋高宗自然全盘答应。但此时的南宋抗金舆论高涨,权力尚不稳固的宋高宗不敢轻易表露内心的想法。因此,两大心病不能公开宣布,议和的具体工作更不能由宋高宗亲自操持。

宋高宗首先为议和找了一个冠冕堂皇的理由,那就是"尽孝"。宋高宗宣称,议和是为了迎回宋徽宗的棺椁,并接回自己的生母韦太后。在推崇孝道的宋朝,这个说法一下子就堵住了主战派的嘴。

紧接着,宋高宗找到了一个操持议和事务的代理人。这个名声臭到家喻户晓的人便是秦桧。

秦桧(1090—1155),字会之,江宁府(今江苏省南京市)人。宋徽宗时进士,北宋末任太学学正、御史中丞。靖康元年(1126)金军围困开封,他力主抗金。靖康之变后,他反对拥立张邦昌为伪帝,因此得罪了金人,与宋徽宗、宋钦宗一起被拘往北方,后被金太宗赐予完颜挞懒。建炎四年(1130),秦桧携带家眷和珠宝回到南宋,向宋高宗鼓吹议和。因此,当时就有不少人怀疑,秦桧是完颜挞懒放回来的奸细。

绍兴元年(1131),秦桧拜右相后,迫不及待地向宋高宗兜售"耸动天下"之策。秦桧之策的核心是"南人归南,北人归北",宋高宗听后勃然大怒,说:"朕北人,将安归!"于是,秦桧仅做了一年宰相,就被罢免了。

然而,到了绍兴八年(1138),宋高宗亟须一个主和的宰相。这年三月,秦桧出任宰相兼枢密使,在宋高宗的支持下独掌军政大权,全面负责与金朝议和事宜,并全力打压抗金舆论。

东南三大将中,岳飞当面向宋高宗明确表示:"夷狄(指金朝)不能相信,和好也不能依赖,宰相为国家谋划的战略有问题,恐怕会遭到后世的讥讽和议论。"此后又连续上书,坚持要北伐收复失地。韩世忠亦反对议和,他请兵与金朝决战，并主动请缨到前沿战地。只有张俊为博得宋高宗欢心，支持议和。

士大夫也是群情激愤。左相赵鼎、参知政事刘大中、枢密副使王庶及部分侍从、台谏官员，或对议和不支持，或公开上书反对；前宰相李纲、张浚也对议和提出抗议。枢密院编修官胡铨更是上奏，斥责高宗"竭力搜刮民脂民膏而不抚恤，忘却国家大仇而不报"，并要求斩秦桧之流以谢天下。

当时，临安全城鼎沸，街上有人打出"秦相公（指秦桧，相公是对宰相的称呼）是细作"的榜帖。

但是，宋高宗无视公议，依旧全力扶持自己的代理人秦桧。先是胡铨遭到流放，紧接着在秦桧的操控下，御史台群魔乱舞，疯狂抨击当政的宰执。十月，主守的参知政事刘大中罢政；十天后，左相赵鼎罢相；十一月，激烈反对议和的主战派枢密副使王庶罢政。中枢宰执几乎为之一空。

翻云覆雨的秦桧趁机大肆安插自己的党羽，他的心腹孙近升任参知政事。

另一名参知政事的任命则颇可玩味。十二月，秦桧推荐李光出任参政，他毫不掩饰地对宋高宗解释道："如果能让李光与我一起签署命令，那么外面那些没有根据的议论自然就会平息。"

这个李光有何魔力，竟然能平息反对议和的言论？

答案就在李光的籍贯。李光是越州上虞县（今浙江省绍兴市上虞区）人，或者更直接地说，李光是江南人。

如果回忆一下吕颐浩的下台，就能够明白秦桧推荐李光的用意。高宗南迁后，从人心到财税，全都仰仗于江南地区。可以说，江南地区已经成为南宋的立国之本。南宋与金朝作战，正当筹集军费也好，借机横征暴敛也罢，总之是在江南竭泽而渔，极大地损害了江南地主的利益。因此，以李光为代表的江南地主希望安定民生，休养生息，利用和平来达到自强的目的。

李光出任执政后，确实起到了一些平息舆论的作用。时任御史郑刚中描述当时的情况说："对议和这件事，最初是士大夫在忧虑，后来是老百姓在忧虑，现在是将帅在忧虑。在朝廷与士大夫共同谋划善后之计后，士大夫的心才稍微安定下来。老百姓见士大夫安心了，因而也就渐渐安定了。现在只有将帅依旧对议和忧心忡忡，气势汹汹如狂风巨浪。"

和李光一样，郑刚中也是江南人。所谓的共同谋划，所谓由忧虑转向安心的士大夫和老百姓，都是针对江南人来说的。

不过，秦桧虽然利用李光在江南人中的名望，暂时缓解了朝野对议和的反对情绪，但紧接着的一个外交事件，又把主和派推上了风口浪尖。

十一月，金朝使臣携带着金熙宗的诏书来到南宋，并要求宋高宗跪拜，接受册封。这将使南宋的国格荡然无存，屈辱之至！厚颜无耻如秦桧，都感到事情不好办。反倒是宋高宗，为了保住金人主子的厚恩，竟表示自己可以"忍辱负重"。

但是，宋高宗不要脸面，不代表南宋的官员全都不要脸面。连宋高宗倚为心腹的三衙最高统兵官——主管殿前司公事杨沂中、主管马军司公事谢潜、主管步军司公事韩世良都出面抗议道："官家接受敌国诏书，若是一定要行屈己之礼，到时候万一军民怒气冲冲，我们几个可控制不了局面！"他们还一起到相府去面见秦桧说："如果主上一定要行跪拜礼，恐怕将来没法跟韩世忠、岳飞等大帅交代！"

三衙大将的表态终于让宋高宗认识到问题的严重性。十二月二十八日，宋高宗总算是接受了大臣们的建议，以为宋徽宗守孝为由，由秦桧代替宋高宗到使馆接受诏书。这样，宋高宗才没有把大宋的脸丢尽。

绍兴九年（1139）元旦，宋金正式缔结和议，双方约定：两国以黄河为界，宋朝在名义上从金朝手中收复陕西、河南等地；宋朝向金朝称臣，纳岁贡银25万两、绢25万匹；金朝归还宋徽宗棺椁，以及韦太后和宋钦宗。由于这一年是宋绍兴九年、金天眷二年，故史称"第一次绍兴和议"或"天眷和议"。

和议既成，宋高宗立即宣布大赦天下，对百官加官晋爵。但吴玠认为，这种屈辱求和根本无贺可言，因此拒绝上表祝贺。岳飞更是拒不接受加官，他提醒朝廷："现在的形势，可认为危险，而不可认为安定；可担忧，而不可庆贺；可加强军备防止金人来袭，而不可论功行赏取笑夷狄。"

然而，对于这样的警告，秦桧非但不以为意，反而要进一步撤掉淮南的守军。这下激起了李光的强烈抗议。对李光而言，当前与金朝的和平是手段而不是目的；和平的最终目的是自强，而绝非屈膝求和本身。李光指出："和不可恃，备不可撤！"结果可想而知，在勉强执政一年后，李光于十二月遭到弹劾被罢政。为了维护江南地主利益而和议的幌子，就这样被秦桧自己扯破了。

不幸的是，这场和议的结果却被岳飞和李光言中了。

就在天眷和议达成不久，金朝内部形势又发生了变化。完颜挞懒被杀，所属的一派失势；完颜斡本（汉名完颜宗斡）、完颜兀术一派大获全胜。完颜斡本升任太师，完颜兀术升任都元帅，掌握军政大权。在二人的支持下，金熙宗于天眷三年（1140）五月撕毁与南宋初步达成的和议，发兵分道伐宋，迅速夺回陕西、河南之地。完颜兀术更是亲至开封，随即率主力南下。

为了活命，宋高宗只得下令宋军殊死抵抗，宋军将士奋勇抵敌。在西部的川陕战场，吴璘（吴玠之弟，当时吴玠已经去世）阻挡住撒离喝的强劲攻势。在东部的淮东战场，韩世忠攻取海州（今江苏省连云港市），一度进围淮阳军（州级行政单位，在今江苏省邳州市西南）军；在淮西，张俊与王德采取攻势，进驻宿州（今安徽省宿州市）和亳州（今安徽省亳州市）。

双方的主力对决集中在中部。五月，南宋东京副留守刘锜率万余"八字军"进驻顺昌府（今安徽省阜阳市）。

金军习惯用左、右两翼骑兵，进行迂回侧击。按照宋时的行阵术语，这种左、右翼骑兵称为"拐子马"。铁浮图也称"铁塔兵"，形容重甲骑兵装束得如同铁塔一样。铁浮图每三匹马用皮索连接起来，像一堵墙一样向前进行正面冲击，最适合冲阵。

六月，完颜兀术率金军主力10余万到达顺昌，出动铁浮图和拐子马夹击宋军。刘锜以逸待劳，以少击众，大破金军，杀敌1.5万余。完颜兀术狼狈逃回开封。

顺昌大捷后，宋军进入战略反攻，岳飞发动了以收复故都开封为目标的第四次北伐。早先，岳飞就继承了宗泽的遗志，制订了"连结河朔"的战略方针，积极联络北方抗金义军。他派梁兴等义军首领深入黄河以北地区，攻拔州县，袭扰金军；自己亲率主力北上，一路势如破竹，收复蔡州（今河南省驻马店市汝南县）、颍昌府（今河南省许昌市）、淮宁府（今河南省周口市淮阳区）、郑州（今河南省郑州市）、河南府（今河南省洛阳市东）等地，进驻郾城（今河南省漯河市郾城区）；又派偏师驻扎颍昌府，对完颜兀术的大本营开封形成战略包围。

然而，宋高宗和秦桧害怕继续战争会进一步得罪金人，要求各路兵马停止进击。张俊自亳州南撤，刘锜驻顺昌不前，韩世忠攻淮阳不下，岳飞逐渐陷入孤立无援的境地。

七月上旬，完颜兀术乘机率1.5万精骑直扑郾城，企图利用平原地形，充分发挥拐子马的优势，彻底消灭岳家军。这是一场前所未有的恶战，岳飞亲自出马。他神色严毅地对岳云说："你必须打赢了才能回来！如果打不赢，我先斩你！"当天下午，岳云与岳飞爱将杨再兴率骑兵突入敌阵；岳飞也亲率四十骑跃马突驰。岳家军利用巧妙的战术，使拐子马无法发挥威力。

完颜兀术眼见骑兵会战不能取胜，又将精锐铁浮图投入战斗。据说，岳飞在左右两翼配备密集的步兵，由长子岳云率领，手持大刀、大斧冲入敌阵，上砍敌兵，下砍马腿。同时，在中军部署精锐骑兵，进行中间突破。在岳飞的奋力一击下，完颜兀术的兵马溃不成军，他自己几乎被宋军活捉。

七月中旬，完颜兀术转攻颍昌，被早有防备的岳家军再度重创。金军将士无不哀叹："撼山易，撼岳家军难！"

郾城、颍昌大捷，极大地鼓舞了河北抗金义军的士气。北方义军纷纷响应，大河南北捷报频传。岳飞也备受鼓舞，对部属说："这次杀金人，要一直杀到黄龙府！到时候，我与诸君痛快淋漓地饮酒！"

七月十八日，岳飞再度进军。完颜兀术被迫将10万大军屯驻于开封西南45里的朱仙镇，以阻挡岳家军。此时，金军的士气已低落到极点，与岳家军前哨500铁骑稍一交锋，便全军崩溃。河北抗金义军也闻风响应，攻城略地。

尽管有人对朱仙镇大捷的真实性表示怀疑，但毋庸置疑的是，岳飞北伐确实使大河南北的形势逆转。被拘留在金朝的宋使洪皓在家书中写道："顺昌之败，岳帅之来，这里都感到十分震恐！"各地抗金义军奋勇而起，随时准备支援岳家军，收复宋朝旧都。

此时的金军士气涣散，把岳飞尊称为"岳爷爷"，甚至听到"岳家军"的名号就心生胆怯。连完颜兀术都打算撤离开封。而远在幽州的金军也开始向东北搬运珠宝，随时准备放弃幽云以南的土地。

面对如此大好的北伐形势，岳飞上书宋高宗，请求诸路大军火速挺进，与岳家军一举击败金朝，收复失地。可出乎所有人的预料，正当岳飞要收复开封，甚至要长驱渡河、收复全部失地时，却在一天内，接连收到十二道用金字牌递送的班师诏。所谓金字牌，是一块一尺（宋代1尺约合今31.4厘米）多长的红漆木牌，上面用金字写着"御前文字，不得入铺"，用来传送皇帝的紧急文件。这些文件用快马接力传递，不能在驿站里稍事停歇，一天要传递500里，是当时速度最快的"快递"。宋高宗用金字牌召岳飞班师，可见他有多么着急退兵。

还有一种说法，认为十二道金字牌不是直接给岳飞的，而是发给他下面的军官的。岳家军下辖十二军，分别由王贵、张宪、牛皋等十二位统制官负责统率。如果真是这样，那么宋高宗已经对岳飞釜底抽薪了。

同时，秦桧为了逼迫岳飞退军，也命各路人马先期撤退或停驻，从而使岳家军兵力分散，孤军深入，无法长久与金军作战。经过慎重考虑，七月十九日，岳飞不得不奉命从郾城退兵。他悲愤地说："所得诸郡，一旦都休！社稷江山，难以中兴！乾坤世界，无由再复！"又不禁哀叹，"十年之力，废于一旦！"到了七月底，岳飞撤军后，宋军收复的中原失地迅速被金军夺回；河北、河东的抗金义军也在金军的围剿下以失败告终。

宋绍兴十一年、金皇统元年（1141），得了便宜的完颜兀术企图扩大战果，再度南下侵宋，结果在柘皋镇（今安徽省巢湖市东北）被宋军击退，此后又在淮西激战，旋即撤军。完颜兀术意识到短时间内无法消灭南宋，立场由主战转向主和。

金朝不再对宋高宗的皇位构成威胁，宋高宗终于有机会来解决自己的第三块心病——削夺大将兵权。

这年四月，宋高宗以柘皋之捷论功行赏的名义，召东南三大将韩世忠、张俊、岳飞赴临安；实际上，是让宰相秦桧出面，收夺三大将的兵权。

韩世忠和张俊早早到达临安，而岳飞却迟迟未至。心怀鬼胎的秦桧和王次翁焦躁不安。两人谋划，第二天先带三大将到西湖去参加酒宴。可到了第二天，岳飞还是没到。秦桧正要出去见韩世忠、张俊二人，转而又对身边的官员说："姑且等岳飞来。"然后命令继续大摆酒席，拖延时间。

等了六七天，岳飞终于到了临安。当天，宋高宗一面继续在西湖设宴，款待三大将；一面召见秦桧和王次翁，命他们连夜起草任命三大将入枢密院的诏书。王次翁后来对儿子回忆说："夺兵权这事儿，我跟秦相谋划了很长时间。虽然对外面显得我们很悠闲，可实际上我们每天晚上都愁得睡不着觉。"

韩世忠和岳飞对朝廷削夺兵权之举感到很突然，张俊却积极附和秦桧。原来，张俊事先得到秦桧的许诺，在罢免诸大将后，将兵权交给他执掌，因此带头交出兵权。

就这样，韩世忠和张俊升任为枢密使，岳飞升为副使，可三人的兵权却同时被收夺了。南宋朝廷恢复了对军队的控制能力，抑制了武人力量膨胀的趋势，这无异于南宋版的"杯酒释兵权",甚至削夺兵权过程的"酒宴"都没有缺席。

然而,宋太祖的"杯酒释兵权"是一场充满兄弟情义的喜剧;而宋高宗的"杯酒释兵权"则是充斥着奇耻大辱与刀光剑影的丑剧和悲剧。

宋高宗完成削兵权后,对各路军队做出了调整,在长江沿岸和川陕交界共设置了10支屯驻大军,并改称"某州府驻扎御前诸军",统兵官为都统制和副都统制,由此形成十都统司统领10支御前诸军(屯驻大军)的格局。与此同时,宋高宗重建殿前司、侍卫马军司、侍卫步军司及其军队。这样,三衙军和屯驻大军共13支军队成为南宋的正规军。

为了防止韩世忠和岳飞联手抵制,宋高宗将韩世忠留在了临安,派张俊和岳飞到韩世忠原驻地楚州去肢解韩家军,撤回江北防务。尽管岳飞极力反对,但张俊在秦桧的授意下,诬陷韩世忠谋反。总算宋高宗认为韩世忠还算听话,又曾在平定苗刘兵变中护驾有功,及时制止了陷害韩世忠的行为。岳飞因不愿附和秦桧,被迫于八月辞官赋闲。

随着东南三大将交出兵权,再也没有什么力量能阻止宋高宗与秦桧的乞和。秦桧更是因削夺兵权有功,由右相晋升为左相。

另外,金朝实际掌权者完颜兀术也认识到无法灭亡南宋,于是向南宋示意可以降附。宋高宗立刻派出使者,表示自己愿意屈膝臣服。韩世忠屡次上书阻止,均被宋高宗拒绝。

十一月,金朝遣使到达临安,单方面提出了苛刻的议和条款。对此,连秦桧都感到为难,认为自古签订和约都是双方反复交涉的结果,岂能一方说了算?可是宋高宗乞和心切,对金朝的要求竟然全盘答应。宋金正式达成第二次和议,史称"绍兴和议"。

和议的内容主要有四条:

第一,南宋对金称臣,"世世子孙,谨守臣节"。

第二,宋金东以淮河中流、西以大散关一线为界,南宋将唐、邓两州和商、秦两州部分割让给金朝。

第三,南宋向金朝每年纳岁贡银25万两、绢25万匹。

第四,金朝放归宋高宗的生母韦太后,归还宋徽宗的梓宫;南宋遣返自北方投奔而来之人,以及已在金朝任官或居住的原宋朝官员的家属。

和议内容与上次大体相当，只是有两点重大改动。第一个改动是宋金以秦岭、淮河为界，以北由岳飞等爱国将领收复的大片土地，被割让给金朝。第二个改动是双方没有再提宋钦宗的问题，"迎还二圣"的口号早在听说宋徽宗去世后，就被宋高宗抛诸脑后了。

宋绍兴十二年、金皇统二年（1142年）二月，宋高宗向金朝进誓表，自称"臣构"；金朝则派出使臣"册康王为宋帝"。至此，宋金南北对峙的局面正式确立，宋金关系转入以和平为主，这对于南北各自社会经济的恢复发展具有一定的意义。

但是，宋高宗为一己之私，在南宋略占上风的情况下称臣、割地、纳贡，毫无气节地签下如此屈辱的和约，可谓卑劣至极。宋理宗时的学者吕中就痛斥道："以前都是战败才求和，现在是战胜而求和！以前都是战败才割地，现在是战胜而割地！"

在第二次"杯酒释兵权"后，韩世忠由于有宋高宗的保护，总算是死里逃生。

可岳飞就没这么好运了。由于反对和议，反对向金朝称臣纳贡，岳飞数次顶撞宋高宗。为了应对宋钦宗可能复位带来的危机，岳飞还建议宋高宗尽早立储。但由于宋高宗无子，又丧失了生育能力，加之武人干政严重触犯了宋朝的祖宗之法，宋高宗大为恼怒，从此与岳飞的矛盾越来越深。

恰逢此时，金朝又往火里添了把柴。绍兴和议订立前，金朝提出了一个条件。绍兴十年（1140）十月，完颜兀术给秦桧写信说："必须杀死岳飞，在这之后可以议和。"

岳飞主张北伐，早已成为屈膝乞和的宋高宗与秦桧的眼中钉。在完颜兀术发出密信两个月后，杀害岳飞的阴谋便开始紧锣密鼓地进行。

王贵和张宪是岳飞最得力的部将。岳飞被解除兵权后，二人分别担任鄂州驻扎御前诸军都统制和副都统制。秦桧和张俊最初利诱王贵，让他诬陷岳飞谋反，王贵不肯；后来张俊掌握了王贵的一些不为人知的私事，迫使王贵就范。

秦桧又派人指使岳飞旧部王俊诬告张宪。绍兴十一年（1141）九月，王俊向王贵告发张宪想据襄阳谋反，王贵将此事报告给张俊。张宪随即被捕，岳飞、岳云父子也因此被捕入大理寺狱。

宋高宗特设诏狱审讯岳飞，由御史中丞何铸主审。何铸曾受秦桧指使，弹劾岳飞。但在审讯过程中,他终于被岳飞尽忠报国的精神打动,在秦桧面前力辩岳飞无辜。秦桧无奈,向他透露:"这是主上的意思!"何铸仍不退让,愤愤不平地说:"我哪是为了区区一个岳飞!强敌未灭,无故杀一员大将,丧失军心,这不是能让江山社稷长久的计策!"秦桧无言以对,只好上奏宋高宗,改任万俟卨为御史中丞,继续审理。

岳飞对宋高宗已不抱任何幻想,他叹息道:"我知道既然已在国贼秦桧的手里,那我为国效力的忠心也就全都完了!"他从此任凭狱卒严刑拷打,也不再争辩,只是提笔在狱案上写了八个大字:"天日昭昭!天日昭昭!"

当时朝野上下的正直之士,包括宗室、官员、百姓,都纷纷上书营救岳飞。早已杜门谢客、明哲保身的韩世忠更是挺身而出,质问秦桧,岳飞何罪。秦桧冷冰冰地回答:"岳飞和岳云勾结张宪谋反的事儿虽然不明,但这件事难道没有吗(其事体莫须有)?!"韩世忠气愤地说:"'莫须有'三字,何以服天下!"

尽管查无实据,但在万俟卨的深文周纳下,岳飞仍被定为谋反大罪。绍兴十一年十二月二十九日(1142年1月27日),万俟卨通过秦桧向宋高宗汇报,提出将岳飞处以斩刑,张宪处以绞刑,岳云处以徒刑。宋高宗却当即下旨:岳飞赐死,张宪、岳云依军法处斩。当日,岳飞在大理寺狱中,被猛击胸胁而死;张宪、岳云在临安闹市处斩;岳飞与张宪的家属被流放岭南和福建。

在今天杭州西湖的东北角有一座风波亭,据说是南宋大理寺狱中的亭名。在《说岳全传》等文学故事中,岳飞在风波亭里被迫饮下宋高宗赐下的毒酒,含冤而逝。不过,宋朝并无相关记载,此事并不可信。

一代抗金名将冤死于号称"中兴"的君相之手。不久,昔日的岳家军遭到进一步肢解、裁撤,岳飞的幕僚、部将,乃至营救岳飞的宗室、官员、百姓都遭到了迫害,轻则贬官流放,重则有杀身之祸。

岳飞死后不久,宋高宗正式对金朝称臣,在极大的屈辱与残忍的阴谋中,完成了所谓的"中兴大业"。

归根结底,所谓"中兴"宋朝的宋高宗,与酿成靖康之变的宋钦宗一样,关心的永远是自己的皇位与皇权。君为贵,社稷次之,民为轻,在这种想法的支配下,宋高宗又如何能够带领南宋驱逐金人,全面收复失地?

随着绍兴和议最终订立,专制保守的"绍兴体制"正式建立起来。

"绍兴体制"是一个保守的体制,宋高宗站在道德的制高点上,以"最爱元祐"为幌子,首先关闭了任何改革的大门。

北宋末年,宋徽宗与蔡京等人打着"新法"的幌子横征暴敛、穷奢极欲,使变法声名狼藉。宋钦宗即位后,惩治了祸国殃民的蔡京集团。右正言崔鶠上书斥责蔡京误国,同时首次把矛头指向了王安石和熙宁变法;洛学传人杨时在论及蔡京罪行时,也上溯到王安石变法,甚至将矛头指向了荆公新学。在舆论压力下,宋钦宗重新肯定了元祐政治和"元祐党人",并对王安石及其学说进行了打压。

南宋初年,宋高宗君臣对北宋的灭亡进行反思,他们得出的结论是:北宋亡于蔡京、王黼等人之手,而这些人都是以"绍述"为旗号的。追溯其根源,当始于王安石发起的熙宁变法。因此,北宋的灭亡,王安石是罪魁祸首。

另外,靖康之变后,元祐皇后孟氏曾被伪楚皇帝张邦昌请出垂帘听政。宋高宗即位后,元祐皇后撤帘还政。元祐皇后本为主持"元祐更化"的太皇太后高滔滔所立,先后两次被推行新法的宋哲宗、宋徽宗废黜,因而具有"元祐之政"的象征意义。为了提高自身合法性,宋高宗极力尊奉元祐皇后,表示要对宋徽宗朝的政治改弦更张,自然也竭力以元祐之政为是。

正是在这样的背景下,宋高宗于绍兴四年(1134)自称"朕最爱元祐",废黜熙丰新法、恢复元祐旧制成为南宋的政治正确。自熙宁变法以来,持续60余年的新旧之争至此落下帷幕;但是,变法以来的革新精神也逐渐消弭,致使南宋士大夫的治国思想渐趋保守、僵化。

就在绍兴体制确立当年,宋高宗就明确宣布:"祖宗之法,思虑已精神,讲究已详备,不必改作,天下自治。"秦桧随即附和道:"天下本无事,宜遵成宪为善。"宋高宗继续说道:"小人喜更法。"

宋高宗是真的反对改革吗?恐怕不是,不然就不会在重建中央的过程中一再围绕兵权改革兵制。宋高宗所惧怕的是士大夫们"讲究"乃至"改作"既定国是,使他苦心经营的独裁体制受到公开的质疑和挑战。

在绍兴和议中,金朝还有一个附带条件,即宋高宗不得随意更换宰相。当时的宰相只有秦桧一人,实际上是要求宋高宗永远不得罢免秦桧。

绍兴和议订立后,秦桧因"功"加封太师。他倚仗金人的支持,权势熏天,独揽大政10多年。他任用亲信,排除异己。哪怕是秦桧自己的党羽,只要稍不合心意,也动辄遭到贬逐、流放。

为了钳制抗金舆论,宋高宗与秦桧不惜违背祖宗之法,采取高压手段,大兴文字狱，实行特务统治。他们严禁士人上书言朝政，只允许歌颂"太平中兴圣政之美"，歌颂降金者甚至能因此升官。宋高宗与秦桧又任命秦桧之子秦熺主编官史日历，恣意篡改史实，并严禁私修史书。特务机关皇城司的逻卒布满临安，只要有人稍稍发表了不满言论，即被处以毒刑。由于朝廷讳言抗金，将领遂以盘剥兵民为能事，南宋军政大坏，造成了极为严重的后果。

绍兴和议虽然换来了和平，但并没有减轻南宋老百姓的负担。宋高宗在临安大兴土木，不惜花费巨资扩建宫室，兴建佛寺、道观；韦太后生活也极为奢靡，宫中赏赐无度。秦桧一家更是生活糜烂，广置家产，连张俊、刘光世的府第最终也落入他的手中。上行下效，满朝文武纷纷营造豪华大宅，兼并土地，穷奢极欲。各地官员贪腐横行，贿赂成风。

用以维持统治集团奢侈生活的钱财，自然是来自竭力搜刮的民脂民膏。秦桧一家近20年搜刮的钱财，竟然是朝廷左藏库的数倍。州县凡是遇到朝廷催促征收税费，都是"急于星火"。地方官巧立名目，多方聚敛；秦桧本人更是秘密要求各路长官，暗中增加百姓的赋税。另外，南宋创立征收总制钱，又继承宋徽宗时征收的经制钱，两笔费用合称"经总制钱"，涵盖范围极广，可谓"雁过拔毛"。在一些地区，征收的经总制钱甚至达到了正常税赋的3倍多。

秦桧自诩"太平翁翁"，绝不允许有不太平的消息传播。当时有大批州县遭遇洪灾，数万士民被淹死。秦桧却隐瞒不报，有谁透漏风声，秦桧必将他治罪。老百姓都在抱怨："自秦太师讲和，民间一日不如一日。"

绍兴二十五年（1155），秦桧病死。宋高宗放出风声，说："从今天开始，终于不用在裤腿中带着匕首了。"如果只听宋高宗一面之词，就好像秦桧随时会刺杀他，随时会篡位，绍兴体制下的一切坏事都是秦桧干的。

然而，秦桧死后，尽管朝野纷纷揭露秦桧一伙的罪恶，宋高宗也只是贬黜了一批秦桧亲党，为一些受打击的官员平反。但总体而言，宋高宗除了接受秦桧长期独相的教训而频繁更换宰执外，完全继承了秦桧时期的政策，特别是维持屈辱的绍兴和议。归根结底，秦桧只是宋高宗的代理人。宋高宗通过玩弄帝王统治术，将朝野对此前黑暗朝政的不满引向秦桧。

著名宋史学者刘子健先生指出，11世纪的北宋中期，尽管在对辽夏关系上不尽如人意，但那是一个"文化在精英中传播的时代"，呈现出"多姿多彩的发展进步"。然而，进入12世纪，特别是南宋最初的几十年政治、文化的发展趋势，使得"原本趋向洪阔的外向的进步，却转向了一连串混杂交织的、内向的自我完善和自我强化"，甚至转向了"沉滞僵化"。伴随着专制权力的不断扩张，士大夫政治走入死胡同，中国转向内在。

但是，绍兴体制和绍兴和议并没有为南宋带来稳定与和平。

金皇统八年（1148），完颜兀术去世，金熙宗无力掌控朝局，贵族朝臣相互倾轧。次年十二月，完颜斡本之子完颜迪古乃（汉名完颜亮）弑杀金熙宗自立，是为金海陵王（1149—1161年在位）。

完颜亮为巩固帝位，大肆屠杀宗室。但他继承了金熙宗遗政，继续推行中央集权改革：金天德二年（1150），废汴京行台尚书省，将政令统一于朝廷；金天德三年（1151），废除最高军事机构元帅府，仿汉制设立枢密院；金贞元四年（1156），废除形同虚设的中书省和门下省，尚书省成为皇帝直接控制的唯一行政机构。

完颜亮曾号称有三大"志向"：当皇帝，灭南宋，掠得天下美女。深受汉文化影响的他曾在诗中毫不掩饰地展示自己的野心：

万里车书一混同，江南岂有别疆封？
提兵百万西湖侧，立马吴山第一峰！

金天德三年（1151），完颜亮迁都燕京（今北京市），改名中都大兴府；同时以汴京开封府为南京。金正隆六年（1161）六月，完颜亮再迁都南京开封府；九月，不顾朝臣反对，发兵分道攻宋。因当年为正隆六年，故又称"正隆南征"。

宋高宗早在绍兴二十九年（1159）就得到了金朝南攻的情报。第二年，宋臣虞允文出使金朝，也料定完颜亮必定败盟，回朝后请求朝廷加强防备。可是宋高宗只求苟安，不加防备。绍兴和议后，南宋军队素质退化，战斗力低下。完颜亮南征，宋高宗大为惶恐，仓促任命重病在身的宿将刘锜北上抗敌，结果被金军主力击败。

不过，金军南征也并非一帆风顺。金朝后方民众群起反抗；西路金军自大散关（今陕西省宝鸡市西南）入川，遭到吴璘率军抗击；准备从海路直捣临安（今浙江省杭州市）的金朝舰队，也在义军的配合下，被宋将李宝率水军歼灭于陈家岛（今山东省青岛市附近）。

雪上加霜的是，完颜讹里朵之子完颜乌禄（汉名完颜雍）在东京辽阳府（今辽宁省辽阳市）称帝，是为金世宗（1161—1189年在位）。金世宗下诏废完颜亮为海陵郡王。完颜亮得知消息后仍不愿罢兵，执意从采石（今安徽省马鞍山市西南）渡江灭宋。

南宋中书舍人虞允文奉命犒军。虞允文（1110—1174），字彬父（一作彬甫），隆州仁寿县（今四川省眉州市仁寿县）人。他行至采石，见从江北归来的残兵败将群龙无首，便立即召集诸将，号召抗敌。有人说："你只受命犒师，没受命督战。别人坏了事，你来背黑锅吗？"虞允文叱责道："危及社稷，岂能逃避！"在虞允文的号召下，宋军士气大涨。十一月，完颜亮指挥战舰渡江，虞允文利用南宋水军优势，大破金军，史称"采石大捷"。

此时，金军已毫无斗志，军士大量逃亡。完颜亮却移师瓜洲（今属江苏省扬州市），勒令全军渡江，并下达严酷的军令。将士们终于忍无可忍，浙西都统制耶律元宜奋起将完颜亮杀死，金军主力旋即北撤。这场不得人心的战争终以失败结束。

在击退了金军的正隆南征后，虞允文出任川陕宣谕使，与吴璘共谋，一度收复了不少陕西失地。但主和派的史浩、汤思退等人却主张放弃陕西。虞允文力争无果，吴璘也因仓促撤军，遭到金军偷袭，损失惨重。此前收复的失地又重新被金朝占领。

南北行暮：皇帝与代理人

金朝发动正隆南征，重重打了宋高宗的脸。绍兴三十二年（1162）五月，宋高宗宣布将皇位禅让给皇子赵昚。六月，赵昚即位，是为宋孝宗（1162—1189年在位）。

宋孝宗锐意抗金，他为岳飞父子平反，召回了主战派张浚、胡铨等人，并驱逐了秦桧余党，朝野人心为之一振。宋高宗却对此不以为然，甚至说："等我百岁以后，你再筹划北伐的事吧！"

然而，宋孝宗已经决定依靠张浚发动北伐。隆兴元年（1163）正月，他任命张浚为枢密使，都督江淮军马；老师史浩升为右相，与左相陈康伯共同主持朝政。张浚主张发动战争，史浩则反对草率用兵，双方辩论多日，最终宋孝宗仍然坚持北伐。

四月，为防止主和派反对，宋孝宗绕过三省和枢密院，直接命令张浚和诸将出兵。因当年是隆兴元年，故史称"隆兴北伐"。史浩因自己作为宰相，不得参与商讨出兵大事，愤而辞职。

张浚虽然志在恢复，但志大才疏，以致败多胜少。他在接到北伐诏令后，匆忙赶回建康（今江苏省南京市），调兵8万，号称20万，由大将李显忠和邵宏渊统领，分路进军。宋军先后攻克灵璧（今安徽省宿州市灵璧县）和虹县（今安徽省宿州市泗县），至五月时已攻克符离（今安徽省宿州市）。

然而，邵宏渊为人争强好胜，与李显忠不和。金军10万主力围攻符离，李显忠率军苦战，邵宏渊却按兵不动。入夜，邵宏渊部不战自溃。金军乘虚攻城，李显忠虽然率军杀敌2000人，但终是寡不敌众。他长叹道："老天爷不想平定中原吗？何苦这样阻挠北伐！"李显忠被迫撤军，宋军全线崩溃，军资器械损失殆尽。

符离之溃宣告了隆兴北伐的失败，以张浚为首的主战派在朝中备受打击。宋孝宗被迫遣使与金朝议和，并重新起用秦桧余党汤思退为相。后来汤思退任左相，张浚任右相。对于议和条件，不仅宋金双方反复争论，汤思退与张浚也各执己见。隆兴二年（1164），张浚罢相，不久病逝。

此后，汤思退独相达半年之久。在他的影响下，宋孝宗放弃了北伐中宋军攻占的土地。他还命汤思退都督江淮军马，汤思退却暗通金朝，请其出重兵胁迫议和。十月，金军再度南下，轻易突破两淮防线，兵锋直指长江。汤思退竟然主张干脆放弃两淮，退守长江。

宋孝宗大怒，舆论汹汹，汤思退遂遭罢免流放。宋金最终达成了新的和议：南宋皇帝不再对金帝称臣，改称侄，宋金世为侄叔关系；"岁贡"也随之改称"岁币"，数额降至每年银20万两、绢20万匹；南宋放弃攻占的土地，宋金双方恢复绍兴和议后的旧疆。这就是"隆兴和议"。

金朝的正隆南征与南宋的隆兴北伐均告失败，说明当时宋金双方势均力敌，都难以在短期内消灭对方。由此，两国理政的重点也逐渐从对外征战转向对内治理。

在北方，金世宗开创了"大定之治"。金海陵王死后，金世宗迅速稳定了政局。他仍以中都为国都，继续实行海陵王制定的各项制度，并延续海陵王的政策，大批任用非宗室的女真族人和汉族人、契丹族人、渤海人参政。金朝建立以来，女真贵族间的长期纷争至此逐渐结束。

金世宗不再主动发起对宋的战争，金宋维持了40年的休战状态。他还积极倡导学习汉族文化，女真贵族多已习用汉语，并适应了汉语农业经济，成了新的地主。然而，为了维持女真风习和本族文化，金世宗大力推行民族压迫。在金世宗时期，金朝社会安定，经济繁荣，因当时年号为大定，故有"大定之治"的美誉；金世宗本人也被称赞为"小尧舜"。

在南方，宋孝宗也拉开了"乾淳之治"的序幕。隆兴北伐失败后，宋孝宗将虞允文召至临安，本意仍然是积极备战。虞允文累迁至参知政事兼知枢密院事、四川宣抚使。乾道五年（1169），又拜他为右相兼枢密使，后拜左丞相〔乾道八年（1172），宋孝宗将宰相分设为左、右丞相〕。虞允文执政期间，大力提拔洪适、胡铨、周必大、王十朋、赵汝愚等人才，积极整饬军政。乾道八年（1172），他再任四川宣抚使，整军备战。宋孝宗曾与他计划，分别从东、西两路出兵，收复中原，并约定："如果西方的军队出兵，而朕却回应晚了，那就是朕辜负了卿；如果朕的军队已经出兵，而卿回应晚了，那就是卿辜负了朕。"虞允文入川第一年就积极筹划北伐，但他深知北伐并非儿戏，特别是有隆兴北伐的前车之鉴。因此，每当宋孝宗密诏询问虞允文的进兵日期时，虞允文总是谨慎地回答说军需还没有准备好。

淳熙元年（1174），积劳成疾的虞允文去世了，宋孝宗一度怪他不肯积极出兵。后来，宋孝宗在阅兵时，发现虞允文训练过的士兵无不勇猛，这才知道虞允文是心怀恢复大志却未能如愿。

虞允文的去世对宋孝宗的北伐大计是一个沉重的打击。此后，宋孝宗开始将精力转向治理南宋的内政方面，并取得了一系列成就。

淳熙四年（1177），宋孝宗下令废止预催。前面提到过，北宋末年以来，朝廷为了敛财，把数月或数年后的税都提前征收了，这项弊政到宋孝宗这里总算废除了。宋孝宗要求，户部在每年四月上旬先向直隶于皇帝的南库借钱以应付支出，等田赋夏税按规定在八月半征收完毕后再归还。至此，预催夏税问题得到了解决。

宋孝宗还注意兴修水利，减免部分苛捐杂税，促进农业发展。在商业方面，宋孝宗对纸币的稳定发行也做出了贡献。绍兴三十一年（1161），宋高宗在临安设立会子务，发行纸币"会子"。隆兴元年（1163），宋孝宗要求在会子上加盖"尚书户部官印会子之印"，使会子成为完整意义上的国家货币。会子在乾道（1165—1173）初年一度滥发失控，此后经宋孝宗多次整顿，到淳熙（1174—1189）初年时，价值已稳中有升，与铜钱等值；同时，对伪造会子者处以极刑。由于会子币值稳定，且用会子进行贸易可以免除商税，加之携带方便，人们争相以金银兑换会子，以至于一些地区出现商贸交易全用会子、不用铜钱的现象。这大大促进了商品经济的繁荣发展，我国经济重心也逐渐完成了由北方向南方的转移。

随着经济的发展，文化也日渐兴盛起来。在宋孝宗时期宽松的文化氛围下，南宋涌现出了理学家朱熹、陆九渊，事功学派学者陈亮、叶适，诗人陆游、范成大，词人辛弃疾等一大批思想文化领域的翘楚。

宋孝宗在法律方面也有所创新。北宋以来，法典的编撰按照敕、令、格、式分门别类，这导致涉及同一内容的法律条文分散在不同的篇章里，不仅给司法官员带来诸多不便，而且容易造成吏员上下其手、徇私舞弊。因此，宋孝宗时，又以当时通行的法典为基础，编撰"法条事类"。"法条事类"打破了旧的法律体例，它以事件性质为依据，将涉及同一类事件的不同体例的法律条文汇编在一起，从而方便了司法工作。第一部"法条事类"是淳熙七年（1180）编成的《淳熙法条事类》。此后，宋宁宗时又编成《庆元条法事类》，宋理宗时编成《淳祐条法事类》。

由于隆兴之后，宋孝宗先后使用乾道、淳熙的年号，故这一时期被称为"乾淳之治"，这是南宋最繁荣、稳定的时期，宋孝宗也被《宋史》称赞"卓然为南渡诸帝之称首"。

尽管如此，宋孝宗仍未承想过要突破专制保守的"绍兴体制"。

宋孝宗吸取秦桧擅权的教训，自即位后便"躬揽权纲"，大权独揽。除虞允文等个别宰相外，宋孝宗不信任任何宰相。宋孝宗在位的28年里，先后任命了8位左相、18位右相，连续任相超过两年的仅有虞允文、赵雄、王淮和梁克家4人，超过一年的也仅有7人，其他人连一年都不到。在乾道八年（1172）虞允文罢相后，其后10年朝廷竟未拜左相；其中的淳熙二年（1175）九月至淳熙五年（1178）三月的两年半里，更是连宰相都没有，仅以参知政事代行相事。

宋孝宗还对宽和的政风表示质疑。淳熙年间，宋孝宗就曾极力主张改变北宋以来开明的政治风气，他曾在手诏中写道："本朝自开国以来就过于忠厚，宰相当政误国，大将打了败仗，从来都没有因罪诛戮过。用人的关键是人君必须谨慎地选择宰相，宰相必须选拔合适的人做官，前有重奖之赏，后有诛戮之罚，要是这样还找不到人才，我才不信呢。"幸好宰相史浩等援引"太祖碑誓"，才迫使宋孝宗收回成命。

为了控制朝政，进一步从士大夫手中夺回权力，宋孝宗大搞近习政治。他重用潜邸旧臣曾觌和龙大渊，后来又起用外戚张说。宋孝宗与这些人甚至亲密到只称字不呼名的地步。他虽然不信任宰相，但对这些近习颇为倚重，甚至更换宰相这件事都要跟他们讨论。近习们也开始狐假虎威，假皇权之重而徇私枉法，干政乱政，被士大夫中正气凛然之士视为奸佞。

淳熙八年（1181），宋孝宗拜王淮为相，正式从恢复路线转向安静之政。为了适应这种路线的转变，宋孝宗对自己乾纲独断的做法逐步做出一些改进，近习政治也随之有所收敛。宋高宗以来，君主及其代理人高度专断独裁的政治模式有所松动。

不过，宋孝宗的安静之政又导致朝廷上下贪图安逸，不思进取，因循苟且之风大盛，这又引起了许多士大夫的不满。

淳熙十四年（1187），当了25年太上皇的宋高宗去世。宋孝宗也对朝政渐生倦意，开始让太子赵惇参决政务。淳熙十六年（1189）正月，金世宗去世，皇太孙完颜璟即位，是为金章宗（1189—1208年在位）。年过花甲的宋孝宗为了避免认20岁左右的金章宗为叔叔，遂于二月举行内禅。太子赵惇继位，是为宋光宗（1189—1194年在位）。

宋光宗是宋孝宗的第三子。宋孝宗晚年渐渐恢复的士大夫政治的活力被宋光宗保持下来，朝野上下改革图强的要求更为强烈。可宋光宗同时也继承了安静之政的唯唯作风，而且他嗜好优伶歌舞，其在理政方面几乎无甚可取。

宋光宗还患有精神疾病，与宋孝宗关系亦不融洽。绍熙五年（1194）六月，宋孝宗驾崩，宋光宗甚至拒绝主丧，颇似宋英宗继位后的情景。

眼看陷入病态的宋光宗成为改革的最大阻碍，部分士大夫决定不再容忍皇帝。有鉴于宋光宗的精神状态，左丞相留正［乾道八年（1172），宋孝宗将宰相更名为左、右丞相］、知枢密院事赵汝愚、参知政事陈骙、同知枢密院事余端礼上疏，请立次子嘉王赵扩为太子。宋光宗同意立储，但于次日晚突然写出"历事岁久，念欲闲退"的批示。

当赵汝愚看到宋光宗的御笔后，迅速改了念头。赵汝愚（1140—1196），字子直，宋太宗八世孙，居饶州余干县（今江西省上饶市余干县西北）。他曾中进士，是宗室中的佼佼者，又是一名学者型官员。赵汝愚为学注重经世致用，极力推崇程朱理学（当时，人们尚称"理学"为"道学"，为行文和阅读方便，后面统一用"理学"一词），认为这是安邦定国、礼仪教化的大计。

精研理学、立志革新的赵汝愚决定抓住此机会，与尚书左选郎叶适、知临安府徐谊、知阁门事蔡必胜精心谋划，联合同为宗室的工部尚书赵彦逾，在通过外戚、知阁门事韩侂胄并获得太皇太后吴氏（宋高宗皇后）的支持后，于七月发动政变，宣布宋光宗禅让退位，嘉王继承皇位，是为宋宁宗（1194—1224年在位），史称"绍熙内禅"。

内禅成功后，赵汝愚引荐大量理学人士进入朝廷任职，布局改革。他本来打算辞职离朝，由与理学关系密切的宰相留正主持朝政。正因如此，他拒绝了对同有定策之功的赵彦逾、韩侂胄的迁赏。

没想到留正却遭到韩侂胄弹劾，并于八月罢相。迫不得已，赵汝愚只好自为右丞相，而且是独相，成了当时的政治领袖；朱熹由他援引入朝，任经筵侍讲，成为精神领袖。当年年底，宋宁宗宣布明年改元庆元。"庆"指庆历，"元"指元祐，赵汝愚自信能够开创范仲淹、司马光那样的事业。

然而，庆历新政与元祐更化尚未到来，庆历、元祐时代的党争反而先至。赵汝愚拜相后，赵彦逾和韩侂胄大为不满，特别是韩侂胄。

韩侂胄（1152—1207），字节夫，是韩琦曾孙，相州安阳县（今河南省安阳市）人。他的母亲是宋高宗吴皇后的妹妹吴氏，这层关系是赵汝愚能够政变成功的重要保证。有鉴于此，叶适和朱熹都劝赵汝愚对韩侂胄加以厚赏，可赵汝愚不但不听，反而故意冷落韩侂胄。韩侂胄终于被激怒。

朱熹是理学大家，但智力低下的宋宁宗对朱熹的理论毫无兴趣。闰十月，在韩侂胄的鼓动下，宋宁宗免去朱熹的侍讲之职。随即，韩侂胄将矛头指向赵汝愚。

宋宁宗虽然脑子不灵光，但对于抓紧手中的权力这一点却是无师自通。庆元元年（1195）二月，赵汝愚被韩侂胄扣上"宗室专权"的帽子，宋宁宗随即将他罢相贬官。庆元二年（1196），赵汝愚死于贬途。噩耗传来，群情激愤，人们不惧韩侂胄的淫威，私下凭吊。大内宫墙和临安城门下，几乎每天都有匿名悼念赵汝愚的诗文。

就在这一年，朝廷宣布程朱理学为"伪学"，禁毁理学书籍，科举考试稍涉义理之学者一律不取。朱熹也很快成为继赵汝愚之后的重点打击对象，为了扳倒朱熹，韩侂胄的党羽监察御史沈继祖不惜编造出朱熹引诱尼姑为宠妾的谣言，其手段卑劣如此。与赵汝愚、朱熹关系密切的叶适、彭龟年、周必大、徐谊等也遭到贬黜。这场大规模的政治整肃运动，史称"庆元党禁"。

庆元三年（1197）十二月，知绵州（今四川省绵阳市）王沇上奏，建议按照元祐党籍之例，颁行伪学党籍。朝廷据此制定党籍，并在邸报中刊登出来。韩侂胄的党羽甚至不止一次上奏，诬陷赵汝愚发动内禅是为了篡位，试图将"伪党"打成万劫不复的"逆党"。山雨欲来风满楼，人们似乎嗅到了北宋末年党争的血腥气息。

然而，无论是韩侂胄，还是被打成"伪党"的理学之士，都吸取了元祐党争的教训。绝大多数理学之士选择韬光养晦，避免与韩侂胄发生激烈的冲突。以吴太后为首的调和派也在朝中发挥了巨大作用。

韩侂胄本人在打倒赵汝愚后，对继续打击"伪党"也没有太大兴趣；对庆元党禁的不得人心，他更是心知肚明。不断有人劝韩侂胄不要做得太过火，甚至提醒他，若不开党禁，日后难免遭到报复。韩侂胄颇有感触地说："难道要让这些人连吃饭的地方也没有吗？"

因此，对党羽们推动党禁的行为，韩侂胄颇有保留。朝廷在制定了"庆元党籍"后，始终没有正式颁布，也没有处理所谓的"党人"；"伪党"到"逆党"的升级行为也不了了之。在朝廷的默许下，朱熹等人仍在贬所继续公开讲学，真德秀、魏了翁等一批理学之士也仍然在科举考试中登科及第。

嘉泰二年（1202），在韩侂胄的建议下，宋宁宗松弛了党禁。赵汝愚、朱熹相继被变相平反，其他诸人也陆续复官。

宋庆元党禁的时间不长，在各方的克制下也没有重蹈元祐党禁的覆辙。但党禁的后果仍然极为恶劣。在党禁中，理学主张的道德规范、价值观念遭到韩党的恶意扭曲、丑化，自此以后，南宋政风败坏，世风日下。而在党禁过程中，韩侂胄在宋宁宗的支持下，权势如日中天，"绍兴体制"下皇帝通过代理人来实现独裁专制的模式被进一步固化了。

庆元党禁以来，韩侂胄凭借与宋高宗吴太后、宋宁宗韩皇后的亲戚关系，在宋宁宗的支持下，成为一代权臣。他的实职虽然只是枢密都承旨，却建节、封王、拜太师，人称"师王"，地位也越来越高。开禧元年（1205），韩侂胄拜平章军国事，位在宰相之上，连三省的大印都放在他的家里。

然而，在位极人臣的背后，却是韩侂胄越来越大的政治危机。庆元三年（1197）十一月，吴皇后去世；嘉泰元年（1201），韩皇后也去世。宋宁宗新立的杨皇后与韩侂胄有宿怨，这使得韩侂胄的外戚身份名存实亡，其地位岌岌可危。

为了进一步巩固个人权势，韩侂胄决定对金朝发动北伐。在他的主持下，宋廷于嘉泰四年（1204）为韩世忠立庙，追封岳飞为鄂王；开禧二年（1206）夺秦桧王爵，改谥谬丑。韩侂胄自己更是输送家财20万贯钱以助军用。北伐赢得了社会的广泛支持，朝野士气为之一振。韩侂胄也乘机大力搜罗抗金人才，其中既有著名的爱国诗人陆游、词人辛弃疾，也有当年名列"伪党"的叶适等人。

但是，当时的金朝正处在"宇内小康"的金章宗统治时期，韩侂胄也没有对战争做充足的准备，战争的结局从一开始便已经注定。

开禧元年（1205），韩侂胄在出任平章军国事的同时，自兼国用使，获得了对全国财赋的支配权力。宋开禧二年、金泰和六年（1206）四月，韩侂胄贸然对金开战，分东、中、西三路北伐金朝，故史称"开禧北伐"。

宋军不宣而战，起初高唱凯歌。东路军前锋毕再遇长驱直入，攻克泗州（今江苏省宿迁市泗洪县临淮镇东）。但好景不长，其他进击的宋军分别败于唐州（今河南省南阳市唐河县）、蔡州（今河南省驻马店市汝南县）、宿州（今安徽省宿州市）、寿州（今安徽省淮南市凤台县）。

金军很快发起战略反攻，攻陷了淮河以南大片土地，兵锋已达真州（今江苏省仪征市）。四川宣抚副使、吴璘之孙吴曦临阵叛变，向金朝称臣割地，并受金朝册封为蜀王，好在不久叛乱即被平定。至宋开禧三年、金泰和七年（1207），金军的反攻也已经力不从心，双方进入了相持阶段。

北伐的接连失利，特别是吴曦的叛乱，严重损耗了韩侂胄的威望，使韩侂胄陷入四面楚歌。韩侂胄被迫与金朝议和，并基本就议和条件达成共识。腾出手来的韩侂胄开始收拾杨皇后与集结在她周围反对自己的官员。他准备在十一月初三上朝时，利用台谏，将礼部侍郎史弥远等反对派官员赶出朝廷。

没想到，在生死存亡之际，史弥远却先发制人。初三早晨，在杨皇后的支持下，史弥远勾结禁军，伪造宋宁宗密旨，将韩侂胄杀死在上朝的路上，并将其首级送与金朝。

韩侂胄被杀后，宋宁宗宣布改明年为嘉定，声称要革除韩侂胄的弊政，史称"嘉祐更化"。

"更化"的第一项措施，就是在史弥远的运作下，南宋完全按照韩侂胄与金朝议定的和平条件，于嘉定元年（1208）同金朝重新订立和议。双方约定：改隆兴和议中规定的金宋叔侄之国为伯侄之国；岁币增至银30万两、绢30万匹；宋朝还要向金朝支付犒军银300万两，史称"嘉定和议"。

和议订立后，史弥远害怕得罪金人，便以减轻军费负担为借口，进行大规模裁军。这些被裁撤的军人无家可归，为了生计不得不揭竿而起。昔日抗金的力量如今却变成了反宋的力量。

屈辱的嘉定和议及其后的一系列措施，引起了很多正直人士的不满。太学博士真德秀就指出："和议签订后，人们的志气越发被消磨，安逸享乐之风会更加盛行。"军官罗日愿甚至组织人手刺杀史弥远，为韩侂胄报仇，后因事情败露，罗日愿等惨遭杀害。

史弥远躲过一劫，并在杨皇后的支持下，升任右丞相兼枢密使，不久便以独相身份独揽朝政。他一方面以清洗韩党之名，肆意打压主张抗金的文臣武将；另一方面标榜理学，进一步为赵汝愚、朱熹等人平反，以争取士大夫的拥护。表面上，朝中群贤点缀，真德秀、魏了翁等理学名士均被援引入朝；可实际上，史弥远呼朋引类，操控台谏。时人称"嘉定更化""有更化之名，无更化之实"。

宋宁宗由于亲子早夭，便收养宋太祖后裔为皇子，赐名赵竑。赵竑心无城府，有一次竟当着宫女的面，指着地图上的海南岛说："他日我得志了，就把史弥远流放到这里去！"史弥远听闻此事，便起了夺储政变之心。

宋宁宗一直未立赵竑为太子，这为史弥远提供了机会。嘉定十七年（1224）

八月，宋宁宗病重，史弥远矫诏，伪称宋宁宗立沂王赵贵诚为皇子，并改名赵昀。闰九月，宋宁宗病逝，史弥远立赵昀为帝，是为宋理宗；赵竑改封济王，出居湖州（今浙江省湖州市）。史弥远仍然专断朝政。

宝庆元年（1225），湖州渔民和地方军近百人拥立赵竑为帝，赵竑亲自平定变乱，并向朝廷汇报，但遭到史弥远的爪牙迫害致死，史称"霅川之变"。史弥远的做法引起真德秀、魏了翁等人的不满，他们纷纷提出辞职。史弥远拉拢不成，便惩处了二人。讽刺的是，在惩处当代理学宗师之际，史弥远正高举着理学大旗。

绍定六年（1233），史弥远去世，长达26年的专政局面终于结束。魏了翁后来评价说，在史弥远专政期间，风俗大坏，法制废弛，吏治腐败，正常的朝典法制几乎被摧毁殆尽。

繁华盛景：理学宗师与"海上丝绸之路"

宋仁宗末年开始，涌现出宋代学术史上第一批大师级学者，其中既有理学的奠基人"北宋五子"周敦颐、邵雍、张载、程颐、程颢，也有其他学派的创始人（如新学创始人王安石）。

到了宋孝宗时期，在宽松的政治环境下，宋代学术史上第二批大师级学者，带着他们的思想应运而生。朱熹的理学、陆九渊的心学，以及陈亮、叶适的事功学派，几乎形成鼎足之势。

理学以儒家经学为基础，吸收了佛教、道教的思想。经过了百年的沉积酝酿，在宋孝宗时期，理学正式形成，其集大成者就是大名鼎鼎的朱熹。

朱熹（1130—1200），字元晦，一字仲晦，号晦庵，又号晦翁，别称紫阳，因为他去世后谥号文，世称"朱文公"，尊称"朱子"；徽州婺源县（今江西省上饶市婺源县）人。宋孝宗时，他任知南康军（今江西省庐山市）、提举浙东茶盐公事。当时浙东大饥，朱熹单车巡视境内，救荒革弊。宋宁宗初期，他受赵汝愚引荐，担任经筵侍讲，后又遭韩侂胄排挤而罢。朱熹早年主张抗金，中年以后转以防守为要。

朱熹是一个百科全书式的学者，对经学、史学、文学、乐律乃至自然科学都有贡献。他著有《四书章句集注》《资治通鉴纲目》《名臣言行录》等，后人编纂有《朱子语类》《朱文公文集》。

朱熹是中国古代后期影响最大的思想家。他最大的成就是集理学大成，建立了系统的"程朱理学"学术体系。理学认为，"理"或"天理"无所不在，不生不灭。它不仅是世界的本原，更是社会生活的最高准则。朱熹指出，人要通过思考观察，探求事物的真理。他还进一步提出"去人欲，存天理"，包括皇帝在内，人人都要实践理学主张的道德，通过自身修养的提高来一步步实现修身、齐家、治国、平天下的美好愿景。

朱熹的理论上承程颢、程颐，因此被称为"程朱理学"。因朱熹生于南剑州尤溪县（今福建省三明市尤溪县），后徙居建阳考亭（今福建省建阳市潭城街道考亭村），故其学派又被称为"闽学"或"考亭学派"。狭义的理学即指程朱理学。而广义上，理学还有一个重要的学派，就是心学，因代表人物陆九渊是江南西路人，故又称"江西学派"。

陆九渊（1139—1193），字子静，号象山翁，世称"象山先生"，抚州金溪县（今江西省抚州市金溪县）人。宋孝宗时，他主张抗金，曾募访勇士，商议恢复大计。后来，陆九渊因遭到弹劾，还乡讲学。宋光宗时，他知荆门军（今湖北省荆门市），创修军城以固边防，在任颇有政绩。

陆九渊提出，"心"就是"理"，一个人的本心就是真理，因此要想探求真理，就要在自省上下功夫。以此为基础，陆九渊创立了心学，也因此得与朱熹齐名。二人曾通信，就理学和心学的问题进行辩论；他们还在书院中讲学，因此学生众多，影响力越来越大。

由于理学和心学存在重大分歧，学者吕祖谦遂于淳熙二年（1175）六月邀请朱熹和陆九渊来到铅山（今江西省上饶市铅山县东南）东北的鹅湖寺，进行著名的学术辩论，史称"鹅湖之会"。

除了理学和心学，两浙东路还形成了以吕祖谦为代表的金华学派、以陈亮为代表的永康学派和以叶适为代表的永嘉学派，这些学派统称"事功学派"，事功学派与理学针锋相对，他们反对理学家们空谈性、理，提倡功利主义，认为义和利本出于一元,王和霸也出于一元,两者都是程度的区别,并无本质的差异。陈亮曾与朱熹就"王霸义利"的问题,进行了长时间的辩论。

宋孝宗时代的学术思想,可谓"百家争鸣"。然而,随着韩侂胄大兴庆元党禁,对赵汝愚、朱熹实行政治打压,朱熹的理学思想也一并被打成"伪学"。直到嘉泰二年(1202)党禁松弛后,理学才逐渐恢复学术地位。经过权臣史弥远和宋理宗的扶持,到了淳祐元年(1241),程朱理学正式成为南宋的官方意识形态,元、明、清三代莫不以理学为官方统治思想。陆九渊的心学,在明代经王阳明而发扬光大,世称"陆王心学"。事功学派则在宋元之际后继乏人,慢慢走向衰落。

北宋时期,私人办学发展迅速,士大夫纷纷兴办书院,白鹿洞(位于今江西省庐山市庐山)、岳麓(位于今湖南省长沙市岳麓区岳麓山)、应天(位于今河南省商丘市)、嵩阳(位于今河南省登封市)或石鼓(位于今湖南省衡阳市石鼓区石鼓山)书院,并称"四大书院"。这些书院大多获得了政府的资助与奖励,但规模不大,学生有数十人至数百人。

南宋时期,受佛教寺院宣传教义的影响,讲授儒学的书院再度兴起。淳熙六年(1179),朱熹兴复白鹿洞书院;绍熙五年(1194),又恢复并扩建岳麓书院,学生达千余人。朱熹以白鹿洞书院作为研讨、传布理学的中心。此后,各地儒学家的书院先后建立,如陆九渊的象山书院、吕祖谦的丽泽书院等。南宋先后兴建书院300余所,这些书院大多得到官方的支持,与州县官学一起成为主要的地方教育机构。

南宋的诗词创作也有很大的发展。最著名的南宋词人,当属抗金名臣、爱国词人辛弃疾。辛弃疾(1140—1207),字幼安,号稼轩居士,济南府历城县(今山东省济南市)人。他出生于金朝统治下的济南府。金正隆六年(1161)完颜亮南征,他参加耿京的抗金义军,时年21岁。耿京被叛徒杀害,义军溃散,辛弃疾率50余人突袭数万人的敌营,擒拿叛徒后率部南归。

乾道元年(1165),辛弃疾上奏《美芹十论》,分析敌我形势,提出强兵复国的具体规划,但未被朝廷采纳。他曾任江西、湖南、福建、浙东安抚使等职。但因坚决主张抗金、收复失地,遭到了主和派的打压。到了开禧三年(1207),辛弃疾终于被主持北伐的韩侂胄起用为枢密都承旨,却壮志未酬身先死,在赴任途中病逝。

辛弃疾的词沉雄豪放，饱含爱国热情。辛弃疾的词中，既有收复失地的豪情，如他歌颂"金戈铁马，气吞万里如虎"的刘裕（《永遇乐·京口北固亭怀古》）；也有对壮志难酬的倾诉，如感慨"易水萧萧西风冷，满座衣冠似雪。正壮士、悲歌未彻"的悲怨（《贺新郎·别茂嘉十二弟》）。辛弃疾的豪放派词作与苏轼齐名，合称"苏辛"。

陆游的词也激昂、慷慨，被时人评价为"稼轩不能过"。不过，陆游在诗歌方面的成就更大。当时，杨万里、范成大、陆游和尤袤被合称为"中兴四大家"，其中又以陆游成就最高。

陆游（1125—1210），字务观，号放翁，越州山阴县（今浙江省绍兴市）人。他是王安石弟子、执政陆佃的孙子。宋高宗时，他参加礼部考试，名列前茅，但因论及收复失地，遂遭黜落。宋孝宗继位后，赐其进士出身。陆游因主张抗金，多次遭到主和派的排挤。于嘉定三年（1210）与世长辞，留下绝笔《示儿》，仍不忘"王师北定中原日，家祭无忘告乃翁"。陆游是伟大的爱国诗人、文学家，他的诗多为沉郁顿挫、感激豪宕之作，现存9300多首，其数量之多居中国古代诗人之冠。

除了诗词之外，陆游的散文文笔精纯，书法遒劲、奔放，都取得了不俗的成绩。值得一提的是，陆游在史学方面也有成就，他曾受命参与编撰《孝宗实录》和《光宗实录》；他还私撰了《南唐书》，这是今人研究南唐历史必不可少的史学著作。

既然聊到了史学，我们不妨在这里综合聊聊宋代的史学成就。中国古代历来重视史书编撰，以便从历史中吸取经验教训，服务当代。在这方面，成就最大的莫过于北宋司马光主编的《资治通鉴》。"二十四史"中的《新唐书》《旧五代史》《新五代史》也都完成于北宋。

南宋时期，袁枢将《资治通鉴》中的重要事件分门别类，重新编辑，写成了《通鉴纪事本末》，开创了纪事本末的史书体裁。李焘则用40年的时间，编撰《续资治通鉴长编》，这是中国古代规模最庞大的私修编年史，也是研究北宋历史最重要的史料文献。

在记载典章制度的史籍中，最负盛名的便是"三通"，即唐代杜佑编撰的《通典》、宋代郑樵编撰的《通志二十略》以及宋元之际马端临编撰的《文献通考》。宋代的方志著述也达到了前所未有的水平。随着现存最早研究石刻文字的专书——欧阳修《集古录》的编撰，中国考古学的前身——金石学成为宋代的新兴学科。这些宋代的金石学著作为研究五代以前尤其是研究商周秦汉史，提供了宝贵的参考资料。

宋代不仅是中国文化的黄金时期，在科学技术方面也取得了巨大成就。

指南针不仅演进为正式的导航仪器——罗盘，更被广泛应用于航海事业，为"海上丝绸之路"的繁荣做出了巨大贡献。

火药被广泛应用于军事。宋仁宗时期编撰的《武经总要》记载了三种火药的配方。宋神宗时，边防军配备了大量火药箭。开庆元年（1259），寿春（今安徽省淮南市寿县）军民发明了名为"突火枪"的管形火器，通过点燃竹筒内的火药将"子窠"（子弹）发射出去，是世界武器制造史上划时代的进步。

除了三大发明之外，宋代在天文、数学、医药等方面也取得了举世瞩目的成就。

先说天文方面。景德三年（1006）关于"客星"的记载，可能是有史以来人们记录到的视度最高的超新星。元祐年间（1086—1094），苏颂、韩公廉等人发明了世界上第一台"天文钟"——水运仪象台。庆元五年（1199）实行的由杨忠辅创制的《统天历》，确定了回归年的数值为365.2425日，和我们现在使用的公历年的长度完全一样，但比公历的颁行要早383年。

再说数学方面。北宋中期，贾宪发明了"开方作法本源"图（贾宪三角形）和"增乘开方法"，比西方同类方法早了六七百年。秦九韶于淳祐七年（1247）著成《数书九章》一书，他提出的"正负开方术"和"大衍求一术"在数学史上举世闻名。

最后说一下医药学方面。官方编修的药典比唐代有了更大发展，针灸学也取得了重大进步。产科、妇科、眼科、儿科开始分门别类地进行研究和治疗。南宋时期，宋慈所著《洗冤集录》是世界上最早的法医学专著。

南宋虽然疆宇局促，却由此开辟了繁荣发达的"海上丝绸之路"。

自张骞出使西域以来，通往西域的丝绸之路一直是中国对外贸易中最重要的商路。然而，随着西夏的崛起，这条北方的商路受到了阻隔；南宋以后，我国经济重心逐渐南移，外贸经济的重心也转移到了南方。在这样的背景下，依托东南沿海港口的"海上丝绸之路"兴起，使宋代的海上贸易空前繁荣。

宋代航海技术的领先和造船业的发达，为海上贸易提供了技术条件。航海技术领先最重要的标志，就是指南针的应用。据北宋沈括《梦溪笔谈》记载，当时人们利用天然磁石的磁场作用，以磁石磨针锋，使其具备磁性，成为指南针；然后将指南针放入盛水的容器里，或用线悬挂在空中，以指示方向。南宋以后，这两种指南针的使用方法分别演变为水罗盘和旱罗盘。

早在宋徽宗崇宁年间（1102—1106），指南针就普遍应用于航海事业。有了指南针，人们可以在任何气候条件下辨别方向，从而为全天候的航海提供了可能。随着远洋航海技术的日趋成熟，人们开始绘制精确的航海图。宣和五年（1123），徐兢撰写了《宣和奉使高丽图经》，其后所附的海道图是目前我国文献中明确记载的最早的航海图。

除了指南针和航海图之外，宋代的造船业也在当时居于世界领先地位。宋代的远洋海船长达100米，载货达600吨，可承载五六百人。船上装有指南针，还设有横板区隔的密封舱；使用了被称为"转轴"的桅杆，以应对海上的逆风恶浪。在两浙的明州（今浙江省宁波市）、温州、台州，福建的福州、漳州、泉州，广南的广州、雷州，均设有大型海船建造基地，尤其以泉州建造的海船质量最好。

1987年，在我国广东省阳江市海域，有人发现了一艘南宋前期的沉船。这艘沉船被命名为"南海Ⅰ号"，并于2007年打捞出水。"南海Ⅰ号"是一艘木质海船，船体长30.4米，最宽处9.8米，船身（不算桅杆）高约4米，排水量估计可达600吨，载重可能近800吨，是迄今为止世界上发现的海上沉船中年代最早、船体最大、保存最完整的远洋贸易商船。船上满载陶瓷器、金属器、漆木器、玻璃器等商品，数量和质量均令人叹为观止。

有了先进的航海技术和发达的造船业，再加上宽松开放的环境，宋代海上贸易蓬勃发展起来。

宋朝在外贸港口设立市舶司或市舶务作为外贸管理部门。舶商、船主和船员在获得市舶机构颁发的许可证后，就可以合法地出海从事海外贸易。

民间舶商是从事海外贸易的主体，其中大商人能够独立置办大型海船；中小商人无力造船，就出钱购买海船上的空间（一般一人可得数尺见方的面积），将货物屯贮在船舱内，自己则睡在货物上，跟随海船扬帆远航。

满载货物的海船进入宋朝的港口后，无论中外商人，都要按照当地的规定，向市舶司缴纳10%或20%的税，或者以低价将大部分海外舶来品售卖给官府，官府再在境内销售，赚取丰厚的垄断利润。

早在北宋时期，广州、明州、杭州、泉州、密州板桥镇（今山东省胶州市）、秀州华亭县（今上海市松江区）、温州等地就是著名的外贸港口。其中，广州、泉州、明州最为著名，是宋代三大外贸港。广州曾是华南地区的经济中心。南宋以后，泉州因港口条件好、接近政治中心，贸易额超过广州，一跃成为中国第一大港、"海上丝绸之路"的起点。

与宋代直接或间接贸易往来的国家或地区，从唐代的30余个增至60余个，包括位于东亚的高丽（今朝鲜半岛）和日本，中南半岛的交趾（今越南北部）、占城（今越南南部）、真腊（今柬埔寨）和暹罗（今泰国），马来群岛的摩逸（今菲律宾）、三佛齐（今苏门答腊）、渤泥（今加里曼丹），南亚的锡兰（今斯里兰卡），以及位于波斯湾、阿拉伯半岛、地中海和东非海岸的麻嘉（今沙特阿拉伯麦加）、层拔（今坦桑尼亚桑给巴尔）等国。

在海外贸易中，进口商品从北宋前期的50种猛增至南宋时期的300余种，其中包括香料、犀角、象牙、珊瑚、珍珠、药材、矿产、染料和木材；出口商品主要为丝麻织品、陶瓷器、铜器、金银饰品、漆器、茶叶等。其中，香料、绢帛和陶瓷是所有商品中的大宗，因此学者们把当时的海上商路称为"香料之路"、"海上丝绸之路"或"陶瓷之路"。

海外贸易使宋朝获得了巨额收入。为了管理对外贸易事务，宋朝设立了专门的机构——市舶司。早在唐朝时期，由于对外贸易频繁，因此在广州等外贸城市设立市舶司，负责检查进出船只的蕃货、征榷、贸易等事务。其主事或为专任，或由当地节度使兼任。五代时期，市舶司被废止。开宝四年（971），宋灭南汉，在广州重新设立市舶司，管理海上贸易。此后，宋朝陆续在杭州、明州等地设市舶司。

宋初，市舶司每年收入只有30万贯钱；宋仁宗时期增至53万余贯钱；到了宋高宗末年，市舶收入已高达200万贯钱，成为朝廷一项重要的财政收入。当时，宋朝已是世界上重要的海上贸易国。

由于海外贸易繁荣，大量外国商人来到中国从事贸易，有些商人甚至携妻带子前来居住。当时，人们习惯把这些外商称作"蕃客"。最初，在蕃客聚居的港口城市设有蕃坊或蕃巷，作为蕃客的聚居区。蕃坊内部的管理机构为蕃长司，长官为蕃长，由官府挑选有声望的蕃客担任。蕃客犯罪，徒刑以上的，由宋朝的地方官审判；杖刑的在地方官府审查核实后，交由蕃长按照海外国家的法律惯例惩处。蕃坊中还设有规模巨大的海外舶来品交易市场,在当时被称为"蕃市",一些蕃坊甚至还办起了"蕃学"。

宋仁宗时期,随着商品经济的发展,城市内的坊市制度开始被打破。同样地,伴随着海外贸易的繁荣,越来越多的蕃客来到宋朝经商,他们甚至购买田宅,与当地人杂居,蕃坊限制自然被突破。南宋时期,泉州城内的蕃客已经普遍杂处民间。

不少蕃客选择在港口城市安家落户,去世后就安葬在中国。在广州、杭州等地,都有专门安葬蕃客的墓地;在泉州甚至有不少蕃客墓保留至今。他们的子孙也都留在了中国。当时,泉州民间有"回半城""蒲半街"的称法。

有些蕃客富甲一方,权势甚大。如南宋时期,泉州的回回商人佛莲(巴林),死后仅遗留的珍珠就达130石。他的岳父蒲寿庚更是泉州首屈一指的人物,甚至直接影响了南宋最后的命运。

端平更化:南宋王朝的一剂强心针

绍定六年(1233)史弥远去世,做了十年傀儡的宋理宗终于熬出了头。他宣布改明年为端平元年,开始亲政。

由于宋理宗自幼生活在民间,目睹了百姓疾苦,因此他在亲政之初,颇想革去弊政,有一番作为;同时,也希望弥合史弥远执政以来朝臣之间的裂痕。在端平(1234—1236)、嘉熙(1237—1240)和淳祐(1241—1252)年间,宋理宗实施了一系列改革,在政治上调和群臣、谨慎择相、开放言路、整顿吏治,在经济上整顿财政,在意识形态上推崇理学,在军事上实施联蒙灭金和端平入洛的行动。由于端平时期出台措施最多、改革力度最大,故史称这场改革为"端平更化"。

我们先来看看宋理宗在政治方面的革新。

首先,调和群臣。宋理宗罢黜了一些跟随史弥远的劣迹累累的爪牙,并将遭到史弥远排斥、打击的正直之臣和理学名臣召回朝廷。无论这些官员在"霅川之变"中持什么态度,宋理宗都表示既往不咎,以示"端平"。理学宗师真德秀、魏了翁再度入朝,后来分别任参知政事和同签书枢密院事。对史弥远的亲信,宋理宗也没有一棒子打死,如郑清之担任右丞相兼枢密使,薛极任枢密使,乔行简、陈贵谊并为参知政事。不同派别的士大夫又重新走到了一起。

其次,谨慎择相。端平更化期间,宋理宗起用了一批历练持重的老臣做宰相。如郑清之、乔行简、李宗勉、范钟、杜范、游似、吴潜等,甚至还包括史弥远的侄子史嵩之。这些宰相大多宽仁老成,为一时之选。

再次,开放言路。史弥远专权时,台谏成为他的鹰犬。宋理宗甫一亲政,便将擢拔台谏的权力收回,并扶持言官,广开言路。给事中李宗勉曾对宋理宗提出尖锐的批评,宋理宗不但不发怒,反而让他担任谏议大夫兼侍读。成为谏官的李宗勉又直言道:"如果陛下虚心听取了别人的意见却不以为戒,使这些意见无法用于实际,拯救时局,那跟拒谏有什么区别!"戳穿了宋理宗求谏却不纳谏的毛病。对于直言敢谏的李宗勉,宋理宗颇为赏识,此后一路提拔他,直至成为左丞相兼枢密使,其宽容之心可见一斑。

最后,整顿吏治。自宋光宗以后,南宋吏治大坏,贪贿成风,宋理宗采取了雷厉风行的惩贪措施。冗官也仍是一大问题,时人洪迈甚至认为冗官使南宋"病入膏肓,就算是让扁鹊这样的神医来救,也救不好"。对此,宋理宗采纳宰相杜范的建议,将宰相任命中级官员的权力归还给吏部,同时限制皇帝的内降任命;又控制科举取士人数,严格执行官员升迁制度,以此来抑制冗官膨胀的顽疾。

还有一件事值得一提,在宋理宗时期,南宋确立昭勋崇德阁二十四功臣。宝庆二年(1226),宋理宗建昭勋崇德阁(简称"昭勋阁"),并命人绘制配享太庙的23名功臣的图像,将其陈列于阁中。端平二年(1235),赵汝愚配享宁宗庙后,也被绘制图像陈列于此。

这24人,被称为"昭勋崇德阁二十四功臣"。据现存的宋人记录,其中包括赵普、韩琦、韩忠彦、葛邲、赵汝愚。明人张岱在《夜航船》中记录了一份完整的名单:赵普、曹彬、薛居正、石熙载、潘美、李沆、王旦、李继隆、王曾、吕夷简、曹玮、韩琦、曾公亮、富弼、司马光、韩忠彦、吕颐浩、赵鼎、韩世忠、张俊、陈康伯、史浩、葛邲、赵汝愚。由于是孤证,因此不能保证名单的准确性。

不过，入选昭勋阁的臣僚均在当时配享太庙。王安石、蔡确虽曾配享太庙，但被宋高宗撤罢；而范仲淹、岳飞均未入太庙，因此他们都未能名列二十四功臣。

宋代的昭勋功德阁二十四功臣，与西汉的麒麟阁十一功臣、东汉的云台二十八将、唐代的凌烟阁二十四功臣、清代的紫光阁二百八十功臣并称。

宋理宗亲政之初，南宋财政已严重恶化，主要表现为纸币滥发，物价飞涨；开支太大，入不敷出。

前面谈到过，南宋自建立之初，就发行纸币会子，因广泛应用于东南地区，故通称"东南会子"或"行在会子"。会子最初由民间发行，称"便钱会子"。绍兴三十年（1160），改由户部发行，成为官方纸币。会子以铜钱作为币值本位，面额最初以1贯为1会，后增印200文、300文、500文三种面额。

朝廷每发行一批会子，就称为"一界"，一般以若干年为一界。一界会子到期后，朝廷会将其收回，并发行新一界的会子。乾道五年（1169），宋孝宗规定，会子每三年为一界，每界发行1000万贯，以旧换新。

宋孝宗后期的会子币值稳定，信用良好。但自从开禧北伐以后，巨额军费与赔款导致南宋出现了财政危机。为缓解财政危机，宋廷增加了会子的发行量，并允许两界甚至三界的会子同时流通。到宋理宗亲政时，会子币值已严重跌落，物价飞涨，民生凋敝。

为了稳定会子的币值，宋理宗暂停了新会子的发行，并通过从国库中拨出巨额金、银、有价证券，要求以会子支付赋税等方式，回收流通中多余的会子。同时，朝廷严厉打击伪造假币的行为。这些措施取得了一定的成效。后来，担任宰相的吴潜曾于嘉熙三年（1239）提到："铜钱在社会上流通，会子的币值也上升了，现在的城镇大体上已经不再那么萧条急迫了。"

财政支出太大也是导致财政危机的主要原因之一。宋理宗亲政之初，南宋一年的财政收入是1.2亿，而支出却高达2.5亿。为了缓解财政压力，宋理宗实行节用方针。他要求朝廷编制《端平会计录》，地方也立簿记录出纳，并命大臣审定节用项目。宰执自愿俸禄减半，宋理宗也减少日常用度。

宋理宗的庙号之所以为"理宗"，与他积极扶持理学有密切关系。

淳祐元年（1241）正月，宋理宗下诏以周敦颐、张载、程颢、程颐、朱熹五人从祀孔庙。到了景定二年（1261），又将司马光、邵雍、张栻、吕祖谦补祀入孔庙。至此，程朱理学正式成为官学。

端平元年（1234），宋理宗召理学宗师真德秀为翰林学士，魏了翁任直学士院。真德秀（1178—1235），字景元，后改字希元，号西山，世称"西山先生"，建州浦城县（今福建省南平市浦城县）人，曾历任江东转运副使，知泉州、潭州（今湖南省长沙市）、福州，颇有政声。魏了翁（1178—1237），字华父，号鹤山，邛州蒲江县（今四川省成都市蒲江县）人，与真德秀齐名。两人学宗朱熹，为理学的正宗传人，为程朱理学正统地位的确立发挥了巨大作用，是南宋重要的思想家。

当时，南宋物价腾贵，民力凋敝，人们对真德秀和魏了翁寄予了厚望，民间甚至传言："若欲百物贱，直待真直院。"然而，以二人为代表的理学君子却对南宋的危局束手无策。

当宋理宗询问他们当下最紧急、最重要的事务是什么时，真德秀和魏了翁却回答：是"正心诚意"的政治伦理，"最急之务，是分辨君子、小人；而要分辨君子、小人，就要正君心"。

以真德秀为代表的理学士大夫还提出了"祈天永命"的命题。"祈天永命"意思是祈求上天让王朝永远存续下去，出自儒家经典《尚书》。至于如何"祈天永命"，士大夫们开列的办法无非是守家法、宽民力等老生常谈。

皇帝问的是解燃眉之急的办法，而士大夫却空讲大道理。遵循这样的祖宗之法，自然开不出切实可行的改革良方。南宋精英治国理政的思想资源彻底枯竭。

有宋一代，宋理宗与宋仁宗有颇多相似之处。两人在位均达40年以上，分别是南宋和北宋在位时间最长的皇帝；两人又都待人宽厚，政风宽和。然而，宋仁宗时的士大夫政治蓬勃发展，新兴的新型士大夫朝气蓬勃，不仅勇于担纲任事，而且敢为天下先，因此宋仁宗弊政虽不少，社会上却呈现出一片"盛治"景象。而宋理宗时的士大夫已经暮气沉沉，他们难以突破传统桎梏，无力扭转时局，剩下的也只是鞠躬尽瘁，死而后已。

端平更化虽然打了一剂强心针，却已无法拯救病入膏肓的南宋王朝。

正当南宋在努力摆脱危机时，金朝也开始走下坡路了。

金大定二十九年（1189）正月，金章宗继位。金章宗擅长汉字书法，喜好收藏绘画图书，诗词创作亦多，是金朝历代皇帝中汉文化素养最高的一位。继位后，金章宗进一步推行汉化改革。他尊崇孔子，完善科举，健全礼制，修备法典；废除奴隶制度，限制女真族特权，鼓励女真族与汉族通婚，加速了女真族的汉化与民族融合。在明昌（1190—1196）、承安（1196—1200）年间，金朝国力达到鼎盛，有"宇内小康"和"明昌之治"的美誉。

不过，随着国力的强盛和女真族的汉化加深，女真族的尚武之风渐失，享乐之风盛行，金朝军队的战斗力渐弱。金章宗本人也奢用渐广，财政开支加剧。当时，北方的蒙古诸部叛服不定，时不时地侵扰金朝边境，南宋韩侂胄也发动了开禧北伐。尽管金朝在军事上始终占据上风，但维持南北两线作战的军费加剧了财政危机。为应对危机，金廷开始滥发纸币，通货膨胀日益严重。至金章宗晚年，金朝已经盛极而衰。

金泰和八年（1208）十一月，金章宗去世，金世宗第九子完颜永济继位，是为金卫绍王（1208—1213年在位）。金朝已是山雨欲来风满楼。

早在金泰和六年、蒙古太祖元年（1206）春，孛儿只斤·铁木真便统一了蒙古诸部，建立了大蒙古国，并自立为成吉思皇帝，世称"成吉思汗"（元太祖，1206—1227年在位）。蒙古曾侵袭西夏，作为西夏盟友的金朝却拒不发兵。金大安三年、蒙古太祖六年（1211）起，蒙军伐金，数次大破金军，甚至兵临中都。

金至宁元年（1213）九月，驻守中都城北的右副元帅纥石烈执中（胡沙虎）杀死卫绍王，改立金世宗之孙完颜珣为帝，是为金宣宗（1213—1224年在位）。

金贞祐二年、蒙古太祖九年（1214），金宣宗向蒙古献纳人口财物，与蒙古议和。为防止蒙军再袭，朝廷不保，金宣宗遂迁都南京开封府。次年，蒙古攻占中都。与此同时，山东、河北各地，农民起义不断，豪强亦割据一方。金朝的统治开始走向土崩瓦解。

南宋很快得知金朝败退的消息，朝野上下形成两种对立的观点。

一种观点是断金备蒙，也就是断绝金朝、防备蒙古。这种观点认为，金朝已衰弱不堪，南宋应立即停止向金朝缴纳岁币，并利用蒙金交战的时机收复中原，同时防范蒙古的进攻。

另一种观点是联金抗蒙。这种观点认为，金朝虽与南宋是世仇，却是南宋防御蒙古的屏障。南宋应该继续给金朝岁币，让他拿钱去攻打蒙古。如果金朝灭亡，那么唇亡齿寒，南宋就要大难临头。

两种观点对金朝的态度大不相同，但对蒙古的防备却出奇地一致。显然，南宋吸取了北宋靖康之变的教训。当年北宋联合金朝灭掉辽朝，结果自己也被金朝灭掉了，南宋不想重蹈覆辙。

南宋的这一态度，突出地表现在宋、蒙第一次外交活动中。

宋嘉定七年（1214）初，3名蒙古骑兵乘着夜色渡过南宋边界淮河，向宋军交上1封书信和1册画在绢帛上的地图，自称是成吉思汗的使者，希望与南宋结盟灭金。当地军政长官闻讯后，以没有收到上级命令为由，将蒙古使者送回了淮河北岸，并命令守军凡是遇到蒙古使者，一律驱逐。蒙古使者被拒绝入境的消息后来被汇报到南宋朝廷，朝廷的态度也同样冷漠。

在冷处理对蒙关系的同时，南宋对金朝也采取了折中的方案：一方面采纳真德秀的提议，停掉了岁币；另一方面严令宋军不得擅自向金朝挑衅。

金朝由于失去岁币，大为恼火，再加上蒙古对其步步紧逼，因此金宣宗听取尚书右丞相术虎高琪的主张，于金兴定元年、宋嘉定十年（1217）再度发动征宋战争，企图从南宋攻掠土地，以弥补在北方的失地。从此，宋金战争又绵延了10多年。

在西部的四川战场上，金军一度取胜，但随即遭遇宋军奋战，精锐全部覆灭。宋嘉定十三年、金兴定四年、夏光定十年（1220），南宋反攻，并与西夏联合夹攻金朝，会师于金朝境内的巩州（今甘肃省定西市陇西县）。后因久攻不下，夏军退兵；南宋四川宣抚使安丙部署各军分路北伐，也无功而返。

在中部的京湖战场上，制置使赵方等率宋军力拒金军，旋即反攻唐州（今河南省南阳市唐河县）、邓州（今河南省邓州市），亦不能下。

在东部的山东和两淮战场上，金朝的山东地区爆发了杨安儿、杨妙真、李全等领导的起义。义军以红袄作标志，称"红袄军"。他们占据了山东绝大部分地区，积极配合宋军，击破了金军对两淮的进犯。

在南宋军民的英勇抗击下，金宣宗的南征以失败告终；蒙古则在数年之内，攻取了金朝在辽东、辽西、山东、河北、河东、陕西的大片土地。

南宋因受到金宣宗军事行动的刺激，转而采取了更加激进的外交政策，那就是联蒙灭金。

宋嘉定十三年、蒙古太祖十五年（1220）春，南宋首次主动派出使者联系蒙古，在西域见到了成吉思汗。成吉思汗大喜，不仅盛情款待了宋使，还将征伐金朝时获得的北宋玉玺赠还给南宋。尽管这次外交活动的具体内容已经失载，但双方一定讨论了联合灭金的事宜。

蒙古人的热情给宋使留下了极好的印象。因此南宋上下普遍认为宋、蒙将要结盟，宰相甚至向边将出示了宋、蒙和议的密旨。但诡异的是，嘉定十五年（1222）和嘉定十七年（1227），蒙军竟突然发兵攻击南宋的川陕边境，大肆屠杀南宋民众。

南宋前线的将帅一头雾水，反倒是朝中有人看穿了蒙古的伎俩。成吉思汗所谓的"结盟通好"并不是平等的，而是要求盟友对蒙古唯命是从，否则便是蒙古的敌人。总之，要么投降蒙古，要么被蒙古灭掉，没有第三种选择。

宋绍定四年、蒙古太宗三年（1231），蒙古为了绕到金朝背后发起进攻，再度攻击了南宋的川陕边境，并强行在南宋境内穿行，对外号称是"向南宋借道"。南宋大为恼怒，宋、蒙关系跌至冰点。

可仅过了两年，正在进攻金朝的蒙古居然又来联系南宋。原来，蒙军习惯在敌人境内就地夺取粮食，用来补给己方军队，然而久经蒙古铁骑蹂躏的河南地区早已赤地千里，蒙军根本无粮可抢。因此，面临断粮风险的蒙军必须尽快灭掉金朝，结束战争。可是金朝在河南还有不少地盘，要想速战速决，蒙古只好找南宋谈合作。

尽管蒙古人劣迹斑斑，但南宋大多数朝臣仍然同意与蒙古结盟。因为在蒙古的全力打击下，仅剩河南一地的金朝已经奄奄一息。

正当南宋在金、蒙之间拉扯之际，成吉思汗的大蒙古国已经发起了席卷亚欧大陆的军事征服。蒙古太祖五年（1210），蒙古收服了位于今新疆一带的畏兀儿；十年（1215），攻陷金中都；十三年（1218），灭西辽；十六年（1221），灭中亚大国花剌子模；十八年（1223），远征军在黑海北岸的迦勒迦河（今乌克兰境内的卡利奇克河）大破斡罗思（今俄罗斯）联军。

此时，与蒙古接壤的西夏和金朝已经嗅到了亡国的气味。金正大元年（1224），金宣宗的三子完颜守绪即位，是为金哀宗（1224—1234年在位）。金哀宗采取了正确的外交政策，一方面停止征宋，另一方面与西夏献宗（嵬名德旺，1223—1226年在位）约为兄弟之国，共同抗蒙。可惜一切来得太晚，蒙古太祖二十二年、夏宝义二年（1227）七月，蒙古兵围西夏国都中兴府（今宁夏回族自治区银川市），夏末帝李睍出降，西夏亡。

成吉思汗于西夏灭亡前夕逝世，其四子拖雷（元睿宗）监国（1227—1229年监国）。蒙古太宗元年（1229），成吉思汗三子窝阔台（元太宗）正式继承蒙古大汗位（1229—1241年在位），开始全力攻金。天兴二年（1233），金哀宗被迫放弃南京开封，逃奔蔡州（今河南省驻马店市汝南县）。

自宋绍定四年（1231）起，蒙古频繁遣使到南宋交流，希望双方联合灭金。起初，南宋君臣对此莫衷一是。次年（1232），京湖安抚制置使、兼知襄阳府史嵩之见金朝大势已去，遂同意与蒙古结盟。

由于有着消灭金朝的共同利益和实际需求，南宋决定与蒙古暂释前嫌。宋绍定六年、蒙古太宗五年、金开兴二年（1233）九月，蒙古进攻蔡州；十月，江陵府副都统制孟珙率2万宋军会攻蔡州。

宋端平元年、蒙古太宗六年、金开兴三年（1234）正月初十，身体肥胖的金哀宗为了避免做亡国之君，在蔡州城破之际，将帝位禅让给了蔡州的东面元帅完颜承麟，希望他杀出蔡州，中兴社稷。完颜承麟即位，百官朝贺刚刚结束，宋军就攻入了蔡州南门，随即打开西门放蒙军入城。金军与宋蒙联军展开了激烈的巷战，最终寡不敌众。完颜承麟为乱兵所杀，金哀宗自尽，金朝灭亡。

金朝灭亡后，宋军统帅孟珙获得金哀宗的遗骨，俘虏金朝参知政事张天纲。南宋举朝若狂，认为这是一雪前耻，举行了盛大的庆祝活动。宋理宗还派出使臣到河南祭扫了祖宗的陵园。

然而，蔡州之役，南宋多少有些狐假虎威。对于灭金之后如何处置河南之地，宋、蒙并没有在战前明确下来。而且就在金朝灭亡后，南宋与蒙古直接形成对峙局面。如何处理与蒙古的关系，成了南宋的当务之急。

失去了共同的敌人，宋、蒙联盟的破裂只是时间问题。只不过这次捅破窗户纸的是南宋。

当时蒙军主力北撤，金朝降将国用安向淮东制置使兼知扬州赵葵提出"据关守河"之策，建议宋军乘河南空虚之际，迅速占领，收复包括东京开封府、西京河南府和南京应天府在内的河南、陕西之地。这一建议得到了宰相郑清之的大力支持。

主持联蒙灭金的史嵩之却反对与蒙古开战，他认为南宋国力尚不足以"据关守河"，且后勤补给困难，又给了蒙古对宋开战的借口。参知政事乔行简、枢密副都承旨吴渊、淮西总领吴潜、翰林学士真德秀同意史嵩之的看法。

正值亲政之初的宋理宗希望有所作为，于是决定收复三京。当年六月，南宋发兵，先后收复南京应天府、东京开封府。七月，赵葵率宋军主力到达开封，并派军收复西京河南府,将国界线推进至黄河。由于这一年是南宋端平元年,故史称"端平入洛"。

然而,在这样辉煌的战绩背后却隐藏着巨大的危机。

首先是粮草问题。由于社会凋敝,宋军在河南遇到了与蒙军同样的问题,同样无法进行就地补给。因此,宋军的粮草全靠后方运输。可蒙古人早就破坏了这里的堤坝,导致黄河泛滥成灾,大片地方水深到人的腰部甚至脖颈,加之六月酷暑,宋军连行军都困难,更别提运输粮草了。更糟糕的是,对于是否应北上收复河南地区,南宋内部并没有达成统一意见,以至于各大战区的主帅拒绝服从朝廷支援前线的命令。

就这样,在既无粮草也无援军的情况下,虽然宋军收复了河南,但士气低落,已成强弩之末。回过神来的蒙军立刻发动反攻,洛阳城中的宋军因为断粮,不得不于八月退兵。蒙军又决黄河水倒灌开封,宋军损失惨重,被迫弃城。

蒙古伐宋是既定国策,金朝灭亡后宋蒙战争不可避免,"端平入洛"是对这种大势的正确判断下做出的决策。但南宋没有为战争做好准备,只是在灭金后信心膨胀,冒失北伐,结果非但没有抢在蒙古前争取战略主动,反而加速了宋蒙战争的全面爆发,导致南宋陷入极为不利的境地。

"端平入洛"是南宋最后一次大规模北伐,南宋不但未能收复河南之地,反而损失了军民10余万、粮食百万石、军械辎重无数。自此以后,南宋彻底放弃了对蒙古主动出击的战略,转入防守阶段。

上帝折鞭:南宋改变世界

端平入洛失败后,南宋朝廷深知蒙古会发兵报复,便积极在边境构建防线,由西至东,设立了四川、京湖和两淮三大战区。

果然,蒙古太宗七年(1235)六月,窝阔台汗在西征欧洲、东征高丽之际,分兵三路,对南宋发动了全面战争。

西路军由窝阔台次子阔端率领进攻四川。起初因遭到宋军的顽强抵抗,蒙军主力被迫撤退。但在宋端平三年、蒙古太宗八年(1236)秋,阔端卷土重来,率兵进军兴元府(今陕西省汉中市)。四川制置使赵彦呐未采纳利州(今四川省广元市)都统制曹友闻据险制敌之策,反而强令曹友闻出战抗敌。曹友闻率部抗击数倍于己的蒙军,终因寡不敌众,导致全军覆没,曹友闻与其弟曹万壮烈牺牲。

此后,蒙军长驱入蜀,烧杀劫掠,川西重镇成都更是被洗劫一空。这年冬天,蒙军主力北撤。宋嘉熙三年、蒙古太宗十一年(1239),蒙军再度入蜀,并沿江东下,进至巴东(今湖北省恩施土家族苗族自治州巴东县)被宋将孟珙所遣军队击退。

四川本是南宋重要的财赋来源之地,可是在经过蒙军多次野蛮蹂躏后,白骨成丘,人口锐减,满目疮痍,经济更是遭到致命的打击,不但无法支援其他战区的抗蒙作战,还要频繁地从各地征调军队和粮饷,这使南宋的军力、财力、物力更加捉襟见肘。

中路军由窝阔台三子阔出(一译曲出)率领进攻湖北,攻陷了包括襄阳府(今湖北省襄阳市)在内的大批州县。蒙军兵锋直抵江陵府,饮马长江,旋即被宋将孟珙逼退。此后,孟珙成为南宋中部战场的主帅。嘉熙三年(1239),孟珙收复襄阳后,多次主动深入河南袭扰蒙军,致使蒙军不敢再轻易进攻湖北。

此时,蒙古的东路军进展也不大。宋嘉熙元年、蒙古太宗九年(1237),蒙军在安丰军(今安徽省淮南市寿县)遭遇知军杜杲殊死抵抗,损兵1.7万而不能克城。次年,蒙军又在庐州(今安徽省合肥市)被刚到此处做知州的杜杲大败,死亡2.6万人。

嘉熙三年(1239),宋理宗命参知政事、督视京湖军马史嵩之为右丞相兼枢密使,都督两淮、四川、京湖军马,并置司鄂州(今湖北省武汉市武昌区),全面负责抗蒙事务。次年,又命孟珙为四川宣抚使兼知夔州(今重庆市奉节县),以此来扭转四川颓势。

与此同时,宋蒙议和始终断断续续地进行着。宋嘉熙二年、蒙古太宗十年(1238),蒙古提出与南宋划江为界,并按宋向金缴纳岁币之例,由宋向蒙缴纳岁币银20万两、绢20万匹。对于议和,南宋一直犹豫不决。因为随着抗蒙形势的好转,加之蒙古议和时从来都缺乏诚意,宋蒙议和之事遂不了了之。

在抗击窝阔台的蒙古军南征期间,南宋后期最杰出的军事统帅孟珙登上了历史舞台。

孟珙（1195—1246），字璞玉，号无庵居士，绛州（今山西省运城市新绛县）人，后徙籍随州枣阳县（今湖北省枣阳市）。他出身将门，高祖父孟安、祖父孟林都曾追随岳飞抗金。自嘉定十年（1217）起，孟珙便跟随父亲孟宗政作战，屡败金军。孟宗政去世后，他继续统率其父所辖的2万余忠顺军。绍定六年（1233），孟珙率军与蒙古军合围蔡州，于次年率先攻破蔡州南门，灭亡金朝。

宋端平二年、蒙古太宗七年（1235），蒙古军在阔出的率领下向京西湖北地区发动猛烈进攻，南宋京西南路1府8州军，除金州（今陕西省安康市）外全部沦陷。这其中，就包括重镇襄阳。

襄阳被宋人称为"天下之脊，国之西门"，是关乎南宋生死存亡的战略要地。自绍兴四年（1134）岳飞从金人手中收复后，历经100年的经营，襄阳城池高深，一旦失守，后果非常严重。时人李宗勉就认为："均州等地虽然都在战争中遭到了严重的破坏，但是长江的防线之所以还没有忧患，是因为我们还有襄州（襄阳）。现在襄州也丢了，那么江陵就危险了；江陵危险了，长江的天险就不再能够倚仗。我们现在是危在旦夕！"

宋端平三年、蒙古太宗八年（1236），阔出病死，蒙古军在塔思的率领下继续进攻南宋，重兵围困蕲州（今湖北省黄冈市蕲春县）。担任知黄州（今湖北省黄冈市黄州区）的孟珙闻讯，急忙率军解围。蒙军转而进攻江陵，南宋的长江防线危如累卵。

就在千钧一发之际，孟珙再度受命支援。当时，蒙古军正在编造准备渡江的木筏。孟珙看到后便让士兵们改变旗帜和衣服，不断地走来走去。到了夜里，又让士兵点燃无数火炬，照耀江面，绵延达数十里。孟珙的虚张声势，让蒙军误以为宋军很强大，心里十分害怕。趁着蒙军立足未稳，孟珙主动发起了进攻。蒙军丢盔弃甲，连失24寨；被蒙军掠夺的2万百姓，也被孟珙救回。蒙古被迫放弃了对江陵的进攻。孟珙以一己之力击退了来势汹汹的蒙古军，初次显示了他杰出的军事才能，朝廷因此先后任孟珙为京西湖北安抚副使、京西湖北安抚制置副使，孟珙开始成为京湖地区的主要将帅。

窝阔台见南征不行，便又派出使臣与南宋议和，要求划江而治。宋理宗不仅不为所动，反而提拔孟珙升任京西湖北安抚制置使，让他全面担负起京湖战区的防务和收复襄阳的重任。孟珙也不负众望，当年便对蒙古发起了进攻，并于嘉熙三年（1239）一举收复了襄阳。

不过，孟珙并未被眼前的胜利冲昏头脑。他上奏理宗说："取襄阳并不难，但是要守住襄阳却很艰难。这并不是因为将士们不够勇猛，也并不是因为车马器械不够精良，实在是因为目前的力量薄弱，无法守住。襄阳和樊城是朝廷的立足之本，如今我们浴血奋战夺回来了。因此，我们应该善加经营，就像守护人体的元气一样。如果没有十万大军，襄阳是守不住的。"于是，在宋理宗的支持下，孟珙开始积极部署襄阳地区的防御。

这年十二月，孟珙获得情报，蒙古将进犯四川。孟珙断定，蒙军一定会途经川东，再度进攻湖北。后来，蒙军的战略意图果真如孟珙所料，由于孟珙早有准备，蒙军没有占到便宜，兵败而去。

从这时起，孟珙的视野已经不仅仅局限于京湖一个地区了，他向朝廷提出了一份完整的防御体系计划，将川东、湖南、广西都纳入了防御体系。蒙古人后来果然迂回到云南、广西，对湖南作战略包围，但这一切早已被孟珙看穿，足见孟珙的远见卓识。

可惜，目光短浅的宋理宗并不能完全理解孟珙的战略意图，因此对他的支持也相当有限。不过，宋理宗还是让孟珙在担任京湖安抚制置使的同时，兼任了四川宣抚使，统领四川、京湖两大战区，这对于统一防御蒙古人的进犯起到了相当积极的作用。

孟珙除了积极防御之外，还主动组织军队，深入敌后，袭扰蒙古军队，收复了部分失地，给蒙古军造成了沉重的打击。随后，他又在枣阳、秭归（今湖北省宜昌市秭归县）、汉口一带大兴屯田，为军事行动提供必要的经济支持。

孟珙还深有儒将之风，他虽为武将，却精于佛学和《周易》，有着良好的修养。在军中和部将们讨论事务，部将们意见不统一，甚至一人一个看法时，孟珙并没有专断，而是往往采取折中的意见，让部将们的心里都能获得满足。对待士人和老兵，孟珙也都是和颜悦色，以恩意相待。孟珙带兵时，威风凛凛，人人敬畏；可私下里却是焚香扫地，一副超脱事外的样子。尽管他位高权重，却始终远离声色犬马。孟珙的良好品质，更使他赢得军心。

由于孟珙治军有方，又多次挫败蒙古军队的进攻，因而威名远震，甚至许多早年投降蒙古的南宋士兵又纷纷归降。然而，就像当年同样主持京湖军政、名望甚重的岳飞一样，孟珙也遭到了皇帝的猜忌。孟珙知道，自己掌握着重兵，且长年驻扎在长江中上游,宋理宗对自己非常不放心;而且宋理宗与宋高宗一样,也没有收复中原的决心。孟珙不禁叹息道:"我用了30年来收拾中原的人心,如今却无法伸张自己的雄心壮志!"

淳祐六年(1246)九月,郁郁不得志的孟珙病逝于江陵。临终前,他向朝廷推荐贾似道接替自己的职务,并将幕僚李庭芝推荐给贾似道。在孟珙去世后,他的部将王坚、李庭芝等都成了南宋抗蒙的中流砥柱。

正当京湖迎来孟珙之际,四川也迎来了余玠。

余玠(1199—1253),字义夫,隆兴府分宁县(今江西省九江市修水县)人,侨寓蕲州(今湖北省黄冈市蕲春县)。少年时,余玠家庭贫困,却志向远大。他曾在白鹿洞书院读书,后因犯事而投军,在参与抗击蒙古的战斗中屡立战功。

宋蒙开战以来,四川屡遭战争,形势岌岌可危,宋廷竟然一点办法都没有。淳祐二年(1242),余玠入见宋理宗,针对宋朝重文抑武的恶劣传统,他进谏说:"现在不管是血统高贵的贵族,有科举功名的士人,还是家财万贯的豪强,一旦用兵作战,就会被人们指斥为粗人、平庸之辈。希望陛下能够平等看待文臣武将,不要有所偏重。如果有偏袒,文臣武将之间必将产生矛盾,这绝不是国家的福分。"

宋理宗听后非常赞同余玠的看法,他觉得余玠"为人和观点都不同寻常,是个可以独当一面的人才"。于是,一个月后,宋理宗便将余玠从淮东调往四川,不久又任命他为四川安抚制置使,给予其调兵、行政、征税等很大的权力,让其全面负责四川防务。

由于作为四川军政中心的成都已经毁于战火,余玠便把大本营设在了川东重镇重庆。他招纳贤良,集思广益。余玠最大的贡献是构建起完整的山城防御体系。

四川多山,本来是骑兵的天然克星,可过去南宋并没有好好利用这个地理优势,只是在钓鱼山(位于今重庆市合川区)等地重点修筑了几座山寨。余玠到任后,便加紧修建钓鱼山城,并在山城里囤积了大量粮食,用来支持长期防御。他还力排众议,将这一方法推广到了四川其他地区,一口气修了10多座山城。这些占据要害的山城像棋子一样,分布在四川各地,后来竟然达80余座。它们既是坚固的据点,彼此之间又互为支援。余玠守蜀12年,多次击退蒙古军的进攻,扭转了南宋在四川被动挨打的不利局面。

和孟珙一样，常年守蜀的余玠也受到了皇帝的猜忌，更有政敌无端对他进行攻击，而他收复蜀边的壮志自然也难以充分伸展。宝祐元年（1253），余玠去世，据说是为了避免政治迫害而服毒自尽的。余玠去世后，四川百姓无不悲痛欲绝，就像自己的亲生父母去世了一样。宋理宗却听信谗言，抄没了余玠的家产。前线将士深感寒心。

余玠去世后，蒙古军卷土重来。蒙古太宗十三年（1241）十一月，窝阔台去世，蒙古内部忙于争夺汗位，南宋的战争压力才稍稍减轻。然而，随着拖雷长子蒙哥（元宪宗）于宪宗元年（1251）六月继承汗位（1251—1259年在位），蒙古在亚欧大陆的军事扩张达到巅峰。

蒙古宪宗六年（1256），蒙古灭木剌夷（今伊朗北部）；八年（1258），灭阿拉伯帝国阿拔斯王朝。在大陆最东端，蒙古于宪宗四年（1254）灭大理；八年（1258），安南（今越南）向蒙古称臣纳贡；加之早在定宗二年（1247），蒙古就已经收服位于青藏高原的吐蕃诸部，至此蒙古完成了对南宋的战略包围。

宋宝祐六年、蒙古宪宗八年（1258）二月，蒙哥决定全力伐宋。他亲率4万主力军攻打四川；宗王塔察儿领兵南下，进攻襄阳；兀良哈则从安南出兵，经广西北上。三路大军计划在鄂州会师，之后再东取临安。

到这年十二月，四川已大部沦陷。蒙哥率蒙军主力抵达合州（今重庆市合川区）的钓鱼城下。

钓鱼城所在的钓鱼山位于嘉陵江、渠江、涪江的交汇处，距合州城仅10里，距重庆城也只有140里，海拔391米，山势险绝，四周全是悬崖峭壁，三面临江，只有一面与陆地相连。修建在山上的钓鱼城居高临下，控厄三江展开的扇形地区，屏卫重庆，易守难攻。

守城的主将名叫王坚。他先后为孟珙、余玠的部将，继承了二人的遗志。早在淳祐十一年（1251），王坚就曾率军击败蒙古军，并收复了兴元府。宝祐二年（1254），王坚升任兴元府都统制兼知合州，主持钓鱼城防务，积极进行备战。他继承余玠的山城防御体系，发动了17万军民修缮钓鱼城及周边防御工事。

王坚根据钓鱼城的特点，制订了凭恃江险以拒敌的作战方案。钓鱼城本来已经有内外两层城墙作为防护，但王坚又将城墙外的江防纳入防御体系。他在江边修筑水军码头，江上布置了数百艘战舰，使水军与山城的防御达到有效配合。

此后，四川战区内有大量难民来到钓鱼城，最后达到10余万之众。钓鱼城也就成了一座人口繁多、兵精粮足的要塞，具备了长期坚守、独立作战的能力。

钓鱼城虽然地势险要，但毕竟外援断绝。蒙哥首先派重兵封锁江面，包围钓鱼山，切断了钓鱼城与外围堡垒的联系，特别是将京湖战区前来支援的宋军隔绝在重庆以东。钓鱼城成了一座孤城。

宋开庆元年、蒙古宪宗九年（1259）二月初，蒙哥发动对钓鱼城的猛攻。蒙军在兵力上占优势，士气正盛，又是主力精锐，给宋军造成了极大的压力。江上，蒙军劫掠了数百艘宋军的粮船战舰；陆上，蒙军一度攻入外城。不过，宋军也不是吃素的，在王坚的带领下，军民奋战，硬是把蒙军赶了出去。

蒙哥见强攻不行，又架起了精良的攻城器械。可钓鱼城地势过于险峻，蒙军的火炮、云梯根本施展不开。见攻城器械无用，蒙哥又派出敢死队，沿着狭窄的山路冒险强攻钓鱼城，结果不仅未能攻进城内，还尸横遍野。

就这样，蒙军围攻钓鱼城达半年之久。按照蒙哥的设想，钓鱼城早就该断水、断粮，破城指日可待。没想到这座小城依旧粮草充足。原来，为保证城内的食物与饮水供应，王坚早就做了充足的准备。一方面，在钓鱼城的西门内修建了1座大水池、13座小水池和92座凿井，水池和井中的泉水四季都不会干涸，从根本上保证了钓鱼城在遭遇围攻时，不会被切断水源。另一方面，钓鱼城山顶周长10余里，平旷开阔，王坚率领城中的百姓在这里春耕秋收，使钓鱼城囤积了大量粮草，能够自给自足。

为了向蒙军显示城内的储备和必守的信念，王坚命人对蒙军阵营附近发炮，只不过炮弹并不是石头与火药，而是两尾鲜鱼和100多张蒸面饼。面饼里还夹着一张纸条，上面写道：你们这些北边的大兵，可以烹饪鲜鱼，吃大饼。我们再守10年，你们也攻不下这座城！

在"鲜鱼大饼炮弹"的打击下，本就伤亡惨重的蒙军士气更加低落。到了六月，由于四川气候闷湿炎热，来自北方大草原的蒙古士兵和马匹都出现了水土不服的状况，军中痢疾、霍乱横行。蒙哥命令随军的西域医生控制瘟疫蔓延，可医生也无能为力，只是建议蒙哥让士兵饮用烈酒来应对霍乱。如此一来，不但军中的疫情无法控制，士兵的健康与战斗力也因过量饮酒而损耗严重。

蒙军内部开始出现不同的声音。虽然不少将领邀功心切，主张继续围攻，但也有一些人提议绕过钓鱼城和重庆，直接顺江而下去进攻其他战区，甚至还有人提议撤兵北返。

当时，蒙哥也染上了疫病。可对于后两种意见，他仍无动于衷。蒙哥决定继续围攻钓鱼城，完全是出于政治考虑。成吉思汗去世后，他的子孙们为争夺汗位明争暗斗，蒙哥虽然贵为大汗，但这个位子坐得并不安稳。他甚至猜忌自己的亲弟弟忽必烈，因为其能征善战、政治才能卓越，在中原有很高的人望。在蒙哥眼里，只有建立起超越父祖的功业，才能巩固自己的统治。因此，蒙哥命令蒙军加强对钓鱼城的封锁和监视，待入秋后天气转凉，再发起进攻。

为了探知城中虚实，蒙军在钓鱼城西门外修筑桥楼，监视钓鱼城内的情况。七月初，桥楼建成，蒙哥亲自登楼督战，却被宋军的炮石击伤。他只得被迫听取意见，留3000名精兵监视钓鱼城，自己则率主力进攻重庆。可还没到重庆，蒙哥就因伤势过重和病情加剧，病逝于军营中。临终前，他留下遗言："若克此城，当尽屠之！"蒙军主力不得不北撤，为了泄愤，沿途杀害了2万余名无辜的平民。

王坚坚守钓鱼城，取得了南宋自抗击蒙古以来最大的军事胜利。蒙哥死后，蒙古在亚欧大陆的扩张势头也戛然而止，以至于欧洲人把钓鱼城称为"上帝折鞭处"。为争夺汗位，蒙古内部随即爆发了激烈的战争。南宋初步扭转了宋蒙战争初期的不利局面，获得了宝贵的战略时间。

景定元年（1260），王坚因功被召回临安，任侍卫步军都指挥使，后又改知合州兼管内安抚使。

就在蒙哥围攻钓鱼城之际，其四弟忽必烈已替代塔察儿成为主帅，率蒙军渡江，包围了鄂州；而北上的兀良哈也已兵临潭州（今湖南省长沙市）。宋廷大骇，急命枢密使贾似道兼领京西湖南北四川宣抚大使等数职，领兵支援。

贾似道（1213—1275），字师宪，台州天台（今浙江省台州市天台县）人。他是宋理宗时期的进士。因姐姐贾贵妃有宠于宋理宗，再加上自己有些军事能力，故而贾似道的仕途一帆风顺。开庆元年（1259）十月，贾似道入鄂州城内督师，宋理宗命人在军中拜他为右丞相兼枢密使。

在进攻鄂州时，忽必烈亲自指挥攻城，战斗异常惨烈。蒙军数次利用攻城器械，攻破鄂州城墙，但都被守城将士及时修补。贾似道又命宋军在一夜之间沿城墙内壁建造木栅，防止蒙军破墙而入。在贾似道的指挥下，不仅鄂州固若金汤，南宋各路援军也如期而至。忽必烈不禁感叹："我如何才能获得和任用像贾似道这样的人才啊！"

由于持续征战，蒙军耗损越来越严重，再加上蒙哥死后，汗位空悬，忽必烈急于退军争夺汗位。据说，恰好贾似道在闰十一月遣使求和，表示南宋愿与蒙古以长江为界，岁纳银20万两、绢20万匹。于是，忽必烈顺水推舟，同意议和。

但也有人认为这是后来元朝对贾似道的栽赃，目的是将蒙元灭宋说成是南宋违约在先，进而将责任推到南宋身上。

不管贾似道是否求和，但当时忽必烈确实急于北撤，双方根本来不及讨论议和的具体内容，不但没有达成书面条款，甚至连口头协议都没有。因此鄂州城下的蒙宋双方只有议和，并无和议。

历时百余日的鄂州保卫战，以南宋的胜利而结束；随后，兀良哈也从潭州撤军。在向宋理宗报捷时，贾似道夸大战功。宋理宗大喜过望，将贾似道比作赵普、文彦博，命他立即入京主持朝政。

南宋最后一个权臣时代就此拉开帷幕。

困兽犹斗：从公田法到血战襄樊

宋理宗在亲政后期，没有了端平更化时的励精图治。他整日醉生梦死，在临安大兴土木，朝政一以委人。宋理宗宠溺的阎贵妃恃宠干政，右丞相兼枢密使丁大全、同签枢密院事马天骥狼狈为奸，宦官董宋臣无恶不作，四人内外勾结，国政大坏。正人君子无不痛恨四人擅权，甚至有人在朝门上大书八字："阎马丁当，国势将亡！"

开庆元年（1259），丁大全罢相，宋理宗分别以吴潜和贾似道为左、右丞相兼枢密使。景定元年（1260）四月，取得鄂州保卫战胜利的贾似道还朝。他排挤吴潜致其罢相；打击阎、马、丁、董的势力；控制台谏，并对积极参与朝政的太学生威逼利诱。他排除了一切异己力量，完全把持了舆论与朝政，从此开始了长达17年的专政。

宋理宗无子，便收养其弟嗣荣王赵与芮的儿子赵孟为养子，赐名赵禥。景定五年（1264）十月，宋理宗病逝，赵禥即位，是为宋度宗（1264—1274年在位）。宋度宗先天智力低下，直到7岁才会说话。但这并不妨碍他纵情声色，不理朝政。贾似道也因此得以继续擅权。咸淳元年（1265），贾似道进拜太师；咸淳三年（1267），又进平章军国重事，三日一朝，位在宰相之上；咸淳六年（1270），又改为十日一朝。宋度宗甚至尊称他为"师臣"。贾似道专断国政，自宰相以下，都必须对他俯首帖耳，否则就会被立刻赶出朝廷。

贾似道确实具备一定的政治与军事才能，他也积极推行改革，试图拯救危机重重的南宋。

南宋因对外战争不断，必须常年维持着庞大的正规军，因此军队所需的军粮甚大。但由于户籍和土地管理混乱，地主偷税漏税严重，再加上战争破坏，南宋依靠常规的田赋已经难以征收到足够的粮食；军粮的供应主要依靠和籴。

当时的和籴已与强征无异，相当于一种苛捐杂税，不仅百姓苦不堪言，征粮的效果也越来越差。因此，士大夫提出了不少改革方案，希望通过改革土地和赋税制度来解决军粮征收问题。

在这种思潮的影响下，贾似道曾向宋理宗提出公田法方案。按照这一方案的设计，朝廷依据品级对官员的占田数量进行限制，一品官限田50顷，每品递减5顷，至九品官为5顷。超出的部分抽取1/3，由朝廷购买成为公田，再租给民户耕种。如果这些官田每10亩能收获六七石租米，就可以解决军粮问题。

但是公田法直接触犯了官僚利益，宋理宗犹豫不决。贾似道以辞官相要挟，才逼迫宋理宗同意。景定四年（1263）二月，公田法正式实施。贾似道带头献出浙西的1万亩私田作为公田，宋理宗的弟弟嗣荣王赵与芮紧随其后，从而暂时平息了反对浪潮。

然而，官员逾限的田地远远不足公田的数额，于是限田的范围越来越大。先是普通民户的占田数量被限制在5顷，后又降至200亩，最后无论官民，只要是超出100亩以外的田地，都要拿出1/3卖给朝廷作公田。这就成了向全民摊派卖地。

更糟糕的是，朝廷购买公田，并不支付现钱。购买1000亩以上公田的，支付5%的银两，其余95%则为各种有价证券和纸币会子。500~1000亩的，连5%的银两都不给了，一半用有价证券支付，另一半则用会子；500亩以下，干脆只用会子支付。由于当时通货膨胀严重，有价证券和会子早就形同废纸。200文的会子连一双草鞋都买不了。即便如此，行在会子所仍然每天加印15万贯会子，专门用来买公田。这就跟公然抢劫毫无区别了。

为了配合公田法的实施，贾似道又于咸淳元年（1265）在江南实施经界推排法，为公田法提供数据支持。

公田法的实施对于解决军粮问题、缓解财政危机确实产生了积极作用。景定四年（1263）七月，公田法实施还不到半年，南宋就达到了"中外支用粗足"的局面。然而，这样的"粗足"是建立在对全民打劫的基础上。特别是吏治腐败严重，官吏在推行公田法的过程中徇私舞弊，进一步加深了公田法的掠夺性。上至田连阡陌的官僚地主，下至租田耕种的无地佃农，都在这场改革中成了被搜刮的对象，不少民众倾家荡产。

在推行公田法的同时，贾似道又掀起了货币改革。淳祐七年（1247），宋理宗为了抑制通货膨胀，曾命令十七界和十八界的会子不再限定使用年限，为永久使用的纸币，但效果有限。随着公田法的推行，南宋朝廷大肆滥发会子，会子贬值更加严重。景定五年（1264），贾似道下令停用十七界会子，在一个月内全部兑换成十八界会子；接着又发行了"金银见钱关子"，宣布关子与十八界会子的兑换率为1∶3，以此来拯救濒临崩溃的纸币信用。然而，结果却适得其反，导致物价飞涨，民不聊生。

贾似道的经济改革往往不得其法，又时常夹带私货，结果不但没有缓解南宋的经济危机，反而使局面更加混乱。

不过，贾似道之所以能够上位，是因为有军功在身。按理说经济改革改不好，军事改革总应该是他的强项吧。在取得钓鱼台之战和鄂州之战的胜利后，南宋获得了难得的喘息间隙。按照正常逻辑，南宋的下一步应该是重用名将，整顿武备，甚至挥师北伐。然而，就像立国之初冤死岳飞一样，局面稍一稳定，南宋就又一次把抑制武将的祖宗家法搬了出来，开始整自己人。

为了抗击蒙古，南宋朝廷曾给予各战区将帅极大的权力，但这也留下了隐患。一方面，战区各级将帅权力太大，严重挑战了朝廷的中央集权；另一方面，这些将帅往往贪污腐败成风，严重影响了南宋的军力和财力。

蒙军北撤后，贾似道于景定二年（1261）在武将中实行打算法，也就是审理武将的军费开支，追缴赃款。名义上，打算法是要整治军中贪腐现象、减少军费开支；实际上，贾似道趁机大肆排除异己，在军中树立个人威信，竭力将军权集中到自己手里。

在打算法的打击下，大批不愿依附贾似道的南宋名将受到迫害。比如，王坚就被罢去兵权，最后抑郁而终。也有不少将领锒铛入狱，最后死在了监狱里，这大大动摇了宋军的斗志，削弱了宋军的战斗力。更糟糕的是，打算法还逼出了刘整降蒙事件，这对南宋产生了致命的影响。

潼川路安抚副使兼知泸州（今四川省泸州市）刘整是四川战区的高级将领。他本来是金朝人，于金末投奔南宋，在抗蒙战争中屡立战功。然而，刘整的上司四川制置使俞兴嫉贤妒能，在贾似道的支持下，一再打压刘整。景定二年（1261）四月，南宋开始在刘整的辖区内实施打算法，刘整为了逃过一劫，用重金贿赂俞兴，却未被接受。眼看着比自己资历深、军功大的名将一个个倒台，刘整自知只有死路一条，为求自保，于六月率部投降蒙古。正是这个曾在孟珙麾下，征战京湖、四川数十年的刘整，后来为蒙古出谋划策，成了南宋的掘墓人。

忽必烈自鄂州退军后，于世祖元年（1260）三月在开平府（今内蒙古自治区锡林郭勒盟正蓝旗东闪电河北岸）自立为蒙古大汗，并称皇帝。此时的忽必烈身边聚集了大量儒生、术士和谋臣。在这些人的影响下，忽必烈比别的蒙古统治者更愿意接受汉法。五月，他仿照汉人王朝，创立了年号中统。

同年四月，忽必烈的弟弟阿里不哥也在一些蒙古贵族的推举下，在哈拉和林（今蒙古国后杭爱省额尔浑河上游右岸厄尔德尼召北哈尔和林）继承汗位。此后，双方为了争夺蒙古汗位，展开了激烈的斗争。中统五年（1264），阿里不哥兵败投降，忽必烈成为整个蒙古汗国的大汗。八月，他将国都从遥远的蒙古草原迁到了中都（今北京市），并取《易经》"至哉坤元"之意，改元至元，表达自己要统一天下的意志。

忽必烈还一反蒙古人重破坏不重建设的习惯，在各地设立劝农官，大力恢复和发展农业生产。他禁止蒙古贵族以民间的农田为牧地，轻徭薄赋，奖励农耕。这些措施，使早已荒残的中原重现生机。蒙军因粮草不济导致的不能持久作战的问题，至此得到彻底解决。

正是在这样的背景下，刘整于至元四年（1267）向忽必烈进献灭宋方略。鉴于以往蒙军征伐南宋时，屡攻四川不克，刘整建议，将主攻方向从四川转向襄樊。

襄樊是襄阳和樊城的合称。两城位于长江中游江汉平原的北端，夹汉水而立，属于南宋的京湖战区，向来是兵家必争之地。南宋据有襄阳，进可以攻取中原,退能够屏蔽江汉;而一旦失去襄阳,南宋便会无险可守,门户洞开。

宋蒙战争初期,襄樊因爆发兵变,曾被蒙古占领,但并未受到重视,后来又被南宋收复。此后,经过20多年的经营,襄樊成为南宋稳固的抗蒙堡垒,令蒙古望而却步。可随着北方社会经济的恢复,襄樊战役再次被蒙古提上了日程。忽必烈立刻批准了刘整的提案,并命征南都元帅阿术与刘整共同领兵进攻襄樊。

作为南宋曾经的抗蒙名将,刘整深知攻取襄樊存在四大难题。

第一个难题,襄樊城防坚固,易守难攻。南宋的襄阳城用砖石修建,城墙高峻坚固,城北有湍急的汉水,城西和城南有群山环绕。樊城与襄阳隔汉水相望,遥相呼应,互为掎角之势。南宋还在汉水中钉入了大量粗木桩,用铁索相连,并在上面搭建浮桥。这样,两城之间就有了相互支援的交通要道,形成极为严密的防御体系,蒙军很难在短期内攻陷两城。

第二个难题,南宋守将不好惹。南宋京湖战区的主帅吕文德是贾似道的心腹,因而能够躲过打算法的迫害。然而,驻守襄阳的吕文焕是吕文德的弟弟。战区内的重要将领,要么是吕文德的女婿,要么是他的旧部,整个京湖战区被牢牢掌握在吕氏集团手中。这个集团中不乏能征善战的名将。

第三个难题,蒙军不擅长水战。襄樊地区水网密布,南宋依靠水军优势可以纵横驰骋,蒙古骑兵自然相形见绌。

第四个难题,蒙古两线作战。当时,蒙古西北的藩王突然发动叛乱,忽必烈需要抽调大量精兵西征平叛。这就造成襄阳前线的兵力相对不足,难以速战速决。

忽必烈和刘整首先针对第三个难题为战争做准备。忽必烈一方面严禁向南宋卖马,从而抑制南宋骑兵军队的发展,突出蒙古铁骑在陆上的优势;另一方面命刘整组建水军,使蒙古军队也能在汉水中游弋,以弥补自身的不足。

紧接着,忽必烈和刘整制订了一个长期围困襄樊的战略。通过在陆上修筑堡寨,与水军联合,彻底断绝襄樊的一切外援。在长期围困中,蒙军耗尽襄樊的战斗能力,最终攻取襄樊二城。

蒙军共分三步推进围困襄樊的计划。

第一步,在南宋眼皮子底下,于襄樊附近建立第一个据点,为修筑堡寨做准备。为此,刘整采用了瞒天过海之计。宋、蒙两国在边界上曾设有榷场,也就是官营边境贸易市场,因为战争频仍,榷场被关闭,这件事对两国都产生了不利的影响。在刘整的提议下，忽必烈派使者面见镇守鄂州的京湖制置使吕文德，建议由蒙古在樊城北面的鹿门山下设置榷场，使者还特意送给吕文德一条玉带以表诚意。鉴于对南宋、对自己都有利可图，吕文德欣然同意。不久，蒙古又声称为防止榷场被盗贼侵扰，要求在榷场外修筑土墙，屯戍士兵，吕文德也没有反对。就这样，蒙古轻而易举地在襄樊附近建立起第一个据点。

第二步，迅速在襄樊附近修筑堡寨。宋咸淳四年、蒙古至元五年（1268）九月，蒙军在襄樊以北云集。刘整在樊城东北的白河口修筑城寨，进逼襄阳。襄阳守将、吕文德的弟弟、京西安抚副使兼知襄阳府吕文焕闻讯大惧，急忙向吕文德告急，吕文德却怀疑这是假情报，不予理睬。不久，蒙军又开始加固鹿门山榷场的土城，并发兵围攻樊城。吕文德这才看清蒙军要围困襄樊的目的，不禁后悔道："误国家者，我也！"吕文德本打算亲自率兵与蒙军交战，不料竟急火攻心，一病不起。

第三步，清理襄樊周边的南宋军事力量，完成合围。宋咸淳五年、蒙古至元六年（1269），蒙古不断派偏师抢掠襄阳周边的州县，削弱襄阳外围的南宋军力。同时，依托襄阳西南部的山地修筑长连城。到了三月，白河城和鹿门城也相继筑造完毕。蒙古水军乘机进据要地，铁锁横江，封锁江面，完成了对襄樊两城的全面包围。

面对蒙军步步为营的围困战略，南宋竭尽全力实施解围，主要也分为三个阶段，包括守军突围、援军解围和义军破围。

先来看守军突围。在蒙军围城之初，吕文焕统率的襄樊宋军曾竭力突围。可由于蒙军抢占了战略主动，宋军的突围收效甚微，万山堡之战就是其中最关键的一场战斗。

万山堡，是蒙军在襄阳城西的万山上修筑的堡寨，主要用来切断襄阳自西北至东南出入的通道。宋咸淳六年、蒙古至元七年（1270），吕文焕集结守城的1.5万军队、百余艘战舰，水陆并进，突袭万山堡。蒙军在堡中坚守不动，宋军数番攻击不成，士气骤降。万山堡的蒙军主帅早已带领200名骑兵绕到宋军背后进行埋伏，此时一拥而起，与堡中的蒙军前后夹击，宋军溃败。万山堡战败后，襄樊守军彻底失去突围的可能，只能等待南宋各大战区的援兵入援，南宋解围襄樊进入了第二阶段。

南宋调集了几乎所有能征惯战的骁将和劲卒入援襄樊，对蒙军形成了巨大威胁。然而，由于最高决策者贾似道的昏招迭出，入援行动功败垂成。

宋咸淳五年（1269）底，京湖战区主帅吕文德病逝，贾似道于次年正月选用李庭芝为京湖安抚制置使，兼夔路策应使、知江陵府，继任主帅，督师救援襄樊。李庭芝虽然善战，但并非吕氏集团成员，指挥不动京湖的兵马。特别是，吕文德的女婿、殿前副都指挥使范文虎竟然要求自己的军队由贾似道直辖，不接受被李庭芝节制。一心想对军队分而治之的贾似道对这一要求当然毫无意见。

京湖战区的指挥不统一，严重削弱了宋军的协同作战能力。此后，范文虎奉贾似道之命，屡次率精兵入援襄阳，动辄十万之众，却根本不理会李庭芝的招呼。由于各自为战，范文虎几乎每次都大败而归，南宋的精锐军队被毫无意义地消耗掉了。正规军入援襄樊解围的希望日益渺茫。

对于襄樊的紧急状况，昏庸如宋度宗也心急如焚，他问贾似道："襄阳被围困了三年，这可怎么办？"而贾似道竟然骗他说："北兵已经撤退了。"

至元八年（1271）十一月，忽必烈正式按照汉族人的传统，将蒙古的国号改为元，是为元世祖（1260—1294年在位），元朝正式建立；次年又改中都为大都（今北京市），以此为京师。忽必烈统一全国的雄心昭然若揭，南宋西起四川，东至两淮，全线告急。襄樊战役也随之进入倒计时。

这时的襄樊两城已被蒙军围困近四年。与外界隔绝的襄阳城中，严重缺乏盐、布帛等物资，亟待宋军输送。可京湖主帅李庭芝早已对南宋正规军失望透顶，他将目光转向了义军，想要依靠义军破围，至此南宋解围襄阳进入了最后一个阶段。

宋咸淳八年、元至元九年（1272），李庭芝在汉水上游打造了百余艘轻舟，又招募了3000名民众组成义军，任命张贵、张顺兄弟为义军统领。到了五月，襄樊进入雨季，汉水水位大涨，非常利于水军行动。李庭芝抓住时机，派兵协助义军发兵，从水路入援襄阳。

张贵集结起上百艘轻舟，每艘船载士兵30人，每三艘船并排联结成一舫，中间一船装载1袋盐、200匹布和其他物资，左右两船去掉船舱的船底，舱面铺上草席作为遮掩。船上还配备了火枪、火炮、巨斧、劲弩等武器。

深夜，船队正式南进，冲入布满元军战船的江面。宋军一面用枪炮劲弩攻击元船，一面挥动大斧砍断封锁江面的铁索。元军战船急忙向宋军用三舟连成的船舫靠近，不少元军将士跃上船舫准备与宋军厮杀。不料船舫左右两侧的小舟早就被掏空，大批元军将士掉进水里淹死。

经过一夜的鏖战，元军死伤不计其数。到了第二天黎明，张贵率宋军转战120里，终于突破了元军封锁线，冲至襄阳城下，将物资送入城中。襄阳守军士气大振。张顺在此战中不幸牺牲。

为了进一步解开襄阳之围，张贵又派人冒死跳出元军封锁，与屯驻在襄阳以南的范文虎约定，南北夹击，打通襄阳南面的通道。

七月的一个傍晚，张贵按照约定即将发兵时，却突然发现一名士兵叛逃。张贵料定计谋已泄，便放弃了原定的偷袭元军方案，改而发炮擂鼓，率船队大张旗鼓地冲向元军战船。元军一时被吓蒙，纷纷避让，张贵顺利突破了元军的第一道封锁线。

此时，刘整也获悉了宋军突围的情报，急调元军水陆并进，对张贵进行围追堵截。张贵拼命死战，冲破重重封锁，渐渐接近与范文虎约定的接应地点。远远望去，战船密布，旌旗蔽空。张贵大喜，随即举火为号。

对面的战船见到火光，立即向前迎来，到了跟前张贵才看清，这些战船全部是元军的！原来，早在两天前，范文虎就以风向突变为由退军了。刘整也通过襄阳叛逃的士兵知道了迎接地点，在这里预先设下埋伏。张贵所率的宋军突围至此，早已筋疲力尽，最终被元军屠杀殆尽。

张贵死后，刘整将他的尸体运至襄阳城下。守城将士见状，知道外援彻底断绝，全都朝着南方失声痛哭，宋军士气受到极大的打击。至此，南宋守军突围、援军解围、义军破围的行动均告失败，此后，再也没有宋军能够冲破重围进出襄樊二城。

南宋不但无法解围襄樊，而且耗尽了军事力量，迫于压力，贾似道罢免了范文虎。然而，活在打算法阴影中的前线诸将，只能继续唯贾似道马首是瞻。眼见襄樊难以为继，京湖主帅李庭芝愤而辞职。

局面坏到这个地步，贾似道竟然整天泡在宋度宗赐给他的西湖畔之葛岭的私人花园里，带着群妾斗蛐蛐，被时人骂为"蟋蟀宰相"。

而忽必烈已经制订了襄樊战役的总攻计划，并遣使到波斯征召工匠，制造能够抛掷巨石、威力巨大的回回炮。宋咸淳九年、元至元十年（1273）正月，元军对樊城发起总攻。刘整首先派兵烧断了襄阳与樊城之间的浮桥，使襄阳无法再支援樊城，然后以回回炮炮轰樊城，打开了城墙的缺口。元军从缺口处蜂拥而入，宋军殊死抵抗，最终不敌。不久，樊城沦陷，守将范天顺（范文虎之侄）仰叹"生为宋臣，死为宋鬼"而自杀；牛富率将士死战，杀敌无数，最后身负重伤，投火而死；城中军民全部被元军屠杀。

二月底，元军发动对襄阳的总攻。元军将回回炮架在襄阳城东北角外，一炮就击中了城门上的瞭望楼，声震天地。这种无所不摧的大炮，炮弹重达150斤，能在地上砸出七尺深的大坑。南宋军民十分恐慌，军心大为动摇。

元军向吕文焕传达了忽必烈的旨意，褒奖吕文焕守城数年，忠义绝伦；并向吕文焕许以高官厚禄。恰逢此时，城中传来将领出降的消息。吕文焕知大势已去，遂于次日开城投降。

至此，长达六年的襄樊保卫战以宋军惨败而告终，临安门户洞开，南宋朝野震动。到了这步田地，贾似道竟然仍大言不惭地对宋度宗说："如果陛下早点让我上前线，事情也不至于如此。"

庶几无愧：留取丹心照汗青

咸淳十年（1274）七月，年仅35岁的宋度宗去世。贾似道拥立宋度宗4岁的儿子赵㬎即位，是为宋恭帝（1274—1276年在位）；太皇太后谢道清（宋理宗的皇后）垂帘听政。

这年九月，元朝分兵两路，进攻南宋的荆、淮地区。丞相伯颜率主力沿汉水和长江东下，宋军望风而降，元军势如破竹。十二月，鄂州降元。宋德祐元年、元至元十二年（1275）正月，黄州（今湖北省黄冈市）、蕲州（今湖北省黄冈市蕲春县北）、江州（今江西省九江市）、安庆府（今安徽省潜山市）降元；二月，元军占领池州（今安徽省池州市）。

宋廷眼见形势危急，于咸淳十年（1274）十二月命贾似道都督诸路军马，以步军指挥使孙虎臣总统诸军，并下诏勤王。然而，贾似道始终不敢出兵。直到次年（1275）正月，听闻刘整已死，他才主动上表，决意出师。

此时的贾似道早已没有当年指挥鄂州保卫战时的意气风发。他十分惧怕与元军对决,并于二月再度提出向元朝称臣、纳贡的请求。没想到伯颜只回复了八个字:"宋人无信,惟当进兵!"元军继续东进,在池州附近的丁家洲与孙虎臣率领的7万宋军相遇。督战的贾似道远远地躲在后方的鲁港(今安徽省芜湖市南),前方指挥作战的孙虎臣、夏贵也不战而逃,宋军溃败。元军大获全胜,俘获南宋将领30余名,士兵5000余人,战舰1000余艘。南宋主力大部被歼灭,士气丧失殆尽。

元军一鼓作气占领了建康、镇江、常州、无锡等地,临安危在旦夕。贾似道本打算迁都庆元府(今浙江省宁波市),然而迁都计划尚未实施,他便在满朝弹劾中于五月遭到罢官流放,并于九月被监送官郑虎臣杀于漳州。

与此同时,文天祥、张世杰、李庭芝、李芾等少数文武官员响应勤王号召,救援临安。

张世杰(?—1279),范阳(今河北省涿州市)人,早年曾加入元军,后来投宋,从小校积累军功至都统制。朝廷号召勤王,张世杰率部入卫临安,甚至一度收复平江府(今江苏省苏州市)等临安周边的部分失地。

文天祥(1236—1283),字宋瑞,一字履善,号文山,吉州庐陵县(今江西省吉安市)人,是宋理宗时期的状元。朝廷号召勤王时,文天祥正在知赣州任上组织抗元武装。在朝廷危难之际,他毅然率万人入援临安,后出知平江府,旋入知临安府。

就在元军迫近之际,张世杰与文天祥主张合兵背临安城一战,却遭到右丞相兼枢密使陈宜中的阻止。陈宜中对这些勤王的文臣武将并不信任,南宋已有倒悬之危,陈宜中却仍然要搞"杯酒释兵权"那一套,想要收夺这些勤王将领的兵权,实在是病入膏肓、不可救药!

宋德祐二年、元至元十三年(1276)正月,伯颜进驻皋亭山(在今浙江省杭州市余杭区西南),距离临安仅一二十里,宋廷拜文天祥为右丞相兼枢密使、都督诸路军马,他坚辞不受,反倒出使元军去议和,痛斥伯颜,遭到拘留。谢太后见大势已去,献表投降。

当晚,陈宜中逃跑,张世杰率军出走庆元。宋度宗长子益王赵昰、三子广王赵昺出奔温州。二月,谢太后挟宋恭帝降元,南宋作为全国性政权正式结束。

临安出降后,宋恭帝与其生母太后全氏、后宫百余人,以及宗室、外戚、官僚士大夫和太学生百余人于这年三月被遣送大都。临安府库的钱谷收藏、户口版籍、礼乐祭器、图书珍宝等也被一并运往大都。五月，宋恭帝一行到达上都开平府朝见元世祖，宋恭帝被降封为开府仪同三司、瀛国公。八月，太皇太后谢道清抱病北迁，后被降封为寿春郡夫人。后来，全氏出家为尼，终老正智寺；谢道清寿终正寝。宋恭帝长大后出家为僧，在吐蕃研习佛法，至治三年（1323）被元英宗赐死，享年53岁。

就在谢太后、宋恭帝代表南宋朝廷向元朝投降的前后，南宋各地军民却奋勇而起，竭力组织保卫战，以大无畏的精神与元军进行了殊死搏斗！

李芾（？—1276），字章叔，先世居广平（今河北省邯郸市永年区），后为衡州（今湖南省衡阳市）人。他早年历任地方官，执法严谨，颇有政声，但也因此得罪了当权的贾似道而遭到罢免。直到南宋灭亡前夕，李芾才被重新起用。临安沦陷之际，李芾率兵勤王，后被朝廷任命为湖南安抚使兼知潭州。

宋德祐元年、元至元十二年（1275）七月，李芾来到潭州。当时潭州的守军早已被调往他处作战，潭州几乎无兵可用。在如此危机的形势下，李芾仍然积极组织当地军民保卫潭州，他一面招募了3000名民兵作为守备主力，一面与附近的少数民族搞好关系以为声援。当阿里海牙率元军兵临城下之际，李芾更是亲自登城督战，城中百姓无论老幼皆自发协力守城，共经历大小数十战。元军多次派人招降，都被李芾杀死。

然而，面对强大的元军，孤军奋战的潭州根本没有胜算。这年十二月，元军攻破了潭州外城。除夕，阿里海牙率元军发动总攻，潭州城即将沦陷。李芾急忙召见亲随沈忠，再三嘱咐道：“我已经竭尽全力，理当殉国。我的家人也不能屈辱地成为俘虏。你帮我把家里人都杀死，然后再来杀我。”宋德祐二年、元至元十三年（1276）大年初一，李芾全家壮烈殉国。沈忠在奉命杀死李芾一家后，便四处放火，回家杀了自己的家人，然后自尽了。

潭州老百姓听说李芾殉国，悲痛万分，不少人也举家自尽。守将见大势已去，便向阿里海牙献城。

李庭芝（1219—1276），字祥甫，祖籍开封，后徙随州。李庭芝是孟珙的部将，孟珙去世前夕，将他推荐给了自己的继任者贾似道。襄樊失守后，宋廷再度起用李庭芝担任淮东制置使。

宋德祐元年、元至元十二年（1275）十月，伯颜率元军主力长驱临安后，阿术领偏师加紧围攻扬州。这年冬天,扬州城已经断粮,到处都是饿死的人,然而李庭芝和通州副都统姜才依然率领当地军民顽强守城。

次年二月,谢太后和宋恭帝相继派人持诏书到扬州城下让李庭芝等人降元,李庭芝却登城告诉使者:"奉诏守城,没听说过下诏让投降的!"旋即命姜才等人以弓箭将使者射退。

到了七月,已在福州即位的宋端宗召李庭芝、姜才南下,二人遂率7000人突围。李庭芝等人刚一离开,扬州守将便降了元。阿术发兵继续追击,李庭芝、姜才被元军围于泰州。

阿术将李庭芝部下的妻子押到泰州城下劝降,泰州守将开城投降。姜才因身负重伤,无法应战;李庭芝跳莲池自尽,却没能成功。两人一起被叛军所执。面对阿术的威逼利诱,李庭芝与姜才誓死不屈,惨遭杀害。

宋景炎元年、元至元十三年(1276)夏,阿里海牙大举进攻广西。广西经略马塈率3000名士兵北守严关(今广西壮族自治区桂林市兴安县西南)。阿里海牙反复劝降马塈,并许以广西大都督,马塈不为所动。七月,严关破,马塈退守静江府(今广西壮族自治区桂林市),与元军前后经历百余战。宋景炎二年、元至元十四年(1277)正月,静江府破,马塈重伤被俘。据说在元军砍下他头颅之际,他犹紧握双拳奋起,站立了好一会儿才倒下。城中百姓见元军破城,有的焚烧居室,有的投水自尽,誓死不从。阿里海牙恼羞成怒,坑杀了全城居民。

宋德祐元年、元至元十二年(1275)四月,四川制置副使兼知重庆府张珏入援蜀地,但当时元军切断了蜀地通往江南的水陆交通,蜀地已大片沦陷。十二月,张珏经过多次血战,终于突破重重封锁,进入了重庆府(今重庆市),迫使元军暂退。宋景炎二年、元至元十四年(1277),元军再度包围重庆,张珏拒降。宋景炎三年、元至元十五年(1278)二月,元军破城,张珏巷战失败,突围后被俘,壮烈牺牲。

张珏进入重庆府后,统制王立镇守钓鱼城,与张珏互为犄角之势。然而,接连的大旱使钓鱼城中开始断粮,甚至出现"易子而食"的惨象。张珏遇难后,围攻钓鱼城的元军越来越多,抗元已成必败之局,但城中军民依旧同仇敌忾,视死如归。王立还记得蒙哥临死前誓要屠城的话,他对部下说:"我们当以死报国,可是这十几万生灵怎么办?"几经斡旋,在最终获得元世祖不屠城的承诺后,王立于宋祥兴二年、元至元十六年(1279)正月出降。

至此，南宋军民惊天地、泣鬼神的抗元斗争已接近尾声。一个月后，宋、元展开了最后一场关乎生死的决战——崖山海战。

陆秀夫（1236—1279），字君实，楚州盐城县（今江苏省盐城市）人，早年曾为两淮制置使李庭芝的幕僚，后累迁至礼部侍郎。宋德祐二年、元至元十三年（1276）正月临安沦陷前夕，他曾奉命出使元军请和。三月，在陆秀夫的护卫下，年仅9岁的益王赵昰和5岁的广王赵昺，历尽艰辛，来到了温州。

不久，陈宜中前来投奔，张世杰也率部从定海（今浙江省宁波市东北）应召而至。于是，他们假托谢太后手书，成立都元帅府，以赵昰为天下兵马都元帅，赵昺为副元帅。四月，都元帅府经海路转移至福州。五月初一，众人拥立赵昰为皇帝，是为宋端宗（1276—1278年在位）；以其生母杨淑妃为太后，临朝听政；封赵昺为卫王；又以陈宜中为左丞相兼都督，张世杰为枢密副使，陆秀夫为签书枢密院事，并召远在扬州的李庭芝来朝任右丞相；改福州为福安府。南宋流亡小朝廷正式成立。

南宋流亡小朝廷的成立给了各地艰苦抗元的爱国将士以极大鼓舞。这时的文天祥已经从元军中逃脱，他将陈宜中和张世杰比作中兴唐朝的李光弼与郭子仪。就在这个月，文天祥应召来到福安府，担任右丞相兼枢密使、都督诸路军马。但很快他发现，这个流亡小朝廷远远不是自己期待的那样。

身为首相的陈宜中，与文天祥、张世杰、陆秀夫皆不和，陆秀夫甚至一度被陈宜中煽动台谏劾罢免。张世杰虽然手中握兵，却一味主张南逃。主张积极抗元的文天祥因与陈宜中、张世杰意见相左，索性辞去右丞相，以枢密使兼同都督诸路军马的职位出兵江西。

十月，元军从水、陆两线进入福建，端宗小朝廷被迫再度泛海流亡。船队到达蒲寿庚掌控的泉州。

蒲寿庚，又作蒲受畊，字海云。他是宋元之际的巨商、世代经商的阿拉伯后裔，属于典型的蕃客。蒲寿庚的父亲蒲开宗始迁居泉州。在南宋最后的30年，蒲寿庚操控泉州外贸，垄断香料贸易，获得了巨额利润。他拥有数量众多的海船和强大的海上武装力量，并于咸淳十年（1274）助南宋官军击退海盗，后出任提举泉州市舶司、福建安抚沿海都置制使。

元军攻陷南宋国都临安后，蒲寿庚审时度势，本来已经决心降元。正在此时，张世杰却拥宋端宗来到泉州。为争取蒲寿庚，端宗小朝廷授他为福建广东招抚使、总海舶。

然而，张世杰并未把蒲寿庚放在眼里。为了军队补给，他放任士兵劫掠蒲寿庚的船舶物资，蒲寿庚一怒之下叛宋降元，大肆屠杀城中的宋宗室和士大夫。这时，张世杰才见识了蒲寿庚的厉害，自知不是对手，连忙率军南逃。此后，蒲寿庚积极协助元朝剿灭南宋残余势力，并继续操控泉州外贸，蒲氏家族在泉州盛极一时。这些都是后话了。

再说张世杰和端宗小朝廷。在遭到蒲寿庚的武力驱逐后，小朝廷的船队在元军追迫和飓风袭击下，在广东海面上几经周折。眼看前途无望，首相陈宜中竟然借口到占城去联络援军，就此一去不返。

宋景炎三年、元至元十五年（1278）四月，年仅11岁的宋端宗病逝，群臣准备散伙。陆秀夫慷慨陈词道："度宗皇帝还有一个儿子在，将要置他于何地？古人有依靠一支军队完成中兴大业的，现在我们百官皆在，士卒也有数万，上天要是不想断绝宋朝的江山，我们凭借这些难道还不能立国吗？"在陆秀夫的坚持下，群臣拥立7岁的卫王赵昺为帝，史称"帝昺"（1278—1279年在位）。杨太后继续垂帘听政，张世杰依旧担任枢密副使，陆秀夫升任左丞相。

张世杰本想将小朝廷移至占城，但因无法突破元军在雷州（今广东省雷州市）一带的海上封锁，只好回师，驻扎于厓山（在今广东省江门市新会区崖门附近）。

厓山在海中，与其西的汤瓶山对峙如门，内部形成了天然的避风港。张世杰认为这里是"形胜之地"，可以久守，于是将千余条大船用铁索连接起来，筑成水寨。在上面建起楼橹，远远望去犹如城墙一般。

宋祥兴二年、元至元十六年（1279）正月，元朝都元帅张弘范等部追至厓山。当时元军不超过3万，战舰只有400余艘；而宋军约有20万，战舰千余艘。从兵力上看，宋军占据绝对优势。然而，张弘范并未急于进攻，而是封锁了厓山南端的入海口，断绝了宋军的淡水供应，缺水的宋军犹如瓮中之鳖，疲惫不堪，战斗力下降。

张世杰的外甥当时正在元军中，他三次前往劝降，均被张世杰拒绝。张世杰说："我知道投降能活命，还能大富大贵，但忠义之志绝不动摇！"

二月六日，阴风怒号，元军对宋军发起了最后的总攻。宋军战舰由于铁索相连，进退不得，多被元军摧毁。元军又举火烧船，宋军崩溃。张世杰急忙命人砍断铁索，率10余艘战舰护卫杨太后突围而出。

张世杰曾派小船去接应帝昺，但守卫帝昺的陆秀夫怕小船是元军假冒，拒绝来人将帝昺接走。眼见帝昺的座舰已无法突围，陆秀夫决定舍生取义。他仗剑将自己的妻子儿女驱入海中，其妻把着船舷不肯自尽，陆秀夫喝道："都去！还怕我不来吗？！"其妻这才松手，沉入海底。

陆秀夫悲壮地对帝昺说："国事至此，陛下应当为国而死。德祐皇帝（指恭帝）已经受到了极大的侮辱，陛下不能再受辱了！"说罢，背起8岁的帝昺，跳入了深不见底的大海。

眼见大势已去，南宋的后宫、官员、将士也纷纷投海自尽。杨太后听闻帝昺死讯，痛不欲生，她哭道："我忍到今天没死，就是为了赵氏的这最后一块肉啊！现在也没希望了！"说罢，也投水而亡。

张世杰收拾残部，打算远走占城，重建宋室。但是，其部下不愿背井离乡，他只好返回广东海面。五月，飓风大作，舰队倾覆，张世杰坠海身亡。

厓山海战是元朝消灭南宋的最后一战，流亡近3年的南宋小朝廷最终灭亡。至此，立国320年的宋朝彻底灭亡，在经历了45年的南北对峙后，元王朝最终成为中国历史上第一个统一全国的少数民族政权。

然而，宋末爱国志士的气节与精神却并未随着赵氏江山的倾覆而消散。还有最后一人将与他的千古名篇一起，成为那个时代遥远的绝响。

文天祥自从离开福安府后，便转战福建、广东等地。宋景炎二年、元至元十四年（1277）五月，他率军进入江西，大破元军，江西各地云集响应，一度掀起了抗元高潮，收复州县多处。元朝江西宣抚使李恒见状，立即发重兵围剿。文天祥终究是寡不敌众，被迫退入岭南。宋景炎三年、元至元十五年（1278）十二月，他在五坡岭（今广东省汕尾市海丰县北）不幸被俘，自杀未遂。

宋祥兴二年、元至元十六年（1279），元军攻厓山，张弘范把文天祥押到船上。船队经过零丁洋，张弘范让他给张世杰写劝降信，文天祥却写了一首《过零丁洋》，表明心迹：

辛苦遭逢起一经，干戈寥落四周星。
山河破碎风飘絮，身世浮沉雨打萍。
惶恐滩头说惶恐，零丁洋里叹零丁。

人生自古谁无死？留取丹心照汗青。

张弘范见诗，对文天祥大为钦佩，直呼"好人！好诗！"，自此不再提劝降之事。

崖山海战结束后，元世祖下诏说"谁家无忠臣"，命张弘范礼待文天祥。十月，文天祥被押至大都。元朝朝廷对文天祥的供帐饮食待如上宾，但文天祥拒绝这种优待，要求将自己关入狱中。

为了让文天祥投降，元世祖煞费苦心，派了一个又一个重要人物来对其威逼利诱。已经降元的南宋状元宰相留梦炎、被降封为瀛国公的宋恭帝赵㬎、元朝重臣平章政事阿合马，一个个信誓旦旦而来，垂头铩羽而去。元朝丞相孛罗气得要杀文天祥，但元世祖不同意，病中的张弘范也极力劝元世祖不要杀他。

在狱中，文天祥写下了著名的《正气歌》，其中写道：

天地有正气，杂然赋流形。
下则为河岳，上则为日星。
于人曰浩然，沛乎塞苍冥。
皇路当清夷，含和吐明庭。
时穷节乃见，一一垂丹青。

文天祥晚年的诗词慷慨激昂，苍凉悲壮，具有强烈的感染力，抒发了他忠贞不屈的浩然正气，反映了坚贞的民族气节和顽强的战斗精神，传诵至今。

文天祥在大都被囚禁了三年两个月。南宋降臣王积翁等十人正准备联名上奏元世祖，干脆让文天祥去当道士，以免元朝落下杀戮忠良的恶名。据说元世祖也示意，文天祥可以出家为僧为道。然而，十人之中，有一位名叫青阳梦炎的人却说："文天祥要是再出山，号召江南，将置我们十人于何地！"此事遂罢。

青阳梦炎在元明之际，就已经被人和留梦炎搞混了。以致青阳梦炎这一句话，让留梦炎背了700多年的锅。

青阳梦炎的人品固不足道，不过他对于文天祥的影响力确实有相当清醒的认识。至元十八年（1282），中山府（今河北省定州市）突然爆发数千人的反元起义，义军自称是南宋幼主，准备到大都劫狱，救出文天祥。

只要文天祥不为元朝所用，他就是一面永远屹立不倒的反元旗帜。元世祖与文天祥，不得不做出最后的了断。

十二月八日，元世祖召见文天祥，文天祥依旧长揖不跪。元世祖道："你能以对宋朝的忠心来效忠大元，我就让你做大元的宰相。"文天祥却毅然决然地答道："天祥受大宋三朝厚恩，号称'状元宰相'。现在让我来辅佐其他人，这并非我所愿。"元世祖追问："那你的愿望是什么？"文天祥答："愿一死足矣！"元世祖终于明白，文天祥无论如何也不会归顺自己，不禁长叹道："好男儿！不为我所用，杀了他实在太可惜了！"

十二月九日（1283年1月9日），万余百姓自发来到柴市（在今北京市东城区），为文天祥送行。文天祥从容不迫地来到刑场，朝故国所在的南方拜了两拜，慷慨就义。文天祥殉难后，人们在他的衣带中发现了他生前留下的绝笔：

> 孔曰成仁，孟曰取义。
> 惟其义尽，所以仁至。
> 读圣贤书，所学何事？
> 而今而后，庶几无愧！

意思是："孔子说要'杀身成仁'，孟子说要'舍生取义'。只有尽到了义，才能成就仁。我读圣贤书，学到的是什么？从今以后，我或许可以问心无愧了！"据说，文天祥受刑刚毕，就传来了元世祖停止行刑的诏令。

之所以说是"庶几无愧"，大概是文天祥真的害怕过死亡，但经过深思熟虑后，他最终仍选择了"杀身成仁""舍生取义"，这也是他作为一名理学之士的行道与殉道。

宋朝三百年，到这里就"细读"完了。还有一个小尾巴，权当是全书的结尾。

当初文天祥起兵抗元时，同乡王应梅曾建议他散尽家财，招募军队。文天祥采纳了王应梅的意见，并邀请他来当幕僚。王应梅因为父死未葬，母老病危，怕"进难效忠，退复亏孝"，谢绝了文天祥的邀请，文天祥也尊重了他的选择。

文天祥被俘之初，王应梅写了一篇《生祭文丞相》——给活着的文天祥写祭文。在这篇"生祭文"里，王应梅反复陈述古今死节之道，激励文天祥作为天下读书人的表率，应承担起自己"状元宰相"的责任，英勇死义，断不可没骨气地投降敌国。

文天祥就义后，王应梅又写了一篇《望祭文丞相》，痛哭不已。后来，他改名炎午，故世称"王炎午"。在元朝，王炎午始终隐居，终身未仕。

有人"吐槽"王炎午，劝文天祥死义，自己却不殉国，因而他是"伪君子"；而这种"伪君子"写出的《生祭文丞相》，是在用理学逼死活人。

实际上，在传统的道德范畴中，权力与责任是匹配的。王炎午在宋既无功名，又非官员，本就没有死节的义务。他的终身不仕，已经全了自己的节。相反，文天祥是状元宰相，是士林领袖，还是抗元英雄，他若投降，不仅会坏了自己的名节，更会产生恶劣的影响。取义成仁便成了文天祥不得不面对的责任。

后来明清鼎革之际，一代鸿儒刘宗周决定绝食而死。他的学生自比王炎午，在信中劝他："愿先生早自裁，毋为王炎午所吊！"刘宗周欣慰地说："我讲学数十年，有你这样一个学生，足矣！"遂绝食二十日而逝。

退一万步讲，如果文天祥想做大元的宰相，那么王炎午又拦得住吗？之后崇祯皇帝亲自主持的国葬，拦住洪承畴了吗？

古人浩然正气，天地长存！后人非要说高尚是被逼出来的，那岂非只有做伪君子才有资格高尚？

理学逼不死一个想活命的文天祥；而一个视死如归的文天祥，也不需要理学来逼。